D1234272

HEGEL ET LA PENSÉE PHILOSOPHIQUE EN RUSSIE

ARCHIVES INTERNATIONALES D'HISTOIRE DES IDEES

INTERNATIONAL ARCHIVES OF THE HISTORY OF IDEAS

64

GUY PLANTY - BONJOUR

HEGEL
ET LA PENSÉE PHILOSOPHIQUE
EN RUSSIE
1830 - 1917

GUY PLANTY - BONJOUR

HEGEL

ET LA PENSÉE PHILOSOPHIQUE
EN RUSSIE 1830-1917

MARTINUS NIJHOFF / LA HAYE / 1974

ISBN 90 247 1576 8

PRINTED IN THE NETHERLANDS

TABLE DES MATIERES

AVANT-PROPOS

L'intérêt que l'on porte à la philosophie hégélienne conduit à se demander comment cette doctrine s'est propagée dans les différents pays. Des travaux nous ont permis de suivre les développements de l'hégélianisme en Allemagne, en France, en Angleterre et en Italie. Mais nous sommes moins informés sur sa diffusion en Russie. Il n'existe d'ailleurs en Russie aucun ouvrage sur ce problème fondamental. Deux livres furent publiés avant la seconde guerre mondiale par Jakowenko et Tschiževskij. Le premier auteur n'a pu mener à terme son ambitieux projet d'une histoire de l'hégélianisme en Russie. Seul le premier tome est paru qui couvre la période s'étendant de 1835 à 1860. Quant au livre de Tschiževskij, c'est le plus complet qui ait été écrit sur ce problème. Mais l'auteur, se proposant d'étudier les «Hégéliens» russes, n'aborde pas les courants de pensée opposés à Hegel et tient la lecture marxiste de l'hégélianisme pour parfaitement négligeable.

Nous pensons que celui qui veut prendre une vue d'ensemble de l'influence de la philosophie hégélienne sur la pensée russe doit non seulement décrire ce que fut l'hégélianisme proprement dit des «années 40», mais aussi analyser les causes qui poussèrent les uns à s'opposer à Hegel et les autres à s'inspirer de la méthode hégélienne tout en rejetant le système.

Notre travail commence avec la diffusion de l'hégélianisme en Russie vers 1830 et s'achève avec Lénine au moment de la révolution d'Octobre. Il nous est apparu, en effet, que la réaction antihégélienne pendant la période stalinienne ne pouvait être envisagée que dans le cadre d'une étude spécifique consacrée au marxisme soviétique.

La diversité des attitudes face à l'hégélianisme ainsi que l'absence d'un courant dominant rendait difficile, sinon impossible, une réflexion «spéculative» sur l'hégélianisme russe. Nous avions donc le choix entre une analyse poussée et détaillée des différents travaux publiés en Russie sur la philosophie hégélienne et une étude plus proche de ce que les Allemands appellent «Geistesgeschichte», c'est-à-dire une Histoire des idées. La première méthode impliquait le dépouillement systématique des revues russes de l'époque. Seul un séjour en Russie l'eût rendu possible. Nous avons donc adopté la seconde méthode, en nous limitant très strictement aux grands courants de pensée qui influencèrent profondément le devenir intellectuel de la Russie au XIXe siècle.

La philosophie hégélienne eut des retentissements dans des secteurs aussi divers que la littérature, l'histoire, le droit. C'était de si vastes domaines que nous ne pouvions pas raisonnablement prétendre analyser pour eux-mêmes tous ces prolongements. Par nos recherches sur Belinskij et Černyševskij nous avons touché au problème de l'influence de Hegel sur l'Esthétique; avec Granovskij et S. Soloviev nous avons effleuré les rapports entre l'Hégélianisme et la Philosophie de l'histoire; et nous avons donné quelques aperçus de l'incidence hégélienne sur la Philosophie du Droit en traitant de l'Ecole du droit historique.

En passant de la culture germanique au monde slave du XIXe siècle, la philosophie hégélienne allait subir de profondes transformations. Les idées ne vivent pas de leur vie propre. Leur réception dans une tradition différente entraîne des changements, souvent même des bouleversements assez considérables. Discrètement, car les grandes étapes historiques sont fort connues, nous avons essayé de retracer brièvement le contexte politico-culturel sans lequel les différentes «lectures» de Hegel eussent été inexplicables. Notre intention constante fut de laisser se dégager la spécificité de l'Hégélianisme russe.

Il faudra aussi se rappeler que très souvent les auteurs étudiés ne sont pas des philosophes de profession: il ne faut pas demander à des écrivains, publicistes ou distingués penseurs, la technicité que l'on est en droit d'attendre d'historiens de la philosophie.

Les textes des auteurs utilisés étant d'un accès difficile soit par suite du barrage linguistique, soit à cause de la difficulté à se procurer ces ouvrages russes anciens, nous avons pensé qu'il était utile d'appuyer nos affirmations sur de nombreuses citations. Lorsqu'il existe des traductions, nous avons cru devoir faire suivre la référence au texte original de la référence à la traduction française. Le lecteur trouvera les indications dans la bibliographie.

I. PARTIE

LA PLACE DE HEGEL DANS LE DÉBAT ENTRE OCCIDENTALISTES ET SLAVOPHILES

La première grande période pendant laquelle la pensée russe fut soumise à l'influence de Hegel coïncide, en gros, avec le règne de Nicolas Ier. C'est quelques années seulement après son avènement que l'on rencontre les premières mentions de Hegel, comme c'est à la fin de son règne que le grand débat entre Occidentalistes hégéliens et Slavophiles orthodoxes va prendre fin. Certes, la période hégélienne des Occidentalistes fut légèrement plus courte. Belinskij meurt en 1848. Et même ceux – comme Herzen et M. Bakounine – dont l'activité se poursuivra presque jusqu'à la fin du règne d'Alexandre II avaient commencé à se séparer de Hegel avant la Révolution de 1848. Par contre, on peut dire que le courant de pensée issu de la première génération slavophile continue à faire sentir ses effets jusqu'à la fin des années «50». Ainsi, la lutte entre Occidentalistes et Slavophiles recouvre approximativement les deux décennies qui s'étendent de 1840 à 1860.

Que la diffusion de la pensée hégélienne se soit accomplie sous le règne de Nicolas Ier devait marquer profondément l'hégélianisme russe. Il faut, en effet, tenir compte de la réalité politico-sociale après la révolte des Décembristes pour comprendre l'activité intellectuelle de ce temps. Le complot de Décembre est minime en soi. Mais cette insurrection matée avec fermeté par un Tsar à l'esprit militaire, véritable antithèse du romantique Alexandre Ier est un signe des temps. S'il y eut, sous Nicolas Ier, plus de 500 révoltes paysannes, aucune ne put prendre la moindre importance. La vie sociale semble figée. Ce Tsar est, en principe, vaguement opposé à l'esclavage; en fait, mis à part quelques aménagements de détails, il a volontairement freiné le développement de l'économie en conservant l'esclavage dans la crainte que son abolition n'entraînât la naissance d'un prolétariat.

Au plan idéologique, c'est pire encore. Ce Tsar que son précepteur n'a jamais vu un livre à la main était peu intelligent et même assez borné. Bureaucrate très dans la ligne du congrès de Vienne et de la Sainte Alliance, il mit tout son sens du devoir – qui était grand – à empêcher le développement des idées libérales, ce qui fit dire à Lamartine que son but était «l'immobilité du monde». Un jour, il déclare aux officiers de la garde impériale dont il avait le commandement :

«Messieurs les officiers, consacrez-vous au service et non à la philosophie. Je ne puis souffrir les philosophes; je les pourchasserai tous jusqu'à ce qu'ils disparaissent> [1].

Pour réaliser ce programme, il créa la célèbre «Troisième section», police secrète qui envoyait partout des espions dans le pays. L'inculte et cynique Comte de Benckendorff qui était à la tête de cet organisme de délation et de répression s'accomplit à merveille de sa tâche. Tout ce qui semblait s'opposer au programme élaboré en 1833 par le ministre de la Culture Ouvarov, et qui tenait en trois mots: «Orthodoxie, autocratie, nationalité», était réprimé avec autant de fermeté que d'inintelligence. Ecrivains, directeurs de revues, penseurs, professeurs, membres des cercles et des salons eurent tous à en souffrir. Les sanctions allaient de la simple surveillance policière au bannissement. C'est ainsi que Čaadaev fut déclaré fou pour avoir publié dans le *Teleskop* sa première *Lettre philosophique*. La censure en profita naturellement pour interdire la revue, comme elle avait interdit *l'Européen* à cause d'un article de Kireevskij. Pour ce dernier, il s'agissait en réalité d'un procès d'intention. Là où Kireevskij parlait de «culture», le censeur trouvait qu'il fallait lire «liberté». Il pensait, de même, qu'«activité de l'entendement» voulait dire «révolution». L'expression purement philosophique de «totalité de l'existence» met la perspicacité du censeur à rude épreuve: il conclut qu'il ne voit pas ce que l'auteur veut dire exactement, mais qu'il ne peut s'agir, néanmoins, que de quelque chose de fort dangereux. Herzen est exilé à Viatka. M. Bakounine, recherché par toutes les polices d'Europe, repris, finira par passer quelques années à Saint Pierre et Saint Paul. Belinskij mourra – au bon moment, dit Herzen – alors qu'il allait être arrêté. Pouchkine mort reste suspect: pour que la foule ne vienne pas à son enterrement, on porte de nuit son corps dans une église autre que celle indiquée sur les faire-part. On pourrait malheureusement allonger la liste.

---

[1] V. Gitermann, *Geschichte Russlands*, t. III, p. 16.

Il va sans dire que l'enseignement est lui aussi étroitement contrôlé. Dans quelques lycées, on supprime le grec et le latin pour que les jeunes ne goûtent pas aux délices empoisonnés de la démocratie antique. L'enseignement de la logique est rayé des programmes.[2] Au plan universitaire, les professeurs qui avaient acquis, sous Alexandre Ier, le droit de choisir leurs propres successeurs, perdent cette prérogative sous Nicolas Ier. L'état désormais décide des nominations. Cependant, il faut noter à l'actif d'Ouvarov le renouveau des études historiques, spécialement à l'université de Moscou. Mais l'enseignement de la philosophie est constamment entravé. Nicolas Ier, sur ce point, ne fait que reprendre l'héritage laissé par Alexandre Ier. Déjà sous ce Tsar, la lutte contre la philosophie est nettement engagée. Kant était considéré comme athée. Ainsi, Mehlmann, kantien, «fut reconnu atteint de folie mentale et inapte à occuper son poste». Il est expulsé de Russie.[3] Officiellement, Schelling était panthéiste. Comme on ne peut laisser pénétrer une doctrine aussi pernicieuse, Schad, le schellingien le plus en vue de Moscou, est reconduit en hâte à la frontière allemande, et Galič perd son poste à St. Pétersbourg. Nicolas Ier n'eut pas à destituer ou à expulser de professeurs hégéliens pour la bonne raison qu'aucun n'enseigna en Russie sous son règne. Il dut se contenter d'empêcher, pour autant qu'il était en son pouvoir, mais sans y réussir cependant, le développement de cette philosophie encore plus athée – si l'on peut dire – que celle de Kant, et plus révolutionnaire que celle de tous les Encyclopédistes réunis. Hegel est tellement suspect qu'on ne doit même pas le nommer. Herzen relate dans son *Journal* que le comte Stroganov, recteur de l'université de Moscou, veut bien l'autoriser à publier un article sur la Leçon inaugurale de Granovskij, mais à condition expresse que le nom de Hegel ne soit pas mentionné.

Dès 1826, on supprime la philosophie à Moscou. Finalement, en 1849, le gouvernement interdit pratiquement l'enseignement de cette discipline dans toutes les universités ou en confie la charge aux facultés de théologie. Koyré remarque avec tristesse:

«La philosophie n'a jamais été très bien vue en Russie; produit étranger d'importation récente, introduite dans un pays où manquaient les conditions

---

[2] On sait que l'enseignement de la logique a subi le même sort pendant la période stalinienne (Cf. G. Wetter, *Der dialektische Materialismus*, pp. 598–610).
[3] Cf. A. Koyré, La lutte contre la philosophie, in *La philosophie et le problème national en Russie au début du XIXe siècle*, pp. 46–86. Sur la répression intellectuelle en général, cf.: M. K. Lemke, *Nikolaevskie žandarmy i literatura 1826–1855*. S. Monas, *The Third section, Police and society under Nicolas I*.

premières et les bases les plus essentielles de son développement, elle a toujours vécu d'une vie très précaire, profitant à certain moment d'un engouement aussi largement répandu que peu profond, soumise aux variations de la mode, considérée parfois comme suspecte, souvent comme dangereuse et toujours comme parfaitement inutile».[4]

Cette persécution officielle dirigée contre la philosophie, et spécialement contre celle de Hegel, n'a certes pas empêché la philosophie de se développer. Toutefois, ne pouvant pas trouver son épanouissement dans son lieu naturel, l'université, elle émigrera dans les Cercles et les Salons. Elle sera, sans doute, plus militante et moins scolaire – ce qui n'est pas en soi une condition diminuante. Mais la pensée philosophique, privée de la transmission magistrale, n'aura ni le degré de technicité ni le degré de rigueur qu'elle avait atteint dans les universités allemandes à la même époque. Quand on commence à lire Hegel, il ne faut pas oublier qu'il n'y a en Russie pratiquement aucune tradition philosophique digne de ce nom. On enseignait, sans doute, la philosophie à Moscou depuis 1756. Cependant Koyré, d'accord avec l'excellent historien de la philosophie, Špet, ironise:

«Mais quel enseignement, et quelle philosophie»![5]

En fait, quand on découvre Hegel, la tradition philosophique n'a guère plus de vingt ans. C'est trop peu pour qu'une génération puisse s'épanouir et surtout élaborer une langue philosophique qui fait alors totalement défaut. Comme la langue russe se prête facilement au décalque des termes abstraits allemands, des notions aussi techniques que *Allheit, Ganzheit*, etc... trouveront très vite leur équivalent en russe. Mais cette aptitude elle-même comporte des dangers, et Herzen a quelques bonnes raisons de dénoncer une inquiétante transposition mécanique:

«Les jeunes philosophes s'étaient fabriqué une langue conventionnelle. Ils ne traduisaient pas en russe, mais ils transposaient tout littéralement et conservaient, parce que c'était plus facile, tous les mots latins *in crudo*, en leur donnant les terminaisons orthodoxes et en les déclinant selon les sept cas de la grammaire russe».[6]

---

[4] A. Koyré, *La philosophie et le problème national en Russie au début du XIXe siècle*, p. 47, note I.

[5] *Ibid.*, p. 46. Cf. G. Špet, *Očerk razvitija russkoj filosofii*, pp. 38–83. Zenkovsky s'efforce de défendre les professeurs de philosophie «qui ne sont nullement des primitifs». Mais il doit reconnaître que «cet esprit philosophique souffrait fréquemment d'un éclectisme rudimentaire» (B. Zenkovsky, *Histoire de la philosophie russe*, t. I, p. 122).

[6] A. I. Gercen, *Byloe i dumy*, in *Polnoe sobranie sočinenij i pisem*, t. XIII, p. 12.

En effet, pour qu'un héritage de mots devienne un héritage d'idées, il faut pouvoir pénétrer en profondeur dans la culture dont la langue n'est que l'une des expressions. Bien évidemment, les penseurs russes ne pouvaient pas toujours sentir toutes les nuances d'une langue aussi technique et cryptique que celle de Hegel. Pourtant, on est heureusement surpris de constater qu'en très peu de temps la pensée russe a été capable de se forger un langage philosophique déjà suffisamment élaboré.

Plus grave que l'absence de tradition philosophique nous paraît être le sentiment d'impuissance qui s'est abattu sur les meilleurs esprits après la répression des Décembristes. Ce long règne d'immobilité sociale eut pour effet direct de décourager toute entreprise de réforme : on se réfugie alors dans le domaine de la pensée pure. Faisant sa propre autocritique et celle de son époque, Herzen avoue :

«Une des caractéristiques particulières de notre siècle, c'est que *nous connaissons tout et que nous ne faisons rien*».[7]

La réflexion intellectuelle devient une sorte d'opium. Ainsi, selon leurs tempéraments, les uns, comme Stankevič et Belinskij, trouveront qu'il suffit de résoudre les problèmes en théorie, pour parvenir à la paix de l'âme. D'autres, et M. Bakounine en est le plus illustre représentant, s'épuiseront dans une action si éperdument révolutionnaire que Marx lui-même apparaîtra comme un timide réformateur. A notre avis, cette fuite vers les extrêmes qui, chez certains, devient même une oscillation d'un extrême à un autre – de la réconciliation avec la réalité à la contestation plus nihiliste que révolutionnaire – ne se comprend que dans la mesure où l'on se rappelle que sous Nicolas Ier rien de raisonnable ne semblait possible au plan politico-social. Il faudra attendre l'ère qui s'ouvrira avec Alexandre II pour que quelques uns puissent envisager une action révolutionnaire plus concrète. Sous Nicolas Ier, c'était impossible. On doit s'en souvenir pour juger sans trop de sévérité les déconcertantes palinodies d'un Belinskij ou d'un Bakounine. Le *Roudin* de Tourguénev donne une excellente illustration de ce climat : le héros, intellectuellement doué et plein de bonnes intentions, déclare sans fin qu'il faut agir, mais ne fait rien.[8]

---

[7] *Id., Pis'ma ob izučenii prirody*, in *Polnoe.*, t. IV, p. 155.

[8] Herzen écrit : «L'intérêt pour la vérité, l'intérêt pour la science [la philosophie], l'intérêt pour l'art et pour l'*humanitas* opprimaient tout. Et remarquez bien que cette renonciation au monde ne se limitait nullement au temps passé à l'université et aux deux ou trois années de jeunesse. Les meilleurs du cercle de Stankevič sont morts ; les autres sont demeurés jusqu'à ce jour tels qu'ils étaient» (*Byloe i dumy*, in *Polnoe.*, t. XIII, p. 36).

Paradoxalement, c'est sous ce règne de Nicolas Ier si peu favorable à la vie intellectuelle que la littérature et la philosophie se développent avec une rapidité inouïe. Pour nous limiter au domaine qui nous occupe, il convient de rappeler brièvement quelles étaient les tendances dominantes au moment où apparaît la philosophie hégélienne. La caractéristique essentielle de cette époque, c'est la fin de l'influence française si forte au siècle précédent. Pendant toute la première moitié du XIXe siècle, on ne jure plus que par l'Allemagne: Berlin devient la nouvelle Athènes. Les Encyclopédistes cèdent la place à la Métaphysique allemande. Cependant, Kant, s'il n'est pas un inconnu, n'a jamais réussi à s'imposer en Russie. Fichte, s'il est moins ignoré que certains historiens pourraient le laisser croire, ne retient pas beaucoup l'attention. Cette semi-ignorance s'explique fort simplement. Le problème proprement gnoséologique, surtout lorsqu'il est résolu dans une ligne idéaliste, apparaît naturellement trop abstrait à la pensée russe qui commence à peine à découvrir la philosophie. C'est donc vers une pensée plus facile que l'on se tourne.

Entre 1825 et 1840, la pensée russe est entièrement dominée par la philosophie de Schelling. Le terrain avait été préparé vers la fin du XVIIIe siècle par le Mysticisme. On avait traduit Boehme, Saint-Martin, Hamann. Tout naturellement, la philosophie de Schelling apparaît comme l'accomplissement de cette tendance, puisque la philosophie de l'Identité se laisse aisément interpréter dans la ligne de la pensée mystique. D'ailleurs le Schelling qui intéresse, c'est moins celui qui conteste le criticisme kantien que celui qui propose la *Naturphilosophie*. Détail piquant mais significatif: c'est un professeur d'agriculture et de physique, Pavlov, qui a introduit la philosophie de Schelling en Russie. On ne devait pas enseigner ce système, mais Pavlov réussit habilement à tourner l'interdiction. Au lieu de faire son cours de physique, il déclarait à ses étudiants qu'il faut d'abord savoir ce qu'est la Nature et la connaissance de la nature. Et il en profitait pour exposer la *Naturphilosophie* de Schelling. On n'apprenait pas un mot de physique, note Herzen, qui reconnaît pourtant que l'enseignement de Pavlov ne fut pas inutile puisqu'il aida à prendre conscience des problèmes philosophiques.[9] Pour les schellingiens russes Galič, Vellanskij, Davydov et Pavlov, «Schelling était surtout le philosophe qui avait jeté les bases d'une métaphysique nouvelle, embrassant à la fois le monde de la nature et le monde de

---

[9] *Ibid.*, t. XIII, p. 10.

l'esprit. La *Naturphilosophie* les séduisait par son caractère 'scienti-fique', par son réalisme, par le fait qu'elle promettait une connais-sance *réelle* de la *réalité vraie*, la métaphysique réaliste et vitaliste des schellingiens rendait à l'univers son unité perdue et à l'homme, sa place dans l'univers».[10] Il faudrait pour compléter cette excellente définition, ajouter que Schelling est aussi celui qui, avec Herder et certains Romantiques, a parfaitement compris que l'histoire est toujours liée à l'esprit d'un peuple et que l'évolution historique s'ac-complit d'une façon organique. La philosophie de Schelling plaît parce qu'elle est en parfait accord avec le romantisme de l'époque. Le thème central de l'unité organique se retrouve à tous les plans du savoir: philosophie de l'Identité, philosophie de la nature, philosophie de l'histoire. On aime Schelling, en Russie, parce qu'il donne la clef qui permet de tout comprendre, pour autant, bien sûr, que l'on identifie – comme c'est le cas – le savoir avec une connaissance plus proche de l'expérience mystique que de la réflexion spéculative.

---

[10] A. Koyré, *La philosophie et le problème national en Russie au début du XIXe siècle*, p. 89, note 3. Sur le Schellingianisme en Russie, encore insuffisamment étudié, on pourra consulter: A. Koyré, *ibid.*, pp. 80–136. W. Setschkareff, *Schellings Einfluss in der russischen Literatur der 20er und 30er Jahre des XIX. Jahrhunderts.*

CHAPITRE I

DIFFUSION DE L'HÉGÉLIANISME

§ 1. Les Cercles: Stankevič

La philosophie de Schelling s'est donc imposée en Russie depuis une quinzaine d'années lorsqu'on commence à parler avec une certaine insistance de Hegel. Kireevskij, Redkin, Nevolin allèrent à Berlin, entre 1828 et 1830, pour écouter les leçons de Hegel. Mais c'est aux environs de 1835 que le fait hégélien devient une réalité à Moscou. C'est à ce moment-là aussi que la *Revue du Ministère de l'instruction publique* nomme Hegel pour la première fois. Cette mise en garde est significative: elle indique clairement qu'il fallait compter non plus seulement avec les Schellingiens mais encore avec les Hégéliens. Jakowenko qui a suivi de très près l'apparition de l'hégélianisme en Russie pense que la première étude sur Hegel fut la traduction d'un article d'Amédée Prévost parue dans le *Teleskop;* il sera suivi trois ans plus tard de la traduction de l'article de A. S. Willm: *Essai sur la philosophie de Hegel.*[1] *L'histoire de la philosophie allemande* de Berchou de Penhouen qui sera entre toutes les mains vient de paraître en 1836.

Alors, à partir de 1837, on assiste à de nouveaux départs pour l'Allemagne. Kr'ukov, Tourguénev, M. Bakounine, Stankevič, Granovskij passeront quelques semestres à suivre les cours des anciens élèves de Hegel (Gans, Werder, Michelet, etc...).

Ainsi, aux environs de 1835, c'est une véritable vague hégélienne qui déferle sur la Russie. Le lecteur actuel a même quelque peine à comprendre cet engouement. Or tous les contemporains qui ont écrit des *Mémoires* ou laissé des *Souvenirs* – et ils sont nombreux – sont unanimes

---

[1] L'article d'A. Prévost, traduit par V. Meščevič, est paru dans le *Teleskop*, (t. XVI (1833), n° 15). Celui de A. S. Willm, traduit par Stankevič, a été partiellement publié dans le *Teleskop*, (t. XXVIII (1835), n° 13, 14, 15). Il est reproduit dans N. V. Stankevič, *Stichotvorenija. Tragedija. Proza*, pp. 183–238. Pour plus de détails, cf. B. Jakowenko, *Geschichte des Hegelianismus in Russland*, pp. 1–14.

pour reconnaître que l'hégélianisme, après avoir submergé le schellingianisme, se répand partout en Russie.[2] L'université, trop soumise
au contrôle gouvernemental, ne peut jouer qu'un rôle assez effacé,
encore que non négligeable. C'est donc dans les Cercles et les Salons
que se propage cette nouvelle philosophie. L'enthousiasme des hégéliens russes pourrait laisser croire à un manque de sérieux. N'aurait-on
pas à faire à des groupes de jeunes gens – en 1840, pas un seul n'a
encore trente ans – qui se distraient à lancer une philosophie qui
deviendra vite à la mode? On ne peut nier, en effet, que l'enthousiasme
des hégéliens n'ait quelque ressemblance avec ce que fut, en France,
après la Libération, la mode existentialiste. Certains vont même plus
loin et déclarent que ces jeunes hégéliens ne connaissaient pas l'auteur
qu'ils adoraient. Kireevskij affirme péremptoirement:

«Dans la plupart des cas, cet adorateur de Hegel ne l'a pas lu du tout. Et
parmi ceux qui l'ont lu, l'un n'a lu que ce qui regarde l'application des
principes aux autres sciences, l'autre n'a lu que l'*Esthétique*, le troisième n'a
fait que commencer la lecture de sa *Philosophie de l'histoire*, le quatrième a
parcouru la fin de son *Histoire de la philosophie*, le cinquième a lu quelques
pages de la *Logique*, le sixième a lu la *Phénoménologie* ou en a entendu parler
par des personnes dignes de confiance...».[3]

L'écrivain N. F. Pavlov surenchérit:
«On voit chez nous quelques jeunes qui n'ont même pas lu dix lignes de
Hegel, mais qui croient en Hegel comme les premiers chrétiens croyaient
en leur Maître divin».[4]

On pourrait penser que ces jugements reflètent assez bien la vérité
puisque Hegel n'est pas traduit en russe. En fait, il n'en est rien.
L'objection de la langue ne porte pas, car tous ces jeunes Russes lisent
et écrivent parfaitement l'allemand. Le cas de Belinskij, qui l'ignore,
est tout à fait exceptionnel. Kireevskij a sans doute raison de dire que
personne n'a lu tout Hegel. Mais qui, aujourd'hui, ne mériterait ce
reproche! Donc, si on ne lit pas la totalité des volumes de l'édition
Michelet que beaucoup possèdent, plusieurs ont non seulement lu

---

[2] D. Tschiževskij retrouve des «Hégéliens» à Kazan, Kharkov et Kiev (*Hegel bei den
Slaven*, pp. 163–178). Ce même auteur consacre un paragraphe à l'influence de Hegel
sur la littérature, le journalisme, la critique littéraire et les professeurs de philosophie
(*ibid.*, pp. 279–299). Parmi les témoignage des contemporains, on peut retenir: P. V. Annenkov, *Literaturnye vospominanija*. B. N. Čičerin, *Vospominanija*, t. I: Moskovskij
universitet; t. II: Moskva sorokovych godov. A. I. Gercen, *Byloe i dumy*. I. I. Panaev,
Literaturnye vospominanija. A. N. Pypin, *Charakteristiki literaturnych mnenij ot dvadcatych do pjatidesjatych godov*.
[3] I. Kireevskij, Recencija F. Nadeždina: Opit nauki filosofii, in *Polnoe sobranie
sočinenij I. V. Kireevskago v dvuch tomach*, t. II, pp. 133–134.
[4] N. F. Pavlov, Pis'mo k Ševyrevu, 22/III/1840, in *Russkij archiv*, (1897), I, p. 563.

mais travaillé la *Phénoménologie de l'Esprit*, la *Science de la Logique*, *l'Encyclopédie*, les *Principes de la philosophie du Droit*, les *Leçons sur l'histoire de la philosophie*, les *Leçons sur la philosophie de l'histoire*, les *Leçons sur la philosophie de la religion*, *l'Esthétique*. Ce qui est tout de même impressionnant. A travers leur correspondance, on peut assister à leurs efforts pour arriver à bout de tel ouvrage plus difficile. Si l'on bute sur la *Phénoménologie*, on passe à *l'Encyclopédie*. Perdu, on peut toujours demander un éclaircissement à un autre plus doué ou plus avancé. On sait que M. Bakounine était non seulement disposé à rendre service, mais venait de lui-même fustiger les retardataires. Il y avait une émulation et une entraide vraiment extraordinaires. Ce fait frappe Herzen qui rentre d'exil:

«Il n'y a pas un seul paragraphe dans toutes les trois parties de la *Logique*, les deux de l'*Esthétique*, dans l'*Encyclopédie*, etc... qui ne fut pris d'assaut au prix de discussions passionnées qui duraient plusieurs nuits.... Toutes les brochures les plus insignifiantes qui paraissaient à Berlin et dans les autres villes de province et chefs-lieux de la philosophie allemande, dans lesquelles Hegel était à peine mentionné, étaient commandées et en quelques jours tellement lues et relues que les pages en étaient tachées, trouées et se séparaient du livre... Tous ces personnages oubliés, les Werder, les Marheinecke, Michelet, Hotho, Vatke, Schaller, Rosenkranz et même Arnold Ruge que Heine avait si bien surnommé 'le concierge de la philosophie hégélienne' auraient pleuré d'attendrissement s'ils avaient su quels combats et quelles luttes ils avaient suscités à Moscou entre la rue Marosejka et la rue Mochovaja, et su aussi comme on les lisait et comme on *achetait* leurs ouvrages».[5]

Ce témoignage de Herzen nous paraît beaucoup plus près de la vérité que celui de Kireevskij. C'est dans le texte même des principaux ouvrages de Hegel que les hégéliens russes se sont formés. Ce fait est si bien établi, non seulement par les témoignages indirects, mais par celui des auteurs eux-mêmes, que l'on ne peut le mettre en doute. Dire que tous comprenaient tout dans Hegel, c'est un autre problème que nous essayerons justement de trancher à la fin de cette première partie.

Mais sans présumer des conclusions que nous serons amenés à tirer, l'enthousiasme délirant des admirateurs comme l'opposition implacable des détracteurs laissent percevoir que l'hégélianisme n'était pas dans ces Cercles un exercice d'Ecole. Ce ne sont pas des spécialistes qui s'efforcent de rendre compte des nuances ou de tracer l'évolution d'une pensée. Nul ne fait œuvre d'historien: il vaut mieux prévenir le

---

[5] A. I. Gercen, *Byloe i dumy*, in *Polnoe.*, t. XIII, p. 12.

lecteur tout de suite. Pourtant les hégéliens russes prennent Hegel au
sérieux, tellement au sérieux même qu'ils en deviennent parfois
ridicules. Il est à peine besoin de forcer le trait pour en faire des
personnages de comédie. A. Grigorev, dans *Deux égoismes*, parodie
K. Aksakov, et M. Bakounine a servi de modèle pour le Roudin de
Tourguénev. On ne peut s'empêcher de sourire en lisant tel passage
de Herzen:

«Des hommes qui s'aimaient se séparaient pour des semaines et des semaines
parce qu'ils n'étaient pas d'accord sur la définition de 'l'esprit compréhensif'
et considéraient des opinions sur 'la personne absolue et son être-en-soi'
comme une offense... Tout ce qui était, en fait, immédiat, tout sentiment
simple était élevé dans la sphère des catégories abstraites et en revenait
complètement exsangue comme une pâle ombre algébrique... Un homme
qui allait se promener à Sokolniki le faisait pour se livrer au sentiment
panthéiste de son unité avec le cosmos; et si, en cours de route, il rencontrait
un soldat un peu ivre ou une femme qui lui adressait la parole, le philosophe
ne causait pas simplement avec eux, mais définissait la substance du peuple
dans sa manifestation immédiate et contingente».[6]

Tourguénev dans son *Hamlet de Ščigrover* éprouve les mêmes sentiments de réserve: les membres de ces cercles hégéliens se perdent dans
des discussions inutiles; les beaux discours autorisent une paresse
coupable.

Il y aurait quelque injustice à ne retenir de cette admiration un peu
juvénile que l'aspect négatif. En fait, ces Hégéliens des années «40»
ne manquent pas d'idéal: Hegel est pour eux la promesse d'une vie
meilleure et plus pure. De plus, ces Cercles et même les conversations
plus mondaines des Salons ont fortement contribué à rendre la vie
sociale plus riche et plus humaine. Čičerin le rappelle dans ses *Souvenirs:*

«L'atmosphère pesante d'un cercle refermé sur lui-même a, sans aucun doute,
des aspects négatifs; mais que faire quand on ne permettait pas de se montrer en pleine lumière? Ces cercles furent nos poumons par lesquels pouvait
respirer une pensée russe étranglée de toute part. Et dans ces cercles, que de
forces nouvelles, quelle vitalité pour les intérêts spirituels, comme les gens
se sont rapprochés et quel soutien, quel réconfort, quel stimulant n'y
puisait-on pas»?.[7]

Il est certain que si l'université de Moscou était, aux dires de
Grigorev, le centre de l'hégélianisme secret, ce n'est que dans la

---

[6] *Ibid.*, pp. 12–13.
[7] B. N. Čičerin, *Vospominanija*, t. II, p. 6.

mesure où des jeunes gens s'étaient formés à la pensée hégélienne dans les cercles et les salons moscovites.

Peut-on essayer de préciser les raisons qui déterminèrent cet engouement pour la philosophie hégélienne? Répondre à cette question, c'est déjà en quelque manière, sinon faire sentir la spécificité de l'hégélianisme russe, du moins permettre d'en prendre une première image. Kireevskij pense que cette pénétration de la philosophie de Hegel est due à la connaissance de la langue allemande.[8] Raison toute négative, s'il en est, qui explique sans doute que l'on ait pu lire Hegel, mais ne dit pas pourquoi on est devenu hégélien. Les Schellingiens russes lisaient l'allemand: aucun ne s'est converti à l'hégélianisme.

Selon Miljukov, l'influence de Hegel coïnciderait avec la première publication des œuvres complètes entreprise à partir de 1832. Koyré accepte, en partie, cette explication:

«Il est certain, par exemple, que la *Philosophie de l'histoire* et l'*Esthétique* étaient non seulement plus accessibles aux lecteurs moscovites que les textes cryptiques de l'*Encyclopédie*, mais aussi capables de les intéresser bien plus profondément, par exemple, que la *Phénoménologie*».[9]

Plus faciles, sans doute. Mais il nous semble que les Hégéliens moscovites se passionnaient autant, et même beaucoup plus, pour la *Phénoménologie* et pour la *Logique* que pour les œuvres «faciles» de Hegel.

Enfin, certains pensent que les jeunes russes sont venus vers Hegel parce que son système comportait une philosophie de l'histoire et surtout une philosophie politique plus élaborées que celles de Schelling. Koyré partage lui aussi cette opinion:

«Une génération qui recommençait à s'intéresser à la politique se détournait naturellement de Schelling et se mettait à l'école de Hegel».[10]

Il est séduisant de croire que le besoin d'action politique ait poussé ces jeunes vers la philosophie hégélienne. Mais c'est inexact ou, du moins, ne vaut que pour les membres du cercle de Herzen. L'auteur de *Passé et Pensées* est formel:

«Avant notre exil, il n'y avait pas entre notre cercle et celui de Stankevič de grande sympathie. Notre tendance presque exclusivement politique ne leur plaisait pas et leur tendance presque exclusivement spéculative nous

---

[8] I. V. Kireevskij, in *Polnoe.*, t. II, p. 214.
[9] A. Koyré, *Etudes sur l'histoire de la pensée philosophique en Russie*, p. 113.
[10] *Ibid.*, p. 114. note I.

déplaisait. Ils nous tenaient pour des frondeurs et des français; nous les tenions pour des sentimentaux et des allemands».[11]

Ce texte se rapporte à une période antérieure à la découverte de Hegel. Mais l'attitude politique des uns, abstraitement spéculative des autres, n'a fait que se renforcer par la suite. Il suffit de lire le paragraphe suivant de *Passé et Pensées* pour s'en convaincre. Et sur ce point le témoignage de Herzen est amplement confirmé par ce que nous savons de Belinskij, Bakounine etc... Ce qui passionne les membres du cercle de Stankevič, ce sont les problèmes spéculatifs, l'«esprit compréhensif», la «personne absolue et son être-en-soi». Nullement, la philosophie politique de Hegel. Même Herzen qui s'intéressait déjà aux questions politiques aborde Hegel par la *Phénoménologie de l'Esprit*. On se détourne de Schelling pour aller vers Hegel, non pas parce que ce dernier permet de résoudre les problèmes politiques, mais parce que sa philosophie apparaît comme l'accomplissement de la philosophie de l'Identité de Schelling. Les textes les plus cryptiques sont ceux qui enivrent le plus: d'où cet engouement. Mais il est vrai que si l'intérêt s'est d'abord porté sur l'élément spéculatif, il s'est ensuite déplacé vers l'histoire et la politique. Pour illustrer ce double aspect de l'hégélianisme russe à ses débuts, nous retiendrons deux auteurs dont l'apport proprement philosophique est assez mince, mais qui eurent le mérite de personnaliser la philosophie hégélienne. L'un, Stankevič, qui incarne la tendance spéculative, illustre fort bien ce que fut la dominante de son cercle. L'autre, Granovskij, fut à l'université de Moscou le représentant de la philosophie de l'histoire de Hegel.

Mort à 27 ans, en 1841, Stankevič disparaît à l'époque où la philosophie hégélienne, qui vient de s'imposer à la pensée russe, commence tout juste à devenir l'idéologie dominante. Stankevič n'a pratiquement rien écrit. Son manuscrit sur *«La possibilité de la philosophie comme science»* n'a jamais été publié et est vraisemblablement perdu. Il a traduit l'article de Willm, mais s'est contenté de transmettre le texte sans le moindre commentaire ou la moindre réflexion personnelle. La seule fois où il parle de Hegel, c'est dans un très court exposé d'une dizaine de pages sur *«Les rapports de la philosophie avec l'art»*.[12]

---

[11] A. I. Gercen, *Byloe i dumy*, in *Polnoe.*, t. XIII, p. 11.
[12] Cet article Ob otnošenii filosofii k iskusstvu se trouve dans N. V. Stankevič, *Perepiska ego i biografija*, t. II, pp. 365–372; et dans N. V. Stankevič, *Stichotvorenija. Tragedija. Proza*, pp. 176–182.

Enfin, sa correspondance ne contient que fort peu de réflexions philosophiques.

Malgré le caractère si limité de ses écrits, Stankevič a grandement contribué à faire connaître la philosophie hégélienne en Russie. C'est que le rayonnement de ce jeune homme fut considérable. Tourguénev pleure en apprenant sa mort, et Tolstoi écrit qu'«il n'a jamais aimé quelqu'un autant que cet homme qu'il n'a jamais vu. Quelle pureté, quelle tendresse, quel amour!».[13] Granovskij, Botkin, Belinskij, K. Aksakov, qui fréquentent son cercle, seront les premiers, grâce à lui, à découvrir Hegel. Herzen est formel:

«Stankevič, lui aussi un de ces jeunes désœuvrés qui n'ont rien réalisé, fut le premier adepte de Hegel dans le cercle de la jeunesse moscovite».[14]

Il est important de remarquer que, dès l'ouverture du cercle, en 1831, Stankevič ne s'intéresse pas à la philosophie: l'art est au centre de sa vie. On est alors en pleine période romantique. Stankevič devient lui-même, sous l'influence de Schiller et de Goethe, et grâce aussi à son admiration pour Pouchkine, un adepte enthousiaste de cette conception esthétique. Sa découverte de Schelling ne fera que renforcer cette attitude romantique. En 1834, ce jeune homme qui avait habité pendant ses années d'étudiant chez le schellingien Pavlov se met à la lecture du grand philosophe romantique. Cette période schellingienne eut sur lui une influence beaucoup plus décisive qu'on ne le dit généralement. Il en sera, d'ailleurs, de même pour tous les autres membres de son cercle. De ce que la période schellingienne des penseurs russes fut moins forte que leur période hégélienne, on a trop tendance à la sous-estimer.[15] Zenkovsky a donc parfaitement raison de contester le jugement de M. Tschižewskij qui affirme que Stankevič aurait été attiré à la philosophie par la lecture de Hegel.[16] En réalité, Stankevič a commencé à philosopher avant de découvrir Hegel. Il suffit de lire le fragment d'une lettre inachevée intitulé *Ma métaphysique* pour s'en convaincre. Ce passage qui date de 1833, ainsi que la correspondance de la même époque, nous révèlent un Stankevič qui adopte les thèses fondamentales de Schelling sur l'unité organiciste de la nature, de l'esprit et de l'histoire. Comme Schelling, il insiste sur l'interdépen-

---

[13] Ces témoignages sur Stankevič sont rapportés par D. Tschižewskij, *Hegel bei den Slaven*, pp. 179–181.
[14] A. I. Gercen, *Byloe i dumy*, in *Polnoe*. t. XIII, p. 10.
[15] Ainsi, A. Koyré qui écrit: «Les jeunes hégéliens le furent, pour ainsi dire, dès le début» (en *Etudes sur l'histoire de la pensée philosophique en Russie*, p. 113).
[16] B. Zenkovsky, *Histoire de la philosophie russe*, t. I, p. 269.

dance et le développement des phénomènes qui forment un tout vivant et sont soumis à la régulation du principe spirituel. Dès ce moment-là, il est persuadé que les sciences ne prennent quelque intérêt que dans la mesure où elles sont relues à la lumière de la philosophie. De Schelling, encore, il retient que la religion l'emporte sur la philosophie. Telle est la position de Stankevič lorsqu'il découvre à peu près en même temps Fichte et Hegel. La place de Fichte ne saurait être sous-estimée. Il lit, bien sûr, les exposés plus populaires comme *Die Bestimmung des Menschen* ainsi que l'*Anweisung zum seligen Leben*. Mais il connaît aussi la *Wissenschaftslehre* – il a d'ailleurs suivi à Berlin le cours de Werder sur cet ouvrage fondamental. Fichte lui apporte une notion centrale, celle de personne. La réflexion morale s'allie harmonieusement avec ses tendances esthétiques. Mais l'idéalisme subjectif de la *Wissenschaftslehre* le déçoit: il ne peut admettre qu'avec l'aide de la raison on ose prétendre reconstruire le monde. Fichte n'est donc qu'une étape, comme il ressort d'une lettre écrite à son ami M. Bakounine:

«A partir de Fichte, j'entrevois déjà la possibilité d'un autre système».[17]

Ce nouveau système sera celui de Hegel que Stankevič étudie avec soin en Russie vers 1836 et surtout lors de son séjour en Allemagne où, avec Granovskij et Neverov, il suit les leçons de Werder, Ranke, Gans et Hotho. Cette découverte de Hegel le confirme dans certaines de ses idées antérieures, mais l'oblige aussi à en réviser quelques unes. On peut, pour plus de clarté, les classer sous deux rubriques fondamentales: la philosophie spéculative et la philosophie politique. Au plan proprement spéculatif, la lecture de Hegel n'entraîne aucun changement dans sa conception de la religion. Pourtant, la thèse de Hegel sur la primauté de la philosophie aurait dû choquer Stankevič qui reste fidèle à ses premières intuitions sur la primauté du fait religieux.[18] Mais il ne semble pas avoir senti la difficulté. S'il se sépare de Hegel sur la question de l'immortalité de l'âme, il reste persuadé que la philosophie hégélienne, qui se fonde sur la transcendance de l'Etre divin, est compatible avec la religion. Il reprend à son compte, et dans les mêmes termes, le jugement de Granovskij contre Ševyrev:

«Dans le *Journal du Ministère* Ševyrev a fait paraître un article dans lequel

[17] N. V. Stankevič, Pis'mo k M. Bakuninu, 21/IV/1836, in *Perepiska Nikolaja Vladimiroviča Stankeviča*, p. 605.
[18] *Id.*, Pis'mo k M. Bakuninu, 7/XI/1836, in *ibid.*, p. 624.

il dit que dans la philosophie hégélienne il n'y a pas de dieu. Quelle créature détestable! Je regrette qu'il ne soit pas là pour lui dire ses quatre vérités».[19]

Toutefois, on peut noter, sans doute sous l'influence de Hegel, une prise de conscience plus aiguë des exigences terrestres. Stankevič écrit en 1838:

«La réalité est le champ d'action de l'homme véritable, fort; l'âme faible vit dans le *Jenseits*, dans l'aspiration, dans une aspiration indéterminée».[20]

Ce texte a une tonalité si différente de cet autre qui fut écrit deux ans plus tôt sous l'influence de Schelling:

«Granovskij, le croirais-tu! les chaînes tombèrent de mon âme lorsque je vis qu'en dehors de l'esprit qui embrasse tout, il n'y a pas de savoir, que la vie est l'autojouissance de l'amour et que tout le reste n'est que fantôme. Oui, c'est une ferme conviction. A présent, j'ai un but devant moi: je veux l'unité complète dans le monde de mon savoir; je veux rendre compte de chaque phénomène; je veux voir son rapport avec la vie de l'univers entier, sa nécessité, son rôle dans l'évolution de l'idée».[21]

Incontestablement, après sa lecture de Hegel, Stankevič renonce en partie – totalement pense Tchiževskij – à ses conceptions romantiques qui lui faisaient placer la vraie vie dans une fuite hors de ce monde. C'est qu'il vient de comprendre que la pensée dialectique est un dialogue entre le réel et l'idéal. Il sait, à la suite de Hegel, que «l'amour romantique a ses limites» et que le sujet ne devient lui-même qu'en acceptant de supprimer la «Halsstarrigkeit der Particularität».[22] Alors, plutôt que l'évasion, mieux vaut supporter «la négativité de la vie». Cette prise de conscience des exigences du *Diesseits*, c'est à Hegel que ce tempérament contemplatif la doit. Stankevič l'avoue à sa fiancée, la sœur de Bakounine:

«Vous êtes tout à fait hégélienne – beaucoup plus que moi – car vous êtes en possession de ce que je cherche à obtenir, ce sentiment de réalité que Vous avez reçu de votre nature et dont Hegel me fit voir le manque en moi. Je suis à moitié raisonneur, à moitié fantastique».[23]

Progressivement, grâce à la philosophie hégélienne, la partie fantastique de son être régresse. Cette modification se fait chez lui sans trop de drame intérieur, ce qui ne sera le cas ni pour Belinskij ni pour

[19] *Id.*, Pis'mo k Frolovu, 21/V/1840, in *ibid.*, p. 715.
[20] *Id.*, Pis'mo k M. Bakuninu, 21/I/1838, in *ibid.*, p. 650.
[21] *Id.*, Pis'mo k Granovskomu, 29/IX/1836, in *ibid.*, p. 450.
[22] *Id.*, Pis'mo k M. Bakuninu, 21/I/1838, in *ibid.*, pp. 650–651.
[23] *Id.*, Pis'mo L. A. Bakunine, 8/III/1838, in *ibid.*, p. 562.

M. Bakounine. En effet, Stankevič ne commet pas le contresens habituel qui rend philosophiquement insoutenable et humainement intolérable la thèse de Hegel sur la convertibilité du réel et du rationnel. Il comprend parfaitement le sens que Hegel entendait donner à sa formule. Stankevič écrit:

«Ainsi, à propos de la réalité, on lit dans la *Logique* que la réalité prise au sens d'immédiateté, d'être extérieur, c'est la contingence; et que la réalité, selon sa vérité, c'est la raison, l'esprit.[24]

La philosophie hégélienne n'est donc pas cette philosophie implacablement rationaliste prête à sacrifier toute la riche complexité de la vie. Ceci conduit notre auteur à prendre la défense de Hegel contre ses premiers détracteurs russes:

«Les Philistins lorsqu'ils lisent les mots 'Philosophie de Hegel', déclarent: c'est sec. Il faut le suivre pour s'apercevoir quelle vie sort de cet édifice dont l'harmonie rationnelle n'est comprise que par celui qui l'a vu pleinement. Il faut être dans le système pour le comprendre».[25]

La philosophie hégélienne ne doit pas être confondue avec l'idéalisme abstrait et squelettique. C'est, au contraire, une philosophie profondément concrète et pleine de vie. On peut donc faire confiance à la philosophie, car elle est le savoir par excellence et non point seulement une science parmi les autres:

«La philosophie est *science* et comme chaque science elle est travail, lutte de l'esprit avec l'objet. Elle est le passage du fini à l'Absolu. L'idée transparente à soi-même est la vie de l'absolu. Dès que nous parvenons à l'Idée, *nous n'avons plus besoin de science*... Mais de l'Idée on peut construire la vie; c'est dire que l'Idée devient nécessairement action, connaît son oeuvre et en jouit».[26]

On voit aussi par les derniers passages de ce texte que la position de Stankevič se distingue radicalement de celle de Hegel pour se rapprocher singulièrement de celle de Feuerbach. Nous savions déjà que Stankevič mettait la religion au-dessus de la philosophie – ce qui n'est pas hégélien. Subordonner la philosophie à la vie l'est encore beaucoup moins. Pourtant, telle est bien l'intention de ce jeune russe. Dans la suite de la lettre que nous venons de citer, il dit que la vie doit

---

[24] *Id.*, Pis'mo k Granovskomu, 1/II/1840, in *ibid.*, p. 486.
[25] *Id.*, *Stichotvorenija. Tragedija. Proza*, p. 177.
[26] *Id.*, Pis'mo k M. Bakuninu, 19/V/1840, in *Perepiska Nikolaja Vladimiroviča Stankeviča*, p. 672.

passer dans l'action et se supprimer en elle. Stankevič est assez lucide pour savoir que ce n'est plus du Hegel. Mais il reconnaît que cette nouvelle étape – qui sera le programme de la gauche hégélienne – n'a été rendue possible à présent que «parce que le génie de Hegel a finalement éclairci les représentations sensibles et la pensée. Avant lui, c'eût été *Phantasterei*».[27] Incontestablement, dès 1840, Stankevič était à un tournant. Faut-il croire qu'il a déjà adopté la position de Feuerbach, ou qu'il reste encore hégélien? Faut-il risquer, avec Herzen, que s'il avait vécu, il aurait dû rejoindre soit le camp des Slavophiles, soit celui des Occidentalistes? Nous ne pouvons rien avancer de valable, sinon qu'au moment de sa mort, s'il reste encore profondément marqué par la philosophie de Hegel, il accorde plus d'importance à la vie qu'à la philosophie.

Il le fait d'autant plus naturellement qu'il a toujours considéré que l'hégélianisme est une philosophie qui jamais ne résout un seul problème spéculatif sans se référer à l'expérience historique concrète. Pour Stankevič, en cela très dépendant de Hegel, réflexion et histoire ne sont nullement exclusives. Certains commentateurs sous-estiment la signification de cette prise de conscience de la réalité historique. Ainsi, Ivanov-Razumnik déclare que Stankevič abandonne l'histoire dès qu'il aborde l'étude de la philosophie.[28] Dans un des meilleurs articles consacrés à la pensée de Stankevič, Sakulin, à juste titre, conteste cette position:

«Au contraire, Stankevič s'en est tenu au ferme point de vue que l'étude de la philosophie doit absolument être accompagnée de travaux sur l'histoire. L'histoire et la philosophie sont deux disciplines fondamentales».[29]

L'histoire est l'étoffe des choses même les plus spirituelles. C'est pourquoi il sait gré à Hegel d'avoir rédigé une *Esthétique* où le point de vue historique reçoit une place si déterminante qu'il constitue l'un des éléments de l'explication de l'art. Le court texte sur *«Les rapports de l'art avec la philosophie* est profondément inspiré par Hegel. Stankevič retient surtout le fait que l'art, s'il forme une unité, n'en est pas moins le résultat d'une multiplicité d'activités artistiques dont chacune reçoit sa coloration particulière de l'époque qu'elle reflète:

«Une des grandes découvertes importantes de la philosophie moderne est que l'histoire de l'art est considérée d'une façon rationnelle et est, en même

---

[27] *Ibid.*, p. 673.
[28] P. V. Ivanov-Razumnik, *Istorija russkoj literatury XIX veka*, pp. 264–265.
[29] P. Sakulin, Idealizm Stankeviča, in *Vestnik Evropy*, (1915), p. 260.

temps, sa théorie et que ses genres correspondent pleinement à ses époques qui, à leur tour, coïncident avec les époques du développement général de l'esprit. Cette pensée accomplit une révolution complète dans l'Esthétique: l'art, au lieu de la perdre, acquiert une signification mondiale. Il se dégage de la paralysie insensée dans laquelle il se trouvait, divisé, on ne sait ni comment ni pourquoi, en genres différents. Il apparaît comme un tout qui vit par l'esprit et de l'esprit et qui vit en partageant *avec lui* toutes ses destinées».[30]

Il est vraiment dommage que Stankevič n'ait pas eu le temps de poursuivre ses recherches, car il avait certainement bien vu l'intention de Hegel. L'histoire ne sert pas à illustrer les formes multiples de l'art. L'Esthétique ne saurait se réduire à n'être qu'un simple catalogue, puisque l'histoire de l'art doit être comprise par la raison, donc d'une manière authentiquement spéculative: la beauté est la manifestation sensible de l'Idée, laquelle, à son tour, n'existe pas en dehors de sa manifestation sensible.

Stankevič ne fut peut-être pas tout à fait insensible à la thèse de Hegel sur les rapports entre l'infini et le fini. S'appuyant sur l'un ou l'autre des rapides passages de l'auteur, on pourrait dire, avec Koyré, que «le Dieu hégélien de Stankevič se réalise et se révèle tout autant dans la nature que dans l'histoire... Les hommes, cependant, ne sont pas des instruments inertes de cette évolution. Ils sont des agents libres, de libres collaborateurs de Dieu».[31] Pourtant, si Stankevič accepte que «la divinité se manifeste dans l'homme», il ne faudrait pas donner à cette expression un sens immanentiste fort éloigné de la pensée de son auteur.

Le domaine sur lequel l'influence de Hegel fut le plus sensible, c'est le domaine politique. Toujours en vertu du principe même de l'historicité, il faut bien reconnaître que l'homme individuel est soumis à la réalité des états concrets, déterminés. Sa sensibilité contemplative ne le portait certes pas vers l'austère philosophie politique de Hegel. Cela fait apparaître encore plus clairement combien cette rencontre fut déterminante pour Stankevič. Nous savons déjà que Hegel lui a permis de comprendre que, pour atteindre au savoir spéculatif, il fallait d'abord commencer par renoncer à l'amour romantique. Ce renoncement se réalise concrètement grâce à l'état. En 1838, il aborde les *Principes de la philosophie du Droit*. La partie la plus conservatrice de cette œuvre, la théorie des états (Stände), lui semble très perti-

---

[30] N. V. Stankevič, *Stichotvorenija. Tragedija. Proza*, p. 179.
[31] A. Koyré, *Etudes sur l'histoire de la pensée philosophique en Russie*, p. 125.

nente. Et il admire tout ce que dit Hegel contre les déclamations démagogiques en faveur du libéralisme.[32] Pour se préserver de l'arbitraire de la subjectivité, il faut accepter la théorie politique de Hegel sur la primauté de l'état:

«A présent, je me persuade de plus en plus que la sphère de l'état – comme l'affirme Hegel – est le seul salut en face des *Launen* (caprices) subjectifs; que c'est là (dans l'état) que l'homme trouve pour soi-même un *Halt*, c'est-à-dire un soutien».[33]

Grâce à la médiation de l'état, la liberté de l'entêtement devient la véritable liberté spirituelle. Tout ceci est du meilleur Hegel. Mais il y a encore chez notre auteur un texte plus révélateur qui mérite d'être cité. Après avoir montré que l'histoire n'est rien d'autre que le devenir et le développement de l'état, il ajoute:

«Il s'ensuit que l'état est la plénitude, la totalité, *Totalität*, la réalité rationnelle; l'art et le reste sont la conscience absolue de l'état, sans aucun doute le moment suprême sur lequel, à nouveau, est fondée une réalité nouvelle qui apparaît, à son tour, en tant qu'état».[34]

De ces quelques réflexions sur la philosophie politique de Hegel, il est difficile de déterminer jusqu'où Stankevič accepte de suivre son maître. Koyré, à la suite de Tschižewskij, pense qu'il «adopte Hegel en bloc, même ses idées sur l'Etat, la glorification de l'Etat».[35] Il faut être prudent. Ce disciple de Hegel distingue nettement le rationnel effectif de ce qui n'en a que l'apparence. S'il avait élaboré une théorie politique, il aurait peut-être appliqué cette distinction essentielle au domaine de l'état, ce qui lui aurait permis de ne pas se laisser prendre au piège où tombera son ami Belinskij.

Ayant si peu écrit, étant si peu systématique et en même temps si sensible aux influences contrastées de son temps, Stankevič est difficile à saisir. Pour l'un, «il se présente comme la cornue en laquelle la quintessence de l'idéalisme russe s'est fabriquée d'une façon chimiquement pure»; et pour l'autre, il a non seulement rompu avec l'idéalisme romantique, mais serait devenu feuerbachien.[36] Tel autre qui sous-estime l'influence de la philosophie de Hegel continue à ne

---

[32] N. V. Stankevič, Pis'mo k Granovskomu, 27/IV/1838, in *Perepiska Vladimiroviča Stankeviča*, p. 455.
[33] *Id.*, Pis'mo k Frolovu, 13/VI/1839, in *ibid.*, p. 680.
[34] *Id.*, Pis'mo k Granovskomu, 27–30/VIII/1838, in *ibid.*, p. 471.
[35] A. Koyré, *Etudes sur l'histoire de la pensée philosophique en Russie*, p. 125.
[36] Portait idéaliste de Stankevič par M. O. Geršenzon, *Istorija molodoj Rossii*, p. 209. Selon Sakulin, Stankevič serait devenu hégélien de gauche (in Idealizm Stankeviča, in *Vestnik Evropy*, (1915), p. 251.

considérer que l'artiste, ce qui amène l'excès contraire de celui qui
pense que le romantisme de Stankevič disparaît dès qu'il prend
contact avec Hegel.[37] Comme on le voit, le débat est ouvert et nous
n'entendons pas le clore. Mieux vaut reconnaître que Stankevič
n'était nullement porté à l'exclusivisme. C'est ce qu'a bien perçu l'un
de ses historiens:

«En philosophie, il ne s'abandonnait pas sans partage aux constructions
logiques abstraites, et n'adorait pas l'art au point d'oublier la nature; finalement, pour la nature qu'il aimait tant, il n'a pas oublié la société».[38]

Il faudrait ajouter, pour que le portrait soit complet, que l'élan
religieux a toujours tenu chez lui une place importante, voire essentielle. On peut affirmer, sans risque de se tromper, que cette personnalité si attrayante, et à coup sûr trop tôt disparue, a joué un
rôle de premier plan dans la diffusion de l'hégélianisme en Russie.
Mais il y a plus. L'évolution de Stankevič nous permet d'entrevoir ce
que sera l'évolution des Hégéliens des années «40». Parti de la contemplation spéculative, il finira par mettre la vie et l'action au-dessus
de la philosophie. Par là, il annonce assez clairement que l'engouement
pour la philosophie hégélienne cèdera vite la place à un certain désen-
chantement.

§ 2. La conception hégélienne de l'histoire selon Granovskij

Si l'on ne devait tenir compte que de la valeur proprement philosophique de Granovskij, il ne faudrait point accueillir dans un ouvrage
consacré à l'histoire des idées ce professeur qui n'a pratiquement rien
écrit sur la philosophie de l'histoire. Mais le personnage appartient lui
aussi tellement à son époque qu'il est impossible de l'ignorer. Sa bonté
et sa limpidité étaient telles qu'il fut estimé aussi bien par les Slavophiles que par les Occidentalistes. S'il fut lui-même occidentaliste, cet
esprit libéral et indépendant n'accepta pourtant jamais de partager les
idées révolutionnaires de Bakounine et de Herzen.

Ses cours, à l'université de Moscou, dès 1839, eurent une influence
considérable. Il faut lire le très bel article que Miljukov a consacré au
Cours de Granovskij pour apprécier à sa juste valeur l'importance

---

[37] Peu d'influence de Hegel pour Č. Vetrinskij, *T. N. Granovskij i ego vremija*, p. 40.
Forte influence de Hegel d'après D. Tschižewskij, *Hegel bei den Slaven*, p. 184.
[38] V. Jamerštet, Mirosozercanie kružka Stankeviča i poezija Kol'cova, in *Voprosy
filosofii i psichologii*, (1894), XXII (2), p. 180.

de ces leçons.[39] A partir de 1844, il donne son cours public sur le Moyen-Age. Ce fut un beau succès. Le jeune professeur dont le talent est grand quitte la salle au milieu des applaudissements: on pleurait même, remarque Herzen. Čaadaev, présent comme tout le monde, disait à qui voulait l'entendre que cette leçon a «une signification historique».[40] Pourquoi donc cet anti-hégélien déclaré applaudissait-il lui aussi? Très certainement parce que Čaadaev, sensible surtout au rôle de défenseur de l'Occident qu'avait assumé Granovskij, n'avait pas perçu la tendance hégélienne de son propos. Pourtant la conception historique de Granovskij est d'inspiration hégélienne. Ševyrev, lui, ne s'y était pas trompé. Il écrivit aussitôt dans le *Journal du Ministère de l'instruction publique* un article pour dénoncer l'hégélianisme de Granovskij, ce qui équivalait à une dénonciation pure et simple. On craignit que le cours ne fût suspendu. Quand on apprend qu'il pourra poursuivre, Herzen, soulagé, note:

«Tout n'est pas encore perdu si sa voix continue à retentir, se disait-on, en respirant plus librement».[41]

L'homme qui devait, pendant une quinzaine d'années, contribuer si largement à la diffusion de la philosophie de l'histoire de Hegel à l'université de Moscou avait acquis une solide formation hégélienne. Comme Stankevič, son ami, il avait fait le voyage de Berlin où il écouta de 1837 à 1839 les leçons des fondateurs de l'Ecole du droit historique et surtout des disciples de Hegel. On sait aussi par sa correspondance qu'il a lu dans le texte les ouvrages fondamentaux de Hegel: *Phénoménologie de l'Esprit, Science de la Logique, Principes de la philosophie du droit, Esthétique* et *Philosophie de l'histoire.*

Granovskij comprend l'importance de la philosophie hégélienne, sans partager toutefois l'enthousiasme des autres membres du cercle de Stankevič. En 1837, il écrit à Grigorev:

«Apprends l'allemand et commence à lire Hegel qui apportera la paix à ton âme. Il y a des questions auxquelles l'homme ne peut pas répondre d'une façon satisfaisante. Ces questions ne seront pas non plus résolues par Hegel;

---

[39] Sur la vie et l'activité de Granovskij, on pourra consulter: A. I. Gercen, *Byloe i dumy,* in *Polnoe.,* t. XIII, pp. 99–155. P. Kudrjabcev, Detstvo i junost' Granovskago, in *Russkij Vestnik,* (1858), XVIII, pp. 1–50. Granovskij i ego perepiska, t. I, Biografičeskij očerk A. Stankeviča, pp. 1–283. P. N. Milioukov, Le cours de Granovskij, in *Le mouvement intellectuel russe,* pp. 301–376. S. A. Asinovskaja, *Iz istorii peredovych idej v russkoj medievistike.* E. A. Kosminskij, Žizn' i dejatel'nost' T. N. Granovskogo, in *Vestnik moskovskogo universiteta,* (1956), IV.

[40] A. I. Gercen, *Byloe i dumy,* in *Polnoe.,* t. XIII, p. 113.

[41] *Ibid.,* p. 109.

toutefois, tout ce qui est accessible au savoir humain reçoit chez lui un très heureux éclaircissement».[42]

On remarquera, au passage, ce qui constitue l'un des traits essentiels des Hégéliens russes de cette époque: la recherche de la paix intérieure. Granovskij n'était pas né philosophe et il ne l'est jamais devenu. Sur ce point, il faut accepter sans réserve le jugement de Herzen:

«Granovskij qui avait été sensible à la tendance scientifique d'autrefois ne possédait ni l'amour ni le talent pour la pensée abstraite... Il n'aurait supporté ni l'impartialité impassible de la logique ni l'objectivité impassible de la nature».[43]

Comme le remarque justement Herzen dans ce même passage de *Passé et Pensées*, Granovskij, très tourné vers les choses humaines, avait parfaitement trouvé sa voie comme professeur d'histoire. C'est donc dans ses travaux d'historien, spécialement dans sa très courte introduction à son *Cours sur le Moyen-Age* et dans l'article sur *L'état et la signification actuels de l'histoire mondiale* que se trouvent ses vues sur l'histoire. A partir de ces quelques rares passages, il est difficile de se faire une idée précise de la doctrine qu'adopte Granovskij. Cet historien ne serait-il pas finalement un éclectique qui prend son bien dans les différentes tendances opposées de son époque comme incline à le croire Vinogradov, ou doit-on penser avec Miljukov que Granovskij a réussi à élaborer une théorie de l'histoire dépendante de celle de Hegel? [44] Il apparaît à la lecture des textes que l'historien russe adopte, pour l'essentiel, la position hégélienne sans bien sûr en saisir toutes les implications spéculatives.

Selon Hegel, l'histoire philosophique l'emporte de beaucoup sur l'histoire originale ou événementielle. Comprendre l'histoire exige de dépasser les simples faits pour en saisir la signification profonde. A quelques corrections près que nous verrons par la suite, Granovskij accepte cette thèse centrale de Hegel. Il n'aime pas ce qu'il appelle l'histoire pragmatique, celle qui se contente de narrer les événements. C'est pourquoi il exécute volontiers les historiens français en lesquels

[42] T. N. Granovskij, Pis'mo Grigorevu; cité par B. Jakowenko, *Geschichte des Hegelianismus in Russland*, p. 133.

[43] A. I. Gercen, *Byloe idumy*, in *Polnoe.*, t. XIII, p. III.

[44] P. Vinogradov, T. N. Granovskij, in *Russkij mysl'*, (1893), 4, pp. 44–66. P. N. Milioukov, Le cours de Granovski, in *Le mouvement intellectuel russe*, pp. 370–375.

il voit des tenants de cette théorie.[45] Il leur préfère donc la nouvelle école allemande: Herder, Kant, Schelling et Hegel. Il s'intéresse tout particulièrement à Hegel dont il aime la conception globale de l'histoire. Pour autant que l'on puisse préciser la pensée de Granovskij, il semble que cette notion de «globalité de l'histoire» inclut trois idées complémentaires: l'histoire est la synthèse de toutes les autres disciplines, elle est une histoire mondiale; enfin c'est l'histoire de l'Esprit qui se révèle progressivement.

Il faut que l'histoire intègre toutes les disciplines: la politique, le droit, la philologie, la psychologie tant individuelle que collective, l'ethnographie, l'économie. Plus il avance vers la fin de sa vie, plus il insiste sur la nécessité pour l'historien de s'occuper de ces sciences auxiliaires. Il ne faudrait pas en conclure qu'au terme de sa carrière Granovskij se serait progressivement séparé de Hegel.[46] Sans doute il reproche à la *Philosophie de l'histoire* de Hegel qu'il tient, par ailleurs, pour l'une de ses grandes productions, de se limiter uniquement au point de vue de l'histoire politique des peuples. Mais Granovskij sait que Hegel, dans ses autres ouvrages, considère l'histoire sous des aspects différents. Aussi pour avoir une vue exhaustive de la pensée du philosophe allemand, faut-il se référer à ses études sur *l'Histoire de la religion*, *l'Histoire de la philosophie* et même *l'Esthétique*.[47]

L'histoire globale est aussi une histoire universelle. Granovskij n'accorde qu'un intérêt très limité aux histoires nationales. Il croit même qu'il est impossible de comprendre la réalité historique si l'on s'en tient au point de vue trop restreint des nations. D'où les traits qu'il décoche aux historiens de l'antiquité qui ne se sont pas haussés au point de vue de l'histoire universelle, et son admiration pour Bossuet, Vico, Herder et bien sûr Hegel. Granovskij reconnaît, certes, une certaine spécificité aux histoires nationales, mais il ajoute aussitôt:

«Toutefois, ceci ne nous dispense pas de prouver cette idée dans toute l'histoire mondiale. Les nations se rapportent à l'humanité comme les individus à la nation. Tous les peuples vivent avec les autres dans des rapports variés...».[48]

---

[45] T. N. Granovskij, Konspekt universitetskogo kursa lekcij po istorii srednich vekov, in *Lekcii T. N. Granovskogo po istorii srednevekov'ja*, p. 37. Cf. Id., *Sočinenija*, t. II, pp. 8–9.

[46] N. Kareev, *Istoričeskoe mirosozercanie T. N. Granovskago*, pp. 16–28.

[47] T. N. Granovskij, Konspekt., in *Lekcii*., p. 41. Trois ans avant sa mort, il dira que l'essentiel de Hegel ne se trouve pas dans sa *Philosophie de l'histoire*, mais dans ses autres écrits, la *Phénoménologie de l'Esprit*, les *Principes de la philosophie du droit*, etc... (T. N. Granovskij, *Sočinenija*, t. I, p. 20).

[48] T. N. Granovskij, Konspekt., in *Lekcii*., p. 47.

On sait que, vers la fin de sa vie, l'historien russe envisageait de rédiger une monumentale histoire universelle dont il n'a laissé que le canevas.[49] Il fut donc, en Russie, un précurseur. Et Kareev a bien raison de souligner la nouveauté de cette conception qui devait, par la suite, devenir la dominante de l'enseignement de l'histoire à l'université de Moscou:

«Granovskij, le premier, a fondé dans notre littérature la notion d'histoire universelle considérée non comme la simple somme d'histoires particulières, mais comme un unique tout historique universel; il fut le fondateur de la conception de l'histoire universelle».[50]

Enfin, l'histoire est le domaine de la révélation de l'Esprit. On notera avec quel soin Granovskij, à la suite de Hegel, distingue l'ordre naturel du monde et l'ordre historique de la culture. Alors que le premier se résout en de mornes répétitions, le développement historique reflète une prise de conscience toujours plus totale de l'humanité. Voici un texte tiré de son introduction au *Cours sur le Moyen-Age:*

«Ainsi, une loi simple domine dans les répétitions continuelles de la nature et du monde humain, mais avec cette différence que dans la nature ce processus s'accomplit sous la forme d'un changement circulaire uniforme et que dans l'histoire il s'accomplit sur des objets perpétuellement nouveaux... Il y a toujours de nouvelles contradictions qui jamais ne retournent au point antérieur; et de ces luttes surgissent perpétuellement de nouveaux résultats».[51]

Donc, pour Granovskij comme pour Hegel, il n'y a pas d'histoire dans la nature. Quant à l'histoire humaine, elle trouve son principe et sa source dans les contradictions dialectiques. De cette idée nouvelle, Granovskij tire une conclusion importante sur la définition même de la notion de progrès. Alors que le XVIIIe siècle concevait le progrès d'une façon purement mécanique, pour la nouvelle philosophie le progrès s'accomplit d'une façon organique.[52]

A travers toutes ces luttes et ces conflits, l'histoire vise l'avènement du règne de la liberté:

«Le temps historique apparaît comme le passage de la jeunesse à l'âge adulte, comme l'éveil de l'esprit à partir de la nature et comme le dévoilement de

---

[49] *Id.*, Učebnik vseobščej istorij, in *Sočinenija*, t. II, pp. 452–464. La première phrase de l'introduction porte: «Le contenu de l'histoire mondiale embrasse la vie terrestre de l'humanité» (*ibid.*, p. 452).

[50] N. Kareev, *Istoričeskoe mirosozercanie T. N. Granovskago*, p. 99.

[51] T. N. Granovskij, Konspekt., in *Lekcii.*, p. 44.

[52] *Ibid.*, pp. 38–40.

l'esprit dans la diversité de ses formes... et finalement comme l'aspiration à fonder et développer son existence d'une manière libre».[53]

Granovskij dépend encore de Hegel sur de nombreux points de détails. Nous renvoyons le lecteur à l'article de Miljukov.[54] D'une façon générale, la convergence est telle que Koyré a pu écrire que «les conceptions historiques de Granovskij sont entièrement hégéliennes».[55] Granovskij sait, par exemple, que la nouvelle théorie de l'histoire s'oppose à celle du XVIIIe siècle parce qu'elle a introduit dans l'explication historique la notion de loi, donc de nécessité. A la suite de Hegel, il enseignera lui aussi que l'histoire n'est pas le royaume de la contingence pure: les événements fortuits s'y rencontrent, mais ils n'intéressent absolument pas le philosophe-historien:

«Ce développement – ou l'histoire – s'accomplit indépendamment du contingent ou de l'arbitraire, selon des lois, comme il ressort de la simple conclusion suivante: chaque phénomène important, chaque tendance déterminée de la vie d'un peuple – poésie et prose, science et art, les différentes formes de gouvernement, les conceptions religieuses – ont finalement une place déterminée dans le temps où ils fleurissent, tandis que des procédés artificiels ne leur procurent qu'une pauvre existence transitoire».[56]

Nous ne sommes pas qualifié pour le dire, mais il se pourrait bien que si l'historien Granovskij est justement oublié, c'est précisément parce qu'il ne s'est pas assez appliqué à étudier cet ensemble de contingences dont est faite l'histoire. La phrase qui termine son introduction est très révélatrice, en tout cas, et de sa méthode et de son hégélianisme:

«Donc l'objet de l'histoire mondiale n'est pas tout le genre humain, mais seulement ce qui en lui est universel, essentiel».[57]

L'universel, l'essentiel ne se confondent pourtant pas avec le nécessaire; Granovskij tient à le préciser:

«Dans l'histoire, il y a deux aspects: d'une part, elle nous montre la création libre de l'esprit humain; d'autre part, les conditions naturelles données par la nature à son activité».[58]

[53] *Ibid.*, p. 45.
[54] Dans son bel article sur le Cours de Granovskij (in *Le mouvement* intellectuel russe) Milioukov mentionne entre autres, la conception de Granovskij sur les croisades (p. 363), sur la signification du christianisme comme nouvelle période historique (317), sur le Néo-Platonisme (328), sur la période qui suit la mort de Charlemagne (383).
[55] A. Koyré, *Etudes sur l'histoire de la pensée philosophique en Russie*, p. 164.
[56] T. N. Granovskij, Konspekt., in *Lekcii.*, p. 44.
[57] *Ibid.*, p. 47.
[58] T. N. Granovskij, O sovremennom sostojanii i značenii vseobščej istorii, in *Sočinenija*, t. I, p. 22.

Tout ceci est rigoureusement hégélien. Pourtant Granovskij est agacé par le caractère souvent arbitraire de la systématique hégélienne.[59] Tout en acceptant la thèse centrale de Hegel sur la nécessité d'interpréter l'histoire à la lumière spéculative, il n'en est pas moins sensible au danger que porte en soi une telle théorie. Certes, il préfère «la nouvelle science, la philosophie de l'histoire qui a mis à la place [de la conception du XVIIIe siècle] la loi ou pour mieux dire la nécessité».[60] Mais sa réserve apparaît quelques lignes plus loin:

«Nous ne nierons pas le mérite de ce nouveau point de vue finalement plus rationnel que le précédent, mais nous ne pouvons pas ne pas faire remarquer qu'il est cependant trop étroit et unilatéral».[61]

Granovskij soulève ici une objection qui sera reprise par la suite avec plus de force tant par les Occidentalistes que par les Slavophiles. Čičerin rapporte que son maître lui disait souvent:

«La véritable philosophie de l'histoire, c'est l'histoire elle-même».[61]

Si Granovskij préfère l'histoire à la philosophie de l'histoire, ou du moins se défie un peu de cette dernière, c'est parce qu'il sait que toute philosophie de l'histoire a toujours tendance à restreindre indûment la place de la contingence. Miljukov, dans l'article déjà cité, a essayé de prouver que la position de Granovskij demeure fondamentalement celle de Hegel.[63] Son argumentation n'entraîne pas l'adhésion, car le disciple russe se sépare du philosophe allemand sur deux points relativement importants: la place de la liberté individuelle et les leçons de l'histoire. Granovskij, en effet, insiste beaucoup plus que Hegel sur le rôle de l'individu dans l'histoire:

«La personne n'est pas l'instrument de la loi historique; la personne, indépendante, est l'adversaire militant de cette loi. Elle assume, de droit, la responsabilité de toutes les sortes d'événements qui l'entraînent ou la retiennent».[64]

---

[59] *Ibid.*, p. 20.
[60] *Id.*, Reforma v Anglii, in *Sočinenija*, t. II, p. 276.
[61] *Ibid.*, p. 276. Herzen a relevé cette réticence de Granovskij face au nécessitarisme historique: «En effet, tout en considérant l'histoire comme un organisme se développant régulièrement, il n'a jamais soumis les événements à la loi formelle de la nécessité, ni à des limites artificielles. La nécessité apparaissait dans son récit comme la pensée, en quelque sorte secrète, d'une époque. Elle se sentait de loin comme une manière de dieu caché, laissant à la vie sa pleine liberté et son entière luxuriance» (A. I. Gercen, in *Polnoe.*, t. III, p. 408).
[62] B. Čičerin, *Vospominanija*, t. II, p. 43.
[63] P. N. Milioukov, Le cours de Granovskij, in *Le mouvement intellectuel russe*, pp. 370 sq.
[64] T. N. Granovskij, Reforma v Anglii, in *Sočinenija*, t. II, p. 276.

Il est assez vraisemblable que c'est sous l'influence de Ritter que Granovskij a mieux compris l'importance de la personne.[65] Cette importance apparaît avec plus de clarté encore si l'on considère le rôle que Granovskij accorde aux grands hommes dans le développement de l'histoire. On sait que, selon Hegel, le grand homme se contente de refléter l'esprit de son temps: son rôle est donc des plus modestes. Granovskij n'accepte pas cette position. Pour lui, le grand homme occupe une place privilégiée dans le déroulement de l'histoire. Bien qu'il ne soit pas explicitement nommé, c'est évidement Hegel qui est visé dans ce passage:

«Il n'y a pas encore longtemps qu'une voix s'est élevée pour nier la nécessité des grands hommes dans l'histoire, pour prétendre que leur rôle est fini et que les nations elles-mêmes peuvent accomplir leur destination historique sans leur secours. C'est comme si l'on disait que l'une des forces qui agit dans la nature a perdu sa signification et que l'un des organes du corps humain serait maintenant superflu. Une telle conception de l'histoire n'est possible que si l'on a de l'histoire une vue rapide et superficielle».[66]

Hegel a aidé Granovskij à s'affranchir des théoriciens de l'histoire pragmatique. Mais le disciple russe pense que la liberté individuelle introduit à l'intérieur de l'histoire beaucoup plus de contingence que ne le dit Hegel. En somme, Granovskij s'efforce d'éviter les deux excès contraires que sont la liberté abstraite de la personne et le règne de la nécessité logique.[67] Il faut donc dire avec Čičerin que, sur ce point particulier, Granovskij s'éloigne consciemment de la doctrine hégélienne.[68] En le lisant, on pressent les objections futures de Herzen qui n'entend pas que l'homme devienne une marionnette au service de l'histoire.

Cette place plus grande accordée à la liberté individuelle, donc à la contingence, aurait dû conduire tout logiquement Granovskij à ne pas admettre que l'on puisse découvrir des leçons dans l'histoire. On s'attendrait à voir le disciple russe suivre sur ce point la position de son maître qui écrivait:

«On renvoie les souverains, les hommes d'Etat et surtout les peuples à l'enseignement par l'expérience de l'histoire. Mais ce que l'expérience et l'histoire enseignent, c'est que jamais les peuples ni les gouvernements n'ont

---

[65] Cf. Č. Vetrinskij, *T. N. Granovskij i ego vremija*, pp. 42–43.
[66] T. N. Granovskij, Četyre istoričeskaja charakteristiki, in *Sočinenija*, t. I, p. 337. Cf. *ibid.*, pp. 341–342; 205–206.
[67] Cf. Č. Vetrinskij, *T. N. Granovskij i ego vremija*, p. 103.
[68] B. N. Čičerin, Neskol'ko slovo filosofsko-istoričeskich vozzrenijach Granovskago, in *Voprosy filosofii i psichologii*, (1897), pp. 6 sq.

rien appris de l'histoire, ni n'ont agi d'après des leçons qu'on aurait pu en tirer.[69]

Or ce texte choque Granovskij. C'est, dit-il, un paradoxe. Et comme tout paradoxe, il contient une part de vérité et une part d'erreur. On peut accepter le jugement de Hegel dans la mesure où il s'oppose au pédantisme didactique de Jean de Müller. Mais il est impossible de le prendre dans toute sa teneur, car alors il faudrait dire que l'histoire est sans valeur. Or de son métier d'historien Granovskij a appris que la leçon qui se dégage du contact quotidien avec la réalité historique, c'est qu'il y a des «leçons de l'histoire». Aussitôt après avoir cité le texte de Hegel que nous venons de transcrire, il remarque :

«En effet, ou ne peut nier qu'il n'y ait dans les masses elles-mêmes une conscience historique déterminée qui s'est plus ou moins développée sur la base des traditions qui se sont conservées concernant le passé».[70]

Décidément, Granovskij ne peut accepter la thèse de son maître tant elle contredit directement ses propres vues. D'où ses regrets lorsqu'il constate l'influence néfaste de Hegel :

«Malgré les si brillants succès accomplis au cours des cent dernières années par les sciences historiques, jamais peut-être l'utilité pratique de l'étude de l'histoire n'a été aussi mise en doute que de nos jours».[71]

Très habilement Miljukov s'efforce de réduire l'opposition entre les deux auteurs. Il dit, ce qui est exact, que Hegel accorde plus de place à la libre initiative de l'individu qu'on ne le croit souvent, qu'il tient l'histoire en haute estime, ce que personne ne voudra nier, et qu'enfin, chez Hegel, l'humanité aspire à un but supérieur où le vrai et le bien se confondent.[72] Mais là n'est pas la question. Ce qui importe à l'historien des idées, ce n'est pas de savoir comment Granovskij aurait dû comprendre Hegel, mais comment il l'a compris. Or si Granovskij a sans doute fait un contresens sur les «leçons de l'histoire» selon Hegel, ce contresens est par lui-même révélateur de l'attitude de son auteur.

Granovskij croit aux leçons de l'histoire. Pourtant, il ne faudrait pas le confondre avec un Jean de Müller. L'historien russe n'est pas un homme de la Restauration. S'il pense que l'histoire nous donne des

[69] G. W. F. Hegel, *Die Vernunft in der Geschichte*, p. 19.
[70] T. N. Granovskij, O sovremennom sostojanii i značenii vseobščej istorii, in *Sočinenija*, t. I, p. 24.
[71] *Id.*, Reforma v Anglii, in *Sočinenija*, t. II, p. 267.
[72] P. N. Milioukov, Le cours de Granovski, in *Le mouvement intellectuel russe*, p. 370.

leçons, il ne croit pas que la reconnaissance de cette thèse doive conduire à justifier le passé au point de vouloir le faire revivre. Sa polémique avec les Slavophiles en témoigne.

Leçons de l'histoire, sans doute! Mais Granovskij ne prétend pas tirer de l'histoire un recueil de sermons édifiants. Il se démarque aussi bien des historiens de l'antiquité que de certains de ses contemporains qui eurent une faiblesse coupable pour l'histoire moralisante.

La position de Granovskij, face à l'histoire, est celle d'un humaniste. A son contact, l'homme se connaît mieux parce qu'il sait ce qu'il a été. Bien que l'histoire ne soit ni édifiante ni didactique, elle est pourtant formatrice. Qui veut envisager l'avenir d'une façon pleinement humaine doit être porteur de toute la richesse du passé. Comme Hegel, Granovskij sait que l'histoire est irréversible. Mais si, pour Hegel, une époque historique est inimitable parce que la diversité des situations l'emporte sur leur identité, Granovskij incline à croire qu'il y a plus de continuité que de diversité entre les différentes époques.[73] On sait que dans ses cours, il s'intéressait tout spécialement aux périodes de transition.

Plus que Hegel encore, il insiste sur l'interaction des nations. Sans doute, sous l'influence de Herder et de Hegel, il adopte en partie la thèse romantique selon laquelle chaque peuple forme une unité organique et trouve en lui-même le principe de son propre développement: les histoires particulières restent soumises au déroulement de l'histoire mondiale et les esprits nationaux sont si liés les uns aux autres que l'histoire est une. Mais alors que Hegel est très sensible à relever les successives incarnations de l'Esprit du monde dans les Esprits nationaux tour à tour dominants, Granovskij s'intéresse moins que le philosophe allemand à la nation porteur du *Weltgeist*.

Nous avions dit que Granovskij, à la suite de Hegel et sous son influence, assignait pour but à l'histoire d'incarner sur terre le rationnel. L'avènement du règne de la liberté est donc pour lui aussi l'un des traits fondamentaux de l'histoire. Čičerin l'a très justement souligné:

«Le véritable sens de l'histoire, c'est l'approfondissement en soi-même, le développement progressif des différents aspects de l'esprit humain».[74]

---

[73] Granovskij, après avoir montré qu'il existe une profonde analogie entre les différentes époques, ajoute qu'à son avis l'histoire exige «le haut indice d'un sens vivant de l'histoire lequel est, à son tour, le fruit suprême de cette science» (*Sočinenija*, t. II, p. 268).

[74] B. Čičerin, *Vospominanija*, t. II, p. 14. Cf. Granovskij, Konspekt., in *Lekcii.*, p. 46. Dans ce passage, Granovskij, pour caractériser l'approfondissement en soi, recourt à la terminologie même de Hegel et parle de «conscience-de-soi due à la tension vers une existence plus haute».

On aurait tort, cependant, d'identifier la position de Granovskij et celle de Hegel. En effet, si le disciple russe accepte l'optimisme hégélien de la rationalité de l'histoire, s'il croit lui aussi à l'avènement progressif du règne de la liberté par la prise de conscience historique, il tend toujours à donner à ces idées spéculatives un contenu moral. Témoin, ce passage:

«Une seule loi suprême domine toutes les lois du développement historique découvertes par la science: la loi morale dans l'existence de laquelle se trouve le but final de l'humanité sur terre. L'intérêt suprême de l'histoire consiste, par conséquent, en ce que l'histoire nous apporte la conviction rationnelle que le bien triomphe immanquablement du mal».[75]

Miljukov est obligé lui aussi d'avouer que la conception de Granovskij contient des idées qui sont difficilement compatibles avec celles de Hegel:

«Est évidemment inadmissible, par exemple, sa conception sur la *loi* qui est chez lui *morale*, dans le sens de *but final de l'humanité*, et *scientifique* au sens de *règle générale pour les cas qui se répètent de façon identique*».[76]

Ainsi, Granovskij infléchit la théorie hégélienne de l'histoire en l'interprétant dans une ligne moralisante qui contredit précisément tout l'effort de Hegel.

Ce glissement vers le pôle de la morale s'explique d'ailleurs par l'attitude religieuse de son auteur. S'il y a de la rationalité dans l'histoire, si à travers elle l'homme accomplit sa destinée, c'est parce que l'histoire porte l'empreinte de l'influence divine. Granovskij n'a jamais contesté que Hegel fut théiste. Lorsqu'il apprend que Ševirev vient d'écrire un article pour prouver qu'il n'y a pas de dieu dans la philosophie hégélienne, il est littéralement hors de lui. Cet homme si mesuré laisse apparaître son indignation en termes fort violents.[77] On sait – et Herzen l'apprit à ses dépens – que Granovskij, homme profondément religieux, ne souffrait pas que l'on mît en doute l'existence de dieu ou l'immortalité de l'âme. Tout spontanément, il donne à l'Absolu hégélien le visage du Dieu de l'évangile dont la providence mène l'homme libre vers l'accomplissement de sa destinée morale et surnaturelle. Même si l'on pense que l'Esprit occupe une place im-

[75] T. N. Granovskij, Učebnik vseobščej istorii, in *Sočinenija*, t. II, p. 461.
[76] P. N. Milioukov, Le cours de Granovski, in *Le mouvement intellectuel russe*, p. 370.
[77] «Hier, j'ai lu le compte rendu de Ševyrev imprimé dans le [Journal du Ministère de l'instruction publique]. Quelle saloperie! Il s'en prend comme un idiot à Hegel, déclarant qu'il n'y a pas de Dieu dans son système» (T. N. Granovskij, Pis'mo k N. V. Stankeviču, 12–24/II/ 1840, in *T. N. Granovskij i ego perepiska*, t. II, p. 385.

portante dans la philosophie hégélienne, il est hors de doute qu'entre l'Absolu hégélien et le Dieu providence de Granovskij la différence est considérable. Il faut noter, enfin, que contrairement à Hegel qui accorde à l'état une importance de plus en plus grande dans son système, Granovskij maintient, jusqu'à la fin de sa vie, que pour haute que soit la sphère de l'état, elle reste toujours subordonnée à celle de la religion:

«L'état est la forme la plus compréhensive et essentielle des formes extérieures d'un peuple, le fil conducteur de son histoire; mais elle n'est pas la forme la plus haute, la plus importante. Le contenu à travers lequel l'état devient plus haut que la simple institution juridique, l'état l'obtient par d'autres forces spirituelles, précisément par la religion, dans lesquelles l'esprit d'un peuple se réfléchit d'une façon plus immédiate et plus pure».[78]

Cette primauté incontestée du fait religieux sur le fait politique est la raison qui a déterminé le disciple russe à se distancer de son maître. Trop profondément croyant, Granovskij n'a pas manqué de sentir que la théorie hégélienne de l'histoire pouvait conduire au nécessitarisme. Il la corrige donc pour l'interpréter dans le sens d'un providentialisme. C'est pourquoi Granovskij finit par professer une théorie de l'histoire très proche de celle que soutenaient les Hégéliens de droite, en Allemagne, à la même époque.

§ 3. Critiques d'inspiration schellingienne

La philosophie de Schelling était l'idéologie dominante quand la philosophie de Hegel commence à pénétrer en Russie. Il est donc tout à fait naturel que les premières critiques soient venues de ce côté-là. Ce fut une opposition vive et peu nuancée qui, d'ailleurs, ne s'appuie guère sur une sérieuse fréquentation de Hegel. Nous nous proposons de regrouper ici les objections formulées par des penseurs d'inspiration schellingienne, comme Čaadaev et Odoevskij, et par ceux qui se firent les apôtres de la doctrine officielle du gouvernement, comme Ševyrev et Davydov. Il est clair que nous ne prétendons nullement ignorer les différences essentielles qui séparent un Schellingien fortement opposé à l'Occident, tel qu'Odoevskij, et un Schellingien délibérément occidentaliste, tel que Čaadaev, ni surtout identifier ces deux auteurs avec les très conservateurs Ševyrev et Davydov, adeptes et apôtres de la Narodnost' officielle. Mais pour différents qu'ils soient, tous ces au-

---

[78] T. N. Granovskij, Konspekt., in Lekcii., p. 47.

teurs ont un point commun: leur opposition à Hegel. Cette opposition s'exprime même en des termes à peu près identiques. Pour simplifier, on peut regrouper sous deux thèmes les critiques qu'ils formulent contre la philosophie de Hegel: opposition au système spéculatif et opposition à la philosophie politique ou historique.

Si Stankevič et les autres Occidentalistes sont éblouis par la puissante dialectique du système hégélien qui a réussi à donner une vue globale et unitaire du Savoir, les «Schellingiens» russes n'apprécient nullement cette tentative totalisatrice. Pour Odoevskij, la prétention hégélienne d'unir l'universel et le singulier s'est soldée par un échec, car Hegel se contente, une fois, de mettre l'accent sur l'universel, mais c'est au détriment du singulier, et l'autre fois privilégie le singulier au dépens de l'universel. Dans ses *Nuits russes*, l'un des protagonistes vient de dire que, d'après Hegel, le fait de vouloir éviter à tout prix l'unilatéralité est le signe d'un esprit faible qui ne prend des choses qu'une vue superficielle. L'autre interlocuteur ajoute:

«Malgré tout mon respect pour Hegel, je ne peux pas ne pas reconnaître que, soit à cause de l'obscurité du langage humain, soit à cause de notre incapacité à saisir le rapport mystérieux des conclusions du célèbre penseur allemand, on rencontre souvent dans ses ouvrages et à la même page des affirmations qui, à l'évidence, se contredisent complètement. C'est ainsi que Hegel affirme dans le même ouvrage, à quelques lignes de celles que tu as rapportées, que 'l'on ne peut désigner comme un *tout* conséquent que ce qui, en s'approfondissant en son principe, obtient sa perfection; *ce n'est qu'alors* qu'il devient *quelque chose de réel* et acquiert la profondeur et *la force de la pluralité*».[79]

Čaadaev renchérit. Pour lui aussi la philosophie hégélienne a la prétention insensée de tout unir et de tout comprendre. Il a horreur de cette «philosophie insolente qui prétend réconcilier à l'aide de quelques formules barbares toutes les choses irréconciliables».[80] Ne parvenant pas à la synthèse, il s'ensuit que de l'hégélianisme on peut tirer à peu près tout ce que l'on veut puisque tout s'y trouve. Dans sa lettre à Schelling, il constate que «la prodigieuse élasticité de cette philosophie qui se prête à toutes les applications possibles» servait à justifier les Slavophiles – ce en quoi il se trompe - et d'une façon plus générale était responsable des emballements inconsidérés des jeunes. Il écrit à Schelling:

[79] V. F. Odoevskij, *Russkija noči*, p. 90.
[80] P. Ja. Čaadaev, Lettre à la Princesse C. Meščerskaja, in *Sočinenijai pis'ma* t. I, p. 243.

«Vous n'ignorez pas, sans doute, que la philosophie spéculative a pénétré chez nous depuis longtemps; qu'une grande partie de notre jeunesse, avide de nouvelles lumières, s'est empressée de communier avec cette sagesse toute faite, dont les formules variées offrent au néophyte impatient le précieux avantage de le dispenser d'une méditation laborieuse, dont les allures hautaines plaisent tant aux intelligences juvéniles».[81]

On voit que cet aristocrate, lui-même hautain, dénonce non sans raison l'idolâtrie hégélienne des membres du cercle de Stankevič, mais condamne aussi, assez injustement, le prodigieux effort de synthèse entrepris par le philosophe allemand.

La violence de cette opposition se comprend très facilement. Ce n'est pas, en effet, parce que Hegel s'efforce de donner une explication dialectique de la totalité du donné que ces Schellingiens, eux-mêmes tentés par une philosophie qui tendait à la réconciliation universelle, s'opposent au système hégélien, mais parce qu'ils ne sont pas d'accord sur le principe que Hegel utilise pour rendre compte de cette réconciliation. Si la clef de voûte du système hégélien avait été Dieu et non l'Absolu ou l'Esprit, aucun d'entre eux ne se serait ainsi déchaîné. La raison véritable de leur opposition procède essentiellement de leur attitude religieuse, et toute leur critique de l'hégélianisme est en réalité une critique des conceptions religieuses de Hegel. On ne doit pas oublier que même pour Čaadaev le problème central est moins la philosophie de l'histoire, donc la place de la Russie, que l'attitude religieuse. Que reproche-t-on à Hegel? Fondamentalement, d'avoir accordé à l'Esprit la place qui revient à Dieu. Ševyrev fait sienne la position de Schelling qu'il vient de rencontrer à Munich:

«Il [Schelling] s'est très bien exprimé sur la manière dont Hegel comprend Dieu: 'Dieu est chez Hegel tellement lié par les chaînes de la nécessité logique qu'il en perd jusqu'à sa toute puissance, car il ne peut plus rien faire d'extraordinaire ou de surnaturel. C'est là la raison pour laquelle on ne peut adresser à son Dieu aucune prière; c'eût été tout à fait inutile, car son dieu qui est enchaîné par la nécessité logique serait incapable d'exécuter ce qu'on le supplie de faire».[82]

Čaadaev sait bien qu'on ne peut prier le dieu de Hegel. D'ailleurs, ce croyant très proche du catholicisme n'a cure du dieu des philosophes. Le dieu de Hegel, s'il existait, serait aussi inutile que l'était le dieu de Descartes pour Pascal. Mais il y a plus grave. Bien qu'il ne le

[81] Id., Lettre à Schelling, 20/V/1842, in ibid., p. 244.
[82] S. Ševyrev, in Žurnal ministerstva narodnogo prosveščenija, (1840), I, p. 4.

dise pas explicitement, Čaadaev n'est pas loin de croire que Hegel frise l'athéisme. Le texte suivant est assez significatif:

«Mais les fièvres se gagnent, et si la doctrine de la manifestation immédiate de l'Esprit absolu dans l'humanité en général et dans chacun de ses membres en particulier continuait à régner dans votre métropole savante, nous verrions, j'en suis sûr, tout notre monde littéraire bientôt converti à ce système, courtisan obséquieux de la raison humaine, flatteur charmant de toutes ses prétentions».[83]

Qu'est-ce qu'un système «courtisan obséquieux de la raison», sinon un système rationaliste qui finit toujours par soumettre l'Esprit absolu aux exigences de l'esprit humain. Dans un article de la très conservatrice revue *Majak* (le Phare), un auteur se demande, contrant Hegel:

«Qui est plus grand: l'intellect ou Dieu, la science de l'intellect ou celle de Dieu»?[84]

Et l'auteur de conclure que dans toutes ces philosophies idéalistes de Kant à Hegel, il n'y a plus la moindre place pour Dieu. Odoevskij vante les mérites de la philosophie schellingienne qui rend à jamais impossible «tous ces systèmes artificiels qui, tel l'hégélianisme, font reposer le savoir non pas sur un fait réel, mais sur l'idée *pure*, sur *l'abstraction d'une abstraction*».[85] La philosophie hégélienne entraîne avec soi la ruine de tout savoir authentique. Fondée non sur Dieu, mais sur la raison abstraite, elle se présente comme une dialectique fataliste qui exclut toute liberté humaine.

On n'est donc nullement étonné de voir ces auteurs combattre la philosophie de l'histoire de Hegel. C'est Čaadaev qui formule les objections les plus précises et les plus dures. Pour ne pas méconnaître le fond de sa pensée, il importe de ne pas isoler la première *Lettre philosophique* qui est un violent pamphlet contre la Russie de l'ensemble des autres *Lettres* et de l'*Apologie d'un fou*. Čaadaev est certes Occidentaliste, mais à sa manière qui n'est nullement celle des Occidentalistes hégéliens. Il aime l'Occident parce que les pays occidentaux ont une histoire et surtout parce que la civilisation occidentale est fondée sur la religion catholique, donc s'appuie sur le Pape de Rome. Pour Čaadaev, il y a convertibilité parfaite entre Culture et Papauté, entre Histoire et Eglise romaine. Donc le seul espoir pour la Russie, ce serait d'intégrer les valeurs catholiques. Mais ce pays connaîtrait la

---

[83] P. Ja. Čaadaev, Lettre à Schelling, 20/V/1842, in *Sočinenija i pis'ma*, t. I, p. 246.
[84] S. Buraček, Zadača filosofii, in *Majak*, (1842), VI, p. 59.
[85] V. F. Odoevskij, *Russkija noči*, pp. 315–316.

pire des calamités s'il devait se mettre à l'école de l'esprit occidental
dont le plus pur représentant est la philosophie hégélienne. Il n'y a
donc nulle contradiction à voir l'Occidentaliste Čaadaev proposer à
la Russie une philosophie de l'histoire en tout point opposée à celle
de Hegel.

Masaryk a cru pouvoir déceler une influence de Hegel sur Čaadaev.
Ce dernier, en effet, aurait accepté la théorie hégélienne de la dialectique et aurait pensé que le devenir historique serait soumis aux lois
de la raison universelle.[86] Nous croyons, au contraire, à la suite de
Quénet, que sa philosophie de l'histoire ne doit rigoureusement rien
à Hegel. D'abord en 1836, au moment de la parution de la première
Lettre philosophique, l'auteur ne connaissait pas encore Hegel. Plus
tard, rien ne permet de déceler une dépendance quelconque.[87] Il
critique, au contraire, la philosophie de l'histoire de Hegel qu'il
trouve tout aussi rationaliste que les autres parties de cette philosophie. Accepter les vues du philosophe allemand sur l'histoire, ce
serait détruire ce qui fait la spécificité de la culture russe. Il est tout
à fait remarquable de constater que sur ce point ce penseur rejoint la
position d'Odoevskij et même celle de Ševyrev. L'accord porte non
sur le contenu positif de ce qu'est la culture russe ou de ce qu'elle
devrait être – car alors il s'oppose violemment à Ševyrev qui voue
un véritable culte à la Sainte Russie –, mais sur leurs critiques de
l'hégélianisme. Nous savons déjà que Čaadaev tient que la philosophie
spéculative de Hegel est nocive pour les jeunes intelligences russes.
Sa philosophie de l'histoire est tout aussi corruptrice:

«Il s'agit donc de savoir si nous allons nous livrer à un ordre d'idées provo-
quant au plus haut point tous les genres d'infatuations personnelles, ou si
fidèles à la route que nous suivîmes jusqu'à ce jour nous continuerons à mar-
cher dans les voies de cette humilité religieuse, de cette modestie de l'esprit
qui furent de tout temps le trait distinctif de notre caractère national et, en
dernier lieu, le principe fécond de notre développement singulier. Continuez
donc, Monsieur, à triompher d'une philosophie superbe qui prétendait sup-
planter la vôtre. Vous le voyez, les destinées d'une grande nation dépendent,
en quelque sorte, du succès de votre système».[88]

Ševyrev, lui, n'attend certes plus rien de Schelling. Ce dernier se
drape dans son silence parce que l'Allemagne n'a plus rien à dire.
Mais comme Čaadaev, Ševyrev pense que la philosophie hégélienne est

---

[86] Th. G. Masaryk, *Zur russischen Geschichts- und Religionsphilosophie*, t. I, p. 207.
[87] Cf. Ch. Quénet, *Tchaadaev et les Lettres philosophiques*, pp. 177–178.
[88] P. Ja. Čaadaev, Lettre à Schelling, 20/V/1842, in *Sočinenija i pis'ma*, t. I, p. 246.

beaucoup trop intimement liée au sentiment national prussien et à la culture allemande en général pour pouvoir prendre racine en Russie.[89]
On voit déjà se profiler ce qui deviendra, plus tard, la critique fondamentale des Slavophiles: la philosophie de Hegel est trop rationaliste et aussi trop anti-religieuse – sinon directement athée – pour que l'on puisse songer sérieusement à l'introduire en Russie. Ainsi, le problème est dès maintenant posé. Une double ligne de lecture commence à se dessiner. L'une, en prolongeant les premières intuitions de Stankevič, trouvera son accomplissement avec Belinskij et M. Bakounine. L'autre qui sera celle des Slavophiles reprendra, mais en les approfondissant et en les transformant, les critiques faites à Hegel par les «Schellingiens» russes. Bien que Herzen appartienne à la tendance des Occidentalistes hégéliens, sa position face à Hegel est si différente de celle de Bélinskij ou de M. Bakounine que nous préférons lui consacrer un chapitre à part.

[89] S. Ševyrev, article paru dans le *Moskvitjanin* (1841); cité par B. Jakowenko, *Geschichte des Hegelianismus in Russland*, p. 214. On retrouve le même point de vue dans un article de I. I. Davidov, paru dans le *Moskvitjanin* (1841); cité par B. Jakowenko, *ibid.*, p. 217.

CHAPITRE II

DE LA RÉCONCILIATION À LA RÉVOLTE: BELINSKIJ, BAKOUNINE

Rien ne permet de mieux montrer à quel point l'influence de Hegel fut déterminante sur les esprits que de voir deux hommes, aux tempéraments aussi différents que Belinskij et M. Bakounine, en arriver par la découverte de Hegel à professer les mêmes idées.

M. Bakounine est le type de l'intellectuel logique et insensible qui fait passer l'amour pour les idées avant l'amour pour les hommes. Ce fanatisme sera vite insupportable à Belinskij qui, doué d'une nature sensible, était incapable d'abstraction, et ne parvenait même pas, aux dires d' Ajchenval'd, à lier deux idées ensemble.[1]

Bakounine qui possède parfaitement la langue allemande commence par traduire pour le *Teleskop*[2] les *Vorlesungen über die Bestimmung des Gelehrten*. Il lit aussi les *Anweisungen zum seligen Leben*. Cette première rencontre avec Fichte eut sur Bakounine et sur son ami Belinskij une profonde influence. Plus spéculatif, Bakounine s'intéresse davantage à l'aspect logique du passage de Kant à Fichte, alors que Belinskij trouve dans Fichte un secours pour sa vie intérieure.[3] Le Fichte de la *Wissenschaftslehre* leur reste inconnu. Les deux amis ne retiennent du philosophe que les éléments mystiques: la connaissance de soi conduit à la connaissance de dieu et l'amour de dieu doit passer par la souffrance. Bref, ils retirent de cette lecture qu'il n'y a pas de coupure entre le monde réel et le monde idéal, car le monde idéal est le seul vrai. Même Belinskij qui avait été chassé de l'université pour avoir composé une tragédie contre l'esclavage, *Dmitri Kalinin*, ne manifeste plus maintenant le moindre intérêt pour la chose sociale. Il rejoint Bakounine qui déjà recherchait la libération et le salut par la religion et la philosophie.

---

[1] Ju. Ajchenval'd, *Siluety russkich pisatelej*, t. III, p. 14.
[2] *Telekcop*, mars 1836.
[3] V. G. Belinskij, Pis'mo k M. Bakuninu, 13–14/VIII/1838, in *Pis'ma*, t. I, p. 219.

Tel est, rapidement esquissé, l'état d'âme des deux amis avant leur découverte de Hegel.

§ 1. La Réconciliation avec la réalité

C'est vers l'été 1837 que Bakounine commence à étudier Hegel. Plus tard, dans ses *Confessions*, il avouera:

«Je me suis plongé exclusivement presque jusqu'à la folie dans la métaphysique allemande; et nuit et jour, je ne voyais rien d'autre que les Catégories de Hegel».[4]

Pendant les trois années qui le séparent de son départ pour Berlin, Bakounine lit la *Philosophie de l'Esprit*, *l'Encyclopédie*, la *Logique*, la *Philosophie du droit* et la *Philosophie de la religion*.[5] Exception vraiment rare à cette époque, Belinskij ne sait pas l'allemand. Tout ce qu'il connaîtra, il le devra à ses amis, à Stankevič, à Katkov qui lui traduit *l'Esthétique* et surtout à Bakounine. Assez malicieusement le Prince Odoevskij lui décoche ce trait:

«Les adversaires' de Belinskij l'accusent trop durement de n'avoir pas compris Hegel. Non!, il ne le connaissait pas du tout».[6]

Tschižewskij, qui rapporte ce jugement, n'a guère de difficulté à relever dans ses écrits ce qu'il faut bien appeler des «énormités». Il remarque, par exemple, que Belinskij confond *Sittlichkeit* et *Moralität* et que d'une façon générale, il est souvent impossible de reconnaître la pensée de Hegel sous la formulation de Belinskij.[7]

Ces jugements trop négatifs entraînent une réaction opposée. C'est ainsi que Jakowenko prend la défense du célèbre critique russe,[8] et que Koyré le range parmi les meilleures têtes philosophiques de son temps:

«Belinskij possédait bien l'essentiel de la doctrine hégélienne et l'avait comprise d'une manière authentiquement spéculative».[9]

Il semble qu'en fait la vérité pourrait bien se trouver entre ces deux opinions extrêmes. Belinskij avait assez d'intuition et d'information pour percevoir l'intention générale et la nouveauté de l'hégélianisme,

---

[4] M. Bakunin, *Ispoved'*, in *Sobranie sočinenij i pisem*, t. IV, p. 102 (trad. fr., p. 61).
[5] Pour le détail, cf. A. A. Kornilov, *Molodye gody Michaila Bakunina*, t. I, pp. 559–561.
[6] V. F. Odoevskij, in *Russkij Archiv*, (1873), I, p. 339; cité par D. Tschižewskij, *Hegel bei den Slaven*, p. 208.
[7] D. Tschižewskij, *Hegel bei den Slaven*, pp. 216–218.
[8] B. Jakovenko, *Geschichte des Hegelianismus in Russland*, t. I, p. 84.
[9] A. Koyré, *Etudes sur l'histoire de la pensée philosophique en Russie*, p. 147.

mais le manque d'aptitude pour la réflexion proprement spéculative lui interdisait de recevoir sans le déformer le message hégélien. Au reste, les contresens sur Hegel ne sont pas moins significatifs pour l'historien des idées. Enfin, s'il connaît assez mal Hegel, son interprétation ne manque pas d'intérêt si l'on sait que l'extraordinaire diffusion de ses écrits a tant contribué à la propagation de l'hégélianisme en Russie.

La période hégélienne proprement dite sera de courte durée: trois ans environ pour Bakounine et Belinskij. Mais on aurait tort d'en conclure que l'influence de Hegel cesse de se faire sentir après la rupture. Les deux amis abordent la philosophie hégélienne alors qu'ils sont en pleine crise: le subjectivisme à coloration plus ou moins mystique découvert dans l'*Anweisung* de Fichte ne les satisfait plus. Pendant un séjour au Caucase, Belinskij vient de se heurter à la dure réalité russe: c'est pour lui le commencement d'une vie nouvelle.[10] Sous l'influence du révolutionnaire Satin, il prend conscience que l'individu ne peut s'enfermer en lui-même. Pourtant, contre Satin, il maintient qu'une lutte politique en Russie est prématurée. Ce qu'il faut, c'est d'abord œuvrer par la pensée. Seule la réflexion philosophique permettra d'accéder à la liberté. S'il paraît excessif de dire que la découverte de Hegel fut le point de départ de sa conversion, il est juste de reconnaître qu'elle va l'aider dans ce moment difficile de son existence.

Au fur et à mesure que les deux amis avancent dans la lecture de Hegel, ils perçoivent avec toujours plus d'intensité que cette philosophie, d'apparence si austère et si logique, est en fait une philosophie du concret:

«Plus je me plonge dans Hegel, plus je suis certain de l'objectivité absolue de l'expression du contenu de sa doctrine. Hegel est la parfaite réconciliation avec la réalité».[11]

Avec cette philosophie, la vie devient lumineuse: la libération que l'on entrevoyait à la lecture de Fichte est maintenant une réalité. «Je crois en la vie», écrit Bakounine dans la lettre à Ketčer que nous venons de citer. Quant à Belinskij, il pleure tant sa joie est profonde:

[10] V. G. Belinskij, Pis'mo k Bakuninu, 18/VIII/1837, in *Pis'ma*, t. I, p. 125. Cf. P. A. Mezencev, *Belinskij*, pp. 184 sq.
[11] M. Bakunin, Pis'mo k N. Ch. Ketčeru, XI/1837, in *Sobranie.*, t. II, p. 74.
[12] V. G. Belinskij, Pis'mo k Stankeviču, 29/IX/1839, in *Pis'ma*, t. I, p. 348.

«Un nouveau monde s'est ouvert devant nous... Mon Dieu! quel monde nouveau, lumineux, infini»![12]

De tels épanchements en lisant la *Science de la Logique* ou même la *Phénoménologie de l'Esprit* sont assez inquiétants! Comme nous allons le voir de plus près en analysant les textes, on s'aperçoit très vite que ce violent retour vers la réalité reste passablement idéaliste : le vocabulaire devient hégélien, la pensée demeure prisonnière de Fichte.

Bakounine a rédigé une *Introduction* à sa traduction des «Discours académiques» de Hegel, puis deux articles sur la *Philosophie*.[13] On lui doit aussi des résumés quasi littéraux de l'introduction de la *Phénoménologie de l'Esprit* et des préfaces de l'*Encyclopédie*. Le premier éditeur de ces textes, Kornilov, souligne leur valeur :

«Il est remarquable que déjà dans ce résumé, Bakounine ait parfaitement dégagé le contenu de ce passage si important pour une juste compréhension de la philosophie hégélienne».[14]

Manifestement Bakounine comprend ce qu'il lit, et il résume bien Hegel. Belinskij n'a même pas rédigé un seul article sur la philosophie, mais il se rattrape avec ses lettres interminables de 40 ou 50 pages dans lesquelles il livre ses impressions sur la philosophie hégélienne.

Belinskij et Bakounine n'aiment pas la pensée française, moins sans doute à cause de la gallophobie très répandue depuis l'aventure napoléonienne que par raison doctrinale. Ils pensent que les Encyclopédistes ignorent la notion d'infinité et ne se dégagent pas de la platitude de l'expérience. Contrairement à Herzen, ils n'ont pas le moindre intérêt pour les sciences physiques ou naturelles. Aussi leur condamnation de l'empirisme reste-t-elle très sommaire. Il n'y a donc pas lieu d'insister sur ce point. Il suffit de savoir que Bakounine relève dans l'empirisme une contradiction interne :

---

[13] L'introduction, parue dans le *Moskovskij nabljudatel'*, 4e partie, pp. 5–21, est reproduite dans *Sobranie*, t. II, pp. 166–178. Le premier article sur la philosophie, rédigé en 1839, imprimé dans le IXe tome des *Otečestvennye zapiski*, pp. 51–78, est reproduit dans *Sobranie*., t. II, pp. 317–340. Quant au deuxième article, il ne paraîtra pas du vivant de l'auteur, soit à cause de la brouille entre Bakounine et Belinskij, soit tout simplement par crainte de la censure. Il fut imprimé pour la première fois en 1934, dans M. Bakunin, *Sobranie*, t. II, pp. 340–385. Le premier article traite de la possibilité de la philosophie spéculative. Le second, retrace les diverses étapes phénoménologiques que doit parcourir la conscience pour atteindre le Savoir absolu. Sur l'évolution de l'hégélianisme de Bakounine, on consultera avec profit l'article de M. Dynnik, *Ot primerenija s dejstvitel'nost'ju k apologii razrušenija*, in *Letopisi marksizma*, (1927) t. IV, pp. 30–44.

[14] A. A. Kornilov, *Molodye gody Michaila Bakunina*, t. I, pp. 697–710.

«La lutte entre l'empirisme et la pensée théorique n'est rien d'autre que la lutte interne ou la contradiction interne de l'empirisme avec lui-même; lutte dans laquelle l'empirisme prend conscience de sa propre insuffisance, de sa propre limitation et se dépasse dans le domaine plus haut de la connaissance, de la spéculation».[15]

On sent déjà dans ce texte l'influence de Hegel. Elle se fait plus sensible lorsque Bakounine constate que l'empiriste est incapable de justifier sa propre théorie. En effet, en bon hégélien, il déclare que seul le recours aux catégories spéculatives permet de donner un véritable fondement au savoir. Assez brièvement, mais non sans justesse, il dégage l'originalité de la théorie hégélienne des catégories. La table d'Aristote ne peut satisfaire les exigences de la raison puisqu'Aristote a choisi ses catégories d'une façon toute empirique et qu'il s'est même contenté de les juxtaposer les unes par rapport aux autres. Kant et Fichte déduisent sans doute les catégories les unes des autres, mais cette déduction est purement subjective, car elle repose sur l'auto-activité de la seule pensée. Hegel n'invente certes pas de nouvelles catégories. Mais s'il utilise celles découvertes par ses prédécesseurs, il les unifie dans un système organique:

«Ce fut le grand génie de Hegel d'introduire le Savoir dans le domaine de la pensée pure, logique. Il créa une logique spéculative à partir des matériaux rassemblés par ses prédécesseurs, à partir des catégories qui se trouvaient avant lui dans l'obscur domaine de l'empirisme, et il transposa ces catégories dans le lumineux domaine de la pensée pure, spéculative où ces catégories sont englobées dans un système unifié, organique et nécessaire... La pensée pure, spéculative ne déduit pas à partir d'elle-même les faits du monde réel de la nature et de l'esprit, mais elle les reçoit de l'empirisme et elle s'approche d'eux avec la pleine certitude que la raison réside en eux en tant même qu'ils sont des faits du monde objectif, réel et que, par conséquent, ces faits peuvent être compris philosophiquement».[16]

Bakounine a donc clairement perçu que la nouveauté de la philosophie hégélienne fut d'opérer la synthèse entre le réalisme d'Aristote et l'idéalisme de Kant:

«L'objet de la philosophie, ce n'est ni le fini-abstrait ni l'infini-non-abstrait, mais le concret qui est l'unité inséparable de l'un et de l'autre: *la vérité réelle et la réalité vraie*».[17]

Ainsi, dès son premier article sur la *Philosophie*, Bakounine a déjà

---

[15] M. Bakunin, O filosofii, in *Sobranie.*, t. II, p. 331.
[16] *Ibid.*, t. II, pp. 384–385.
[17] *Ibid.*, t. II, p. 320.

parfaitement saisi que la spéculation est l'unité du subjectif et de l'objectif, de la forme et du contenu. Rompant, en un sens, avec sa période fichtéenne, il déclare maintenant que la philosophie est moins un amour de la vie idéale qu'une compréhension spéculative du concret:

«Ainsi la philosophie est *la connaissance de la vérité*. Hegel... dit que le temps est venu où la philosophie qui consistait dans l'amour de la sagesse et de la vérité doit se transformer dans le savoir réel de la vérité».[18]

Cette substitution de l'amour à la vérité exige des renoncements: le Moi égoïste doit disparaître si l'on veut atteindre la vérité absolue. Pour Belinskij, trop tendre pour pouvoir supporter cette forte pensée de Hegel, la négation de la personnalité prendra la forme d'une douloureuse résignation. Quand Bakounine lui démontre quels dangers guettent celui qui en reste à l'attitude de la «Belle âme», il riposte:

«Dans la vie tu es un rationaliste, moi, je suis un empiriste».[19]

Il avouera pourtant à son ami, dans une lettre de la même époque:

«Je n'ai fait à la pensée qu'un seul sacrifice: celui de me priver pour elle des sentiments subjectifs les plus intimes. Mais j'ai avancé à grands pas – grands pour moi – dans la sphère de la pensée, et c'est à toi que je le dois».[20]

Bakounine souffre moins parce qu'il comprend mieux comment le Moi singulier en se perdant dans l'universel se retrouve à un niveau supérieur. Dans ses *Mémoires*, écrits entre septembre et novembre 1837, il oppose l'homme naturel soumis à ses passions à l'universalité du genre. On y rencontre des phrases du type: «Moins l'homme est conscient, plus il est soumis à la contingence; plus il est conscient, plus il en est indépendant».[21] Le passage du moi fini au moi universel apparaît comme une libération. Cependant, tous ces textes font beaucoup plus penser à l'ascension de Théétète vers le divin qu'à l'austère analyse de l'*Encyclopédie*. En effet, pour Hegel, le fini se fuit et se renie pour devenir autre qui lui-même, mais par là même il se réalise. Selon l'explication de Bakounine, le fini, c'est le mal, le mensonge, une ombre. Bakounine qui se croit fidèle à Hegel reste plus proche de l'Orphisme que de la véritable philosophie spéculative. Dans son deuxième article sur la *Philosophie*, il se rapproche de

[18] *Ibid.*, t. II, p. 320.
[19] V. G. Belinskij, Pis'mo k Bakuninu, 13–14/VIII/1838, in *Pis'ma*, t. I, p. 219.
[20] *Id.*, Pis'mo k Bakuninu, 10/IX/1838, in *Pis'ma*, t. I, p. 227.
[21] M. Bakunin, *Moi Zapiski*, in *Sobranie*, t. II, p. 71.

Hegel sans pourtant se défaire complètement de cette attitude orphique. En tout cas, il comprend mieux, à présent, comment la dialectique unit le moi individuel et le moi universel. La connaissance individuelle est le premier degré de la connaissance: c'est le moment de la certitude sensible où ce qui est vrai pour moi ne l'est pas nécessairement pour autrui. Il faut donc s'élever au domaine de l'entendement qui est celui de l'universel abstrait. Dans une analyse assez précise, Bakounine montre que «le monde intérieur n'est tel que par rapport au monde extérieur, et que le monde extérieur n'a pas d'existence autonome indépendamment du monde intérieur, et que par conséquent il n'est rien de plus que la manifestation du monde interne».[22] C'est par l'activité de la raison que le sujet devient universel. La raison est le fondement – le sol, comme dit Bakounine – dans lequel les sujets individuels se retrouvent dans une unité supérieure, celle de la vérité.[23] Le moi universel est cet absolu où les singularités sont dépouillées de leurs limitations. A ce niveau, la distinction entre le sujet et l'objet est abolie:

«Avec le passage de la conscience à la conscience-de-soi, la différence entre le sujet et l'objet a disparu».[24]

Grâce à la raison, l'homme se dégage de la quotidienneté où règne la contingence et parvient au domaine de la nécessité absolue.

La phrase célèbre de Hegel sur la convertibilité entre le réel et le rationnel faisait l'objet de discussions passionnées dans les cercles hégéliens de Moscou. Sur ce point, il convient d'exposer séparément la position de Belinskij et celle de Bakounine. Dans ses *Mémoires* et dans son *Introduction* aux discours de Hegel, Bakounine ne fait pas de distinction entre existence véritable et étant empirique. La réalité, c'est tout ce qui se rencontre dans le monde: il y a donc parfaite convertibilité entre le rationnel et le réel. D'où il conclut que tendre vers le réel, c'est tendre vers dieu:

«La réalité est la vie intérieure de dieu... La réalité est la volonté divine. Dans la poésie, dans la religion et finalement dans la philosophie s'accomplit le grand acte de la réconciliation avec dieu. L'homme religieux sent, croit que la volonté divine est le bien absolu, unique; il dit 'que ta volonté soit faite'».[25]

[22] *Id.*, O filosofii, in *ibid.*, t. II, p. 361.
[23] *Ibid.*, t. II, pp. 378–379.
[24] *Ibid.*, t. II, p. 375.
[25] *Id.*, Moi zapiski, in *Sobranie.*, t. II, pp. 71–72.

Hegel est donc interprété dans la plus pure tradition de la droite conservatrice: la religion est le but de la philosophie. Détail piquant et peu connu, à cette époque, le futur anarchiste défend l'ordre établi:

«Où il n'y a pas de religion, il ne peut y avoir d'état et la révolution est la négation de tout état, de tout ordre légal».[26]

En refermant l'*Introduction* aux Discours de Hegel, on se demande si l'on vient de lire un sermon sur les malheurs de l'irréligion du temps! Le premier article sur la *Philosophie* apporte un changement. Bakounine commence à distinguer entre le réel véritable et l'existence empirique:

«Et le premier pas de la connaissance, c'est déjà la négation de la contingence et l'affirmation de la nécessité. C'est pourquoi lorsque nous parlons de la vérité nous n'entendons pas sous ce mot n'importe quelle réalité accidentelle, mais la vérité nécessaire».[27]

Le second article, non publié du vivant de Bakounine, sera encore plus explicite et conforme jusque dans la littéralité au texte de Hegel. Bakounine, reconnaissant que le passage de Hegel a donné lieu à beaucoup de malentendus – il pense sans doute à ses propres démêlés avec Belinskij – prend soin de bien préciser le sens du mot «Wirklichkeit»:

«Ordinairement, on appelle réel tout étant, chaque être fini, et ainsi on commet une erreur. N'est réel que l'être en lequel se trouve toute la plénitude de la raison, de l'idée, de la vérité, et tout le reste n'est qu'apparence (Schein) et mensonge».[28]

La formulation est parfaite. Mais Bakounine continue à faire l'apologie de la «belle réalité russe», à déclarer qu'il n'y a ni mal ni hasard dans l'histoire, à professer que tout est l'effet de la sainte volonté divine.

Belinskij ira même plus loin que son ami dans la justification de tout ce qui existe. Il expose ses vues sur la «réalité rationnelle» dans ses deux articles sur l'*Anniversaire de la bataille de Borodino* et sur *Menzel, critique de Goethe*.[29] Nous savons par ses lettres combien la situation de Belinskij est paradoxale. L'interprétation qu'il reçoit de Hegel à travers Bakounine le conduit à tenir intellectuellement que tout est

[26] *Id.*, in *Sobranie.*, t. II, pp. 171–173.
[27] *Id.*, O filosofii, in *Sobranie.*, t. II, p. 321.
[28] *Ibid.*, t. II, p. 380.
[29] V. G. Belinskij, *Očerki Borodinskago Sraženia*, in *Polnoe sobranie sočinenij V. G. Belinskago*, t. IV, pp. 400–433. V. G. Belinskij, *Mencel', kritik Gëte*, in *Polnoe.*, t. IV-pp. 448–483.

bon et beau, mais son expérience de la réalité russe sous Nicolas Ier lui apporte l'éclatant témoignage d'une médiocrité universelle. Belinskij plus sensible que Bakounine ne peut s'empêcher de trouver que la réalité russe est «monstrueuse».[30] Il attaque donc la philosophie, car la logique idéaliste est incapable de rendre compte de la vie si riche et si complexe. Dans une autre lettre, il affirme que Pierre le Grand et les Hommes d'action comprennent mieux la réalité que les philosophes. Il est impossible «de déduire d'une logique finie, les phénomènes infinis de la réalité».[31]

La crise de l'année 1838 une fois dépassée, Belinskij revient vers Hegel. Il élabore alors une théorie de la réconciliation qui le conduit à un conservatisme encore plus outrancier que celui professé par les Slavophiles. De la base théorique sur les rapports dialectiques entre entendement et raison, il tire des conclusions dans les domaines historique (article sur Borodino) et esthétique (article sur Menzel). Nous réservons pour un paragraphe ultérieur l'exposé de ses idées esthétiques. La base théorique se réduit à une rhapsodie de trivialités. De Hegel, Belinskij retient à peu près ceci: l'entendement fini isole et produit la mort, seule la raison permet d'atteindre l'infini. Ce serait parfaitement hégélien s'il avait compris que l'infini n'est pas une doublure abstraite, mais l'unité dialectique du fini et de l'infini. En fait, il commet cette erreur spéculative afin de pouvoir plus facilement échapper à ce monde absurde, à cette réalité qui est «un monstre armé d'une mâchoire de fer».[32] Concevoir la religion comme une fuite, passe encore! Mais recourir à Hegel pour justifier cette attitude, voilà qui est assez piquant! Koyré a bien raison d'écrire que «la fameuse thèse hégélienne sur le caractère rationnel de la réalité ... fut pour le pauvre Belinskij une véritable *medicina mentis*».[33] Si le monde est l'image parfaite de l'Absolu, Belinskij peut ouvrir tout grand les yeux vers le ciel et sur la terre, car le ciel lui apportera la consolation de la volonté divine que la terre ne saurait décevoir.[34]

---

[30] V. G. Belinskij, Pis'mo k M. Bakuninu, 10/IX/1838, in *Pis'ma*, t. I, p. 231. Cf. *ibid.*, pp. 232–235.

[31] *Id.*, Pis'mo k M. Bakuninu, 13–24/X/1838, in *Pis'ma*, t. I, p. 272.

[32] *Id.*, Pis'mo k M. Bakuninu, 10/IX/1838, in *Pis'ma*, t. I, p. 231.

[33] A. Koyré, *Etudes sur l'histoire de la pensée philosophique en Russie*, p. 153. Miljukov a certes raison de souligner que dans cette recherche de la réalité le tempérament de Belinskij joue un grand rôle. Mais il semble excessif d'écrire: «Nous avons donc affaire moins à un tribut inévitable apporté par notre siècle à la métaphysique allemande qu'à un trait biographique de Belinskij expliqué par les incidents de son histoire intime» (P. N. Milioukov, *Le mouvement intellectuel russe*, p. 170.

[34] «Le mot «réalité» a pour moi la même signification que le mot «Dieu». (V. G. Belinskij, Pis'mo k Stankeviču, 29/IX/1839, in *Pis'ma*, t. I, p. 349).

Une autre formule fameuse de Hegel provoque son enthousiasme:

«Un monde nouveau s'est révélé à nous: la force est le droit et le droit est la force; non, je ne puis te décrire avec quels sentiments j'ai entendu ces mots. Ce fut une libération. J'ai compris la raison de la chute des royaumes, de la légalité des conquérants; j'ai compris qu'il n'y a ni forces matérielles barbares, ni de domination de la baïonnette et du glaive, qu'il n'y a ni arbitraire ni contingence».[35]

La convertibilité parfaite entre la force et le droit n'est en effet, au plan de l'histoire humaine, que l'application du grand principe métaphysique sur la rationalité du réel. Dans la pensée de Belinskij, cela doit conduire à la justification, voire même à la glorification de tout ce qui existe. L'histoire n'est-elle pas la manifestation de l'idée divine dans la sphère temporelle.[36] Il a, au moins, retenu de Hegel que l'histoire est soumise à un mouvement dialectique:

«L'humanité ne se meut ni en ligne droite ni en zigzag, mais en spirale. Et ainsi, le zénith de la vérité vécue par l'humanité est en même temps le point où elle se détourne de cette vérité; évidemment elle ne s'en détourne pas en allant vers le haut, mais vers le bas. Elle ne va vers le bas que pour parcourir un nouveau cercle plus grand et arriver à un nouveau point qui est plus haut que celui d'où l'humanité est partie et puis, en redescendant, s'élever à nouveau vers le haut».[37]

L'image de la spirale, si souvent reprise par la suite, vaut bien celle du cercle de Hegel: elle symbolise peut-être mieux l'idée de progrès!

Dans cette évolution progressiste de l'humanité, la négation joue un rôle capital: elle permet aux peuples de sortir de l'état inconscient pour atteindre un état de plus en plus conscient. Sur de telles prémisses, Belinskij aurait pu conclure que l'époque de Nicolas Ier qui le fait tant souffrir devrait céder la place à une période nouvelle. Il va, au contraire, accepter l'absolutisme du Tsar en lequel il voit la parfaite expression de la rationalité, mieux de la sainteté de dieu. Le Tsar devient le vicaire de dieu sur terre:

«C'est pourquoi le Tsar est le représentant de dieu et le pouvoir du Tsar qui inclut en soi toutes les volontés particulières est l'incarnation de la souveraineté de la raison éternelle et temporelle».[38]

Dans le même passage, Belinskij se plaît à souligner la différence entre le Président des Etats-Unis auquel on doit le respect à cause de son utilité et le Tsar dont le pouvoir se fonde sur la sainteté de sa personne.

[35] Ibid., t. I, p. 348.
[36] Id., Očerki Borodinskago Sraženija, in Polnoe., t. IV., p. 403.
[37] Id., Stati, recenzii i zametki, in Polnoe., t. XII, p. 336.
[38] Id., Očerki., in Polnoe., t. IV, p. 410. Cf. ibid., p. 346.

Parce que Belinskij veut que le Tsar ne se contente pas de conserver l'ordre ancien, Billig trouve que sa théorie politique est progressiste et se distinguerait ainsi du nationalisme extrême des Slavophiles.[39] C'est méconnaître la vraie position des Slavophiles toujours très réservés face à l'autorité de l'état, et faire beaucoup d'honneur à Belinskij, indéfendable sur ce point. Personnellement, nous partageons l'opinion d'un de ses récents interprètes:

«Dès lors il se trouvait plus près des nationalistes extrêmes que des Slavophiles proprement dits».[40]

Il était, en tout cas, fort éloigné de la conception hégélienne du monarque signe visible de l'idée, mais dont le pouvoir est nul.

L'article sur Borodino contient aussi une théorie de l'état. Belinskij oppose la conception française du XVIIIe siècle, contractualiste, rationaliste et mécaniste à la conception organiciste et dynamique de Hegel. Au centre de sa philosophie politique se trouve l'Esprit d'un peuple. Notion hégélienne sans doute, mais qui est aussi un héritage de la philosophie romantique et déjà un lieu commun en Russie. Le peuple est une individualité vivante, une immense personne douée d'un corps et d'une âme. Chaque peuple exprime un aspect particulier de l'humanité.[41] On ne sera pas étonné de trouver sous la plume de Belinskij:

«Nous autres Russes, nous sommes les héritiers du monde entier et pas seulement de la vie européenne, des héritiers de droit».[42]

Le peuple tient dans la pensée de Belinskij une place si importante que Masaryk se demande s'il n'identifie pas le peuple à l'état – ce qui serait fort peu hégélien.[43] L'imprécision des textes ne permet guère d'apporter de réponse. Il est sûr, par contre, que la conception politique de Belinskij est dirigée contre le subjectivisme et l'individualisme,

---

[39] J. Billig, *Der Zusammenbruch des deutschen Idealismus bei den russischen Romantikern*, p. 38.

[40] P. Scheibert, *Von Bakunin zu Lenin. Geschichte der russischen revolutionären Ideologie 1840–1895*, t. I, p. 185.

[41] Toutes ces idées se trouvent dans l'article sur Borodino. Mais avant de connaître Hegel, Belinskij écrivait déjà: «Chaque peuple conformément à son caractère déterminé par le lieu, par l'unité et par la diversité des éléments qui composent sa vie et des circonstances historiques de son développement, joue dans la grande famille du genre humain son rôle particulier que lui assigne la Providence» (V. G. Belinskij, *Literaturnyja mečtanija*, in *Polnoe.*, t. I, pp. 316–317).

[42] V. G. Belinskij, Fon Vizim [Recenzija], in *Polnoe.*, t. IV, p. 4. Et cette phrase significative: «La Russie est l'héritière légitime des trois époques de l'humanité» (*ibid.*, p. IV, p. 346).

[43] Cf. Th. G. Masaryk, *Zur russischen Geschichts- und Religionsphilosophie*, t. I, p. 309.

bien évidemment, à cette époque précise de sa vie. L'individu est membre du grand tout social et l'homme ne s'accomplit que dans la communauté nationale et politique.

Un peu plus tard Belinskij reconnaîtra lui-même que si la thèse qu'il a soutenue dans son article sur Borodino est fondamentalement juste «il aurait fallu développer l'idée de négation ... sans laquelle l'histoire de l'humanité se changerait en un marais stagnant et puant».[44]

De fait, la raison qui conduit Belinskij et Bakounine à interpréter Hegel dans la plus pure ligne conservatrice, c'est l'absence chez ces auteurs de la catégorie de Négation pourtant si fondamentale dans la philosophie hégélienne. Evidemment, l'hégélianisme est une philosophie de la «Réconciliation»; ce n'est pas pour autant une philosophie béatement heureuse. Belinskij comme Bakounine insistent souvent – le premier plus que le second – sur la nécessité de la souffrance et du déchirement pour parvenir à la totalité. Mais ni l'un ni l'autre n'ont saisi l'importance de l'entendement. Eblouis par ce que dit Hegel sur la place de la Raison, ils se sont trop vite adonnés aux délices de la raison. Telle est, à notre avis, l'erreur fondamentale qu'ils commirent en lisant Hegel. A cette erreur initiale se rattachent toutes les autres. Le fini n'est plus qu'une ombre; et l'Infini, au lieu d'être l'unité dialectique du fini et de l'infini, devient la doublure du monde temporel.[45] Finalement la réalité historique est méconnue. Il est, de même, significatif que des notions aussi importantes que celles de travail, de lutte pour la reconnaissance auxquelles le lecteur moderne de la *Phénoménologie de l'Esprit* attache tant d'importance soient totalement ignorées. Tout ce que Hegel contenait d'authentique pensée concrète est paradoxalement passé sous silence chez ces disciples qui pourtant vont vers Hegel parce qu'ils voient en lui un philosophe du retour au réel. Tragique méprise! Car si Hegel a renforcé en eux le goût pour le sérieux de l'existence, la lecture qu'ils firent de Hegel ne pouvait que les conduire à une impasse. De même que Bakounine et Belinskij ne purent longtemps se satisfaire de Fichte, ils ne pouvaient, de même, persévérer dans un hégélianisme pseudo-mystique. Koyré a parfaitement raison lorsqu'il déclare que cette période hégélienne, «c'est donc purement un stoïcisme rénové».[46] Se croyant déjà parvenus

---

[44] V. G. Belinskij, Pis'mo k Botkinu, 10–11/XII/1840, in *Pis'ma*, t. II, p. 186.

[45] Zenkovsky pense, au contraire, que Belinskij «formulait avec justesse l'idée centrale de Hegel sur la parenté inscrutable du fini et de l'infini» (B. Zenkovsky, *Histoire de la philosophie russe*, t. I, p. 296).

[46] A. Koyré, *Etudes sur l'histoire de la pensée philosophique en Russie*, p. 154.

au stade ultime du Savoir absolu, ils se consumaient, en fait, comme la «Belle âme» en vaines rêveries. Le réveil ne pouvait être que brutal: ce sera la brouille avec Hegel et la philosophie.

§ 2. *La révolte existentielle de Belinskij*

Le premier à se révolter fut naturellement celui qui eut le plus de mal à se soumettre, Belinskij. Si la rupture explicite se place au printemps 1841, la lecture de la correspondance nous autorise à croire que l'année 1840 – celle-là même des articles réactionnaires sur Borodino et Menzel – fut déjà une année de crise. Les raisons qui déterminèrent ou préparèrent ce revirement sont multiples. On peut cependant, sans trop d'arbitraire, les ramener à trois. En premier lieu, le tempérament extrêmement versatile de Belinskij. Même celui qui ne partage pas les jugements sévères que formule Ajchenval'd doit reconnaître que Belinskij était affligé d'une nature fort émotive. Il le confesse lui-même dans sa correspondance:

«Tu connais ma nature: elle est toujours dans les extrêmes, et jamais au centre de l'idée. C'est avec peine, avec douleur que j'abandonne une vieille idée, que je la répudie totalement; et c'est avec tout le fanatisme d'un prosélyte que j'en embrasse une nouvelle».[47]

Cette nature si impressionnable devait faire une expérience éprouvante. Vers la fin de 1839, Belinskij s'installe à Saint-Pétersbourg. La dure réalité sociale qu'il découvre fut un coup très rude pour son idéalisme: il prend conscience que la vie russe est vile et dégoûtante.[48] Enfin, la dernière raison est d'ordre proprement intellectuel. Sous l'influence de Herzen et de Bakounine, il découvre la gauche hégélienne et le socialisme français.[49]

Pendant l'année de crise, il commence à se détacher de Hegel:

«Il y a des fissures que même Hegel ne parvient pas à recoller».[50]

Cette expérience salutaire lui fit enfin comprendre le sens véritable de la convertibilité entre le rationnel et le réel:

---

[47] V. G. Belinskij, Pis'mo k Botkinu, 8/IX/1841, in *Pis'ma*, t. II, p. 262. Il écrit plus tard: «Le penchant à l'outrance est un trait de la nature mal assise des Russes» (in *Polnoe.*, t. X, p. 137).

[48] V. G. Belinskij, Pis'mo k Botkinu, 3–10/II/1840, in *Pis'ma*, t. II, pp. 26–38.

[49] Pour plus de détails, cf. B. Jakovenko, *Geschichte des Hegelianismus in Russland*, t. I, pp. 102–108.

[50] V. G. Belinskij, Pis'mo k Botkinu, 25/X/1840, in *Pis'ma*, t. II, p. 169.

«Ce qui est réel est rationnel, et ce qui est rationnel est réel. C'est là une grande vérité. Mais tout ce qui existe dans la réalité n'est pas pour cela réel».[51]

On pourrait penser que Belinskij va enfin percevoir que la philosophie hégélienne est moins conservatrice qu'il ne l'avait cru tout d'abord. Ce serait mal le connaître. Entre lui et Hegel, il sent que l'opposition est irréductible, car il est persuadé que l'hégélianisme conduit à la négation de la personne. Entre cette philosophie spéculative qui immole l'individu sur l'autel de l'universel et sa révolte existentielle qui prétend ne reconnaître que les droits de la personne, aucune conciliation n'est possible. On nous permettra de citer ce long texte où Belinskij prend congé de Hegel:

«Pour lui [Hegel], le sujet n'est pas une fin en soi, mais un moyen pour l'expression momentanée de l'universel; et cet universel est chez lui un Moloch pour le sujet, car après avoir fait étalage du sujet, il le rejette comme une vieille culotte... Le destin du sujet, de l'individu, de la personne est plus important que celui du monde entier et que la santé de l'Empereur de Chine (c'est-à-dire de l'universalité hégélienne). On me dit: exploite tous les trésors de ton esprit afin qu'il devienne l'objet de ta seule et libre jouissance; pleure pour être consolé, sois triste pour te réjouir, aspire à la perfection, grimpe sur le dernier degré de l'échelle de l'évolution, et si tu trébuches, tombe, au diable, tu l'as bien mérité. Tous mes respects, Egor Fedorovič, je m'incline devant votre bonnet de philosophe, mais j'ai l'honneur de vous annoncer avec tout le respect qui revient à votre philistinisme philosophique, que moi-même, si j'avais réussi à me hisser au degré suprême de l'évolution, même là je vous aurais demandé des comptes pour toutes les victimes des circonstances de la vie et de l'histoire, pour toutes les victimes du hasard, de la superstition, de l'inquisition, de Philippe II, etc., etc.».[52]

A l'immobilité sereine de la pensée logique, Belinskij oppose la mobilité inquiète de l'existence humaine. Il formule avec beaucoup de force ce qui sera plus tard l'objection essentielle de Kierkegaard: Hegel avec son culte de l'Universel ignore l'individu concret. Ce passage enflammé fait irrésistiblement penser à Dostoievskij, lorsqu'il propose par la bouche d'Ivan Karamazov sa dialectique de la larme de l'enfant

---

[51] *Id.*, Stichotvorenija M. Lermontova, in *Polnoe.*, t. VI, p. 13. «Ce n'est pas tout ce qui est, qui existe [véritablement]. Chaque objet du monde physique et spirituel est ou une *chose-en-soi*, ou une chose *en-soi (an sich) et pour-soi (für sich)*. N'existe réellement que ce qui est *en-soi* et *pour-soi* et sait qu'il existe *en-soi* et *pour-soi* et est pour-soi dans l'universel. Une partie d'un arbre existe, mais non pour-soi, seulement en-soi. Elle existe seulement comme objet, mais non comme objet-sujet» (V. G. Belinskij, Gore ot uma [Recenzija], in *Polnoe*, t. V, p. 40).

[52] *Id.*, Pis'mo k Botkinu, 1/III/1841, in *Polnoe.*, t. II, p. 213.

face à l'harmonie du monde. Le nouveau révolté prétend même donner une leçon de morale à l'auteur de la *Philosophie du Droit*. Il lance:

«Tout le bavardage de Hegel sur l'éthique est une pure absurdité, car dans le royaume objectif de la pensée il n'y a pas d'éthique».[53]

Quel ton passionné! l'apostrophe remplace la discussion. Koyré remarque malicieusement:

«D'ailleurs, ce que Belinskij reproche à Hegel - la destruction de la subjectivité, le conformisme et la réconciliation – c'est justement ce qu'il trouvait de consolant, de beau dans la philosophie».[54]

Hegel ne manquerait pas de souligner que Belinskij, en identifiant vérité et subjectivité, rejoint l'attitude de la «Belle âme» qui se complaît dans l'hypertrophie du moi. Désormais, par un renversement total, la personne acquiert les droits et prérogatives dévolus auparavant à l'«Allgemeinheit»:

«Pour moi, à présent, *la personne humaine* est plus haute que l'histoire, que la société, que l'humanité! C'est vraiment l'idée du siècle».[55]

Il ne faut donc pas s'étonner si Belinskij propose des formules qui, prises dans leur littéralité, conduiraient tout droit à l'anarchisme:

«La négation, voilà mon dieu».[56]

Mais Belinskij n'est pas un anarchiste, même pas en paroles. Son idéal, c'est sans doute la liberté de la personne, mais au sein d'une société fraternelle. En fait, après la rupture avec Hegel, il se tourne vers l'idéal socialiste:

«C'est l'idée du socialisme qui est devenue pour moi l'idée des idées, l'être de l'être, la question des questions, l'alpha et l'oméga de la croyance et du savoir. Tout vient d'elle, tout est pour elle, tout se fait avec elle. Elle est la question et la réponse à la question. Elle absorbe, pour moi, et l'histoire et la religion et la philosophie».[57]

Naturellement, le socialisme qu'il propage par ses écrits reste tout théorique. Il lutte certes pour la suppression de l'esclavage, mais il ne s'intéresse guère aux problèmes de l'organisation sociale. Il rêve d'un socialisme où tous les hommes seraient frères, d'un monde où – ce

[53] *Ibid.*, t. II, p. 213.
[54] A. Koyré, *Etudes sur l'histoire de la pensée philosophique en Russie*, p. 161.
[55] V. G. Belinskij, Pis'mo k Botkinu, 4/X/1840, in *Pis'ma*, t. II, p. 163.
[56] *Ibid.*, t. II, p. 267.
[57] *Ibid.*, t. II, p. 262.

sont ses propres termes – Othello n'étoufferait plus Desdémone. Ses maîtres à penser sont les socialistes français, et il regrette amèrement d'avoir écrit que l'Allemagne est la «Jérusalem nouvelle». S'il se tourne vers la France, il n'a pas étudié sérieusement les auteurs socialistes dont il se fait maintenant le champion.

Il est sûr que sa rupture avec Hegel, sans être totale, est profonde. Après la crise de 1841, il continue à parler de Hegel avec beaucoup de respect. Cette vénération pour la personne s'accompagne même d'une certaine fidélité pour l'un ou l'autre point de doctrine, mais ils sont peu nombreux. Il finit lui aussi par comprendre que l'on doit distinguer l'intention hégélienne des conclusions contenues dans le système :

«Finalement, la philosophie de Hegel embrasse tous les problèmes de la vie universelle, et si ses réponses appartiennent parfois à une période passée et complètement révolue de l'humanité, sa méthode rigoureuse et profonde n'en a pas moins frayé le chemin qui conduit à la connaissance de la raison humaine... Hegel ne s'est trompé que dans les applications en étant infidèle à sa propre méthode».[58]

Ainsi est pressentie la célèbre distinction chère à l'hégélianisme de gauche entre le caractère progressiste de la méthode dialectique et le contenu conservateur du système. Toujours selon Belinskij, Hegel a poussé si loin le développement de la philosophie que tout nouveau progrès ne peut se faire désormais qu'en transformant le concept même de philosophie. Le savoir spéculatif étranger à la vie doit «rentrer dans la vie au bruit importun d'où il s'était retiré ... Le commencement de cette réconciliation bienheureuse de la philosophie avec la Praxis s'est accompli dans l'aile gauche de l'hégélianisme contemporain».[59] Cette conversion à la Praxis – nullement au sens marxiste du terme puisque Belinskij ignore la notion de base économique[60] – le conduit à mettre l'action au-dessus de la spéculation.

---

[58] *Id.*, Stat'i, recenzii i zametki, in *Polnoe.*, t. XII, p. 398. L'article fut publié en 1843.
[59] *Ibid.*, t. III, p. 398. Après avoir distingué trois écoles dans l'hégélianisme, Belinskij poursuit: «Lorsque nous avons dit que la gauche hégélienne s'est séparée de son maître, cela ne veut pas dire qu'elle nie ses grands mérites dans le domaine de la philosophie et tienne sa doctrine pour vide et infructueuse. Non, cela veut dire seulement qu'elle veut aller plus loin et que, malgré tout son respect pour le grand philosophe, elle met l'autorité de la pensée humaine au-dessus de Hegel» (C. G. Belinskij, Rukovodstvo k poznaniju teoretičeskoj-material'noj filosofii, in *Polnoe.*, t. IX, p. 149).
[60] On s'étonne de voir un des récents historiens soviétiques s'appuyer sur un texte faussement attribué à Belinskij pour conclure que ce dernier fait dépendre toutes les superstructures de la base économique (P. A. Mezencev, *Belinskij*, p. 339). Le texte en question est une recension du livre de Grigor'ev, *Ebrejskie sekty v Rossii*. Il se trouve dans V. G. Belinskij, *Polnoe.*, t. XIII, pp. 203–204. Sur l'inauthenticité, cf. *Literaturnoe nasledstvo*, (1935), p. 610).

Certains ont voulu voir dans l'athéisme de Belinskij l'influence directe de Feuerbach.[61] Les philosophes soviétiques soulignent, au contraire, les affinités entre Belinskij et Marx. Ainsi, selon Mezencev, Belinskij aurait vu dans la religion l'opium du peuple.[62] On peut avec tout autant de raison affirmer que s'il se détache de la religion, c'est parce qu'il voit en elle l'une des formes de l'idéalisme:

«Au diable la métaphysique: ce mot signifie le supranaturel, et par conséquent est un non-sens... Affranchir la science des fantômes du transcendantalisme et de la théologie, montrer les frontières à l'intérieur desquelles l'activité de l'esprit est féconde et la détacher à jamais de tout ce qui est fantastique et mystique, voilà ce que fera le fondateur d'une nouvelle philosophie».[63]

Vers la fin de sa vie, sous l'influence de Comte et de Littré, Belinskij passe si près du matérialisme que plusieurs historiens croient qu'il a adopté entièrement la doctrine positiviste.[64] Plus clairvoyant, Pléchanov s'oppose à ce jugement trop rapide. Il note que Belinskij n'a jamais complètement renoncé à la nécessité d'une certaine connaissance spéculative:

«Il s'efforce de concilier l'idéal avec la réalité au moyen de l'idée de développement qui donne un fondement solide à l'idéal et le fait passer de l'abstrait dans le concret».[65]

Belinskij a vite perçu la limite de la philosophie positiviste. Ne déclare-t-il pas qu'A. Comte ne sera jamais le fondateur d'une nouvelle philosophie parce qu'«il ne voit pas le progrès historique, ce lien vivant qui passe comme un nerf vivant à travers l'organisme vivant de l'histoire de l'humanité».[66] Après sa brouille avec Hegel, il continue donc à accorder une place prépondérante à l'histoire. Il convient cependant de remarquer que, vers la fin de sa vie, il est très sensible à la contingence du devenir historique. Pourtant, il crédite encore le processus historique d'une certaine rationalité.[67] Sans doute, cet appel à la raison est davantage une foi dans l'avenir de l'homme qu'une cer-

---

[61] Th. G. Masaryk, *Zur russischen Geschichts- und Religionsphilosophie*, t. I, p. 314.

[62] P. A. Mezencev, *Belinskij*, p. 330. Belinskij écrit à Herzen: «Mais dans les deux mots Dieu et religion, je ne vois qu'obscurité, ténèbres et knout» (Pis'mo, 26/I/1845, in *Pis'ma*, t. III, p. 87).

[63] V. G. Belinskij, Pis'mo k Botkinu, 17/II/1847, in *Pis'ma*, t. III, p. 175.

[64] A. N. Pypin, *Belinskij ego žizn' i perepiska*, p. 598.

[65] G. V. Plechanov, Belinskij i razumnaja dejstvitel'nost', in *Sočinenija*, t. X, p. 242.

[66] V. G. Belinskij, Pis'mo k Botkinu, 17/II/1847, in *Pis'ma*, t. III, p. 174.

[67] «Actuellement, la raison est, en toute chose, à la recherche d'elle-même et ne reconnaît pour réel que ce en quoi elle se reconnaît. C'est pourquoi notre époque se distingue de toutes les autres époques historiques antérieures. La raison a tout maîtrisé et elle triomphe de tout» (V. G. Belinskij, Reč o kritike, in *Polnoe.*, t. VII, pp. 296–297).

titude fondée, à la manière hégélienne, sur l'incarnation temporel du
Logos éternel. Belinskij veut croire au triomphe de la raison, car il en
a besoin pour se rassurer. Toutefois, il n'est pas exclu que la doctrine
hégélienne de l'histoire n'ait continué, jusqu'à la fin de sa vie, à
soutenir sa confiance dans l'histoire.

C'est dans le domaine de l'esthétique que l'influence de Belinskij
fut la plus considérable. Le grand critique littéraire a été le porte-parole
de sa génération: Tourguéniev, Gogol, Dostoievskij, pour ne parler
que des plus grands, lui doivent certainement beaucoup. Essayer de
déterminer cette influence sur la littérature de son temps ne rentre
pas dans le cadre de ce travail. Nous voulons seulement dégager les
traits généraux de son esthétique et nous demander dans quelle mesure
elle a subi l'influence de Hegel.

Sur les périodes préhégélienne et hégélienne de Belinskij, tous les
historiens sont d'accord. Par contre, ils se séparent lorsqu'il s'agit de
savoir si, après sa rupture avec Hegel, Belinskij reste ou non dépendant de l'esthétique hégélienne. D'après les historiens soviétiques,
qui adoptent l'opinion de Černyševskij, la rupture fut totale: elle
englobe donc aussi l'art.[68] Cette opinion n'est nullement celle des
autres historiens qui considèrent, au contraire, que s'il y a un domaine
où l'influence de Hegel s'est exercée pendant toute la vie de Belinskij,
ce fut justement celui de l'esthétique.[69]

Pendant sa jeunesse, Belinskij adopte les théories romantiques. Il
voit dans l'artiste un visionnaire, un héros qui découvre l'idée cachée
dans la nature:

«Tout ce monde divin illimité, infini et si beau n'est rien d'autre que le
souffle d'une *idée* unique, éternelle (la pensée d'un dieu un, éternel) qui se
manifeste sous des formes innombrables».[70]

Dès cette époque, Belinskij professe la théorie romantique du ca-

---

[68] N. G. Černyševskij, *Očerki gogolevskogo perioda russkoj literatury*, in *Izbrannye filosofskie sočinenija*, t. I, p. 703 (trad. fr., p. 547). V. I. Stepanov, *Filosofskie i sociolo-gičeskie vozzrenija V. G. Belinskogo*, pp. 207–217. «Der Uebergang Belinskis vom Idea-lismus zum philosophischen Materialismus führte jedoch zu einer wesentlichen Aende-rung seiner Vorstellungen vom Wesen der Kunst» (M. F. Owsjannikov, S. W. Smirnowa, *Kurze Geschichte der Aesthetik*, p. 376).

[69] «Die Philosophie Hegels verlor wirklich ihren Reiz für Belinskij nach 1841 – aber nur als etwas Ganzes, als Weltanschauung, die vereinzelten Thesen von Hegel und besonders die Prinzipien seiner Aesthetik machten sich hingegen auch weiterhin gel-tend» (J. Laziczius, Hegels Einfluss auf V. Belinskij, in *Zeitschrift für slavistischen Philologie* t. V, (1928), p. 342).

[70] V. G. Belinskij, *Literaturnyja mečtanija*, in *Polnoe.*, t. I, p. 318 (trad. fr.. p. 67).

ractère national de l'œuvre d'art.[71] Les thèmes schellingiens de l'art comme harmonie, de l'Idée comme accomplissement actuel de la Nature, de l'assimilation de l'activité créatrice à une poussée mystérieuse et irrésistible prenant la forme d'un destin inspirent les *Rêveries littéraires*. Nous aimerions surtout retenir de ce texte une idée insuffisamment soulignée. Belinskij a déjà pris conscience que ce dont la Russie a le plus besoin, c'est moins de littérature que de culture populaire. M. Scheibert fait remarquer avec beaucoup de sagacité qu'il n'y a qu'un pas à franchir pour passer de cette conception à celle de l'engagement politique en littérature.[72]

La découverte de Hegel apporte à Belinskij deux idées centrales qui vont inspirer ses abondantes critiques littéraires: la conception spéculative de la beauté et l'importance de l'histoire dans l'art. Sur le premier point, il se sent si pleinement en accord avec Hegel qu'il se contente de reprendre la définition du beau qu'il vient de trouver dans l'*Esthétique:*

«L'art, c'est la contemplation immédiate de la vérité, ou une pensée sous forme d'images».[73]

Le critique russe ne fera jamais rien d'autre que de s'efforcer d'expliciter à lui-même et à ses lecteurs la signification de cette définition. Une pensée, voilà qui choquera, note Belinskij. Pourtant, l'art, comme la philosophie, a pour objet la vérité:

«La poésie est la vérité... Donc la poésie est identique à la philosophie, à la pensée. C'est pourquoi elle a le même contenu, l'absolue vérité, non pas sous la forme où la vérité se développe d'une manière dialectique à partir d'elle-même, mais sous la forme de la réalité immédiate [présente] dans l'image. Le poète pense par image; il ne *prouve* pas la vérité, mais il la *montre*».[74]

Belinskij sait que l'esthétique a aussi ses empiristes et ses idéalistes. Si les premiers vont d'instinct vers la pluralité foisonnante de la vie, ils méconnaissent l'élément universel. Quant aux idéalistes, ils s'enferment dans l'Idée absolue et oublient les réalités concrètes. Or l'art est la synthèse de ces deux attitudes: il ne doit ni se couper du réel ni se perdre dans l'empyrée, mais s'efforcer, au contraire, de si bien scruter le temporel que finisse par se dévoiler l'universel qu'il renferme.[75] Le critique russe adopte la terminologie hégélienne:

[71] *Ibid.*, t. I, p. 318; p. 383 (trad. fr., pp. 66; 142).
[72] P. Scheibert, *Von Bakounin zu Lenin* t. I, p. 174.
[73] V. G. Belinskij, Ideja iskusstva, in *Polnoe.*, t. VI, p. 500.
[74] *Id.*, Gore ot uma (Recenzija), in *Polnoe.*, t.V, p. 33.
[75] *Id.*, Sočinenija Deržavina (Recenzija), in *Polnoe.*, t. VIII, p. 67.

«L'art n'atteint son but que lorsque dans les phénomènes particuliers il fait apparaître l'universel, la nécessité rationnelle et représente dans leur plénitude objective la totalité et l'achèvement qui sont enfermés dans les phénomènes eux-mêmes.[76]

Belinskij, pas plus que Hegel, n'accepte la théorie platonicienne de l'art: la beauté ne plane pas hors du monde sensible.[77] Dégager l'universel, ce n'est pas se couper de la réalité, mais se tourner vers ce qu'il y a de plus authentiquement réel. Les auteurs soviétiques peuvent donc à bon droit insister sur le réalisme de l'esthétique du célèbre critique russe.

Ces mêmes auteurs ne semblent pas avoir souligné avec assez de force un autre aspect non moins important de la pensée de Belinskij. Quand celui-ci déclare que l'artiste doit abstraire l'universel pour atteindre la substance des choses, il voit précisément dans cette saisie l'essence même de l'activité artistique. Le réalisme de Belinskij est une chose. Mais il est resté trop hégélien, même après la rupture, pour se contenter d'un pâle naturalisme. Jamais l'art ne consistera dans une simple imitation du réel. Bien qu'il soit un peu plus sensible que Hegel à la beauté de la nature, Belinskij met lui aussi la beauté artistique au-dessus de la beauté naturelle:

«La réalité est belle en elle-même, mais belle selon son être, selon ses éléments, selon son contenu, mais point selon sa forme. Aussi, la réalité est un or pur, mais non purifié de sa gangue. La science et l'art purifient l'or de la réalité et le retransposent dans une forme belle».[78]

On connaît le passage où Hegel, devant «ces portraits ressemblants à vous en donner le dégoût», conclut que si l'artiste doit s'inspirer de la nature, son but n'est pas de la recopier servilement. C'est très exactement la position du critique russe:

«L'art est une reproduction de la réalité, mais n'en est pas une copie...».[79]

La nature fournit des matériaux dont l'artiste s'empare pour en faire une œuvre d'art. Cette dernière résulte de la juste proportion entre le

---

[76] *Id.*, Mencel', kritik Gëte, in *Polnoe.*, t. IV, p. 481.
[77] En 1838, donc en pleine période de crise hégélienne, on trouve: «La concrétude est la condition principale de la création véritablement poétique...» (V. G. Belinskij, Ugolino, in *Polnoe.*, t. III, p. 350). A rapprocher de ce texte de Hegel: «Un point de départ idéaliste dans l'art et la poésie est toujours très suspect, car l'artiste doit créer en partant de la plénitude de la vie et non des généralités abstraites» (Hegel, *Aesthetik*, t. I, p. 275).
[78] V. G. Belinskij, Stichotvorenija M. Lermontova, in *Polnoe.*, t. VI, p. 12.
[79] *Id.*, Močalov v roli Gamleta, in *Polnoe.*, t. III, p. 281.

contenu et la forme, entre le réel et l'idéal. Pour Belinskij, comme pour Hegel, la caractéristique de l'œuvre d'art, c'est de constituer une totalité organique où les parties conviennent harmonieusement avec le tout :

«Dans l'art, comme dans la nature et dans l'histoire, l'universel pour ne pas demeurer une idée abstraite doit prendre la forme des manifestations organiques singulières. C'est pourquoi chaque œuvre d'art est quelque chose de singulier, de particulier qui cependant est pénétré par un contenu universel, par l'idée. Dans une œuvre d'art, l'idée doit être organiquement fondue avec la forme – comme l'âme avec le corps – de telle sorte que la destruction de la forme signifie, en même temps, la destruction de l'idée et réciproquement».[80]

La beauté, tel est donc le but que se propose l'artiste. Tschiževskij en conclut que le théoricien russe professe la théorie de l'art pour l'art.[81] Sur ce point précis la crise antihégélienne de 1841 a amené un profond changement. Avant sa rupture avec Hegel, Belinskij, en bon disciple, affirme que le beau se suffit à lui-même :

«Ainsi, la poésie n'a pas son but hors d'elle-même, mais en elle-même. Donc l'image poétique n'est pas pour le poète quelque chose d'extérieur et d'accessoire ; elle n'est pas un moyen, mais une fin».[82]

L'artiste doit être impartial, froid ; il ne saurait chercher à influencer son lecteur. C'était donc tout l'opposé de l'art engagé.[83]

Après la rupture avec Hegel, Belinskij abandonne cette théorie de l'art pour l'art, mise à la mode, dit-il, par les rêveurs allemands. Que veut-il donc maintenant ? Toujours, et avant tout, que l'artiste produise une œuvre belle :

«Sans aucun doute et avant tout, l'art doit être l'art et ensuite seulement il peut être l'expression de l'esprit et de l'orientation de la société à une époque donnée. Aussi belles que soient les pensées qui remplissent un poème, aussi forte que soit sa sympathie pour les questions actuelles, si cette pièce manque de poésie, on ne saurait y trouver ni belles pensées ni questions d'aucune sorte et tout ce que l'on peut y relever ce sont de bonnes intentions, rien de plus».[84]

---

[80] V. G. Belinskij, cité in *Studienmaterial*, Heft 1, p. 93.
[81] D. Tschiževskij, *Hegel bei den Slaven*, p. 221.
[82] V. G. Belinskij, Gore ot uma [Recenzija], in *Polnoe.*, t.V, p. 33
[83] «Oui, cette impartialité, cette froideur du poète semble vous dire : *c'est ainsi;* et puis, que voulez-vous que ça me fasse ? C'est le royal zénith de la perfection artistique» (V. G. Belinskij, *Literaturnyja mečtanija*, in *Polnoe.*, t. I. p. 321 (trad. fr., p. 71).
[84] V. G. Belinskij, *Vzgljad na russkuju litteraturu 1847 goda*, in *Polnoe.*, t. XI, p. 97 (trad. fr., p. 503). Dès 1842, donc juste après sa crise antihégélienne, Belinskij commence à percevoir la nécessité d'unir la forme de la beauté au contenu social (V. G. Belinskij, Nikitenko, Reč o kritiki, in *Polnoe.*, t. VII, pp. 294–297). L'année suivante, il écrivait :

Belinskij dirait-il avec Gide que c'est avec de bonnes intentions qu'on fait de la mauvaise littérature? Certainement pas! Il croit, au contraire, que sans «bonnes intentions» il n'y a pas d'œuvre d'art accomplie. Loin d'être une condition diminuante, l'engagement au service des causes politiques nobles permet d'atteindre la perfection dans l'art:

«Retirer à l'art le droit de se mettre au service des préoccupations sociales, c'est l'abaisser et non l'élever, car c'est lui ôter ses forces vivantes, autrement dit la pensée».[85]

Belinskij a appris de Hegel que l'art est une pensée en image. Il conclut implacablement: sans pensée, point de beauté. Mais il sait aussi qu'il ne suffit pas d'avoir une idée – fût-elle vraie – pour faire une œuvre belle. Sa position se trouve à égale distance de l'esthétisme de l'art pour l'art et du naturalisme de la poésie didactique.[86]

Quand il plaide pour l'art engagé, il le fait d'ailleurs en se référant à deux thèses hégéliennes incontestables: le domaine artistique qui est l'une des manifestations de l'Absolu ne doit pas être séparé des autres domaines: l'Absolu se révèle lui-même dans le monde historique. Le texte suivant, postérieur à la rupture avec Hegel, montre bien que Belinskij s'inspire toujours du philosophe allemand:

«Nous n'en pensons pas moins que l'idée d'un art pur, séparé, confiné dans sa propre sphère, n'ayant rien de commun avec les autres aspects de la vie, est une idée abstraite, chimérique. Un tel art n'a jamais existé nulle part. Sans doute, la vie se divise et se subdivise en une foule d'aspects indépendants; mais ces aspects se fondent l'un dans l'autre de façon vivante et il n'y a pas entre eux de traits qui les séparent nettement».[87]

Que Belinskij adopte la trichotomie hégélienne de la poésie ou qu'il ne reconnaisse que deux types fondamentaux, l'art classique et l'art

«La tâche de la véritable esthétique consiste à déterminer non *ce que l'art doit être*, mais *ce qu'il est*» (Sočinenija Deržavina, in *Polnoe.*, t. VIII, p. 64). Ainsi, Belinskij oppose très nettement l'esthétique métaphysique et normative des Allemands à ce que M. Gilson appelle une philosophie des beaux-arts et M. Dessoir une science de l'art. Ce changement profond entraîne tout naturellement une modification dans les jugements du Critique. Pendant sa période hégélienne, Belinskij préférait Goethe à Schiller; après la crise, il condamne violemment l'indifférentisme politique de Goethe et revient vers Schiller.

[85] V. G. Belinskij, *Vzgljad na russkuju literaturu 1847 goda*, in *Polnoe.*, t. XI, p. 104 (trad. fr., p. 512). Cf. t. X, p. 311.
[86] «Au fond, il [l'art] est un fâcheux excès opposé à un autre excès fâcheux, l'art didactique, édifiant, froid, sec et mort dont les productions ne sont que des exercices de rhétorique sur des thèmes imposés» (V. G. Belinskij, *Vzgljad.*, in *Polnoe.*, t. XI, p. 97 (trad. fr., p. 503).
[87] *Ibid.*, t. XI, p. 99 (trad. fr., p. 505). Cf. t. VIII, p. 62.

romantique, est sans grande importance. Sur l'essentiel il reste hégélien, puisqu'il affirme que l'art est toujours l'art d'un peuple particulier à un moment donné de son devenir historique.[88] Il a si bien vu
ce caractère de l'irréversibilité de l'histoire qu'il fustige dans ses
recensions tous ceux qui croient possible de s'attarder à imiter soit
l'âge classique soit l'âge romantique, alors que l'âge moderne qu'annonce Gogol est déjà là.[89] Moins pessimiste que Hegel qui croyait
pouvoir annoncer, avec la montée de la bourgeoisie affairiste, la fin
de l'esthétique, Belinskij garde la conviction qu'une généreuse inspiration mise au service du peuple sera assez forte pour maintenir
un art vivant et authentique qui, sans rien perdre de sa valeur artistique, gagnera en réalisme :

«Le poète ne peut plus vivre dans le monde de ses rêves ; il est désormais un
citoyen du royaume de la réalité de son temps. Tout le passé doit vivre en
lui. La société voit en lui non un amuseur, mais un représentant de sa vie
spirituelle, idéale ; un oracle qui répond aux questions les plus ardues ; un
médecin qui découvre d'abord en soi, puis dans les autres, les tristesses et les
maux communs et qui les guérit en les reproduisant sous une forme poétique».[90]

Parce que la forme est devenue prépondérante et que le contenu
est passé au second plan, Hegel pressent qu'une réaction va se produire : il déclare que l'art romantique va disparaître. Quelques années
plus tard, Belinskij constate la fin de cet art romantique et prend
acte qu'une nouvelle époque vient de naître où le contenu – essentiellement un contenu social – l'emporte sur la forme :

«Le caractère général de l'art moderne, c'est que l'importance du contenu
l'emporte sur l'importance de la forme, alors que l'art antique se caractérisait
par l'équilibre du contenu et de la forme».[91]

Toutefois, le fait que Belinskij ait pris conscience de ce changement
et qu'il l'ait approuvé ne suffit pas pour en faire un précurseur du
réalisme socialiste, car son esthétique garde toujours une référence

[88] Sur le caractère national de l'art, outre le texte déjà cité des *Rêveries littéraires*, cf.
Polnoe., t. IV, p. 3 ; t. VI, pp. 548–552 ; t. VIII, p. 68 ; t. XI, p. 99 ; t. XII, p. 333.
[89] V. G. Belinskij, Stat'i, recenzii i zametki, in *Polnoe.*, t. XII, pp. 333–334. A comparer avec ce passage de Hegel : «Il ne peut paraître dans notre époque ni un Homère, ni
un Sophocle etc., ni un Dante, ni un Arioste ou un Shakespeare. Ce qui a été si bien
chanté, ce qui a été exprimé si librement, est dit une fois pour toutes... Le présent
seul a de la fraîcheur, le reste est pâle et fade» (Hegel, *Aesthetik*, t. I, p. 581).
[90] V. G. Belinskij, *Polnoe.*, t. VII, pp. 82–83.
[91] *Id.*, *Vzgljad.*, in *Polnoe.*, t. XI, p. 103 (trad. fr., p. 511). Sur l'art dans la civilisation
industrielle, cf. t. V, p. 35.

essentielle à l'Idée de beauté. Ce qu'il a retenu de l'*Esthétique* de Hegel l'emporte de beaucoup sur ce qu'il en a rejeté.

§ 3. La révolte politico-anarchiste de Bakounine

Le tempérament fougueux de Bakounine le prédisposait à adopter les positions extrêmes. On trouve dans ses *Confessions* cet aveu profondément lucide:

«Il y eut toujours dans ma nature un défaut capital: l'amour du fantastique, des aventures extraordinaires et inouïes, des entreprises ouvrant au regard des horizons illimités et dont personne ne peut prévoir l'aboutissement».[92]

Il n'est pas nécessaire, en effet, d'être grand psychologue pour pressentir que cet homme du «tout ou rien», comme il se définit lui-même, va sous la pression des événements et les hasards d'une rencontre brûler ce qu'il avait adoré.

En 1840, il arrive à Berlin, la Jérusalem de la philosophie. Ses fréquentations mondaines, son admiration pour Bettina von Arnim lui font oublier pour un temps la situation politique et économique de l'Europe et de l'Allemagne. Venu pour entendre les philosophes berlinois, il suit les cours de Werder, Hotho, Vatke. Il ira même écouter Schelling qui le déçoit vite. Il est si lié avec Werder et l'hégélianisme de droite que l'hégélianisme de gauche ne parvient pas à le tirer de son sommeil. Mais cet enchantement sera de courte durée.

Koyré pense que le changement d'orientation serait dû à une nouvelle lecture de Hegel, spécialement de la *Phénoménologie de l'Esprit*.[93] Comme le fait remarquer M. Hepner, rien ne permet d'appuyer l'hypothèse de cette nouvelle lecture.[94] En fait, c'est la rencontre avec A. Ruge, lors d'un voyage à Dresde, qui attire Bakounine vers la gauche hégélienne. Il rapporte aussi dans ses *Confessions* que le livre de Lamennais *La politique à l'usage du peuple* fut pour lui une révélation. Désormais, les problèmes sociaux et politiques passent au centre de ses intérêts. Pour compléter son information, il parcourt les articles des *Hallische Jahrbücher*. On doit donc dire que Bakounine est passé de la période de la réconciliation avec la réalité à la révolte contre la réalité, de la philosophie spéculative à l'action politique sous l'influence des Hégéliens de gauche.

---

[92] M. Bakunin, *Ispoved'*, in *Sobranie.*, t. IV, p. 154 (trad. fr., p. 171).
[93] A. Koyré, *Etudes sur l'histoire de la pensée philosophique en Russie*, pp. 144–145.
[94] B. P. Hepner, *Bakounine et le panslavisme révolutionnaire*, p. 171.

La correspondance de l'année 1841 laisse déjà prévoir ce changement. On y voit un Bakounine en pleine crise qui s'efforce de se
libérer des abstractions pour rejoindre la vie réelle:

«Lorsque nous disons que la vie est belle et divine, nous entendons par là
qu'elle est pleine de contradictions; et quand nous parlons de ces contradictions, ce n'est pas un mot vide. Nous ne parlons pas de ces contradictions qui
ne sont que de pures ombres, mais des contradictions réelles, sanglantes».[95]

Dans chacune de ses lettres, il affirme avec insistance que la réalité
véritable, c'est la vie concrète. S'il continue à employer le mot «Wirklichkeit», il lui donne maintenant un sens tout à fait nouveau. Il lui
suffira de quelques mois de réflexion pour mettre au point ses pensées.

Entre le 17 et le 21 octobre 1842 paraît dans les *Deutsche Jahrbücher für Wissenschaft und Kunst* un article intitulé: «Die Reaktion
in Deutschland». L'auteur, Jules Elysard, n'est autre que M. Bakounine qui, toujours suspect, préfère garder l'anonymat. Le moins
que l'on puisse dire, c'est que ce pamphlet ne passa pas inaperçu.
Herzen, Belinskij et autres Occidentalistes se réjouissent de voir
enfin Bakounine rompre avec les conservateurs. Sans vouloir en
diminuer la valeur, il est juste de reconnaître que l'article de Bakounine ne contient guère d'idées nouvelles. Il suffit de relire deux
textes de B. Bauer et d'A. Ruge pour s'en convaincre. Dans *Die
Posaune des jüngsten Gerichts über Hegel den Atheisten und Antichristen*, Bauer présente Hegel comme le champion de la lutte politique:

«Sa théorie est en elle-même Praxis, et par conséquent la Praxis la plus
dangereuse, la plus totale et la plus destructrice».[96]

Ruge précise encore que la Praxis, c'est l'engagement politique au
service de la cause de la démocratie et de la liberté:

«Notre époque est politique et notre politique veut la liberté de ce monde».[97]

Si Ruge est moins persuadé que Bauer que la philosophie hégélienne
est déjà une philosophie de la Praxis, il reconnaît qu'en elle-même
cette philosophie, bien loin d'être opposée à l'activité politique, la
postule. D'intention, la philosophie du droit de Hegel conduit à la

[95] M. Bakunin, Pis'mo rodnym, 22/X/1841, in *Sobranie.*, t. III, p. 68.
[96] B. Bauer, *Posaune des jüngsten Gerichts über Hegel den Atheisten und Antichristen. Ein Ultimatum* in *Die Hegelsche Linke*, p. 171.
[97] A. Ruge, Die hegelsche Rechtsphilosophie und die Politik unserer Zeit, in *Deutsche Jahrbücher* (1842); reproduit dans *Die Junghegelianer. Ausgewählte Texte*, p. 97.

démocratie, même si par infidélité à ses principes, Hegel eut une complaisance coupable pour le régime prussien. Ainsi, dans son article, Bakounine ne fait guère que reprendre à son compte ce qui était en 1841 un bien commun de la gauche hégélienne. Toutefois, à bien des égards, le texte de Bakounine tranche sur celui de ses nouveaux amis. S'il n'innove pas, il excelle à tirer les conclusions extrêmes des thèses de ses prédécesseurs en développant avec la logique intrépide qui le caractérise sa nouvelle interprétation de Hegel.

Il commence par situer ses adversaires: ce sont, en politique, les partis conservateurs qui dirigent l'Europe; en droit, l'école historique qui justifie l'ordre établi, et dans la science spéculative, la philosophie positive de Schelling. Bakounine est trop hégélien pour croire que quelque chose puisse exister qui n'aurait pas de raison d'être. Avec beaucoup de loyauté, il tire la conclusion politique de cette thèse philosophique: le parti conservateur est actuellement au pouvoir parce qu'il a un programme, alors que le parti démocrate, qui n'en a pas, doit se contenter de rester dans l'opposition.[98] Bakounine distingue, en effet, le principe démocratique du parti démocratique qui en est la réalisation concrète. Ce dernier n'est pas encore parvenu à la conscience affirmative de son propre principe, nous dirions plus simplement qu'il n'a pas encore réussi à élaborer un programme de gouvernement. Son action purement négative vise à détruire la réalité existante. Mieux vaut avouer que «le parti démocratique comme tel, en tant qu'il n'est que négation, a nécessairement la totalité de la vie à l'extérieur de lui ... C'est pourquoi, il n'est qu'un parti et pas encore la réalité vivante: il est l'avenir et pas le présent».[99] En somme, conclut Bakounine, le parti conservateur et le parti démocrate sont, pour reprendre la terminologie hégélienne, deux forces opposées particulières qui se font face comme le positif et le négatif.

Bakounine analyse la situation politique de son temps à la lumière des catégories hégéliennes d'opposition et de contradiction. Mais l'existence d'un parti intermédiaire, celui des réactionnaires modérés – ou comme il l'appelle le parti des réactionnaires inconséquents et médiateurs – l'oblige à préciser son argumentation. Ce parti se croit

[98] «Nous voulons leur accorder que leur pouvoir présent n'est pas un jeu du hasard, mais a son propre fondement dans le développement de l'esprit moderne. D'une façon générale, je tiens que la contingence n'a aucun pouvoir dans l'histoire: l'histoire est un développement libre, mais également nécessaire de l'esprit libre» (Jules Elysard, Die Reaktion in Deutschland, in *Deutsche Jahrbücher für Wissenschaft und Kunst*, (1842), pp. 985–986.
[99] *Ibid.*, p. 986.

celui du juste milieu. Alors que les démocrates conséquents s'entêtent dans la saisie unilatérale de la positivité du donné et se réfugient dans le passé, et que les démocrates révolutionnaires brandissent l'aspect non moins unilatéral de la destruction absolue et fuient dans un avenir incertain, ces conservateurs modérés, parce qu'ils sont partisans de la réconciliation, se présentent comme les fidèles disciples de Hegel. Bakounine reconnaît que, politiquement, ce sont des gens astucieux, rusés (*pfiffig*), habiles à reprendre d'une main ce qu'ils ont accordé de l'autre:

«Ils ne répondent jamais oui ou non; ils disent: dans une certaine mesure vous avez raison, toutefois»![100]

Ces politiciens du «oui, mais» (*gewiss, aber doch,* tels sont les propres termes de Bakounine) appliqueraient en politique la théorie hégélienne de la réconciliation. A première vue, ils semblent tenir une position moyenne entre les deux extrêmes unilatéraux. Mais qu'ils lisent la *Science de la Logique,* et ils apprendront que la synthèse hégélienne n'est pas un plat syncrétisme. Le modéré se figure qu'il est possible de prendre ce que chaque système contient de bon et de rejeter ce qu'il a de mauvais. Or, remarque Bakounine, on ne peut prétendre réconcilier «maternellement» les opposés, car l'opposition n'est pas un équilibre entre deux forces contraires qui se neutraliseraient:

«Le positif et le négatif ne sont donc pas égaux comme le pensent les conservateurs médiateurs. L'opposition n'est pas un équilibre, mais dans l'opposition il y a prédominance du négatif qui est ainsi le moment fort de l'opposition».[101]

C'est par cette argumentation incontestablement fidèle à la lettre et à l'esprit de Hegel que Bakounine prend congé des faux conciliateurs. Il leur a consacré dans ce court article de longs paragraphes parce qu'il sent, d'une part, leur importance politique, et d'autre part, parce que leur existence rendrait sans valeur la théorie de la contradiction qui sous-tend toute son argumentation. Ce que Bakounine recherche, c'est l'opposition tranchée du oui et du non. Il ne peut évidemment pas tenir ce parti du juste milieu pour le parti de la liberté. Ayant ainsi «liquidé spéculativement» ces gêneurs, Bakounine retrouve dans la vie politique le schéma hégélien: la thèse, c'est le

---

[100] *Ibid.,* p. 991.
[101] *Ibid.,* p. 994.

parti conservateur; l'antithèse, le parti révolutionnaire. Nous verrons vers quelle synthèse il va entraîner son lecteur.

Par rapport au parti pris dont fait preuve Bakounine à l'égard des modérés, on peut dire que son opposition aux conservateurs fanatiques est empreinte d'une certaine compréhension. S'il déteste les premiers, il déclare que les seconds sont de très honnêtes gens. On devine pourquoi:

«Ils saississent l'opposition dans toute sa pureté; ils sentent bien que le positif et le négatif se laissent aussi peu médiatiser que le feu et l'eau... Comme nous, ils haïssent toute demi-mesure».[102]

Koyré note finement:

«En d'autres termes – termes que Bakounine n'emploie pas – la réaction entretient l'élan des forces révolutionnaires et pousse à l'explosion libératrice».[103]

Selon Ruge, la philosophie de Hegel, si on la prolonge, peut devenir une philosophie de l'action. Bakounine franchit un degré puisqu'il dit que la philosophie de l'histoire de Hegel est, en elle-même, une philosophie de l'action, voire une philosophie révolutionnaire:

«Hegel est, par conséquent, le point de départ de l'autodissolution nécessaire de la culture moderne. En tant qu'il atteint ce sommet, il a déjà dépassé la théorie (tout d'abord, bien sûr, dans le cadre de la théorie elle-même) et a postulé un monde pratique nouveau; c'est-à-dire un monde qui ne résultera nullement de l'application formelle et de la diffusion de théories toutes faites, mais qui sera produit par l'activité originelle de l'esprit pratique autonome».[104]

La thèse de Marx, la philosophie ne consiste pas à contempler le monde, mais à le transformer par l'activité humaine, serait donc une thèse proprement hégélienne. Cette lecture quelque peu audacieuse de Hegel, Bakounine y est parvenu en s'appuyant sur la catégorie centrale de l'hégélianisme, la dialectique ou, plus précisément, la contradiction dialectique «qui est la caractéristique essentielle de notre époque et qui fait que Hegel est sans conteste le plus grand philosophe du temps présent».[105]

L'historien accordera à Bakounine que la contradiction est au cœur de la philosophie hégélienne. Mais il aura plus de difficulté à accepter

[102] *Ibid.*, p. 989.
[103] A. Koyré, *Etudes sur la pensée philosophique en Russie*, p. 141.
[104] J. Elysard, Die Reaktion., in *Deutsche.*, p. 993.
[105] *Ibid.*, p. 993.

l'interprétation que ce dernier va donner de la négativité. Le positif et le négatif, pris isolément, sont des termes abstraits, unilatéraux. C'est pourquoi le négatif n'est rien sinon l'inquiétude absolue, et le positif, le repos absolu. Le négatif n'a de réalité, de détermination que dans la mesure où il s'appuie sur le positif pour le nier. Notre hégélien russe a parfaitement compris ce point si fondamental: la négation est toujours une relation négative; elle n'existe que pour autant qu'elle nie quelque chose. Dans la perspective politique de cet article, nous dirions que le parti démocratique exige son opposé, le parti conservateur.

Bakounine se livre ensuite à une dialectique assez spécieuse, mais fort révélatrice. Il veut montrer que le parti conservateur contient en lui-même le principe de sa propre destruction. Quelques lignes auparavant, il déclarait que le positif est le repos absolu. Il remarque à présent que ce positif posséde en lui-même une certaine activité. Pour être un principe positif, il faut qu'il exclue son contraire, le principe négatif. Or, le fait d'exclure est la marque d'un mouvement. D'où il suit que le positif, dans la mesure même où il est quelque chose, est négativité. Bakounine, manifestement satisfait de sa démonstration, constate que «le principe positif s'exclut de soi-même, s'exclut lui-même de soi-même et se détruit lui-même».[106]

En somme, le principe positif, donc ici le parti conservateur, ne comporte aucune valeur propre. En lui-même, c'est-à-dire en dehors des stimulations venues du parti révolutionnaire, le parti conservateur s'endort paisiblement dans le maintien d'un passé depuis longtemps révolu. S'il retrouve une certaine force dans l'action, ce n'est que pour autant qu'il lutte contre son adversaire: il est alors rongé de l'intérieur et promis à sa perte.

Bakounine a appris de Hegel que dans l'opposition, le côté négatif qui met la dialectique en mouvement est plus fondamental que le côté positif:

«La signification totale et la force irrésistible du négatif, c'est de détruire le positif».[107]

Mais en employant ici «zugrundegehen», il joue sur l'ambiguïté de ce terme: aller au fond et anéantir. En fait, il insiste tellement sur la valeur du négatif, sur cette «action religieuse, vivante de la négation» qu'on peut craindre que, dans la synthèse – pour autant que synthèse

[106] *Ibid.*, p. 994.
[107] *Ibid.*, p. 986.

il y ait – le positif soit moins supprimé dialectiquement que purement et simplement anéanti, aboli.

Certes, Bakounine dira que la synthèse n'est totale, absolue, vraie que si elle englobe les deux moments opposés. Dans une formulation qui est presque celle de la *Logique*, il écrit:

«L'opposition, prise comme vérité totale, est à la fois l'unité immédiate de la simplicité et de la scission des opposés».[108]

Bakounine est cependant obligé de reconnaître que dans la réalité politique actuelle l'opposition n'est pas effectivement réalisée: «elle n'est pas présente comme cette totalité, mais n'est qu'une totalité qui existe-en-soi, cachée».[109] Cette opposition-en-soi, pour se réaliser pour-soi dans le monde effectif, donc pour acquérir l'existence, doit devenir une opposition absolue. Elle ne le sera que si le négatif anéantit tout contenu positif:

«Si vous voulez citer Hegel, citez-le complètement. Alors vous verrez qu'il y a un instant où l'action graduelle du négatif se change en principe autonome et que c'est l'instant de la mort de cet organisme déterminé; moment qui dans la philosophie hégélienne est désigné comme le passage de la nature dans un monde qualitativement nouveau, le monde libre de l'esprit».[110]

On concèdera volontiers à Bakounine que la synthèse hégélienne ne se réduit pas seulement à un simple changement quantitatif et qu'ainsi, au plan politique, le démocrate ne peut se contenter d'apporter de simples retouches à la constitution monarchique, ni le révolutionnaire de simples réformes à la vie économique. Mais Hegel eût été surpris d'apprendre que la rupture qualitative doit entraîner «un bouleversement total de l'état actuel du monde».

Lorsqu'on vient de terminer cet article brillant et dès que cesse l'enchantement procuré par les prouesses de l'argumentation logique, on est frappé par l'absence totale de propositions concrètes. Les démêlés futurs de Bakounine avec Marx qui iront jusqu'à l'exclusion de l'anarchiste russe de la Première Internationale sont contenus en germe dans cette conception, sans doute révolutionnaire, mais fort unilatérale de la dialectique hégélienne. Bakounine avait pourtant vu que la traditionnelle faiblesse politique de la gauche réside dans son incapacité à présenter un programme précis et cohérent. Or ce n'est pas le recours intempestif à l'arsenal de la Logique hégélienne qui peut rem-

[108] *Ibid.*, p. 993.
[109] *Ibid.*, p. 993.
[110] *Ibid.*, p. 998.

placer l'élaboration d'un tel programme! Bakounine se contente de déclarer que l'esprit révolutionnaire n'est pas vaincu. Il suffit de citer Strauss, Bauer, Feuerbach pour en percevoir l'efficacité au plan doctrinal, comme il suffit de sortir de chez soi pour entendre les airs menaçants de la classe des pauvres et des esclaves. Même dans ce pays couvert de neige – la Russie – les nuages s'amoncellent.[111] Vision prophétique, si l'on veut; en tout cas, foi dans l'avenir de la révolution qui transparaît dans ce passage final:

«Confions-nous à l'esprit éternel qui ne détruit et n'anéantit que parce qu'il est la source insondable et éternelle de toute vie. Le plaisir de la destruction est en même temps un plaisir créateur».[112]

Non sans raison, Tschižewskij reproche à Bakounine d'avoir confondu anéantissement et suppression dialectique.[113] Puisque tout repose alors sur l'action négatrice, le positif est finalement sans valeur. Cet article est une apologie passionnée de la destruction, mais il n'est que cela. Quoi qu'il dise, son auteur est infidèle à l'intention hégélienne: il ignore le moment de la réconciliation qui doit nécessairement contenir en soi le moment positif. Suivre Bakounine dans son activité révolutionnaire dépasse le cadre de notre propos. Mais on ne sera pas étonné, après avoir pris connaissance de cet article, de l'entendre plus tard affirmer que toute théorie, fût-ce même la théorie révolutionnaire de Marx, est une entrave à l'action libre:

«En revenant bientôt à la raison et à la vie, je compris finalement que la vie, l'amour et l'action ne peuvent être compris que par la vie, l'amour et l'action. Alors je me suis détaché définitivement de la science transcendantale – denn grau ist alle Theorie – et je me suis jeté, à corps perdu, dans la vie pratique... Je cherchais dieu dans les hommes et dans leur liberté, maintenant je cherche dieu dans la révolution».[114]

Revenant dans ses Confessions sur sa période hégélienne, Bakounine reconnaît que son passage en Allemagne l'a guéri de sa maladie philosophique. S'il se moque de lui-même, il tourne encore davantage en

---

[111] Ibid., p. 1001–1002.
[112] Ibid., p. 1002.
[113] D. Tschižewskij, Hegel bei den Slaven, p. 203. Cf. K. Michnak, Bakunin und Hegel, in Der Streit um Hegel bei den Slaven, pp. 242 sq. Un autre historien de Bakounine remarque: «Selbst das Negative, das das Leben und den Tod erzeugt, drückt die Ganzheit des Gegensatzes aus» (J. Janeff, Zur Geschichte des russischen Hegelianismus, in Deutsche Vierteljahrsschrift für Literaturwissenschaft und Geistesgeschichte, (1932), I, p. 66.
[114] M. Bakunin, Pis'mo grafu Iliodoru Skuržvskomu, I/1849, in Sobranie., t. III, p. 370.

ridicule les Philosophes allemands, pédants coupés de la vie. Cet article
sur la *Réaction en Allemagne* est la dernière contribution philosophique
importante qui témoigne de l'influence exercée par Hegel sur Bakounine. Pendant la longue période révolutionnaire qui fera suite à
cet article, il ne se soucie ni de Hegel ni de philosophie en général.
S'il cite encore, une fois ou l'autre, Hegel, c'est pour regretter d'avoir
été entraîné par lui dans des abstractions insensées. Alors qu'il s'en-
thousiasmait dans sa jeunesse pour la philosophie hégélienne, si vivante, si concrète, il trouve à présent que Hegel avec sa logique de fer
a entraîné la mort de la philosophie.[115]

Dans *Etatisme et Anarchie*, Bakounine part en guerre contre ses
deux bêtes noires: dieu et l'état. Il est curieux de le voir tirer maintenant Hegel vers l'athéisme, alors que ce même Hegel était présenté
autrefois comme un philosophe croyant. Il écrit dans un passage peu
connu – il s'agit de la *Théologie politique de Mazzini et l'Internationale* –
que Hegel est celui qui annonça le premier la mort de dieu:

«Mais Hegel, au moins, ne parle jamais de dieu, il parle seulement de l'Absolu, et nul, il faut le dire, n'a jamais porté à ce pauvre Absolu des coups aussi
rudes que Hegel lui-même, car à mesure qu'il l'a édifié il l'a démoli par sa
dialectique impitoyable, de sorte que bien plus qu'Auguste Comte, on peut
le considérer comme le vrai père de l'athéisme scientifique moderne».[116]

Il tient Feuerbach dont il reprend inlassablement l'argumentation
pour l'exécuteur testamentaire de Hegel.[117] S'il faut rendre à chacun
son dû, on doit alors reconnaître que l'auteur de la formule lapidaire:
«si l'homme est libre, dieu n'existe pas», est Bakounine et non pas
Nietzsche ou quelque existentialiste contemporain. Voici l'un de ces
textes qui résume d'ailleurs admirablement l'essence du nihilisme
russe:

«Toute autorité temporelle et humaine procède directement de l'autorité spirituelle et divine. Mais l'autorité, c'est la négation de la liberté. Dieu, ou

---

[115] «La philosophie de Hegel a été le couronnement de ce monde fondé sur un idéal
supérieur. Elle en a été l'expression et en a donné une définition complète par ses constructions et ses catégories métaphysiques; mais en même temps elle lui a porté un coup
mortel en aboutissant, par une logique inflexible, à cette prise de conscience définitive
qu'elle et lui n'ont ni consistance ni réalité et, pour tout dire, ne renferme que du vide»
(M. Bakounine, *Etatisme et Anarchie*, in *Archives Bakounine*, t. III, p. 308).
[116] M. Bakounine, *L'internationale et Mazzini*, in *Archives Bakounine*, t. I, p. 42.
[117] «Je veux parler du philosophe allemand, Ludwig Feuerbach, disciple de Hegel et
qui a plus que tout autre contribué à enterrer la métaphysique transcendantale, à
dévoiler les illusions fondamentales du christianisme en particulier et de la religion en
général et à humaniser la pensée» (M. Bakounine, Fragments et variantes, in *Archives
Bakounine*, t. I, p. 139).

plutôt la fiction de dieu, est donc la consécration et la cause intellectuelle et morale de tout esclavage sur la terre, et la liberté des hommes ne sera complète que lorsqu'elle aura complètement anéanti la fiction néfaste d'un maître céleste».[118]

Pendant une dizaine d'années – son athéisme, assez tardif, ne remonte qu'à 1864 – Bakounine reprendra sous des formes diverses:

«Si dieu est, l'homme est esclave; or l'homme peut et doit être libre: donc dieu n'existe pas».[119]

On pourrait croire que Bakounine, avocat de la liberté individuelle, serait, comme Stirner, le type même de l'anarchiste individualiste. Son pamphlet sur la *Réaction en Allemagne* se termine, en effet, sur l'affirmation que «l'individu est sacré et a une valeur infinie». D'ailleurs son activité révolutionnaire n'a-t-elle pas consisté à affranchir l'individu de l'emprise de l'état? Il suffit, toutefois, d'ouvrir au hasard l'un des livres écrits pendant les dix dernières années de sa vie – Bakounine qui ne sut jamais composer un ouvrage se répète toujours – pour découvrir que cet anarchiste n'est nullement un individualiste. Il insiste sur le fait que l'individu est nécessairement un être social. Comme Hegel, il refuse la théorie contractualiste de la société, laquelle suppose que les individus déjà libres viendraient seulement demander à la société de consacrer et de protéger leur liberté.[120] Cet anarchiste enseigne même que la liberté n'est pas limitée, mais actualisée par la liberté d'autrui:

«Je ne suis vraiment libre que lorsque tous les êtres humains qui m'entourent, hommes et femmes, sont également libres. La liberté d'autrui, loin d'être une limite ou la négation de ma liberté, en est au contraire la condition nécessaire et la confirmation».[121]

Un autre texte, infiniment révélateur, fait irrésistiblement penser que Bakounine n'a pas lu en vain le célèbre passage de la *Phénoménologie de l'Esprit* sur la dialectique du Maître et de l'Esclave:

«Enfin l'homme isolé ne peut avoir la conscience de sa liberté. Etre libre, pour l'homme, signifie être reconnu et considéré et traité comme tel par un autre homme, par tous les hommes qui l'entourent. La liberté n'est donc point un fait d'isolement, mais de réflexion mutuelle, non d'exclusion mais

---

[118] *Id., Dieu et l'état*, in *Œuvres*, t. I, p. 283, Cf. *ibid.*, pp. 269; 304; 318.
[119] *Id., L'empire Knouto-germanique et la révolution sociale*, in *Œuvres*, t. IV, pp. 43–44.
[120] *Id., Dieu et l'état*, in *Œuvres*, t. I, p. 266.
[121] *Ibid.*, p. 281.

au contraire de liaison, la liberté de tout individu n'étant autre chose que la réflexion de son humanité ou de son droit humain dans la conscience de tous les hommes libres, ses frères, ses égaux».[122]

Si la lutte pour la reconnaissance exige, selon Hegel, de savoir risquer sa vie, on ne peut pas dire que le révolutionnaire Bakounine ait été infidèle au moins à cet aspect de l'hégélianisme.

Cependant, sur un point essentiel, sa philosophie politique est en complète opposition avec la doctrine hégélienne. L'état est la clef de voûte du système hégélien. Or, Bakounine ne peut souffrir l'état qu'il distingue soigneusement de la société:

«Il y a l'unité artificielle, mécanique, savante et immorale en même temps, toute composée de fictions, de mensonges, de centralisation, d'absorption, de compression et d'exploitation; c'est l'unité de l'Etat. En dehors de cette unité toujours malfaisante et factice, il y a l'unité morale de la nation, résultant d'un certain accord ou de l'harmonie plus ou moins temporaire des différents intérêts et des forces spontanément organisées, et non encore divisées de la nation, et se traduisant toujours par un nombre quelconque d'idées dominantes vraies ou fausses et d'aspirations identiques, bonnes ou mauvaises. C'est l'unité réelle, féconde et vivante».[123]

Si nous osions un rapprochement un peu audacieux, nous dirions que Bakounine répudie l'Etat hégélien de la maturité au profit de l'Esprit d'un peuple découvert par le jeune Hegel. L'idéal de Bakounine qui est ce régime de liberté où l'individu est harmonieusement uni au groupe social n'est pas tellement éloigné – mutatis mutandis – de l'idéal de Hegel lorsqu'il rêvait à la Cité antique.

Cependant, la position de Bakounine est presque l'antithèse parfaite de la philosophie politique de Hegel à Berlin. Pour l'auteur des *Principes de la Philosophie du Droit*, la société est le champ clos des luttes et des mensonges, et l'harmonie du corps social n'est rétablie que par l'autorité de l'état. Pour Bakounine, l'état introduit l'oppression et la tyrannie dans une société qui trouvait spontanément en soi son équilibre et assurait à tous ses membres la liberté.

---

[122] *Ibid.*, p. 278.

[123] *Id.*, M. Bakounine, *L'internationale et Mazzini*, in *Archives Bakounine*, t. I, p. 62. Selon Bakounine, ce qui différencie le plus le Slave et l'Allemand, c'est leur attitude respective vis-à-vis de l'état: «Les Allemands cherchent dans l'Etat leur vie et leur liberté; pour les Slaves, au contraire, l'Etat est un tombeau. Leur émancipation, ils doivent la chercher en dehors de l'Etat, non seulement dans la lutte contre l'Etat allemand, mais aussi dans le soulèvement du peuple entier contre toute forme d'Etat, autrement dit, dans la révolution sociale» (*Etatisme et Anarchie*, in *Archives Bakounine*, t. III, p. 237).

L'anarchiste russe n'a pas lutté contre l'autorité de dieu pour la remplacer par la non moins funeste autorité humaine. Pour lui, toute autorité a un goût de néant. D'où il suit que le pouvoir étatique est source de maux innombrables. Bakounine conseille même aux révolutionnaires de ne jamais prendre le pouvoir puisque tout pouvoir, qui vient du diable, est nuisible. A l'assaut de l'état, il veut lancer le peuple, la plèbe, non le prolétariat ouvrier organisé de Marx. On a parfois reproché à Marx d'avoir ignoré l'importance de l'état. Bakounine, ne faisant pas sur ce point de différence entre Hegel et Marx, suspecte ce dernier de vouloir instaurer un régime étatiste tout aussi tyrannique que celui qu'il prétend remplacer:

«On voit maintenant clairement pourquoi les *révolutionnaires doctrinaires*, dont le but est de renverser les pouvoirs et régimes existants pour fonder sur les ruines de ceux-ci leur propre dictature n'ont jamais été et ne seront jamais les ennemis, mais au contraire seront toujours les défenseurs les plus ardents de l'Etat».[124]

Bref, pour Bakounine, et sa position est beaucoup plus radicale que celle de Herzen, l'état est un mal absolu qui doit disparaître le plus tôt possible. En supprimant l'état qui n'est que «la forme historique aussi brutale qu'abstraite de la société», on rend enfin la société à elle-même et l'homme à sa liberté. Quant à la société, parce qu'elle est une structure naturelle, elle existera toujours:

«La société est antérieure, et donc elle survit à chaque individu humain, comme la nature elle-même; elle est éternelle, comme la nature, ou plutôt née sur la terre, elle demeurera aussi longtemps que durera notre terre».[125]

Parti de l'hégélianisme le plus conservateur, Bakounine ne s'arrête pas à l'hégélianisme de gauche du type feuerbachien, car sa tendance anarchiste le conduira très vite à déployer une activité révolutionnaire aussi fertile qu'incohérente. Il fut donc incapable d'apprécier à sa juste valeur la philosophie politique de Hegel. On ne peut même pas dire qu'il prend ses distances avec le philosophe de Berlin qui ne lui

---

[124] *Id.*, *Etatisme et Anarchie*, in *Archives Bakounine*, t. III, p. 313. Dans ce même passage, Bakounine fulmine contre Marx: la dictature *du* prolétariat sera toujours la dictature *sur* le prolétariat (cf. *ibid.*, pp. 313; 346–350 etc...). Le dernier mot des marxistes «est un mensonge qui cache le despotisme de la minorité agissante, mensonge d'autant plus dangereux qu'il est présenté comme l'expression de la prétendue volonté du peuple» (*ibid.*, p. 346). Il ne faut pas oublier que la critique bakouninienne de l'Etat ne relève pas seulement d'une attitude idéologique, car Bakounine est hanté, surtout après la guerre de 1870, par les visées impérialistes de l'Allemagne. Il craignait, d'autre part, que la victoire de Bismarck n'entraînât la disparition de tous les mouvements de libération issus de la Révolution de 1848.

[125] M. Bakounine, *Dieu et l'état*, in *Œuvres*, t. I, p. 286.

a guère servi que de tremplin d'où il s'élance pour une course folle. Redoutable bretteur fort doué pour les spéculations abstraites, sa fréquentation de la *Science de la Logique* n'a fait que renforcer son goût pour les oppositions radicales et pour les attitudes les plus tranchées. Tel un météore, il a traversé l'hégélianisme sans en prendre véritablement la mesure. Dès qu'il a cru le comprendre, il en état déjà dégoûté. Proudhon avait quelque raison de le traiter de «monstre de la dialectique». Et Engels fait preuve de beaucoup de bonté lorsqu'il disait qu'il «faut le respecter, car il a compris Hegel».

Bakounine passe tout autant à côté de l'hégélianisme véritable, vers la fin de sa vie, lorsqu'il se lance à corps perdu dans l'apologie de la destruction que pendant sa première période, lorsqu'il croyait découvrir chez Hegel le modèle d'une philosophie de la réconciliation avec la réalité. Il est exemplaire, et en ce sens représentatif de l'hégélianisme russe, dans la mesure où tous les penseurs de ce temps avaient besoin d'une doctrine philosophique pour se donner un contenu à leur action et n'ont pu trouver dans la philosophie hégélienne qu'une doctrine spéculative qui semblait les détourner de l'action. Le mouvement qui se dessinait chez Stankevič et s'accentuait chez Belinskij se radicalise tellement avec Bakounine qu'il entraîne un véritable renversement non-dialectique de la tendance. Aucun autre penseur russe n'aura été aussi hégélien et aussi antihégélien que Bakounine.

CHAPITRE III

INCOMPATIBILITÉ ENTRE SLAVOPHILISME ET HÉGÉLIANISME

Le grand débat intellectuel qui vit s'affronter, au début des années «40» et pendant deux décennies, l'*intelligentsia* russe opposait les Occidentalistes et les Slavophiles. L'enjeu est trop connu pour y insister: c'est le problème quasi métaphysique de l'essence nationale que Čaadaev vient précisément de révéler avec fracas. Le lecteur voudra bien se reporter à l'ouvrage que Koyré a consacré à la question nationale en Russie.[1]

Que l'on soit membre d'un cercle occidentaliste ou d'un cercle slavophile le débat porte, dans un camp comme dans l'autre, sur la signification et l'importance historiques pour la Russie de la philosophie de Hegel. Les Slavophiles, est-il besoin de le rappeler, sont tout aussi cultivés et aussi bons connaisseurs de Hegel que les Occidentalistes. Nous savons que les Slavophiles ont acquis leur connaissance de l'hégélianisme par la fréquentation directe du texte allemand des œuvres de Hegel. Kireevskij fut même le premier à faire le voyage de Berlin pour y suivre les cours de Hegel. Samarin lit l'*Esthétique* en 1839. Quelques années plus tard, il aborde la *Phénoménologie de l'Esprit*, mais ne parvient à lire que les premiers chapitres; il poursuit son étude par la lecture de l'*Encyclopédie* qu'il trouve plus facile que la *Phénoménologie*.[2] Avec son ami K. Aksakov, il travaille la *Science de la Logique*.[3] Nous savons par son frère Dmitrij que Ju. Samarin a transcrit sur des cahiers ses résumés de la *Phénoménologie* de l'*Encyclopédie* et de l'*Histoire de la philosophie*.[4] On est moins renseigné sur les lectures de Khomjakov, mais nous verrons que sa connaissance de Hegel, pour être plus tardive, n'en fut pas moins profonde.

[1] A. Koyré, *La philosophie et le problème national en Russie au début du XIXe siècle*.
[2] Ju. F. Samarin, Pis'mo k K. S. Aksakovu, 1839, in *Sočinenija*, t. XII, pp. 9–10; 42.
[3] Cf. D. Tschižewskij, *Hegel bei den Slaven*, p. 252.
[4] D. Samarin, Dannyja dlja biografii Ju. F. Samarina za 1840–1845 gg., in Ju. F. Samarina, *Sočinenija*, t. V, p. LVI.

En exposant dans un même chapitre les rapports du Slavophilisme et de l'Hégélianisme, nous avons pris une option que certains ne manqueront pas de contester. N'y a-t-il pas, en effet, entre Kireevskij, Samarin, Khomjakov et Aksakov des différences si profondes qu'il devient impossible de regrouper ces quatre auteurs? Persuadé que chacun a une personnalité très marquée, Zenkovsky déclare:

«Nous ne parlerons pas de la 'philosophie slavophile' en général, mais nous tâcherons de préciser la pensée de chacun de ses représentants».[5]

Sans vouloir méconnaître l'originalité de chacun, il faut bien reconnaître que l'unité de pensée l'emporte de beaucoup sur les divergences. Si Kireevskij et Samarin sont les philosophes, si Khomjakov est le théologien et si Aksakov est le théoricien politique, en bref si chacun insiste sur un aspect particulier, tous sont profondément d'accord sur les fondements essentiels. D'autre part, notre but consiste moins à exposer les thèses chères aux penseurs slavophiles qu'à relever leur position face à la philosophie hégélienne. Or sur ce point, il est clair que tous les Slavophiles ont abouti aux mêmes conclusions. Si donc, au départ, tel auteur professait des vues différentes, il suffira de le noter, ce qui permettra ainsi de mieux saisir l'évolution et l'originalité du mouvement slavophile face à l'hégélianisme.

Dans l'abondante littérature consacrée à la pensée slavophile, on peut déceler trois grandes lignes d'interprétation. Pour les uns, le mouvement slavophile se trouverait sous la mouvance du romantisme schellingien, alors qu'au contraire les Occidentalistes se présenteraient comme des Hégéliens:

«On peut dire que la philosophie slavophile a été, tout d'abord, formulée dans les cercles littéraires de Moscou et en s'appuyant directement sur le système de Schelling, alors que le système de Hegel servait de fondement à leurs adversaires, les Occidentalistes».[6]

Cette équivalence entre Occidentalistes et Hégéliens d'une part, Slavophiles et Schellingiens d'autre part, qui s'était beaucoup répandue, est actuellement très contestée. Selon M. Tschiževskij, il est complètement faux de dire que les Slavophiles étaient Schellingiens puisqu'ils connaissaient mal Schelling. En réalité, la philosophie hégélienne aurait même contribué d'une façon plus décisive que celle de Schelling à la formation de la pensée slavophile. M. Tschiževskij

---

[5] B. Zenkovsky, *Histoire de la philosophie russe*, t. I, p. 202.
[6] Th. G. Masaryk, *Zur russischen Geschichts- und Religionsphilosophie*, t. I, p. 209.

apporte à l'appui de sa thèse le témoignage de Čaadaev et de Strachov.[7] Il aurait même pu ajouter celui du plus brillant des Occidentalistes, Herzen, qui écrivit:

«Ils [les Slavophiles] parvinrent à l'orthodoxie grâce à Hegel».[8]

Un troisième groupe d'historiens renvoient dos à dos ceux qui tirent les Slavophiles vers Schelling et ceux qui les rapprochent de Hegel. Pour eux, l'idéologie slavophile ne doit absolument rien à la philosophie allemande:

«En fait, le mouvement slavophile a pris naissance sous l'influence d'Idées philosophiques qui sont entièrement étrangères à la tradition philosophique de l'Occident».[9]

Cette position radicale, et sans doute excessive si on veut l'étendre à la pensée de tous les membres de l'école slavophile, est certainement très proche de la vérité en ce qui concerne Khomjakov. Il n'y a aucune raison de récuser le jugement de Samarin qui dit que «Khomjakov dont les convictions et les manières de voir étaient définitivement formées avant l'apparition de la doctrine hégélienne en Russie»,[10] n'eut pas à subir l'influence de l'idéalisme allemand. Il serait toutefois nécessaire de faire remarquer avec Zavitnevič – décidément cette question des rapports entre Slavophilisme et Hégélianisme est bien complexe – que la pensée du grand théologien slave s'est précisée par opposition à l'hégélianisme.[11] Or l'on sait trop qu'une doctrine qui se développe par opposition à une autre doit toujours quelque chose à celle qu'elle conteste.

Notre propos est donc clair. Il comprend deux questions, d'ailleurs intimement mêlées. Y a-t-il eu une influence de la philosophie hégélienne dans l'élaboration de la doctrine slavophile? Dans quelle mesure les Slavophiles n'ont-ils pas préféré la philosophie de Schelling à celle de Hegel? Ce dernier point nous amène tout naturellement à nous

---

[7] D. Tschižewskij, *Hegel bei den Slaven*, p. 245. Tschižewskij cite ce passage de Strachov: «Le slavophilisme s'est développé chez nous sous l'influence de la philosophie allemande, quoique peut-être pas exclusivement sous l'influence de Hegel, comme le pense Čaadaev» (N. Strachov, *Iz istorii literaturnago nigilizma*, p. 353).
[8] A. I. Gercen, *Dnevnik*, IX/1843, in *Polnoe.*, t. III, p. 138.
[9] H. Lanz, The philosophy of Ivan Kireyevsky, in *The Slavonic review*, vol. IV, (1925–1926), p. 595.
[10] D. Samarin, Predislovie Ju. Samarina, in *Sočinenija*, t. V, p. XCI.
[11] «Le slavophilisme a précisément commencé avec la lutte de Khomjakov contre l'hégélianisme; et la première condition pour accéder d'une façon consciente au cercle slavophile était de renoncer à l'hégélianisme» (V. Z. Zavitnevič, *A. S. Chomjakov*, t. I, pp. III–IV).

demander si les Slavophiles – un peu comme Odoevskij et Čaadaev – n'ont pas utilisé Schelling pour «dépasser» Hegel.

§ 1. Entre l'intérêt et la tentation

Que la philosophie hégélienne ait ou non exercé une influence décisive sur leur pensée, les Slavophiles ont reconnu en Hegel le plus grand philosophe de tous les temps. Sur ce point ils sont d'accord avec leurs ennemis occidentalistes. I. Kireevskij, dans quelques lettres malheureusement trop brèves, nous fait partager ses impressions d'auditeur des leçons de Hegel sur la philosophie de l'histoire. Décontenancé par l'art oratoire de son nouveau professeur, il est frappé par la profondeur et l'aisance de sa pensée.[12] Il note en rentrant d'une soirée passée en compagnie de cet hôte qui l'a reçu avec tant de simplicité, de charme, de bonté:

«L'entretien fut intéressant, profond et cependant très libre – tant la profondeur lui est devenue naturelle et aisée. Sans le faire remarquer, il ramenait chaque sujet de la conversation vers l'universel; tout jouait en faveur du système total de la nouvelle pensée, de la pensée hégélienne».[13]

Bien avant Stankevič, Kireevskij se fait prosélyte. Il écrit à son beau-père de commander l'*Encyclopédie des sciences philosophiques:*

«Là vous trouverez beaucoup plus que ne peut offrir toute la littérature allemande moderne prise dans son ensemble. C'est un ouvrage difficile à comprendre, mais cela en vaut la peine».[14]

Aucun des Slavophiles ne veut faire l'économie de cette difficile philosophie parce que tous y ont reconnu un excellent instrument pour la formation de l'esprit. Tout d'abord, Hegel en impose par sa rigueur logique:

«*La Phénoménologie* de Hegel restera comme un monument immortel d'une dialectique implacablement rigoureuse et conséquente dont on ne parlera jamais sans respect».[15]

Khomjakov surenchérit:

---

[12] «Hegel parle d'une manière insupportable; il tousse presque à chaque mot, avale la moitié des mots et parvient à peine à exprimer l'autre moitié d'une voix tremblante et pleurnicharde» (I. Kireevskij, Pis'mo, 20/II–4/III/1830, in *Polnoe.*, t. I, p. 27).

[13] *Id.*, Pis'mo 14–26/III/1830, in *Polnoe.*, t. I, p. 35.

[14] *Ibid.*, p. 35.

[15] A. S. Chomjakov, Po povodu otryvkov najdennich v bumagach I. V. Kireevskago, in *Polnoe sobranie sočinenij*, t. I, p. 267.

«C'est une bonne école pour l'esprit que cette philosophie allemande. La lutte même que l'on entreprend avec elle nous enseigne une rigueur de pensée que ne donne aucune autre occupation».[16]

Si l'on sait que la pensée russe n'avait pratiquement pas de tradition philosophique et que l'habitude de la libre conversation ne préparait nullement à la rigueur, on doit reconnaître que la lecture de Hegel a certainement joué un rôle décisif en contribuant à l'enrichissement, au perfectionnement et à l'affinement du vocabulaire technique. Ceci est tout spécialement sensible chez un auteur comme Samarin dont le langage philosophique ne manque pas d'une certaine technicité.

La fréquentation de Hegel n'aide pas seulement à mettre de l'ordre dans les idées. Outre l'ascèse de la pensée, on acquiert aussi une plus grande aptitude à saisir les multiples aspects du réel: Hegel oblige à mieux analyser les problèmes. Samarin le reconnaît très volontiers lorsqu'il écrit que «notre vue intellectuelle s'était aiguisée en passant par cette sévère école».[17] Certes, celui qui vient de lire les écrits philosophiques des Slavophiles ne peut manquer de remarquer combien la rigueur et la richesse des analyses de Hegel l'emportent – et de loin – sur la clarté et la précision toutes relatives de ces auteurs slaves. Cependant, il est incontestable que tel passage de Khomjakov sur les rapports du temps et de l'esprit, tel effort pour mieux cerner les relations entre la raison et la foi aussi bien chez ce dernier que chez Kireevskij ou Samarin ne s'expliquent que par la fréquentation des œuvres de Hegel. Il ne s'agit évidemment pas d'une dépendance dans la pensée, mais dans la méthode d'aborder et de poser les problèmes philosophiques. Ce n'est pas spontanément que les Slavophiles ont accepté de philosopher: il y furent contraints pour mieux lutter contre l'emprise de la philosophie idéaliste et spécialement de la philosophie hégélienne. Il n'empêche qu'ils sont entrés dans l'arène et qu'ainsi ils ont mieux compris l'importance de cette activité de l'esprit. Nul doute que la place qu'ils acceptent de donner à la philosophie dans l'élaboration du savoir ne soit due pour une très large mesure à leur rencontre avec Hegel. Entraîner à philosopher des esprits qui n'y étaient pas spécialement portés reste, sans doute, l'aspect le plus décisif de l'influence de Hegel sur les Slavophiles.

Quelle que soit leur défiance pour l'hégélianisme, les Slavophiles reconnaissant que cette philosophie a rendu de grands services. L'idéalisme allemand, et en particulier le système hégélien, a permis

[16] Id., Razgovor v Podmoskovnoj, in Sočinenija, t. III, p. 219.
[17] D. Samarin, Dannyja., in Ju. F. Samarin, Sočinenija, t. V, p. XCII.

de surmonter la «platitude» de l'*Aufklärung* et des Encyclopédistes français:

«Si la Russie n'avait pas découvert Schelling et Hegel, comment aurait-on pu détruire la domination de Voltaire et des Encyclopédistes sur la culture russe».[18]

Revenant sur son passé, alors qu'il a pris ses distances avec Hegel, Samarin veut que l'on rende à chacun son dû. Il serait ridicule de ne voir dans l'attrait exercé par l'hégélianisme qu'un jeu puéril:

«Ne soyons pas trop durs pour les innocents emballements d'années depuis longtemps écoulées. Pour parler la langue de ce temps: ils n'étaient pas privés de signification comme moments dans le développement de notre prise de conscience nationale».[19]

Il faudra certes préciser en quoi consiste ce «moment». Mais en aurait tort de négliger le témoignage de Samarin: Hegel a servi de révélateur, car il a aidé à prendre conscience du problème national ou, du moins, à le poser en termes philosophiques, c'est-à-dire à le radicaliser.

Si les Slavophiles n'ont cessé de protester contre l'engouement assez irréfléchi qui poussait certains Occidentalistes à prendre la philosophie hégélienne pour une nouvelle Bible, ils ont su reconnaître la valeur de cette philosophie puissante. Encore en 1856, Kireevskij, qui constate que la philosophie de Hegel ne règne plus d'une façon incontestée, n'en écrit pas moins:

«Bien sûr, il y a encore beaucoup d'hégéliens et il y en aura encore longtemps, car le caractère global de la culture contemporaine est en accord avec leur tendance».[20]

Samarin ajoutera quelques années plus tard:

«Et précisément, est-ce qu'un système qui, à quelques exceptions près, a dominé si longtemps le développement de la pensée humaine peut disparaître sans trace et sans laisser derrière soi aucun héritage, et s'effacer ainsi purement et simplement de la mémoire humaine»?[21]

Bien que l'idée ne soit pas d'eux, les Slavophiles voient en Hegel l'Aristote des temps modernes. On ne pouvait mieux que par cette

---

[18] I. V. Kireevskij, *Sočinenija* (Izd. Košelev), t. II, p. 331.
[19] Ju. F. Samarin, rapporté par D. Samarin, Dannyja., in Ju. F. Samarin *Sočinenija*, t. V, p. XCII.
[20] I. V. Kireevskij, O neobchodimosti i vozmožnosti novych načal dlja filosofii, in *Polnoe.*, t. I, pl 261.
[21] Ju. F. Samarin, Po povodu mnenija russkago vestnika, in *Sočinenija*, t. I, p. 271.

comparaison illustrer la signification historique de la philosophie de Hegel. Assez injustement on a parfois prêté à Hegel la prétention de croire que l'activité de la pensée trouvait dans son propre système son achèvement et sa conclusion. Si les Slavophiles ne tiennent pas l'hégélianisme pour la philosophie suprême, ils croient y déceler l'aboutissement non point seulement chronologique mais spéculatif du courant de pensée de l'Occident.[22] Avec Hegel, l'Occident a épuisé toutes ses virtualités. Les Slavophiles se sentent autorisés à proférer ce jugement péremptoire, entre 1850 et 1860, parce qu'ils tiennent les courants issus de l'hégélianisme pour non significatifs. A priori, on serait tenté d'établir un parallèle entre Slavophiles et Droite hégélienne d'une part, Occidentalistes et Gauche hégélienne d'autre part. En fait, s'il est vrai que les Occidentalistes, à une certaine période de leur évolution, sont très proches de Feuerbach, Ruge, etc..., les Slavophiles, eux, ne doivent rien à la Droite hégélienne. En rentrant d'une soirée passée chez Hegel, le jeune Kireevskij, flatté, laisse percer son admiration:

«Je suis entouré par les tout premiers esprits de l'Europe».[23]

Mais dans la suite de sa lettre il n'est tendre ni pour Michelet qui ne comprend que ce que Hegel a déjà écrit, ni pour Werder qui n'a eu une certaine renommée qu'aussi longtemps qu'il n'a rien publié. Tous ces disciples, Rosenkranz y compris, sont de simples répétiteurs. Kireevskij conclut:

«L'unique, le seul fidèle et vrai représentant de l'hégélianisme est, maintenant comme auparavant, *Hegel* lui-même et lui seul».[24]

La Droite est stérile, la Gauche infidèle: l'hégélianisme a abouti à une impasse. Pourtant, les Slavophiles continueront à s'intéresser à Hegel, car ils croient que la doctrine de ce philosophe reste la plus haute expression de la culture occidentale.

Ju. Samarin et K. Aksakov ne se sont pas contentés de vanter la grandeur de la philosophie hégélienne. Pendant une courte période de leur existence, l'un et l'autre, peut-être sans être devenus véritablement hégéliens, ont cependant succombé au prestige qu'exerçait cette

---

[22] A. S. Chomjakov, Po povodu otryvkov najdennych v bumabach I. V. Kireevskago, in *Polnoe.*, t. I, p. 269.
[23] I. V. Kireevskij, Pis'mo, 14–26/III/1830, in *Polnoe.*, t. I, p. 34.
[24] I. V. Kireevskij, Obozrenie sovremennago sostojanija literatury, in *Polnoe.*, t. I, p. 130.

doctrine. Aksakov élabore une philosophie de l'histoire très fortement inspirée de celle de Hegel. Mais plus paradoxalement encore de la part d'un slave orthodoxe, Samarin emprunte à Hegel sa solution des rapports entre Philosophie et Religion.

Pour Samarin, cette tentation hégélienne sera de courte durée. Elle s'étend de 1839, date de ses premières lectures du philosophe berlinois, jusqu'à 1844 qui est l'année de sa soutenance de thèse. C'est la double influence de Kireevskij et surtout de Khomjakov qui lui fera comprendre son erreur. Samarin, comme tous les autres Slavophiles, est hanté par le problème du temps: peut-on réconcilier l'Occident et la Russie, ou en termes philosophiques, Hegel et l'Orthodoxie? Il est convaincu que la religion orthodoxe a besoin de la philosophie hégélienne pour s'accomplir. Comme nous allons le voir, s'il ne dit pas tout à fait: «Hors de l'Hégélianisme, point de salut», il croit cependant que l'Eglise orthodoxe ne peut trouver son salut que par Hegel. Disons-le clairement – la position de Samarin est déjà si étrange qu'on ne doit pas encore la durcir – ce slavophile ne prétend tout de même pas remplacer la foi orthodoxe par la raison hégélienne.

Certains textes de Samarin semblent sortir de la plume d'un Occidentaliste. Il écrit à l'un de ses amis:

«La tâche du présent repose sur la science. Vous savez que par science j'entends la philosophie, et par philosophie, Hegel».[25]

Sur la question si débattue de la valeur de la Russie, il adopte une position moyenne entre celle de Čaadaev qui noircit le présent russe et celles de Bakounine ou de Belinskij qui, sous l'influence d'un hégélianisme mal compris, idéalisent la vie russe sous Nicolas Ier. Pour le Slavophile, la vie russe est médiocre, plus mauvaise même que celle de l'Allemagne qui pourtant se meurt. Cet état déplorable durera aussi longtemps que la Russie n'aura pas été fécondée par la Science, c'est à dire par la philosophie de Hegel. Or, constate Samarin, la Russie est prête à recevoir la pensée allemande parce qu'elle a déjà accompli une profonde transformation:

«Ce n'est qu'en Russie que l'esprit slave est parvenu à la conscience de soi en passant par la négation de soi».[26]

Cette négation de soi dont parle l'auteur, c'est évidemment la réforme de Pierre le Grand. On peut donc très facilement appliquer le

[25] Ju. F. Samarin, Pis'mo k A. N. Popovu, in *Sočinenija*, t. XII, p. 97.
[26] *Ibid.*, p. 99.

classique schéma hégélien: la thèse est la positivité slave; l'antithèse, la réforme de Pierre le Grand; la synthèse sera l'union de la vie slave et de la science hégélienne. Ainsi la philosophie de l'histoire que propose Samarin est aussi voisine de celle de Herzen qu'elle est éloignée des vues de Kireevskij et surtout de celles de Khomjakov qui n'apprécie guère de telles incartades.

Tout slavophile bien né ne peut manquer d'aller chercher la spécificité slave, sinon dans l'Eglise orthodoxe, du moins dans la religion orthodoxe. Samarin ne fait pas exception. La lecture de Hegel l'oblige à poser le problème capital des rapports entre foi et raison, entre théologie et philosophie. Mais en acceptant les vues de Hegel, il va se trouver entraîné loin, très loin de l'orthodoxie. D'où cet aveu si insolite sous la plume d'un croyant:

«La question de l'Eglise dépend de la question philosophique; et le sort de l'Eglise est inséparablement lié avec le sort de Hegel. Pour moi, ceci est tout à fait clair; et c'est pourquoi j'abandonne l'étude de la théologie et m'adonne à la philosophie».[27]

Adoptant une position diamétralement opposée à celle que défend Khomiakov, Samarin est contraint de préciser sa pensée. Il va s'efforcer, non sans habileté, de justifier son hégélianisme. Il doit, c'est trop évident, se démarquer par rapport à Hegel, mais il ne le fait que pour mieux découvrir le noyau ferme de l'hégélianisme à partir duquel il va argumenter.

Le paragraphe sur la religion révélée dans la *Phénoménologie de l'Esprit* lui a posé bien des problèmes. Son ami Aksakov a cru découvrir chez Hegel l'idée d'une Révélation accordée aux hommes par Jésus-Christ. Samarin n'est pas convaincu:

«Il me semble que Hegel comprend toute l'histoire, tout développement comme une révélation divine, mais qu'il ne considère pas que la révélation est faite à un moment historique déterminé et par une personne unique».[28]

La limite de la thèse de Hegel, c'est d'avoir ignoré la personne de Jésus-Christ; sa valeur, c'est d'avoir parfaitement compris que la religion est une *histoire* du salut. Un historien du slavophilisme, lui-même orthodoxe, admet que c'est sous l'influence de Hegel que Samarin a saisi le rôle et l'importance de l'histoire dans la religion chrétienne.[29]

[27] *Ibid.*, p. 100.
[28] *Id.*, Pis'mo k K. S. Aksakovu, in *Sočinenija*, t. XII, p. 24.
[29] V. Z. Zavitnevič, *A. S. Chomjakov*, t. I, p. 1019.

Pour avoir omis le Christ historique, Hegel n'a rien compris à l'Eglise. Personne, en effet, n'ira reprocher au disciple russe d'écrire que «le fait de l'Eglise était entièrement étranger à Hegel lui-même».[30] Samarin a donc bien souligné certaines lacunes de la philosophie religieuse de Hegel. On remarquera qu'elles portent toutes sur la positivité de la religion chrétienne: Hegel oublie que la foi dépend d'une révélation historique; il efface le personnage historique de Jésus; et il ne tient aucun compte de l'Eglise. Autant dire qu'il vide de sa substance cette religion révélée.

Cependant Samarin se figure toujours, avec une belle naïveté, qu'il suffit de faire entrer dans la philosophie de la religion de Hegel tel aspect qui a échappé à ce dernier, ou comme il dit lui-même de «compléter Hegel par Hegel», pour réconcilier l'hégélianisme et l'Orthodoxie.[31] Khomjakov soutenait que la religion est supérieure à la philosophie, donc que la foi transcende la raison. Hegel, à l'inverse, met la pensée spéculative au-dessus de la représentation religieuse. Toutefois, chez Hegel, religion et philosophie ont le même contenu. Cette identité du contenu pouvait s'expliquer dès lors que Hegel avait vidé la religion de sa positivité. Or, pour Samarin, «la religion que reconnaît la philosophie est l'Orthodoxie et seulement l'Orthodoxie».[32] Il lui était donc impossible de suivre Hegel sur ce point. D'où sa déclaration:

«La religion a déjà sa propre sphère, sa particularité propre, tout comme la philosophie. Et cette sphère est la sphère de la foi. Ordinairement, on pense que l'objet de la foi et du savoir sont un et ne sont que des moyens de connaissance».[33]

La religion n'a donc pas le même contenu que la philosophie. Pourtant, poursuit Samarin tenaillé par son «hégélianisme», religion, philosophie, art et état ne sont pas des sphères isolées les unes des autres: elles sont liées d'une façon hiérarchique. A la suite de Hegel, il tient que la sphère qui couronne le tout, c'est la philosophie:

«Je pense que si la science existe en tant que séparée de la sphère de l'art et de la religion, alors elle doit être une sphère plus haute, le moment dernier du développement de l'idée».[34]

---

[30] Ju. F. Samarin, rapporté par D. Samarin, in Ju. F. Samarin, *Sočinenija*, t. V, p. LXV.
[31] *Ibid.*, p. LXV.
[32] *Ibid.*, p. LXII.
[33] *Ibid.*, p. LXII.
[34] *Id.*, Pis'mo k A. S. Chomjakovu, 1843, in *Sočinenija*, t. XII, p. 131.

On le voit, ensuite, s'efforcer de montrer comment il est possible pour la foi qui dépend d'un principe éternel et absolu de se trouver ainsi subordonnée à la philosophie. Samarin prend l'exemple de l'art. Saint Augustin a vu que l'art, tout en restant absolu, peut se réconcilier avec la religion. Pourquoi religion et philosophie qui, à notre époque, s'entre-déchirent ne pourraient-elles pas se développer harmonieusement? Dmitrij Samarin résume ainsi la position de son frère:

«Donc la religion doit être conçue comme un moment éternel et essentiel dans le développement de l'esprit; mais la philosophie qui cependant ne supprime pas la religion est un moment plus haut».[35]

Il était évidemment tout aussi impossible d'introduire la Révélation divine dans la philosophie de Hegel sans transformer radicalement cette philosophie «religieuse» que de prétendre maintenir le primat de la raison sur la foi tout en essayant de préserver cette dernière des atteintes de la raison. Entre Hegel et l'Orthodoxie, la conciliation était impossible. Quelques mois avant sa mort, Samarin reviendra sur cette erreur de jeunesse:

«Un de ses proches amis [Samarin lui-même] s'adonnait à un travail dont l'objet était de prouver que Hegel avait, pour ainsi dire, deviné l'Eglise orthodoxe et l'avait posée a priori quand il nommait la religion un des moments (moment intermédiaire et non ultime) dans le développement logique de l'Esprit absolu s'efforçant à la plénitude de la conscience de soi. Tout cela, naturellement, ne supportait pas la critique, tout cela fut rejeté par les inventeurs eux-mêmes comme des constructions en l'air et, comme disent les Allemands, fut surmonté *(überwunden)*, mais surmonté par cette arme même que leur avait mise en mains le système hégélien, surmonté par la découverte des contradictions internes de ce système....».[36]

Quand Samarin entreprend la rédaction de sa thèse sur *Stefan Javors'kij et Feodan Prokopovič* qu'il devait soutenir en juin 1844 à Moscou, sa crise hégélienne est partiellement surmontée. Toutefois, il reste encore trop pénétré de Hegel pour ne pas avoir recherché chez ce philosophe une méthode d'interprétation de l'histoire. Les Slavophiles les plus conservateurs ne s'y trompèrent pas et l'accusèrent de juger l'Orthodoxie à l'aune hégélienne.[37] Cependant, les Occidentalistes

---

[35] Ju. F. Samarin, rapporté par D. Samarin, in Ju. F. Samarin, *Sočinenija*, t. V, p. LXIII.

[36] *Ibid.*, p. XCII (fr. p. 92).

[37] Lettre de la sœur d'Aksakov à Ivan Aksakov du 3 juin 1844, in *Russkij Archiv* (1910), I, p. 302; cité par D. Tschižewskij, *Hegel bei den Slaven*, p. 254.

n'étaient guère satisfaits.[38] En réalité, l'important travail historique de Samarin reste profondément orthodoxe puisque seule la méthode s'inspire de l'hégélianisme. Pour Samarin, l'orthodoxie est la synthèse vivante de deux principes dynamiques unilatéraux et partiels: le catholicisme et le protestantisme. Le premier opte pour l'unité, mais supprime la liberté; le second met l'accent sur la liberté personnelle, mais pulvérise l'unité de l'église. Samarin utilise donc le schéma triadique hégélien: thèse: l'unité catholique; antithèse: la liberté protestante; synthèse: l'unité dans la liberté par la religion orthodoxe.[39]

Comme on le voit, l'influence de Hegel reste assez limitée. Mais il faudrait peut-être mettre au compte de cette influence le sens aigu qu'a Samarin du développement historique de l'Eglise et des Dogmes. Avant sa thèse, Samarin écrivait déjà:

«L'Eglise se développe, c'est-à-dire qu'elle fait constamment prendre conscience de la vérité éternelle, inépuisable qu'elle contient».[40]

Cette idée du développement historique de la foi se retrouve aussi dans sa thèse de doctorat.[41] On remarquera que pour exprimer cet enrichissement, l'auteur reprend l'expression même de Hegel: «Prise de conscience» (*privodit k svoemu soznaniju*). La manifestation progressive de la vérité est une prise de conscience qui, pour être seconde dans le temps, n'en est pas moins essentielle puisqu'elle achève et parfait ce qui n'était contenu qu'en germe. Cette idée fondamentale, assez étrangère à Khomjakov, le théologien du groupe slavophile qui, lui, n'a pas subi l'influence de Hegel, pourrait bien être due à la fréquentation de Hegel. Samarin reçoit du philosophe allemand les deux séries de couples antithétiques, unité-liberté, statisme-dynamisme, qui lui permettront de donner à sa pensée sa dernière précision. La religion catholique n'est pas seulement unité; elle est aussi une religion statique de l'identité. Parallèlement, le protestantisme n'est pas uniquement une religion de la liberté; il apparaît aussi comme une religion dyna-

---

[38] «Il y a dans tout cela quelque chose de rétrograde, d'inhumain, d'étroit, comme dans tout ce qui vient du parti nationaliste. Si l'on peut se trouver d'accord avec eux sur quelques questions particulières, il reste entre eux et nous un fossé large et infranchissable» (A. Gercen, *Dnevnik*, 4/VI/1844, in *Polnoe.*, t. III, pp. 329–330). Cf. P. Ja. Čaadaev, Pis'mo (neizvestmomu), in *Sočinenija i pis'ma*, t. I, pp. 249–253.

[39] Ju. F. Samarin, *Stefan Javors'kij i Feofan Prokopovič*, in *Sočinenija*, t. V, pp. 6–7; 60.

[40] *Id.*, Pis'mo k A. N. Popovu, in *Sočinenija*, t. XII, p. 82. Cf. *ibid.*, pp. 85; 87–89.

[41] *Id.*, *Stefan.*, in *Sočinenija*, t. V, pp. 60 sq.

mique dans la diversité. L'orthodoxie devient alors la religion de
l'unité dans la liberté, et de l'identité dans la diversité.[42]

L'engouement de K. Aksakov pour la philosophie de Hegel fut tel
qu'il lui attira les railleries non seulement des Slavophiles, mais même
des membres du cercle de Stankevič. Koyré exagère quelque peu
lorsqu'il dit qu'Aksakov mit en vers la *Science de la Logique* de Hegel
– il ne s'agit, en fait, que d'une courte «poésie» dirigée contre l'empirisme.[43] Mais il est bien vrai que cette âme de feu, très peu portée à
la mesure, a voué à Hegel un véritable culte. Cependant, l'admiration
pour le philosophe allemand n'empêche pas Aksakov de rester fidèle
à la doctrine slavophile de son enfance. Herzen note dans son journal
que «c'est un penseur hégélien-slave». Excellente formule! Pour
Jakowenko, la thèse d'Aksakov représente le plus haut moment de
l'hégélianisme russe:

«Oui, on peut, sans doute, considérer cet ouvrage comme la principale
contribution scientifique de la première période de l'influence hégélienne sur
la pensée russe».[44]

Ivan Aksakov disait que l'œuvre de Samarin et de son propre frère
Konstantin fut «une tentative pour construire sur les principes de
Hegel la *Weltanschauung*, c'est-à-dire le système total et *sui generis*
de la Phénoménologie de l'Esprit du peuple russe avec sa propre
histoire, avec ses propres mœurs et même avec l'orthodoxie».[45]
Lorsqu'il entreprend d'écrire sa thèse sur *Lomonossov dans l'histoire
de la littérature russe et de la langue russe*, K. Aksakov est convaincu
que «le peuple russe est appelé plus que tous les autres peuples à
comprendre la philosophie de Hegel». En fait, la plupart des lecteurs,
loin de penser que ce livre soit un haut moment de l'hégélianisme russe,
le trouvent profondément ennuyeux. En effet, son auteur se contente
d'utiliser les termes techniques du philosophe allemand pour rendre
compte de la réalité historique russe. C'est un exemple typique de
cette transposition mécanique dénoncée par Herzen. Aksakov est un
doctrinaire slave qui habille ses idées à la mode hégélienne. Pogodin
qui lit, en 1840, le début de la thèse d'Aksakov s'exclame:

«Le livre est écrit en allemand bien qu'avec des mots russes».[46]

[42] A. Koyré, *Etudes sur l'histoire de la pensée philosophique en Russie*, p. 170.
[43] K. S. Aksakov, Tolpe empirikov, in *Sočinenija*, t. I, pp. 37–38.
[44] B. Jakowenko, *Geschichte des Hegelianismus in Russland*, p. 260.
[45] I. Aksakov; cité par D. Tschiżewskij, *Hegel bei den Slaven*, p. 246.
[46] M. N. Pogodin, in *Russkij Archiv* (1904), II, p. 595.

Vengerov est agacé par ce recours constant «au jargon hégélien», et déplore qu'une étude consacrée à Lomonossov contienne une introduction sur l'histoire de la Russie qui s'étale sur plus des trois quarts de l'ouvrage.[47] On voit que les avis sont partagés!

Que contient donc ce livre si discuté et si discutable? Aksakov commence par une longue introduction sur les rapports entre l'universel, le singulier et le particulier. L'exposé est d'une telle sécheresse que le texte même de la *Science de la Logique* en devient, par comparaison, étonnamment concret. Reconnaissons, toutefois, que de ces pages cryptiques on peut légitimement inférer qu'Aksakov est un bon connaisseur de Hegel. Il a parfaitement vu que l'universel qui n'existe pas doit se nier dans le singulier, et que seul le particulier est l'universel concret. L'auteur perçoit avec justesse – et cela va lui servir ensuite pour son application historique – que cet universel concret est le résultat d'un devenir dialectique:

«Ainsi, l'universel qui ne peut pas s'exprimer en tant qu'universel pur, pris in abstracto, dans sa détermination abstraite, parcourt le cercle de la négation absolue contenue en lui-même; c'est le cercle que l'universel parcourt nécessairement pour passer dans la réalité et être effectivement ce qu'il est. Ce n'est que dans la totalité de ses moments – *de l'universel comme universel*, de la négation de l'universel *(la particularité)* et la négation de la négation *(la singularité)* – que l'universel trouve son expression effective, vraie, une et concrète».[48]

Ensuite Aksakov applique au domaine historique ce schéma abstrait de la double négation. Il est extrêmement difficile de le suivre dans les méandres de son argumentation logico-historique! On ne peut que souscrire au jugement de Koyré qui condamne «l'application de ce schéma, à vrai dire assez mécanique et même équivoque».[49] Parfois, cependant, on relève au passage une idée typiquement hégélienne. Ainsi, lorsqu'Aksakov distingue avec soin le mouvement circulaire de la nature du mouvement progressif de l'humanité qui sous l'influence de l'Esprit va toujours de l'avant:

«La raison est éternellement en travail et se dépasse continuellement. Sa nature intérieure se transforme sans interruption: nouvelle conception, nouvelle idée, nouvelle objectivité intérieure».[50]

[47] S. A. Vengerov, Peredovoj boec slavjanofil'stva, in *Sobranie sočinenij*, t. III, pp. 131–133.
[48] K. S. Aksakov, in *Sočinenija*, t. II, čast'I, pp. 38–39.
[49] A. Koyré, *Etudes sur l'histoire de la pensée philosophique en Russie*, p. 166.
[50] K. S. Aksakov, in *Sočinenija*, t. II, čast'I, p. 323.

Aksakov utilise alors la triplicité hégélienne pour éclaircir le problème de l'essence de la nation. Le premier moment de l'universalité abstraite est l'homme en général. Comme tel, il n'a aucune existence. Par la première négation, l'homme se nie comme universel pour exister dans la particularité. Celle-ci est la masse ou première totalité: le peuple. Aksakov rejoint à peu près ce qu'Hegel appelle le *Volksgeist* dont le caractère spécifique est d'être un esprit national clos et enfermé en soi-même. Il doit donc se supprimer. D'où la deuxième négation qui est la suppression de la nationalité en tant qu'elle est exclusive, et son élévation à une plus haute universalité. Aksakov, ici, n'est pas très explicite. Sans doute veut-il dire que la nation doit perdre ce qu'elle a d'unilatéral pour participer à l'universalité du genre. En tout cas, après cette double négation «le peuple atteint le plus haut degré de son activité et dans cette sphère apparaissent en même temps l'homme, la nation et l'individu».[51]

Ce recours à la double négation pour expliquer la formation d'un peuple est évidemment une démarche très peu hégélienne. Mais ce qui est encore beaucoup moins hégélien, c'est d'affirmer que le peuple est la sphère la plus haute. Pour Hegel, le peuple n'a pas d'existence authentique en dehors de l'état. Or Aksakov, s'il se sent vraiment très uni au peuple, ne se veut nullement le citoyen d'un état. Il n'éprouve même pas le besoin de critiquer la thèse centrale de Hegel tant le sens de l'état lui est étranger. L'étonnant *Memorandum* qu'il adresse, en 1855, au Tsar Alexandre II s'ouvre par cette déclaration fort révélatrice:

«Le peuple russe n'est pas un peuple-état, c'est-à-dire qu'il ne vise pas le pouvoir étatique, qu'il ne désire pas jouir de droits politiques...».[52]

L'état, l'autorité sont, sans doute, un mal nécessaire, mais ils n'en sont pas moins un mal. Les éléments anarchiques sont presque aussi nombreux chez ce slavophile que chez Bakounine avec, bien sûr, cette différence essentielle que l'anarchisme de Bakounine s'étend aux domaines de la famille, de la morale et de la religion, alors que le slavophile ne conteste que l'autorité de l'état et que cette contestation, purement verbale, ne prend jamais une forme révolutionnaire.

Le même schéma de la double négation qui a permis d'expliquer la formation des peuples sert à rendre compte de l'évolution de l'histoire

---

[51] *Ibid.*, p. 46.
[52] Zapiska K. S. Aksakova «o vnutrennem sostojanii Rossii», predstavlennaja Gosudarju Imperatoru Aleksandru II v 1855 g., in N. L. Brodskij, *Rannie slavjanofily*, p. 69.

russe. L'historien de l'école slavophile ne manquera pas de surprendre les historiens de métier. Il explique tout par la loi de négation. Le meurtre du faux Dmitrij est dû à l'apparition de l'Idée – l'idée étant tout simplement l'incarnation de la conscience du peuple. De même, autre négation et d'importance celle-là, les réformes de Pierre le Grand. Elles prirent vraiment l'allure d'une négation quasi-mystique. Quel peuple, demande Aksakov, eut l'audace de transférer sa propre capitale dans un autre lieu! A un tel peuple, tous les espoirs sont permis. D'où la conclusion, certes pas si inattendue:

«Aucun peuple n'a osé une négation si décisive, complète, radicale; c'est pourquoi aucun peuple ne peut avoir une signification universelle, si mondiale que le peuple russe».[53]

Plus tard, Aksakov ne manquera jamais une occasion de flétrir l'œuvre de Pierre le Grand. Le plus étonnant, c'est qu'il n'y a peut-être pas d'opposition entre la glorification du rôle de Pierre le Grand contenue dans sa thèse de doctorat et les violentes attaques dirigées contre ce même Tsar dans les ouvrages ultérieurs. Dans sa thèse, ce qui lui importe, c'est moins le caractère positif des réformes de Pierre auquel il ne croit pas que l'incroyable puissance de son cher peuple russe qui vient de manifester de façon éclatante ce dont il est capable. Après de tels exercices dialectiques, le lecteur est moins surpris qu'amusé d'entendre Aksakov redire sa conviction que la nation russe ne trouvera son accomplissement que par le retour aux sources slaves. Herzen rapporte dans *Passé et Pensées* qu'Aksakov lui dit un jour:

«Moscou est la capitale du peuple russe. Pétersbourg n'est que la résidence du Tsar».[54]

L'historien slavophile voulait se faire passer pour un bon connaisseur de l'histoire russe, mais le grand historien russe S. Soloviev a prouvé qu'il n'a même pas lu Karamzine! Quant au plan proprement philosophique, mieux vaut reconnaître, comme le confesse son ami Samarin qui vient de renoncer à demander à Hegel la solution des problèmes religieux, que la prétention d'éclaircir le développement historique de la vie russe en se servant des principes de la *Logique* de Hegel est une tentative absurde.[55] Aksakov finit par comprendre son erreur. Aussi

[53] K. S. Aksakov, *Lomonossov v istorii russkoj literatury i russkago jazuka*, in *Sočinenija*, t. I, p. 59.
[54] A. I. Gercen, *Byloe i dumy*, in *Polnoe.*, t. XIII, p. 148.
[55] Ju. F. Samarin, Pis'mo k K. S. Aksakovu, 1847, in *Sočinenija*, t. XII, pp. 187–188.

sa thèse sera-t-elle le dernier ouvrage où il se réfère explicitement à Hegel. Encore ne doit-on pas oublier que, même à cette époque, l'hégélianisme de l'historien de Lomonossov demeure très superficiel. Dans la lettre que nous venons de citer, Samarin souligne que son ami s'est contenté d'appliquer d'une façon purement mécanique la loi de la double négation qui, vidée de son contenu concret, n'est plus guère qu'un «schéma élastique». Avant de prendre congé d'Aksakov, on notera cependant que, pendant cette courte période, l'auteur accorde une importance considérable à la notion de négation. C'était une mode à l'époque. Pour Bakounine aussi la négativité est la catégorie centrale de l'hégélianisme. Bien sûr, le même outil spéculatif est utilisé pour des buts fort différents et même totalement opposés. Alors que la négativité historique conduit Aksakov à justifier le passé russe, elle permettait à Bakounine de nier tout passé et présent, et devenait ainsi le fondement de son activité anarchiste toute entière tournée vers l'avenir.

Violemment pris à parti par Kireevskij et par Khomjakov, Samarin et Aksakov ont vite rejoint le giron de l'Orthodoxie slavophile. Aksakov rompt totalement avec la philosophie de Hegel et même avec la philosophie en général. Samarin, esprit plus porté vers la réflexion, continuera à conserver un certain intérêt pour la pensée philosophique. Mais à partir de ce moment-là son itinéraire spirituel est trop proche de celui des autres Slavophiles pour qu'il soit nécessaire de l'étudier séparément.

§ 2. *Croyance religieuse des Slavophiles et rationalisme hégélien*

Pour déterminer l'attitude des Slavophiles face à Hegel, il convient de dégager, ne serait-ce qu'à grands traits, les thèmes essentiels de leur *Weltanschauung*. Les critiques particulières que ces auteurs font à Hegel ne prennent évidemment toute leur portée que dans la mesure où elles sont perçues à la lumière de leur propre doctrine. La pensée de ces auteurs gravite autour de deux thèmes centraux: la philosophie religieuse et la philosophie de l'histoire. Il convient de préciser que si l'on peut méthodologiquement les distinguer, ces deux aspects sont étroitement unis, car la question historique des rapports de la Russie et de l'Occident dépend elle-même de la conception religieuse des Slavophiles. Tous les traits qu'ils décochent contre l'Occident, tant au plan culturel que philosophique, ne s'expliquent que par leur adhésion à la religion orthodoxe.

La conviction originelle sur laquelle Kireevskij va fonder sa «philo-

SLAVOPHILISME ET HÉGÉLIANISME 91

sophie», c'est que la foi seule est capable de restaurer l'harmonie entre les diverses facultés de l'homme et de rétablir l'unité entre l'Esprit-Saint et l'homme purifié et réintégré par la grâce dans son intégrité ou totalité (*sel 'nost'*) primitives. Très tôt Kireevskij est à la poursuite de cet idéal. Dès 1827, il écrit à Košelev:

«Nous rendrons ses droits à la religion véritable, nous accorderons la beauté avec la moralité, nous ferons naître l'amour de la vérité et remplacerons le libéralisme stupide par le respect des lois».[56]

Cette connaissance intégrale ne peut être obtenue ni par l'entendement logique abstrait, ni par le sentiment, ni par le don esthétique. Elle procède seulement de ce centre intérieur en lequel s'unifient toutes les forces de l'esprit et de l'âme. Les Slavophiles insistent toujours avec beaucoup de force sur cette thèse qu'ils tiennent pour fondamentale. On peut lire dans les *Fragments* de Kireevskij:

«C'est pourquoi le caractère principal de la pensée croyante consiste dans la tendance à unir toutes les parties séparées de l'âme en une seule puissance, à trouver le foyer intérieur de l'être où la raison et la volonté, le sentiment et la conscience, le beau et le vrai, le merveilleux et le désiré, le juste et le miséricordieux, et toute l'amplitude de l'esprit se fondent dans une unité vivante, restaurant ainsi la personnalité substantielle de l'homme dans son indivisibilité originelle».[57]

Koyré a bien raison de déclarer que «ce qui s'exprime par ces formules c'est une aspiration – essentiellement religieuse – à la 'réintégration' de l'être humain, à l'*adunatio*, pour l'appeler de son vrai nom».[58] Certains historiens affirment que Kireevskij doit cette théorie de l'intégrité spirituelle ou du savoir vivant (*živoe znanie*) à l'influence des Pères de l'Eglise découverts grâce à sa femme. On sait, en effet, qu'il fréquente la solitude d'Optina pustina et aide à la traduction des Pères grecs.[59] D'autres historiens sont plutôt portés à rattacher cette vue de Kireevskij au romantisme allemand. Masaryk, par exemple, établit un parallèle entre la position de Schelling contenue dans la *Lettre sur le criticisme et le dogmatisme* et celle de Kireevskij.[60] En fait, Kireevskij ne voit pas d'opposition entre les Romantiques et les Pères

[56] I. V. Kireevskij, Pis'mo k A. I. Košeluvu, 1827, in *Polnoe.*, t. I, p. 10.
[57] *Id.*, Otryvki, in *Polnoe.*, t. I, p. 275. Sur la notion d'intégrité-totalité, et sur les rapports de cette «sel'nost'» avec la foi, cf. les excellentes analyses de E. Müller, *Russischer Intellekt in europäischer Krise. Ivan V. Kireevskij*, pp. 419–443.
[58] A. Koyré, *Etudes sur l'histoire de la pensée philosophique en Russie*, p. 7.
[59] H. Lanz, (Philosophy of Ivan Kireyevsky, in *The Slavonic review*, vol. IV, n⁰ 12, (1926), pp. 602 sq) rapproche la position de Kireevskij de celle de Maxime le Confesseur.
[60] Th. G. Masaryk, *Zur russischen Geschichts- und Religionsphilosophie*, t. I, p. 211.

de l'Eglise. S'il reçoit des premiers la notion d'unité des forces spirituelles de l'homme, il apprend des seconds que cette intégrité spirituelle n'est reconquise dans toute sa plénitude que par la foi.

Il n'est donc pas étonnant que dans leurs discussions avec les Occidentalistes, les Slavophiles aient mis au centre du débat la philosophie de la religion de Hegel. A l'exception de Herzen, les Occidentalistes, pendant un certain temps du moins, ont cru que la philosophie de Hegel était véritablement spiritualiste et même profondément religieuse. Khomjakov n'a jamais voulu partager leur point de vue. Pour lui, la philosophie hégélienne est une philosophie athée, ou en tout cas, une philosophie qui ne laisse aucune place pour un Dieu personnel. Herzen consigne dans son *Journal*, en 1842, un entretien qu'il vient d'avoir avec le théologien slavophile:

«Il [Khomjakov] dit nettement que des principes hégéliens il est impossible de déduire la *Persönlichkeit Gottes*, la *Transcendenz*».[61]

Il est donc vain de prétendre réconcilier cette philosophie immanentiste avec le christianisme. Autant dire, poursuit Khomjakov, que le dernier mot de la philosophie occidentale est une absurdité (*nelepost'*). Ainsi, les Slavophiles n'essaient pas, comme le Hégéliens de Droite en Allemagne, de donner une lecture spiritualiste de la philosophie de Hegel.

Pour tous ces auteurs slaves, d'ailleurs, le problème proprement philosophique de l'existence de Dieu n'offre pas le moindre intérêt. Même si Kireevskij avait pu suivre à Berlin les cours de Hegel sur les *Preuves de l'existence de Dieu*, il n'aurait pas changé d'avis. Il était trop accordé à la ligne pascalienne du «Dieu sensible au coeur, non à la raison», pour attacher quelque importance à une «preuve»: la démarche proprement rationnelle est vaine et inutile, dangereuse même, puisqu'elle finit toujours par transformer la théologie en une scolastique abstraite. Kireevskij condamne en bloc tout l'effort de la théologie médiévale occidentale:

«De Scot Erigène jusqu'au XVIe siècle, il n'y a pas eu un seul théologien qui ne se soit efforcé de fonder sa croyance en l'existence de Dieu sur la force de quelque syllogisme artificiellement aiguisé. Leurs gigantesques travaux sont pleins de subtilités abstraites élaborées logiquement à partir de concepts fondés uniquement sur l'entendement».[62]

[61] A. I. Gercen, *Dnevnik*, 21/XII/1842, in *Polnoe.*, t. III, p. 62.
[62] I. V. Kireevskij, O charaktere prosveščenija Evropy i ego otnošenii k prosveščeniju Rossii, in *Polnoe.*, t. I, p. 195.

Nous avons cité ce texte, moins parce qu'il montre que le problème de Dieu ne peut être résolu par la pensée logique que parce qu'il révèle comment les Slavophiles comprennent les rapports entre la foi et la raison, entre la théologie et la philosophie. Samarin avait partagé la thèse de Hegel sur le primat de la philosophie sur la religion. Cet errement fut de courte durée. Très vite cet auteur rejoignit la position orthodoxe de l'école slavophile qui non seulement place la foi au-dessus de la raison – ce qui est assez naturel pour des croyants – mais accorde peu de valeur à la raison, dès lors qu'elle s'exerce sans le secours de la foi. Mentionner ce point ne nous écarte pas de notre propos, mais va nous permettre de mieux comprendre le motif profond de l'opposition à Hegel. En effet, Hegel n'est l'objet des violentes attaques des Slavophiles que dans la mesure où il leur apparaît comme l'aboutissement d'une longue dépravation de l'esprit occidental qui, tout au long de l'histoire, ne cesse de mettre toujours davantage l'accent sur l'importance de la raison.

Sans doute, et les historiens acquis à ce mouvement ne manquent jamais de le souligner, l'école slave orthodoxe accorde-t-elle à la raison un certain rôle. Dans la fresque historique qu'il trace de l'Occident, Kireevskij reconnaît que la philosophie grecque a permis à l'humanité d'accomplir un grand progrès spirituel.[63] Khomjakov lui-même, le moins suspect de complaisance envers la philosophie, écrit de son côté que «sans elle [la raison humaine] l'homme n'est pas un homme».[64]

Cependant, ce qui ressort de la lecture des textes slavophiles, c'est moins la valeur que la fragilité de la raison. Que des théologiens chrétiens, pour rester fidèles à leur foi, subordonnent la philosophie à la théologie ne saurait surprendre. Qu'ils contestent la possibilité d'une philosophie autonome, inquiète. Certes, le statut de la «philosophie chrétienne» soulève de nombreuses difficultés – on l'a bien vu vers 1930, lors des controverses entre Maritain, Gilson et Brunschvicg, Bréhier. Toutefois, les défenseurs de la philosophie chrétienne accordaient à la raison une assez grande autonomie. Pour le Slavophile, la raison est non seulement subordonnée à la foi, mais en dépend fondamentalement. Tel est, en effet, le sens de ce texte de Khomjakov:

«Et finalement, les sciences philosophiques, comprises dans toute leur exten-

[63] I. V. Kireevskij, O neobchodimosti i vozmožnosti novych načal dlja filosofii, in *Polnoe.*, t. I, pp. 238–239.
[64] A. S. Chomjakov, Po povodu I. V. Kireevskago «O charaktere prosveščenija Evropy i ego otnošenii k prosveščeniju Rossii», in *Polnoe.*, t. I, p. 215.

sion vivante, ont nécessairement leur origine dans la foi et font retour à elle».[65]

Svečnikov trouve qu'une telle doctrine ne nie nullement l'activité de la raison dans la connaissance religieuse. Il pense même que «la philosophie des Slavophiles prend le caractère d'une philosophie chrétienne-orthodoxe».[66] A moins de changer radicalement le sens reçu du mot philosophie, nous pensons, au contraire, qu'on ne peut plus parler de philosophie. La philosophie au service de la foi n'est plus philosophie, mais déjà une activité proprement théologique. Il faut même dire que la doctrine slavophile est très différente de la position médiévale dont la célèbre thèse, «Philosophia est ancilla theologiae», est elle-même suspecte aux auteurs slaves que nous étudions. Les Slavophiles ne manquent jamais une occasion pour attaquer la tradition théologique occidentale en laquelle ils voient une corruption de la croyance par la raison. Il n'est pas excessif de le dire: dès que la raison commence à s'exercer librement, le Slavophile voit poindre le rationalisme. Depuis son origine jusqu'à Hegel, Pascal excepté, toute l'activité philosophique a été rationaliste. Et la théologie occidentale sous sa double forme catholique et protestante a introduit le vers rongeur du rationalisme à l'intérieur de la croyance. Kireevskij est très explicite:

«... d'abord, la philosophie scolastique s'est développée à l'intérieur de la foi, puis la Réforme dans la foi et finalement la philosophie hors de la foi. Les premiers rationalistes furent les scolastiques, leur postérité s'appelle les Hégéliens».[67]

Le rationalisme des théologiens s'exerçait à l'intérieur de la foi; celui de Hegel a définitivement éliminé toute croyance. Saint Thomas d'Aquin précurseur de Hegel, voilà un rapprochement pour le moins inattendu, mais qui éclaire admirablement l'antirationalisme des Slavophiles. Comment voient-ils donc cette orgueilleuse raison hégélienne? L'intention de Hegel fut de parvenir à l'unité: unité du fini et de l'infini; unité de la connaissance et de l'action; unité du savoir et de l'être. Or, dans ces trois domaines, les Slavophiles dénoncent à

[65] Id., Po povodu otryvkov najdennych v bumagach I. V. Kireevskago, in Polnoe., t. I, p. 284.
[66] V. D. Svečnikov, Slavjanofil'stvo kak filosofskoe učenie pred sudom russkoj kritiki, p. 16.
[67] I. V. Kireevskij, O neobchodimosti i vozmožnosti novych načal dlja filosofii, in Polnoe., t. I, p. 226. Cf. Ju. F. Samarin, Predislovie k bogoslovskim sočinenijam A. S. Chomjakova, in Sočinenija, t. VI, p. 332.

chaque fois le caractère rationaliste des conclusions auxquelles aboutit Hegel.

Nous commencerons par les rapports entre le savoir et l'être, donc par la *Science de la logique*. C'est elle, en effet, qui est à la base de l'imposant édifice hégélien et fait de ce philosophe le plus implacable des rationalistes. Čičerin rapporte dans ses *Souvenirs* que Khomjakov, après avoir lu en quelques jours la *Science de la Logique*, eut l'impression «d'avoir cassé un sac de noix vides».[68] Plus tard, son jugement sera plus nuancé: il reconnaîtra que cet ouvrage de Hegel recèle beaucoup d'éléments positifs: la théorie des catégories, la distinction entre *Grenze* et *Schranke* contiennent des indications précieuses et aident à mieux faire comprendre les notions d'espace et de temps.[69] Pourtant, fondamentalement, Khomjakov reste fidèle à sa première impression. Il sent obscurément que le poids de l'existence qui anime la *Phénoménologie de l'Esprit* disparaît lorsqu'on passe à la *Logique*. D'où cette affirmation:

«Aucune force humaine ne peut lier la *Phénoménologie* de Hegel avec sa *Logique*».[70]

La lecture que donne Khomjakov de la *Logique* de Hegel sera celle des autres Slavophiles; elle est même souvent assez proche de celle que l'on trouve chez les Occidentalistes. Cette communauté de vue ne saurait surprendre puisque tous dépendent de Schelling. Khomjakov reprend à son compte la thèse schellingienne de l'irréalisme de la *Logique*. L'auteur de la *Science de la Logique*, tel un prestidigitateur habile, après avoir écarté l'être de son propos, le réintroduit subrepticement tout en continuant à déclarer que, s'il y a de l'être, c'est parce que la raison le produit. Schelling ne disait pas autre chose. Toutefois, Khomjakov défend cette position avec des arguments d'une faiblesse insigne. Cette faiblesse apparaît clairement dans la manière dont il distingue la pensée logique de la pensée dialectique. Même les historiens contemporains qui croient que Hegel a échoué sont au moins d'accord pour admettre que la tentative hégélienne visait à unir dialectiquement la pensée et l'être: alors que la logique classique porte sur les conditions d'exercice de la pensée, la logique dialectique tient que le dévoilement de la pensée est identiquement le dévoilement de l'être. Khomjakov prend le contrepied de cette inter-

---

[68] B. N. Čičerin, *Vospominanija*, t. II, p. 227.
[69] A. S. Chomjakov, Pis'mo o filosofii k Ju. F. Samarinu, in *Polnoe.*, t. I, p. 332.
[70] *Id.*, Mnenie inostrancev ob Rosii, in *Polnoe.*, t. I, pp. 13–14.

prétation. Selon lui, la pensée logique a l'être pour objet, alors que la pensée dialectique est une pensée vide:

«Pensée dialectique: je connais l'objet, c'est pourquoi il existe. Pensée logique: l'objet existe, c'est pourquoi je le connais».[71]

La *Science de la logique* est donc profondément rationaliste puisque dans cette logique l'être est produit par la pensée. La logique de Hegel a un objet mental (Objekt), mais elle est dépourvue d'objet réel (Gegenstand). La pensée dialectique est tellement vide que Khomjakov n'hésite pas à la comparer à la pensée mathématique: la Logique de Hegel, tout comme la *mathematesis*, porte sur l'inexistant.[72] Ainsi, ce fantastique effort de la raison abstraite fondée sur la dialectique est certes cohérent; mais cette cohérence n'arrive pas à masquer l'absence de référence à la réalité.

Pour se convaincre de cette irréalité, il suffit d'étudier la première triade hégélienne. Que fait Hegel en identifiant l'être au néant, sinon oublier qu'il est parti de l'existence concrète et laisser croire qu'il y aboutit:

«La présence non remarquée de l'idée d'existence (Dasein), du moment évidemment déduit change en néant l'être (Sein) originel. C'est à partir de cette erreur que se développe toute la *Logique* de Hegel».[73]

Samarin reprend cette idée de Khomjakov et met à nu le présupposé de Hegel. Celui-ci est obligé de vider son concept de tout contenu, car s'il prenait l'être selon toute sa plénitude existentielle, jamais il ne pourrait identifier l'être au néant. Hegel attribue donc à l'être le prédicat de l'indéterminité. Mais comment ne s'est-il pas aperçu que l'être indéterminé n'est plus l'être véritable, l'être qui existe dans l'espace et le temps; et comment n'a-t-il pas eu conscience qu'il lui devient impossible de rejoindre, donc de connaître, le monde réel? Samarin conclut que, victime de son attitude rationaliste, Hegel a repoussé du pied le monde de la réalité visible pour se réfugier dans le domaine de la pensée abstraite.[74]

S'étant ainsi installé confortablement dans la raison, il est alors obligé de demander à la seule raison de déduire le réel. Mais, dira

---

[71] *Id.*, Po povodu otryvkov najdennych v bumagach I. V. Kireevskago, in *Polnoe.*, t. I, p. 274.
[72] «Sous ce rapport, elle [la pensée dialectique] est surtout proche de l'algèbre et de la mathématique pure en général où la loi de la quantité exclut toute réalité existante...» (*Ibid.*, t. I, p. 275, en note).
[73] *Id.*, Mnenie Russkich ob inostrancach, in *Polnoe.*, t. I, p. 37.
[74] Ju. F. Samarin, Pis'ma o materializm, in *Sočinenija*, t. VI, pp. 546–547.

Khomjakov sans ménagement, Hegel confond le domaine noétique et le domaine ontologique. Pire, il fait dépendre le second du premier puisque la pensée ne révèle pas seulement l'être réel, mais le produit:

«En mathématique, il [Hegel] soutient tout bonnement que la formule du mouvement des planètes est la cause de leur mouvement; autrement dit, la réalité des formules détermine non seulement la possibilité, mais la réalité des révolutions planétaires».[75]

L'erreur rationaliste consiste à prendre l'effet pour la cause: toute la philosophie de Hegel repose sur la faute que les logiciens appellent *Sophisma fallaciae consequentis*. Cette inversion des rapports entre l'être et la pensée, qui se trouve dès le début de la *Science de la Logique*, se retrouve à la fin de l'ouvrage, lorsque Hegel expose sa célèbre théorie du Concept. Khomjakov, qui manifestement n'a rien compris à la théorie hégélienne de la Négativité, est ainsi persuadé que le concept n'est rien de plus qu'une simple notion. Malgré les affirmations répétées de Hegel qui dit, si souvent et si clairement, que la négation est dans l'être lui-même, qu'elle est véritablement sise au cœur des choses, Khomjakov se figure que la négativité est extérieure à l'être, qu'elle n'est qu'un simple acte de l'esprit qui nie. Alors, évidemment, puisque l'être ne porte pas en lui-même sa propre contradiction, la négativité n'a plus de fondement objectif et devient une sorte d'ivresse mystique – le mot est de Khomjakov lui-même – de l'esprit qui se figure produire le réel en proférant son concept. Négativité, c'est ainsi l'équivalent de créativité:

«L'erreur fondamentale de toute l'école, encore non clairement exprimée dans son fondateur, Kant, mais bien caractérisée chez son exécuteur, Hegel, consiste en ceci que cette école admet toujours l'identité entre le mouvement du concept dans la connaissance humaine et le mouvement de la réalité elle-même, de toute la réalité».[76]

Parfois, Khomjakov semble percevoir qu'on ne peut rendre compte de la philosophie de Hegel en la réduisant à de telles énormités. Une fois, au moins, il pressent l'importance de cette pensée:

«La *Logique* de Hegel doit être nommée une spiritualisation de l'être abstrait (Einvergeistigung des Seins)».[77]

---

[75] A. S. Chomjakov, O sovremennych javlenijach v oblasti filosofii, in *Polnoe.*, t. I, p. 296, Cf. *ibid.*, pp. 37; 294; 331.
[76] *Ibid.*, p. 296.
[77] *Id.*, Po povodu otryvkov najdennych v bumagach I. V. Kireevskago, in *Polnoe.*, t. I, p. 268.

S'il avait poursuivi ses recherches dans cette ligne, il aurait pu dialoguer fructueusement avec Hegel. Il aurait vu que cette doctrine tend à dépasser les oppositions aussi ruineuses que faciles entre sujet et objet, entre pensée et être, entre logique et existence. Malheureusement, c'est à un niveau très inférieur que se situe sa «réfutation» de l'hégélianisme. Il compare donc la négativité hégélienne à «la plate négation de Méphistophélès».[78] Malgré la référence à Goethe, le contexte indique que Khomjakov n'a pas en vue l'esprit qui nie le réel, mais celui qui s'installe dans le monde du possible. Pour Khomjakov, en effet, l'acte de négation d'où procède le concept, donc le savoir, ne porte jamais sur l'existence effective, mais sur l'existence possible:

«Ainsi toute négation, au sens philosophique du terme, pose ce qui est nié uniquement comme possible, et non comme effectivement réel».[79]

Le concept hégélien se veut la plénitude absolue. Il n'est, en fait, sinon le vide absolu, du moins qu'une formulation logique sur un objet pensable:

«La cognoscibilité est l'essence, ou autrement dit, la possibilité du concept (sa loi); elle est le principe de tout étant: tel est le système même de Hegel».[80]

Finalement, le concept n'exprime rien. Telle est la décevante conclusion à laquelle aboutit Khomjakov au terme de ses recherches sur la *Science de la Logique*.

Avec la *Phénoménologie de l'Esprit*, les Slavophiles savent qu'ils vont enfin rencontrer la Raison qui, précisément, est au principe du concept. Cela leur permettra, tout en discutant d'ailleurs la théorie de la raison proposée par Hegel, de démythifier sa théorie du Concept. A propos de la *Phénoménologie de l'Esprit*, les Slavophiles se posent la double question de l'origine et de la nature de la raison. C'est l'analyse verticale, ou selon une coupe ontologique, qui porte sur l'origine, donc sur la valeur de la raison hégélienne. C'est, ensuite, l'analyse horizontale, ou selon une coupe anthropologique, qui s'inté-

---

[78] *Ibid.*, t. I, p. 268.
[79] *Ibid.*, t. I, p. 274.
[80] *Id.*, O sovremennych javlenijach v oblasti filosofii, in *Polnoe.*, t. I, p. 294. C'est l'objection classique du réalisme à l'idéalisme. On ne pense pas le pensable, mais l'être (Cf. J. Maritain, *Distinguer pour unir ou Les degrés du savoir*, pp. 290 sq.). «La rationalité n'est pas la nécessité; elle est seulement la condition de la possibilité» (A. S. Chomjakov, Pis'mo o filosofii k Ju. F. Samarinu, in *Polnoe.*, t. I, p. 338).

resse à la nature de la raison: les Slavophiles se demandent alors si cette raison inclut vraiment en elle toutes les facultés de l'homme. Comme tous les penseurs russes des années «40», nos auteurs se sont penchés sur la formule de Hegel concernant la rationalité du réel. Khomjakov dénonce l'ambiguïté fondamentale du mot «vernünftig» qui recouvre aussi bien l'effectivement réel que le simple possible.[81] Hegel s'accorderait cette facilité pour pouvoir plus aisément déclarer que l'être est identique à la raison et qu'en dernière analyse la raison est la totalité de l'être. Au terme de son discours, Hegel se croit fondé à se passer de tout principe subsistant, que ce soit le monde ou le principe du monde, Dieu. Kant affirmait que la Chose-en-soi est inconnaissable. Hegel récupère ce X à l'intérieur du Savoir:

«L'exécuteur de l'école dit: 'La chose (l'objet) en soi' n'existe pas, elle n'existe que dans le Savoir (le concept)».[82]

Ce Savoir ou le Concept est tout simplement le savoir ou le concept de l'homme hors duquel rien n'existe et qui n'a besoin de rien pour exister. Selon Khomjakov, la démarche avouée de l'auteur de la *Phénoménologie de l'Esprit* consiste à se passer de tout fondement. L'hégélianisme est donc une philosophie qui ne requiert aucun point d'appui hors celui de la conscience humaine.

Samarin avait lui aussi une position voisine, pour ne pas dire identique. L'unité du réel et du rationnel ne signifie pas que la réalité existante serait parfaitement diaphane et perméable à la raison. Hegel veut dire qu'il «ne reconnaît pour rationnel que ce qui est déduit par la pensée à partir d'elle-même et est connu par elle».[83] Dire que l'adage hégélien tendrait à prouver que l'ordre des idées est identique à l'ordre des choses serait confondre Hegel avec Spinoza. Or si Spinoza part de l'identité entre la pensée et l'être, Hegel déduit l'être de la pensée. Dans la suite du passage que nous venons de citer, Samarin conclut – en parfaite conformité avec son «interprétation» de Hegel – que l'homme, puisqu'il crée sa propre vérité, n'a plus le moindre lien avec le créateur.

Les Slavophiles sont persuadés que le rationalisme hégélien est ennemi de toute transcendance. Nous savons déjà que Khomjakov contestait qu'il fût possible de déduire la personnalité de Dieu en

---

[81] *Ibid.*, t. I, p. 338.
[82] *Id.*, O sovremennych javlenijach v oblasti filosofii, in *Polnoe.*, t. I, p. 294.
[83] Ju. F. Samarin, Pis'mo k A. S. Chomjakovu, VIII/1849, in *Sočinenija*, t. XII, p. 432.

s'appuyant sur les principes de la philosophie de Hegel. Dans ses travaux philosophiques, il explicite sa pensée:

«Manifestement, l'Esprit n'était d'aucune utilité; premièrement, parce que le principe même de Hegel se présentait clairement comme la recherche d'un processus de l'esprit créateur; et deuxièmement, parce que la caractéristique même du rationalisme hégélien, à ce degré suprême de l'idéalisme, n'était absolument pas un spiritualisme».[84]

Bien sûr, Hegel parle toujours de l'Esprit. Mais par esprit il a constamment en vue l'esprit réel, c'est-à-dire l'homme. La raison hégélienne, c'est simplement la raison de l'homme qui se cherche à travers l'humanité. Analysant le passage où Hegel décrit les étapes que parcourt la raison dans la *Phénoménologie de l'Esprit*, Khomjakov remarque:

«Son système historique, parce qu'il est fondé sur un certain concept mystique d'esprit collectif d'une humanité collective, ne peut être accepté».[85]

Hegel n'eût guère apprécié d'être considéré comme l'annonceur d'Auguste Comte!

Samarin qui s'était laissé entraîner dans une controverse avec un certain M. Müller, auteur d'une histoire de la religion, profite de l'occasion pour préciser sa pensée sur Hegel. Il commence par rappeler que Hegel part de l'équivalence entre Infini et Esprit. De cette base indiscutable, il tire des conclusions qui le sont beaucoup moins. On s'attendrait à le voir démontrer que la théorie hégélienne de la dialectique entre le fini et l'infini risque de porter atteinte à la transcendance de l'Infini véritable. C'eût été de bonne guerre de la part d'un croyant! On est surpris de lire que, pour Hegel, l'Infini n'est qu'une notion purement négative sans aucun contenu positif. La citation suivante parle d'elle-même. On nous permettra de transcrire le texte dans la langue même où il fut rédigé par l'auteur:

«Gleich beim ersten Anblick erweist sich, dass der Begriff des Unendlichen ein rein *negativer* ist. Ich will damit sagen, dass er nichts mehr in sich schliesst als den auf anderem Wege erlangten Begriff der Endlichkeit, mit Anhang der negativen Partikel *un*».[86]

---

[84] A. S. Chomjakov, O sovremennych javlenijach v oblasti filosofii, in *Polnoe.*, t. I, p. 302.

[85] *Id.*, Mnenie Russkich ob inostrancach, in *Polnoe.*, t. I, p. 36. Bien avant lui, Kireevskij avait exprimé la même idée: «Hegel a encore plus affermi et développé ce système de l'autodétermination de la conscience-de-soi» (I. V. Kireevskij, O charakter prosveščenija Evropy i ego otnošenii k prosveščeniju Rossii, in *Polnoe.*, t. I, p. 197).

[86] Ju. F. Samarin, Po povodu sočinenij Marksa Mjullera po istorii religij, in *Sočinenija*, t. VI, p. 502.

Si l'Infini n'est que le non-fini, s'il se réduit à la simple négation de la finitude spatio-temporelle, si donc l'Infini n'est qu'une notion négative, on peut alors accepter la conclusion qu'en tire Samarin: le Dieu de Hegel, l'Autre du fini, n'a aucune réalité effective. On ne peut donc pas dire que l'infini exprime ce que l'on entend par le mot Dieu:

«Gott unterscheidet sich also von der Unendlichkeit, wie Idee (im Hegelschen Sinne) von Begriff».[87]

Samarin rejoint donc la position de Khomjakov. Hegel affirme que l'Esprit est Dieu; en fait, l'esprit, c'est l'homme. L'interprétation que les Slavophiles donnent de Hegel n'est pas sans rappeler la lecture anthropologique due à Kojève: l'esprit est temps. Le système hégélien annonce, s'il ne la proclame pas effectivement, la mort de Dieu. L'historicité du devenir de la conscience collective a remplacé l'aspiration humaine vers la Transcendance divine.

Les Slavophiles voient dans l'attitude antireligieuse de la philosophie hégélienne une nouvelle preuve du rationalisme de ce système:

«Hegel est le plus parfait, et je dirai sans hésiter, l'unique rationaliste au monde... Hegel a pu porter et a porté le rationalisme à ses limites extrêmes».[88]

Le rationalisme hégélien surpasse tous les autres parce qu'il prétend que la raison humaine se suffit à elle-même. C'est donc une tentative désespérée et intenable. Aussi les Slavophiles ne sont-ils pas tellement surpris de voir les Hégéliens de Gauche rechercher une issue dans le courant matérialiste. Passer de la philosophie de Hegel à une philosophie matérialiste est, tout à la fois, inexplicable et explicable. Inexplicable, tout d'abord, car malgré son athéisme déclaré, la philosophie de Hegel reste profondément idéaliste:

«Il paraît étrange à première vue que la perversion inattendue et irrationnelle de l'hégélianisme, le néo-matérialisme allemand, ait été l'œuvre de gens très intelligents et doués d'aptitudes dialectiques remarquables (il suffit de nommer Feuerbach)... Il est encore plus étrange de voir comment une doctrine vraiment rationaliste, abstraite au suprême degré, est directement passée dans son contraire, le matérialisme».[89]

---

[87] *Ibid.*, p. 504.
[88] A. S. Chomjakov, O sovremennych javlenijach v oblasti filosofii, in *Polnoe.*, t. I, t. I, p. 293.
[89] *Ibid.*, pp. 302–303.

A partir de 1850 environ, Marx commençait à être connu en Russie. Mais les Slavophiles ont retenu de la Gauche hégélienne, même sous sa forme marxiste, uniquement ce que nous appelons actuellement le matérialisme dialectique, et n'ont guère été sensibles à cet autre aspect, beaucoup plus fondamental, qu'est le matérialisme historique. C'est pourquoi la réaction des Hégéliens de gauche semblait se confondre avec un retour pur et simple à la théorie matérialiste des Encyclopédistes. Pour être juste, il faut d'ailleurs reconnaître que cette conception était largement partagée par les Occidentalistes eux-mêmes. La pensée soviétique contemporaine qui privilégie le matérialisme dialectique au détriment du matérialisme historique a donc dans la tradition russe du XIXe siècle un lointain fondement.

Pour troublant qu'il soit, ce retour vers le matérialisme se comprend fort bien. Il suffit de se souvenir que les extrêmes sont dans un même genre et que les contraires s'appellent et s'engendrent mutuellement:

«Une vue unilatérale, ou mieux une erreur unilatérale de la pensée, emprisonne la pensée en elle-même et entraîne nécessairement l'erreur de l'unilatéralité contraire en vertu de la loi de polarité».[90]

Sur ce point, c'est sans doute Samarin qui apporte les précisions les plus révélatrices. Khomjakov se contentait de tenir l'hégélianisme et le matérialisme pour deux doctrines opposées dont l'une affirme ce que l'autre nie. D'où son étonnement de voir sortir le matérialisme de l'hégélianisme. Samarin, au contraire, ne s'étonne pas. Pour lui, en effet, le matérialisme ne s'oppose pas à l'hégélianisme, mais le prolonge et le relaie dans sa lutte contre la religion:

«Derrière l'idéalisme, qui en finissait avec la foi à sa façon, la trouvant trop grossière et matérielle, apparut chez nous une autre doctrine, en apparence complètement opposée, qui se trouvait menacée par la foi, force attirant l'homme vers les hauteurs et le détournant du monde matériel. Nous avons dit, opposée *en apparence*, car bien que le matérialisme fût en opposition tranchée avec l'idéalisme, en réalité son rapport avec lui n'était même pas celui d'une réaction, mais celui d'une déduction directe, d'une filiation légitime».[91]

On comprend facilement le sens de l'argumentation des Slavophiles: ou Dieu ou la matière. Or l'Absolu de Hegel, qui n'est plus dieu, est déjà une étape vers la philosophie matérialiste. Supprimer l'Idée absolue, c'est accomplir les virtualités de l'Hégélianisme.

[90] *Ibid.*, p. 303.
[91] Ju. F. Samarin, Predislovie k bogoslovskim sočinenijam A. S. Chomjakova, in *Sočinenija*, t. VI, p. 332 (fr. p. 34).

Toutefois, vers la fin de sa vie, Samarin, face à la diffusion de plus en plus grande du matérialisme, en vient à regretter qu'on ne lise plus Hegel qui pourrait servir de rempart contre cet insidieux ennemi. Dans sa réfutation du matérialisme en psychologie, il fait remarquer à son contradicteur Kavelin qu'il serait bon de se souvenir de «ce que dit ce Hegel oublié sur le difficile problème sich dasjenige vorstellen zu wollen, was Sache des Denkens ist».[92] Retour bien tardif vers Hegel, et qui ne dénote d'ailleurs aucun changement profond par rapport au philosophe allemand. La dialectique hégélienne du fini et de l'infini aboutit à la destruction du véritable Infini. Il est donc impossible de concilier cette forme de rationalisme avec une philosophie spiritualiste et à plus forte raison avec une religion révélée.

Nous avions dit au début de ce chapitre que l'un des thèmes centraux des Slavophiles était celui du «savoir vivant» ou de l'intégrité de l'âme. Entre la raison considérée comme unité dynamique de toutes les facultés et la «Vernunft» hégélienne qui intègre dialectiquement toutes les forces de l'esprit humain, on pourrait penser qu'il n'y a guère de différence. Dans toute son œuvre, Hegel lutte contre la philosophie de l'Ecole qui séparait les facultés de l'esprit. A l'abstraction des facultés, il opposait l'unité concrète de la raison. Pourtant, la solution de Hegel ne satisfait pas les Slavophiles. A leur avis, la raison hégélienne n'est encore qu'une raison abstraite, bien incapable d'intégrer les tendances les plus profondes de l'homme. Le désaccord est donc total. Le philosophe allemand déclare que l'âme est le degré le plus indéterminé de l'esprit, et voit dans la raison le principe ultime de la concrétude et de la perfection. Pour les Slavophiles, au contraire, la raison n'est que le premier moment, et la synthèse doit être cherchée du côté de l'âme.

C'est Kireevskij qui, le premier, a jeté les bases de la doctrine slavophile. Il commence par dénoncer l'atomisme des facultés dans la philosophie allemande et dans celle de Hegel en particulier:

«Sans doute, ils [les philosophes allemands] utilisent parfois les mêmes expressions que les Orientaux lorsqu'ils parlent de 'la concentration intérieure de l'esprit', de 'la récollection de l'âme en elle-même' et autres formules. Mais ils donnent un sens tout à fait différent à ces mots. Il ne s'agit pas de concentration, de récollection, de totalité ou intégrité des forces intérieures,

---

[92] *Id.*, Razbor sočinenija K. D. Kavelina «Zadači psichologii», in *Sočinenija*, t. VI, p. 402.

mais seulement d'une plus grande intensité de ces forces. D'une façon générale, on peut dire qu'ils ne recherchent pas le centre de l'être spirituel».[93]

Puisque Hegel est passé à côté de ce centre spirituel qu'est l'intégrité de l'âme, il est clair que la raison hégélienne n'est plus qu'une raison abstraite. Khomjakov le souligne avec force:

«On a appelé Hegel der letzte Heros des deutschen Geistes (le dernier héros de l'esprit allemand); on doit plutôt l'appeler der letzte Titan des Verstandes (le dernier titan de l'entendement)».[94]

La philosophie de Hegel se veut une philosophie de la Raison; elle n'est, en réalité, qu'une philosophie de l'entendement. Les Slavophiles savent pourtant que Hegel n'est pas Kant. Ils ne prétendent pas rabaisser la position de Hegel à celle de Kant. Comparée au fondateur de l'idéalisme allemand, la philosophie de Hegel est, en un sens, une philosophie de la raison. Kireevskij, qui vient de citer un passage tiré de la *Différence des systèmes philosophiques de Fichte et de Schelling*, ajoute ces remarques judicieuses:

«Ainsi la raison telle que la comprend la dernière philosophie ne se confond pas avec l'entendement logique... La raison dans sa dernière expression ne tire pas son savoir de la loi de la nécessité spirituelle du concept abstrait, mais de la racine même de la conscience-de-soi où l'être et la pensée sont unis dans une identité inconditionnée. Le processus dialectique de la raison ne consiste pas dans un développement logique mû par des déductions abstraites, mais dans un développement dialectique qui procède de l'essence même de l'objet».[95]

Dans la suite de son texte, l'auteur expose avec une certaine compétence la nature de la dialectique hégélienne. Il montre comment la négativité est la source et le principe du développement du contenu: la raison perçoit des contradictions dans l'objet, et un nouveau contenu positif, une nouvelle détermination sont alors révélés. Le processus ne s'arrête que lorsque la sphère de la pensée s'identifie avec la sphère de l'être. Kireevskij conclut:

«D'où il ressort que par cette méthode dialectique, la conscience se réalise par le développement total de l'être et de la pensée pris comme la manifestation unifiée d'une raison existante et d'une réalité consciente de soi».[96]

[93] I. V. Kireevskij, O charaktere prosveščenijach Evropy i ego otnošenii k prosveščeniju Rossii, in *Polnoe.*, t. I, p. 201.
[94] A. S. Chomjakov, Po povodu otryvkov najdennych v bumagach I. V. Kireevskago, in *Polnoe.*, t. I, p. 268.
[95] I. V. Kireevskij, O neobchodimosti i vozmožnosti novych načal dlja filosofii, in *Polnoe.*, t. I, p. 258.
[96] *Ibid.*, p. 259.

Cette unité dialectique de l'être et de la pensée montre avec évidence que la raison hégélienne est beaucoup plus riche et déterminée que l'entendement vide de Kant. Cependant, cette unité dialectique n'est pas encore – et de loin – la raison totale, la véritable intégrité spirituelle. Qu'il porte ou non contre Hegel, le texte suivant de Khomjakov a, au moins, le mérite de la clarté:

«Non seulement elle [l'école post-kantienne] n'est pas une philosophie de la raison totale, elle n'est même pas une philosophie de la raison phénoménale (objective)».[97]

On ne comprendra cette critique insistante contre la raison hégélienne, toujours considérée comme entendement, que dans la mesure où l'on sait que pour les Slavophiles la raison n'est pas seulement une faculté connaissante, mais l'unité vivante de la connaissance et de la volonté. N'était-ce pas aussi la position de Hegel, puisque l'Esprit absolu est la synthèse de l'esprit théorique et de l'esprit pratique? Chez Hegel la raison inclut la volonté. Encore une fois, tel n'est pas l'avis des Slavophiles.

Dès ses premiers écrits, Kireevskij décèle dans la philosophie hégélienne un autocratisme de l'intelligence.[98] Nul doute n'est possible: Hegel se limite à la connaissance et ignore l'action.[99] Nous avions déjà rencontré la même objection de la part des Occidentalistes. Pour eux aussi, la limite insupportable de la philosophie hégélienne, c'est d'être uniquement une philosophie spéculative. Cependant la différence entre Occidentalistes et Slavophiles est essentielle. Alors que les premiers considèrent l'action comme une activité révolutionnaire qui doit transformer le monde politique, les seconds entendent par action l'acte de la volonté qui fait entrer en contact avec le monde réel. La saisie du monde, explique Khomjakov, ne dépend pas de la raison, mais de la volonté. Dans un long passage, il s'efforce de démontrer que le vouloir est, à la fois, le principe et le terme de toute compréhension du donné réel. Le principe d'abord, parce que c'est le vouloir qui établit le contact avec la réalité:

«Cette volonté de la raison, et je l'ajoute, de la raison dans sa plénitude contient déjà en elle-même l'existence antérieure d'une connaissance pré-

---

[97] A. S. Chomjakov, Po povodu otryvkov najdennych v bumagach I. V. Kireevskago, in *Polnoe.*, t. I, p. 275.
[98] Cf. H. Lanz, The philosophy of Ivan Kireyevsky, in *The Slavonic review*, IV, (1925–1926), p. 596.
[99] A. S. Chomjakov, Po povodu otryvkov najdennych v bumagach I. V. Kireevskago, in *Polnoe.*, t. I, p. 276.

objective, c'est-à-dire ce premier degré de l'être intellectuel qui ne se transforme pas et ne peut pas se transformer en phénomène».[100]

Seule cette force pré-objective de l'âme que Khomjakov appelle la foi permet de distinguer le monde ontologique du monde noétique:

«La volonté imprime son sceau sur l'objet lui-même, et s'il ne porte pas ce sceau l'objet de la pensée se change en signe, en fantasme ou en ce que nous nommons par excellence une vision-imaginaire».[101]

Sans le concours et le secours de la volonté, la raison serait impuissante à déterminer si tel concept «est en moi, mais non issu de moi»; tel autre «en moi et issu de moi». On a souvent rapproché, et à juste titre, cette position des Slavophiles de celle de Jakobi. En effet, tous ces auteurs professent une conception volontariste de la connaissance. On comprend maintenant qu'ils ne pouvaient manquer de dénoncer l'intellectualisme de Hegel, car si pour l'auteur de l' *Encyclopédie* la volonté doit être dialectiquement unie à la raison, cela ne veut absolument pas dire que la volonté détermine la connaissance. Au fond, Hegel se fait traiter de rationaliste par les Slavophiles parce qu'il refuse de nier la spécificité des «facultés» humaines.

Toujours mordant, Khomjakov remarque que chez Hegel il n'y a pas de vraie volonté, puisque cette volonté hégélienne dépend d'un entendement lui-même abstrait: la tare qui affecte l'entendement se transmet au vouloir. Ainsi, la volonté est tout aussi coupée du bien réel que la raison l'était de l'être concret.[102] La volonté et la liberté, tout comme la connaissance, s'épuisent en vain dans le champ du possible.

Il serait évidemment facile de mettre en lumière les ambiguïtés des conceptions slavophiles. Khomjakov définit la volonté comme une force positive, mais finit par considérer la foi, acte de la volonté, d'une façon tout à fait passive, puisque la volonté se contente d'accueillir les données qui lui sont proposées. Comment aussi ne pas souligner l'absence de distinction nette entre la foi surnaturelle et la foi naturelle. Cette foi naturelle est une notion fort voisine de celle d'intuition. Mais puisqu'il ne peut s'agir en aucun cas d'une intuition proprement intellectuelle, il devient presque impossible de ne pas y voir une

---

[100] A. S. Chomjakov, Pis'mo o filosofii k Ju. F. Samarinu, in *Polnoe.*, t. I, p. 340. Cf. B. Zenkovsky, *Histoire de la philosophie russe*, t. I, pp. 217–221. A. Gratieux, *A. S. Khomiakov*, t. II, pp. 227–233.
[101] A. S. Chomjakov, Po povodu otryvkov najdennych v bumagach I. V. Kireevskago, in *Polnoe.*, t. I, p. 277.

intuition mystique. Les admirateurs des Slavophiles doivent se donner beaucoup de mal pour essayer de blanchir leurs auteurs préférés de l'accusation – fondée à notre avis – de mysticisme.[103] Cependant, notre but n'est pas de juger les Slavophiles, mais de rapporter leur jugement sur Hegel. D'après eux, la raison hégélienne est un entendement qui s'ignore et usurpe une fonction à laquelle elle ne saurait légitimement prétendre. Leur opposition à Hegel n'est pas telle qu'on ne trouve une fois ou l'autre sous leur plume une phrase comme celle-ci:

«Ce concept de raison qui a été élaboré dans la philosophie contemporaine et dont l'expression est le système schellingien-hégélien ne s'opposerait pas absolument au concept de raison tel que nous le rencontrons dans les écrits spéculatifs des Saints Pères, si du moins nous ne considérons pas ce concept de raison pour la puissance connaissante suprême et, à cause de cette prétention, pour la source suprême de la connaissance...».[104]

Nous l'avions dit, les Slavophiles n'éliminent pas l'exercice de la raison; ils pensent même qu'elle est nécessaire à l'élaboration du savoir. Cependant, la raison ne joue qu'un rôle très secondaire. Elle n'est plus, comme pour Hegel, dialectiquement liée à la volonté, mais résolument subordonnée au vouloir. De plus, cette perte de l'autonomie de la raison s'accompagne d'un affaiblissement extrême de son pouvoir. Par elle-même, elle ne peut ni prouver l'existence de Dieu ni saisir l'être réel. Est-il utile de souligner alors que la pensée des Slavophiles ne doit rien à Hegel sinon, peut-être, certaines formulations excessives dues à leur décision de se distinguer de ce philosophe? L'irrationalisme des Slavophiles est bien l'antithèse du rationalisme de Hegel.

---

[102] *Ibid.*, p. 276.

[103] «Chez Khomjakov, la volonté n'est ni irrationnelle ni aveugle comme chez Schopenhauer: c'est une raison-volonté. Ce n'est pas un irrationalisme, mais un supra-rationalisme» (N. A. Berdjaev, *Russkaja ideja*, p. 163 (trad. fr., p. 170). De son côté, M. Müller s'est efforcé de démonter que Kireevskij accorde une place importante à l'intelligence dans la processus de la connaissance. On ne peut donc pas l'accuser de mysticisme: «Kireevskij hat eben, von Schelling herkommend, keine auf Intuition, Gefühl und Schauen gestellte mystische Glaubensphilosophie oder Theosophie à la Jakobi gewollt» (E. Müller, *Russischer Intellekt in europäischer Krise. Ivan V. Kireevskij*, p. 456).

[104] I. V. Kireevskij, O neobchodimosti i vozmožnosti novych načal dlja filosofii, in *Polnoe.*, t. I, p. 257. Cf. aussi ce texte du théologien du groupe: «L'entendement logique qui est un des aspects importants de la connaissance est illégitime quand il prétend remplacer toute la raison ou même toute la plénitude de la conscience, mais il a cependant sa place légitime dans le cycle des forces rationnelles» (A. S. Chomjakov, Po povodu stat'i I. V. Kireevskago «O charaktere prosveščenija Evropy i o ego otnošenii k prosveščeniju Rossii», in *Polnoe.*, t. I, p. 252).

§ 3. Philosophie de l'histoire

L'incompatibilité entre la rationalisme hégélien et la foi orthodoxe que nous venons de constater au plan théorique se retrouve aussi au plan historique. Pour les Slavophiles, le rationalisme spéculatif de Hegel n'est même que le reflet de l'attitude rationaliste de la culture historique occidentale. Samarin écrit à son frère:

«L'unilatéralité de leurs [les philosophes allemands] assertions philosophiques s'explique par l'unilatéralité de leur doctrine historique et se fonde sur elle. Leur système sur les données du développement de l'Occident est conforme à l'histoire des pays occidentaux».[105]

Les Slavophiles vont opposer la culture slave-orthodoxe à la culture latine catholique ou protestante. C'est dire que le thème de l'historicité tient une place importante dans leur polémique avec les Occidentalistes. On a vu qu'Aksakov avait tenté d'utiliser la philosophie de l'histoire de Hegel. Si cet emballement ne fut pas partagé par les autres membres du groupe slavophile, ceux-ci n'en connaissaient pas moins la doctrine hégélienne de l'histoire. Malheureusement, les Slavophiles ne se réfèrent qu'assez rarement à Hegel. Il y a certes, comme nous allons le voir, quelques passages où ils portent un jugement précis sur certains points particuliers de la philosophie de l'histoire de Hegel, mais on ne trouve jamais une prise de position sur l'ensemble de cette doctrine. Enfin, une autre difficulté vient compliquer cette question. Hegel reprend, en leur donnant un contenu spéculatif nouveau, plusieurs thèmes hérités du Romantisme, en particulier ceux de progrès organique, de succession des civilisations et des peuples etc... Or, il est incontestable que la doctrine slavophile a subi l'influence de l'idéologie romantique: il sera donc très délicat de déterminer la part qui revient à Hegel et la part due à l'héritage romantique.

Tout d'abord, il convient de rappeler brièvement ce que fut la position des Slaves orthodoxes. Ce qui les intéresse, c'est moins le problème proprement spéculatif de la signification de l'histoire que la situation concrète de la Russie face à l'Europe. La Russie doit-elle suivre l'Occident ou, au contraire, tendre à se renfermer sur elle-même? On sait que les membres du cercle de Stankevič avaient résolument opté pour la culture européenne qu'ils créditaient de tous les attraits. Les Slavophiles, parce qu'ils avaient de l'Europe une vision plus critique, eurent une attitude beaucoup plus réservée, ce qui les pré-

---

[105] Ju. F. Samarin, Pis'mo k D. F. Samarinu, 1846, in *Sočinenija*, t. XII, p. 346.

servera des désenchantements auxquels s'exposèrent aussi bien Bakounine que Herzen lorsque ces deux Occidentalistes découvrirent l'Europe réelle.

Les Slavophiles, même le Kireevskij de l'article sur *le dix-neuvième siècle*, c'est-à-dire au moment où il est encore le plus proche des Occidentalistes, ne furent jamais tendres pour la culture européenne. La raison profonde de leur opposition provient de leur conception religieuse: la supériorité de la culture historique russe se rattache directement à la supériorité de la religion orthodoxe.[106] Nous ne pouvons évidemment pas nous étendre sur ce point, ce qui nous écarterait trop de notre sujet.[107] Pourtant, on peut admettre que les critiques violentes de Herzen tenant les Slavophiles pour des «Slavons» tout entiers tendus vers la restauration d'un passé russe, au reste fortement idéalisé, si elles sont parfois excessives et injustes, n'en conservent pas moins une grande part de vérité.[108] Les Slavophiles se déclarent prêts à prendre à l'Occident ce qu'il contient de bon et de valable. Mais puisque la compatibilité avec leur propre culture leur sert de critère pour déterminer ce qui est bon, on comprend aisément que leur déclaration de principe n'ait pas grande signification pratique! Comme il y eut une évolution chez Kireevskij, nous commencerons par examiner les idées de cet auteur jusqu'en 1839, date de son article sur *Le dix-neuvième siècle*. Nous pourrons ensuite exposer les vues de l'école slavophile, puisqu' après cette date Kireevskij a rejoint ses amis.

Dans sa première période, Kireevskij, sans adopter toutes les conclusions de la philosophie de l'histoire de Hegel, s'inspire fortement des principes généraux du philosophe allemand. Accepter le contenu de la philosophie de l'histoire de Hegel aurait conduit tout droit à admettre le rationalisme hégélien. Kireevskij sait qu'une telle position est impensable. Il en est conscient, très tôt:

«La philosophie allemande ne peut pas prendre racine chez nous. *Notre* philosophie doit se développer à partir de *notre* vie, se former à partir des

---

[106] A. N. Pypin, *Charakteristiki literaturnych mnenij ot dvadcatych do pjatidesjatych godov*, p. 292.

[107] De même, l'importante question de la philosophie slavophile (inessentialité de l'état, prépondérance du peuple, importance de la famille et de la race, problème social posé par l'existence du «Mir» etc...) ne pouvait trouver place dans le cadre de ce travail, puisque sur tous ces problèmes les Slavophiles ne prennent parti ni pour ni contre Hegel. Les *Principes de la philosophie du Droit* qu'ils ont cependant lu, n'influence en aucune façon leur propre doctrine, toute entière centrée sur la réalité russe.

[108] A. I. Gercen, *Byloe i dumy*, in *Polnoe*, t. XIII, pp. 120 sq.

[109] I. V. Kireevskij, Obroznenie russkoj slovesnosti za 1829 god, in *Polnoe.*, t. II, p. 27.

questions actuelles, à partir des intérêts dominants de *notre* être national et particulier».[109]

Mais cette conviction bien enracinée ne l'empêche point d'écrire dans le même passage:

«Cependant, l'intérêt pour la philosophie allemande qui commence chez nous à se développer est déjà un grand pas vers ce but [le développement de la philosophie russe]».[110]

Une dizaine d'années plus tard, Kireevskij condamne toute tentative pour isoler «à la chinoise» – ce sont ses propres termes – la culture russe du reste du monde. S'il constate que l'Occident n'a eu sur la Russie qu'une influence assez superficielle, il applaudit cependant à la tentative d'européanisation entreprise par Pierre le Grand. Que Kireevskij se fasse le défenseur de ce Tsar contre ses détracteurs est un fait bien significatif digne d'être relevé. Plus étonnant encore l'argument qu'il invoque:

«En effet, notre prospérité dépend de notre culture et nous la devons à Pierre le Grand».[111]

Les adversaires de Pierre le Grand disent qu'ils ne s'attaquent à la réforme pétrinienne qu'afin de mieux sauvegarder la culture slave. Ce sont, en réalité, poursuit Kireevskij, des adversaires de la Culture, car qui dit culture dit diversité, donc enrichissement mutuel.

Cette exigence d'une perméabilité entre les différentes formes de la civilisation n'apparaîtra clairement que si l'on comprend bien la philosophie de l'histoire qui sous-tend *Le dix-neuvième siècle*. Kireevskij aborde en fait un double problème: celui de la succession des civilisations et celui du rapport de chaque civilisation avec l'histoire mondiale. En systématisant un peu la pensée de ce peu systématique auteur, on peut dire que cet essai contient une théorie sur la transmission ou compénétration des cultures et une théorie sur les rapports entre le nationalisme et l'universalisme.

Généralement, on tient Kireevskij pour un penseur au nationalisme étroit. Il serait l'héritier de la conception rigidement nationaliste prônée par le romantisme allemand et dont le corollaire nécessaire est le messianisme. Telle est, par exemple, la position de Koyré:

---

[110] *Ibid.*, p. 27.
[111] *Id.*, Devjatnadcatych vek, in *Polnoe.*, t. I, p. 106.

«La philosophie nationale russe devient pour eux [les Slavophiles] l'équivalent de la philosophie absolue: ce ne sera plus ni un aspect *sui generis* de
l'univers, corrélatif à un point de vue, à une attitude mentale spécifique à
un être spirituel déterminé (Volksgeist); ni même une étape supérieure de
l'évolution de la conscience et de la pensée de l'humanité; ce sera la synthèse
absolue, le sommet absolu, l'achèvement définitif de l'histoire spirituelle du
genre humain».[112]

Koyré remarque encore que Kireevskij est arrivé à cette position
nationaliste à cause de ses vues religieuses: le primat de l'Orthodoxie
sur les autres religions chrétiennes devait entraîner la thèse du primat
de la culture slave sur la culture européenne.[113]

Pourtant, l'argumentation de ceux qui rangent Kireevskij dans le
camp des nationalistes étroits ne convainc pas. C'est qu'elle se trouve
explicitement contredite par plusieurs textes de l'auteur et que, plus
profondément, elle s'oppose directement à la théorie de l'histoire qui
anime l'article sur *Le dix-neuvième siècle*. Nous avons vu Kireevskij
prendre la défense de Pierre le Grand. Sans doute ce Tsar était-il trop
enclin à oublier la spécificité slave puisqu'il ne considérait la culture
que sous son aspect universaliste. Mais ses détracteurs sont tombés
dans l'excès opposé, d'ailleurs plus pernicieux, le nationalisme.
Kireevskij en profite pour dénoncer cette idéologie néfaste élaborée à
l'étranger et importée ensuite en Russie. Chanter la grandeur de sa
nation, passe encore dans la mesure où l'on appartient à un pays de
haute culture: le nationalisme peut alors être pris dans un bon sens
«car là, culture et nationalisme sont une seule et même chose, puisque
le second est issu du premier».[114] Mais quelle inconvenance pour nous
autres Russes d'être nationalistes: membres d'un pays encore sans
passé – on notera l'influence de Čaadaev –, c'est vraiment la marque de
l'inculture. On le voit, Kireevskij lutte résolument contre les théories
nationalistes des Slavons, et ne légitime le nationalisme que dans la
mesure où il va de pair avec la culture.

Sa démonstration est encore plus probante pour qui connaît sa
philosophie de l'histoire proprement dite. Kireevskij n'est ni plus ni
moins nationaliste que Hegel. Comme ce dernier – et l'on pourrait
mettre en parallèle de nombreux passages du *Dix-neuvième siècle* et
d'autres tirés du chapitre final des *Principes de la philosophie du droit*
ou de l'*Encyclopédie* – Kireevskij fait passer la culture universelle

---

[112] A. Koyré, *La philosophie et le problème national en Russie au début du XIXe siècle*,
p. 170.
[113] *Ibid.*, p. 191.
[114] I. V. Kireevskij, Devjatnadcatych vek, in *Polnoe.*, t. I, p. 105.

avant les particularismes nationaux. Miljukov a donc raison de conclure que l'auteur du *Dix-neuvième siècle* professe une position très éloignée de celle des Romantiques.[115] En effet, selon Kireevskij, et c'est aussi la position centrale de Hegel, chaque peuple n'est qu'un moment dans le devenir historique de l'humanité : la culture universelle est un processus qui se développe selon sa loi propre et ne se réalise qu'en se servant de tel ou tel peuple qui devient alors le serviteur de l'humanité. Voici le passage essentiel :

«La culture de l'humanité, en tant que vie intellectuelle et scientifique, se développe graduellement et selon une succession régulière. Chaque époque de l'existence humaine trouve ses représentants dans les peuples où la culture se manifeste avec plus de plénitude que dans les autres. Mais ces peuples ne sont les représentants de leur époque qu'aussi longtemps que le caractère dominant de leur époque coïncide avec le caractère dominant de leur culture. Quand donc la culture de l'humanité, ayant accompli une période déterminée de son développement, poursuit sa marche en avant, et par conséquent change de caractère, c'est alors que les peuples qui exprimaient ce caractère par leur culture cessent d'être les représentants de l'histoire universelle. D'autres peuples dont la particularité est entièrement conforme à l'époque qui commence prennent la place. Ces nouveaux représentants poursuivent la tâche entreprise par leurs prédécesseurs, héritent de tous les fruits de leur culture et tirent de leur semence un nouveau développement. Ainsi depuis l'époque éloignée où nous pouvons nous souvenir de l'histoire, nous voyons un lien ininterrompu et une marche graduelle, successive-et-régulière».[116]

L'importance décisive de cette citation en excuse la longueur. Ce n'est pas solliciter ce texte que d'y voir une illustration très fidèle du modèle hégélien de la philosophie de l'histoire. Kireevskij n'utilise pas les notions techniques de *Volksgeist* et de *Weltgeist*, mais la réalité qu'impliquent ces termes ne lui est pas inconnue. Il distingue, en effet, ce qu'il appelle le caractère dominant de la culture d'une époque et le caractère dominant d'un peuple. Il subordonne, ce qui est essentiel, le second au premier. Un peuple ne prend la tête des autres que dans la mesure où il incarne le mieux la culture de son temps. Pour Kireevskij, comme pour Hegel, s'il y a un peuple élu, ce n'est que pour autant que ce peuple privilégié est actuellement la forme concrète de l'Esprit du monde. Comme chez Hegel, cette élection ne peut être que transitoire. Ainsi, il nous apparaît que Kireevskij minimise beaucoup plus qu'il ne le valorise le caractère national. Un récent interprète écrit excellemment :

[115] P. N. Miljukov, *Glavnyja tečenija russkoj istoričeskoj mysli*, p. 372.
[116] I. V. Kireevskij, Devjatnadcatych vek, in *Polnoe.*, t. I, p. 104.

«Dès lors le caractère propre de la nationalité en général perd son importance : en effet, il ne peut que devenir un obstacle pour la participation ultérieure au progrès de la culture...».[117]

Un peuple, qui a été dominant à une certaine époque, s'il se fixe et se fige dans sa propre culture – Kireevskij pense visiblement à la France du XVIIIe siècle – est condamné à rester en dehors du développement de l'histoire universelle. L'explication de Koyré selon laquelle Kireevskij devrait la tendance universaliste de sa philosophie de l'histoire à l'influence de la pensée cosmopolite du XVIIIe siècle, et sa tendance nationaliste à l'influence romantique transmise par Herder, Novalis et Schlegel, nous paraît très plausible. Toutefois, nous pensons contre Koyré que c'est grâce à la philosophie de l'histoire de Hegel que Kireevskij a pu surmonter ce conflit latent entre l'universalisme du XVIIIe siècle et le nationalisme du Romantisme. Si nous voulions rendre dans la langue technique de Hegel la pensée de Kireevskij, nous pourrions dire que le peuple dominant, ou *Volksgeist*, c'est l'universel concret : sous son aspect particulier, c'est un peuple déterminé, ayant son histoire et sa culture propre et spécifique ; sous son aspect universel, c'est le plus haut moment auquel est actuellement parvenu l'Esprit du monde.

Mais on forcerait la convergence de vue entre Hegel et Kireevskij si on laissait croire que le but final du *Weltgeist* est identique chez ces deux auteurs. Hegel assigne à l'Esprit du monde une toujours plus grande manifestation de la liberté. Le but proposé par Kireevskij, c'est la réalisation de l'intégrité spirituelle qui ne s'obtient qu'à l'intérieur de la religion slave orthodoxe.[118] Alors que Hegel voit dans le peuple allemand le plus haut moment de l'histoire universelle, Kireevskij pense que déjà l'Allemagne donne des signes éclatants de sa décadence et que c'est à la Russie de prendre la relève. Mais, notons-le bien, elle ne le fera que si elle se montre capable d'assumer toutes les richesses de l'Occident.

L'autre aspect de cette philosophie de l'histoire que nous propose Kireevskij, c'est celui de la succession des cultures. Miljukov trouve que l'auteur se contredit lui-même lorsqu'il prétend que la Russie peut subir l'influence d'une autre culture. En effet, puisque Kireevskij

---

[117] E. Müller, *Russischer Intellekt in europäischer Krise. Ivan V. Kireevskij*, p. 111.
[118] «He [Kireyevsky] did not regard the creation of a specifically Russian civilisation as the final goal of Russia's mission but rather the creation of an universal civilisation with the help of Russia and of the Orthodox church» (J. D. Stojanovič, The first Slavophils : Homyakov and Kireyevsky, in *The Slavonic review*, vol. VI, (1928), n° 18, p. 573).

conçoit le progrès d'un peuple sur le modèle d'une évolution organique, il aurait dû conclure que ce développement ne peut procéder que du peuple lui-même.[119] L'objection de Miljukov est d'autant plus surprenante qu'elle est formulée par quelqu'un qui, précisément, s'est efforcé de montrer, et avec raison, que Kireevskij n'a pas partagé la théorie romantique. D'ailleurs, comme le remarque pertinemment Koyré, on peut très bien tenir la thèse organiciste sans pour autant considérer les peuples comme des Monades leibniziennes.[120] C'est pourquoi nous pensons que cette objection sur la possibilité de communication entre les différentes cultures est une mauvaise querelle faite à Kireevskij.[121] Cependant la thèse contenue dans le *Dix-neuvième siècle* reste fragile. Il y a une tension latente, pour ne pas dire une contradiction, dans cet article de Kireevskij. D'une part, l'auteur accorde que la Russie ne pourra devenir une nation dominante que dans la mesure où elle se montrera capable d'assumer les valeurs occidentales. D'autre part, il sait que cette même Russie possède substantiellement dans le dépôt transmis par la religion orthodoxe les principes de son propre développement. Contraint de choisir entre l'Orient et l'Occident, Kireevskij finira naturellement par adopter les thèses des autres Slavophiles.

Khomjakov explique l'histoire de l'humanité par la lutte et l'opposition entre le principe Kouschite et le principe Iranien, autrement dit, entre le principe de nécessité et le principe de liberté. Sa «Sémiramis» retrace les développements sinueux du principe kouschite qui, en passant par le Shivaisme, le Bouddhisme, atteint Rome et l'Europe catholique puis protestante pour finir par se conclure dans la philosophie rationaliste de Hegel, et le non moins sinueux développement du principe iranien qui, à travers le judaisme et Byzance, culmine

---

[119] [119] P. N. Miljukov, *Glavnyja tečenija russkoj istoričeskij mysli*, p. 373.

[120] A. Koyré, *La philosophie et le problème national en Russie au début du XIXe siècle*, pp. 190–191.

[121] «Die jüngere deutsche Romantik hatte gegen Hegels Bevormundung der nationalen Individualität protestiert; Kireevskij protestiert mit Hegel gegen die Bevormundung des Weltgeistes durch den Selbstherrlichen russischen Nationalismus» (E. Müller, *Russischer Intellekt in europäischer Krise. Ivan V. Kireevskij*, p. 114). Koyré note de son côté: «Nous croyons qu'il n'y a aucun intérêt à rechercher ce que Kireevskij *devait* ou *ne devait pas* penser; il est, par contre, fort intéressant de savoir ce qu'il a pensé réellement. D'ailleurs, il est évident que *sa* conception d'une évolution organique lui permettait d'admettre ce transfert, et ce n'est pas sa faute si une telle influence devient impossible, lorsqu'à sa conception nous substituons la nôtre, même si cette dernière nous semble meilleure» (A. Koyré, *La philosophie et le problème national en Russie au début du XIXe siècle*, p. 190, note 2).

dans la sainte foi orthodoxe.[122] Čičerin a cru voir dans cette fresque une application de la théorie hégélienne de l'histoire:

«Tout se borne à la construction d'une histoire de l'Eglise selon les normes de la philosophie hégélienne que Khomjakov rejette, mais qu'il a utilisée lorsqu'il en avait besoin, hors de propos».[123]

Il faut vraiment avoir le goût des concordances faciles pour établir un lien – si lâche soit-il – entre Khomjakov et Hegel! Rien ni par le contenu, c'est trop évident, ni même par la méthode ne peut faire penser à Hegel. Aussi Tschiževskij a raison de critiquer sévèrement le jugement de son devancier. Il note pertinemment que Khomjakov n'a pas la moindre idée du schéma triadique: entre le principe kouschite et le principe iranien, ni synthèse ni réconciliation ne sont possibles. Présenter l'histoire du monde comme une lutte entre le principe du bien et le principe du mal, c'est une conception radicalement étrangère à Hegel.

La position de Khomjakov n'est pas celle de Kireevskij. Cependant, les deux auteurs ne sont pas si éloignés qu'on pourrait le croire, surtout si l'on veut bien considérer leur point d'arrivée. Le principe kouschite trouve son expression ultime dans la philosophie rationaliste de Hegel; et le principe iranien culmine dans la foi orthodoxe. Or, précisément, pour Kireevskij, l'histoire contemporaine est fondée sur l'opposition entre ce qu'il appelle la raison négative et la raison positive. Par raison négative, il entend la raison formelle ou abstraite, en fait, le courant rationaliste depuis Descartes. Quant à la raison positive, c'est celle qui se propose la recherche de l'intégrité de l'âme et dont la patrie est la Russie. Kireevskij écrit:

«La vision impartiale du monde, l'histoire de tous les temps et même l'expérience quotidienne nous font voir dans l'homme et dans les peuples deux cultures, deux dévoilements des forces spirituelles. L'une des cultures est l'organisation interne de l'esprit grâce à la vérité qui se communique à lui; l'autre est le développement formel de la raison et du savoir des choses extérieures... Le premier donne au second le sens et la signification; le second donne au premier le contenu et l'accomplissement».[124]

[122] A. S. Chomjakov, Zapiski o vsemirnoj istorii, in *Polnoe.*, t. V; VI; VII. Pour plus de détails, cf. V. Z. Zavitnevič qui a donné un bon résumé de l'ouvrage de Khomjakov (*Aleksej Stepanovič Chomjakov*, t. I, pp. 430–560). Ce résumé est précédé d'une introduction sur la méthode historique du théologien russe (*ibid.*, pp. 379–430). On pourra aussi consulter A. Gratieux, *A. S. Khomiakov*, t. II, pp. 50–67.
[123] B. N. Čičerin, *Vospominanija*, t. II, p. 231.
[124] I. V. Kireevskij, Obrozrenie sovremennago sostojanija literatury, in *Polnoe.*, t. I, p. 159.

Pour Khomjakov, la raison formelle ne donne point «l'accomplissement et le contenu». Kireevskij insiste donc davantage que le théologien du groupe sur la valeur de la raison négative. Mais l'un et l'autre sont pleinement d'accord pour constater que cette raison laissée à elle-même ne peut engendrer qu'une fausse culture. Ainsi, malgré les divergences certaines qu'il ne faut pas tenter d'effacer, les points de convergence restent très nombreux.

On s'accorde, en tout cas, sur les critiques qu'il faut faire à Hegel. Le premier grief des Slavophiles englobe tous les autres: Hegel n'aurait pas dû rédiger de philosophie de l'histoire. Qui dit histoire, dit devenir contingent et imprévisible. Or, une philosophie de l'histoire tend de par sa nature même à supprimer la contingence historique. Les Slavophiles condamnent la philosophie de l'histoire de Hegel au nom de leur propre conception religieuse de la nature de l'histoire.[125] A la philosophie rationaliste de Hegel, ils opposent l'histoire religieuse du salut. Les Slavophiles acceptent évidemment la thèse du providentialisme, tout en précisant que cette théorie sauvegarde la liberté humaine. On aimerait qu'ils s'efforcent d'expliquer comment l'existence d'une providence peut permettre le libre exercice de l'activité humaine. Ils auraient dû alors s'engager dans la voie tracée par les grands théologiens médiévaux. Or ils ne le peuvent ni ne le veulent, car c'eût été, selon eux, une concession au rationalisme. Ils se contentent seulement, comme Bossuet, de «tenir les deux bouts de la chaîne» sans avancer le moindre argument. A leur avis, le malheur de la solution proposée par Hegel ne fut pas de lâcher l'un des extrêmes au profit de l'autre, mais de nier l'un et l'autre extrême. Pour les Slavophiles, en effet, il n'y a dans la philosophie de Hegel ni providence ni liberté humaine.

On retrouve chez Khomjakov un écho lointain d'une thèse célèbre de Hegel:

«C'est la vie de l'humanité, non les actes des individus qui forme le véritable objet de l'histoire... Les noms propres ne sont que des accidents; seule la signification morale des mouvements et des phénomènes généraux a une réelle importance».[126]

---

[125] La critique d'inspiration religieuse est si constante qu'on la trouve parfois là où elle ne s'impose pas. Témoin ce texte de Samarin: «Est-il possible, sans bond ou rupture, le passage logique du concept d'être pur grâce au concept de non-être dans le concept de devenir et d'être-déterminé, du Seyn à travers le Nichts dans le Werden et le Dasein? Ou en d'autres termes: Qui gouverne le monde: la volonté librement créatrice ou la loi de la nécessité»? (Ju. F. Samarin, Otvet iezuitu otcy Martynov, in *Sočinenija*, t. VI, p. 239).

[126] A. S. Chomjakov, Zapiski o vsemirnoj istorii, in *Polnoe.*, t. V, p. 29.

Ou ce texte dont la saveur typiquement hégélienne ne saurait être contestée:

«Les grands agents de l'histoire, instruments involontaires de sa logique, sont fréquemment les serviteurs de fins qui leur sont étrangères ou même contraires».[127]

Jamais un individu ou même un peuple pris séparément ne peut se suffire à lui-même:

«Un fait particulier n'a de signification historique qu'en liaison avec la destinée de toute l'humanité».[128]

Donc Khomjakov accepte de Hegel que la ruse de l'homme soit soumise à la ruse de la Raison. Pourtant, il trouve que chez Hegel la ruse de la Raison est telle que les individus et même les nations finissent par devenir des agents aveugles du devenir historique: le monde n'est plus qu'un théâtre de marionnettes.[129] Dans cette histoire hégélienne tout est soumis au règne de la nécessité absolue.

La manière dont les Slavophiles interprètent la théorie hégélienne de la succession des événements historiques est pour le moins curieuse. Bien qu'il ne soit pas explicitement nommé, c'est Hegel que vise Kireevskij dans le texte suivant:

«Rien n'est plus facile que de représenter chaque fait de la réalité comme le résultat inévitable des lois suprêmes de la nécessité rationnelle. Mais rien ne fausse davantage la compréhension authentique de l'histoire que ces lois illusoires de la nécessité rationnelle qui ne sont finalement que les lois de la possibilité rationnelle».[130]

C'est la reprise, au niveau de l'histoire, de l'objection déjà faite par les Slavophiles à la philosophie spéculative de Hegel: la connaissance par la raison abstraite ne peut pas atteindre le réel effectif et ne porte que sur le possible. Hegel, au lieu de partir des faits, donc de l'histoire vécue, quitte à essayer de dégager de cette expérience concrète quelques lois explicatives, se contente de lire la réalité historique au moyen de principes généraux abstraits et arbitraires. Puisqu'il

---

[127] *Ibid.*, t. VII, p. 355. Reprenant le thème hégélien des «grands hommes», Khomjakov écrit: «Jamais les princes ne peuvent s'élever considérablement au-dessus de la société dont le sort est confié à leur gouvernement et dont la carrière historique est tracée par la force des principes spirituels, moraux ou intellectuels qui en sont les fondements» (A. S. Chomjakov, in *Ibid.*, t. VII, p. 351.

[128] *Ibid.*, t. V, p. 274.

[129] *Id.*, Po povodu Gumbol'dta, in *Polnoe.*, t. I, p. 144.

[130] I. V. Kireevskij, O neobchodimosti i vozmožnosti novych načal dlja filosofii, in *Polnoe.*, t. I, p. 244.

somme la réalité de se conformer à ces lois a priori, il n'est pas étonnant de voir Hegel brosser de l'histoire mondiale une description
optimiste: tout se suit et s'enchaîne admirablement dans cette histoire
sans histoires, donc finalement sans Histoire.[131] Les Slavophiles ne
reprochent pas à Hegel d'avoir prétendu dépasser le simple niveau de
l'histoire originale ou même de l'histoire réfléchissante. Ils trouvent
seulement que ses analyses, parce qu'elles reposent sur le postulat
ruineux du nécessitarisme historique, ne se soucient pratiquement pas
de ces premiers degrés de l'histoire. Kireevskij, le moins dur pour
Hegel, n'est cependant pas tendre:

«Naturellement, chaque moment dans l'histoire de l'humanité est la conséquence directe du moment précédent et produit le moment suivant. Mais
l'un des éléments de ce moment est la volonté libre de l'homme. Celui qui
ne veut pas le voir veut se tromper lui-même et remplacer la connaissance
réelle de la vérité vivante par une construction superficielle de concepts».[132]

Khomjakov ose mettre en pleine lumière ce que Hegel, habilement,
essayait de tenir dans l'ombre:

«Il [Hegel] s'efforce d'établir une histoire conforme aux exigences de la raison
humaine, mais il a élaboré un système irréel dans lequel la rigoureuse conséquence logique ou la nécessité apparente-et-illusoire ne joue que le rôle
d'un masque derrière lequel se cache l'arbitraire sans borne d'un systéma-
ticien habile».[133]

Hegel n'arrive pas à assurer la liberté humaine parce qu'il demande
à la raison humaine de tenir la place de la providence divine:

«Son système historique, fondé sur on ne sait quelle conception mystique
d'un esprit collectif de l'humanité collective ne peut être accepté».[134]

Dans sa controverse avec M. Müller, Samarin est même plus explicite:

---

[131] Kireevskij renvoie dos à dos l'antihistoricisme de certains *Aufklärer* et l'histori-
cisme optimiste de Condorcet et de Hegel: «Dans la moitié du XVIIIe siècle s'est développée, tout d'abord sous l'influence de Lessing et de Condorcet, pour devenir ensuite
un bien commun, l'opinion d'un perfectionnement constant, naturel et nécessaire de
l'homme. Par opposition à cette conception est apparue la théorie de l'immobilité de
l'espèce humaine avec des écarts périodiques, tantôt vers le haut, tantôt vers le bas»
(I. V. Kireevskij, Obozrenie sovremennago sostojanija literatury, in *Polnoe.*, t. I, p. 160.
Cf. E. Müller, *Russischer Intellekt in europäischer Krise. Ivan V. Kireevskij*, pp. 460–461.
[132] I. V. Kireevskij, O neobchodimosti i vozmožnosti novych načal dlja filosofii, in
Polnoe., t. I, p. 244.
[133] A. S. Chomjakov, Mnenie Russkich ob inostrancach, in *Polnoe.*, t. I, p. 36.
[134] *Ibid.*, p. 36. Une autre fois, Khomjakov dit que cet Esprit de l'humanité fut une
invention des disciples de Hegel qui recherchaient un support au *Weltgeist* (*Id.*, Po
povodu Gumbol'dta, in *Polnoe.*, t. I, p. 144).

«Nach Hegels Lehre, bedarf der Geist zu seiner stufenweisen Selbstentfaltung bis zum vollen Selbstbewusstsein in der Philosophie, des ganzen welthistorischen Vorgangs; da aber alles historisch Thatsächliche in das Gebiet der Zufälligkeit gehört, die von dem Geiste und dessen Bedürfnissen nichts weiss, so schleicht sich zwischen den Zeilen eine sogenannte *Nothwendigkeit* an die Stelle der abgeschafften Vorsehung. Anders gesagt: einer *logischen Formel* wird eine waltende Macht über Alles factisch bestehende und historisch Vorgehende gewährt die einem *lebenden Wesen* (Gott) abgesprochen werden».[135]

Ce n'était vraiment pas la peine d'écarter la providence divine pour lui substituer une conception qui, si elle ne relève certes plus de la religion, n'est pas tellement éloignée de la magie.[136] Magique, en effet, une pensée qui se croit la cause des faits réels. Or telle est bien la conception hégélienne de l'histoire.

Cette raison hégélienne se montre si impérieuse qu'elle exclut non seulement la liberté, mais même la contingence:

«Par conséquent, l'histoire antérieure dépend de ce qui existe dans l'époque ultérieure et ainsi de suite jusqu'à nos jours. Alors, il est clair que tout le passé dépend de l'époque actuelle».[137]

Pour Khomjakov, le nécessitarisme historique de Hegel est vraiment déroutant, puisqu'il postule non seulement l'influence du passé sur le présent, ce qui est tout à fait acceptable, mais l'influence du présent sur le passé. Ce nécessitarisme exige donc, si l'on ose s'exprimer ainsi, une lecture à rebours de l'histoire: le présent éclaire et explique le passé. On pourrait, peut-être, trouver un sens hégélien à ces formules. Il suffirait d'y voir l'idée exprimée dans la *Phénoménologie de l'Esprit* selon laquelle le commencement présuppose toujours la fin. Mais ce n'est évidemment pas ainsi que Khomjakov a compris le thème hégélien de la circularité:

«Il [Hegel] a tout simplement conçu l'histoire, au contraire, en prenant le présent ou le résultat en général pour l'essentiel et le nécessaire vers quoi le passé tendait d'une manière nécessaire».[138]

Si telle était l'intention de Hegel, Khomjakov a vraiment raison

---

[135] Ju. F. Samarin, Po povodu Marksa Mjullera po istorii religii, in *Sočinenija*, t. VI, pp. 506–508.
[136] «Sollte das nicht reine Magie sein, von allen, ihrer Unvernünftigkeit wegen, verworfenen Wundern das allerwunderbarste»? (*Ibid.*, t. VI, p. 508).
[137] A. S. Chomjakov, Po povodu Gumbol'dta, in *Polnoe.*, t. I, p. 143.
[138] *Id.*, Mnenie Russkich ob inostrancach, in *Polnoe.*, t. I, p. 36.

d'écrire:

«La téléologie de l'école hégélienne est une pure absurdité...».[139]

Ce mysticisme aberrant de la téléologie hégélienne s'explique par l'extrême rationalisme de ce penseur. La *Science de la Logique*, nous l'avons vu, réduisait l'être à la pensée. Maintenant, Hegel va jusqu'à dire que la réalité historique elle-même dépend de la pensée. C'est l'application dans le domaine de l'histoire du sophisme constant de Hegel: la cause suit l'effet. Khomjakov, qui décidément prête beaucoup d'absurdités à son adversaire, ne semble guère gêné d'écrire:

«Tout le système historique de Hegel n'est rien d'autre que l'inversion inconsciente des catégories de cause et d'effet».[140]
«Pour lui [Hegel] la Prusse est la cause efficiente de l'Egypte ou de l'histoire allemande».[141]

Les Slavophiles ne se contentent pas d'attaquer la théorie épistémologique de la nature de l'histoire telle qu'elle est formulée par Hegel. Ils font aussi porter leurs critiques sur ses implications morales. Selon eux, ce nécessitarisme historique élimine complètement l'idée d'un comportement responsable. L'homme, privé de liberté, perd toute dignité et subit l'histoire. Le stoïcien supportait les coups de l'histoire; l'hégélien absout tout. L'identification du *Sollen* avec le *Sein* conduit à la justification et à la glorification de ce qui est. L'accusation de «factolâtrie» est parfaitement et amplement fondée.[142]

Dans son article sur *La nécessité et la possibilité de nouveaux principes en philosophie*, Kireevskij retrace les grandes lignes de la culture européenne. De cette fresque rapide, il ressort que la philosophie de Hegel est, en quelque sorte, l'accomplissement de la philosophie grecque et spécialement de celle d'Aristote.[143] Or, la pensée grecque est née de l'opposition entre la philosophie et les conceptions religieuses. Pour Aristote, en effet, le monde est beau et bon, aussi l'homme n'a-t-il qu'à s'intégrer dans le cosmos:

«La réalité, selon Aristote, était l'incarnation totale de la rationalité suprême. Toutes les discordances entre le monde physique et le monde moral n'étaient qu'illusoires: non seulement elles se résorbaient dans une harmonie supé-

[139] *Id.*, Zapiski o vsemirnoj istorii, in *Polnoe.*, t. VII, p. 446. Cf. t. V, p. 534.
[140] *Id.*, Po povodu Gumbol'dta, in *Polnoe.*, t. I, p. 144.
[141] *Id.*, O sovremennych javlenijach v oblasti filosofii, in *Polnoe.*, t. I, p. 297.
[142] Cf. E. Müller, *Russischer Intellekt in europäischer Krise. Ivan V. Kireevskij*, pp. 384–389.
[143] I. V. Kireevskij, O neobchodimosti i vozmožnosti novych načal dlja filossofii, in *Polnoe.*, t. I, pp. 233–234.

rieure, mais elles n'étaient encore que les bruits inévitables d'une plénitude éternellement immuable».[144]

Ce «physicisme» moral se retrouve également chez Hegel. Au cours des siècles, le savoir s'est enrichi de matériaux nouveaux, mais c'est toujours la même lumière qui est projetée sur eux :

«La raison se situe actuellement au même niveau, pas plus haut : elle voit les dernières vérités, pas davantage. Seulement, son horizon s'est merveilleusement éclairci».[145]

Ce qui revient à dire que la vision morale de Hegel est substantiellement celle d'Aristote. Le rationalisme s'est approfondi, il n'a pas changé de nature. Hegel, comme Aristote, se satisfait de ce qui est :

«L'effort vers le meilleur en restant dans le domaine de ce qui est ordinaire, l'effort vers le raisonnable dans le sens quotidien de ce mot, l'effort vers le possible en tant qu'il est déterminé par la réalité extérieure, telles furent les conséquences ultimes de ce rationalisme qui s'inspirait du système d'Aristote».[146]

Tous les penseurs russes de cette époque viennent buter sur l'équivalence hégélienne entre le réel et le rationnel. Mais alors que l'opposition des Occidentalistes à Hegel est fondamentalement d'origine politique et inspire, par contre-coup, un désir d'activité révolutionnaire, chez les Slavophiles, la réaction antihégélienne est d'ordre essentiellement religieuse. C'est au nom des droits de l'âme croyante que Kireevskij, Aksakov, Khomjakov et Samarin se détournent de Hegel.

Berdjaev croit que les Slavophiles n'ont pas élaboré une philosophie de l'histoire parce qu'ils voulaient conserver à l'histoire son caractère vivant et concret.[147] Ce jugement appelle une précision. Il est vrai que, théoriquement, les Slavophiles récusent Hegel parce qu'une philosophie de l'histoire finit toujours par éliminer l'histoire événementielle. Mais pratiquement – nous pensons surtout à la «Sémiramis» de Khomjakov – les Slavophiles ne se sont guère privés de faire peser sur la réalité vivante de l'histoire les normes étroites de principes a priori qui, pour n'être pas ceux de Hegel, n'en étaient pas moins arbitraires.

---

[144] *Ibid.*, t. I, p. 237.
[145] *Ibid.*, t. I, p. 233.
[146] *Ibid.*, t. I, p. 236.
[147] «Mais dans le domaine de la philosophie de l'histoire, ni Khomjakov ni aucun autre Slavophile ne purent ni ne voulurent élaborer un système. C'est que leur relation à l'histoire était trop vivante, leur conception historique trop concrète» (N. A. Berdjaev, *Aleksej Stepanovič Chomjakov*, p. 144).

Hegel respecte l'histoire réelle pour le moins autant que Khomjakov. Il est donc difficile de partager l'opinion de Berdjaev. A notre avis, l'irréductible opposition entre les Slavophiles et Hegel doit être recherchée ailleurs. C'est l'opposition entre une lecture philosophique du donné historique et une lecture proprement religieuse.

Conclusion: L'utilisation de Schelling contre Hegel

Nous n'avons pas l'intention d'étudier les sources de la pensée slavophile. On sait que la foi orthodoxe y tient beaucoup plus de place que la philosophie occidentale. Toutefois, le rôle de cette dernière ne fut pas négligeable. Nous voudrions essayer de préciser dans quelle mesure le Slavophilisme est tributaire de Schelling, ce qui nous permettra de répondre à la question que nous nous posions au début de ce chapitre: les Slavophiles ont-ils utilisé Schelling pour «dépasser» Hegel? Nous nous intéresserons surtout au cas de Kireevskij, parceque, sur ce point précis, les autres se contentent d'entériner son jugement sans le modifier ou le compléter.

Dès 1845, Kireevskij connaissait de Schelling, outre les œuvres de jeunesse, l'«*Einleitung in die Philosophie*» qu'il avait écoutée à Munich lors de son séjour en 1830, la *Préface* de Schelling aux œuvres de Victor Cousin et aussi la *Philosophie der Offenbarung*. Une lecture attentive de l'essai intitulé *Une parole de Schelling* (1845) prouve que Kireevskij avait bien assimilé la *Spätphilosophie* de Schelling.[148]

Dans un récent et excellent ouvrage, M. Müller a très bien montré que l'histoire de la philosophie du penseur slave dépend directement de Schelling. Il remarque, judicieusement, que Kireevskij conçoit l'histoire philosophique depuis Descartes, non comme une constitution progressive et totalisante de la pensée, ce qui indiquerait une influence hégélienne, mais comme une démarche de plus en plus abstraite, ce qui est conforme à la thèse même de Schelling.[149] Il relève aussi que la critique de Kireevskij sur l'impuissance de la raison hégélienne à rejoindre le réel n'est qu'une reprise de la position de Schelling qui se trouve, par exemple, dans sa *Préface* à V. Cousin.

Il ne fait donc aucun doute que Kireevskij s'est servi des arguments de Schelling pour critiquer Hegel. Au fond, note le philosophe de l'école slavophile, Hegel en génial disciple de Schelling se contente

---

[148] Cf. E. Müller, *Russischer Intellekt in europäischer Krise. Ivan V. Kireevskij,* pp. 353–354.
[149] *Ibid.*, pp. 359 sq.

d'appliquer les principes de la philosophie de l'Identité aux différents domaines juridique, politique, esthétique, etc. Il poursuit:

«Schelling a pu si clairement comprendre le caractère limité de cette philosophie, parce que c'était sa propre pensée».[150]

Comme Schelling eût aimé lire ces lignes! Mais il y a plus. Kireevskij voit en Schelling le premier philosophe allemand à s'engager enfin sur la bonne voie. Déjà sa première philosophie, bien que substantiellement identique à celle reprise par Hegel, contenait une notion importante qui ne se retrouve pas chez l'auteur de la *Phénoménologie de l'Esprit*. Il s'agit de l'intuition intellectuelle, pierre d'attente posée par Schelling, mais qui ne prendra toute sa signification que plus tard dans la *Philosophie de la Révélation*.[151] Ce n'est que dans cette ultime étape de sa pensée que la philosophie schellingienne atteint sa véritable consécration. Dans son *Tableau de l'état actuel de la littérature*, écrit en 1845, Kireevskij note avec satisfaction que Schelling veut «réconcilier la foi avec la philosophie».[152] Certes, les théologiens et les philosophes occidentaux se liguent contre le philosophe romantique. Il n'empêche que, malgré les réticences de ses auditeurs et de ses critiques, l'autorité de Schelling a porté un coup décisif à Hegel, et d'une façon générale, à la philosophie rationaliste qui prétend exister hors de la foi.

Pourtant, si Schelling est sur la bonne voie, sa philosophie positive demeure un essai infructueux. Kireevskij distingue donc l'intention qu'il approuve de la réalisation qui le déçoit. L'intention est bonne parce que Schelling a compris la nécessité de la Révélation. De ce fait, il rompt heureusement avec la tradition rationaliste. Mais pour donner un contenu à cette révélation, Schelling entreprend des recherches sur la mythologie. Il est alors forcé de se fier aux propres lumières de la raison naturelle, puisqu'il n'a pas d'Eglise pour lui transmettre le contenu révélé. Là réside la cause de son échec, car c'est une tâche impossible pour un homme de construire l'objet de sa Foi. Finalement, le concept de philosophie positive de Schelling est encore trop contaminé par l'esprit de la philosophie occidentale, autrement dit, par la philosophie négative ou rationaliste. Et malgré sa génialité – Kireevskij pense qu'un tel génie n'apparaît qu'une fois tous les mille ans! –

---

[150] I. V. Kireevskij, O neobchodimosti i vozmožnosti novych načal dlja filosofii, in *Polnoe.*, t. I, p. 260.
[151] *Ibid.*, t. I, p. 260, note 2.
[152] *Id.*, Obozrenie sovremennago sostojanija literatury, in *Polnoe.*, t. I, p. 127.

Schelling reste encore très fortement sous la mouvance du rationalisme protestant. D'où ce jugement assez sévère:

«Mais le caractère vague de ses convictions antérieures et de la signification interne de la mythologie qui dépend plus ou moins des exégèses arbitraires du commentateur fut la raison pour laquelle la philosophie chrétienne de Schelling est apparue comme non chrétienne et comme non philosophique; il se séparait du christianisme dans les dogmes principaux, et de la philosophie par la méthode de la connaissance».[153]

Sans vouloir faire de Kireevskij et des Slavophiles des disciples de Schelling, on peut tout de même reconnaître qu'ils ont beaucoup plus d'affinité avec lui qu'avec Hegel. S'il faut nuancer le jugement de ceux qui disent que les Occidentalistes furent hégéliens et les Slavophiles schellingiens, on ne doit tout de même pas oublier que les Slavophiles étaient plus proches de Schelling. Le jugement de Masaryk: «il est évident que Kireevskij cherche à dépasser Kant et Hegel en recourant à Schelling, spécialement au vieux Schelling empêtré dans la Théosophie et la Mythologie»,[154] nous paraît d'autant plus vrai qu'il ne fait que reprendre ce que Kireevskij lui-même dit explicitement dans la conclusion de son article sur *La nécessité et la possibilité d'un nouveau fondement de la philosophie:*

«Je pense donc que la philosophie allemande dans la totalité de son développement auquel elle est parvenue dans le dernier système de Schelling peut servir, chez nous, d'étape favorable pour une pensée qui se sépare des systèmes empruntés et fait retour aux principes fondamentaux d'une sagesse autonome, conforme à la vieille culture russe, et capable de soumettre la culture morcelée de l'Occident au savoir intégral de la raison croyante».[155]

---

[153] O neobchodimosti i vozmožnosti novych načal dlja filosofii, in *Polnoe.,* t. I, p. 263. Comme toujours, Khomjakov reprend en les durcissant les critiques de Kireevskij: «Du rationalisme, il [Schelling] passe dans l'idéalisme et ensuite – est-ce en conformité avec la loi de son propre développement accéléré par l'hégélianisme ou, au contraire, directement par opposition à l'hégélianisme – il passe dans le spiritualisme mystique. Sa dernière période n'a, du reste, qu'un caractère encore plus épisodique que celui de la raison pratique chez Kant et est beaucoup moins génial» (A. S. Chomjakov, O sovremennych javlenijach v oblasti filosofii, in *Polnoe.,* t. I, p. 292). Cf. *ibid.,* p. 266. Plus théologien que Kireevskij, Khomjakov sent d'instinct que la *Philosophie de la révélation* de Schelling n'a aucune valeur pour un Orthodoxe.

[154] Th. G. Masaryk, *Zur russischen Geschichts- und Religionsphilosophie,* t. I, p. 217.

[155] I. V. Kireevskij, O neobchodimosti i vozmožnosti novych načal dlja filosofii, in *Polnoe.,* t. I, p. 264. Lanz caractérise bien l'attitude nuancée de Kireevskij face à Schelling: «And, indeed, Kireyevsky finds Schelling's late realism sufficient to crush Hegel, but utterly incapable of reaching the ideal of true knowledge» (H. Lanz, The philosophy of Ivan Kireyevsky, in *The Slavonic review,* vol. VI, (1925–1926), n° 26, p. 603).

Pour sombre et négative que soit leur description de la culture occidentale, les Slavophiles savent qu'elle contient des éléments positifs. Souvent, Kireevskij dit qu'il n'y a pas de mal absolu et que, par conséquent, l'Occident n'est pas sans valeur. Khomjakov lui-même déclare que c'est le «pays des saints miracles». Au plan philosophique, s'ils ne sont ni schellingiens ni hégéliens, les Slavophiles se situent d'une façon très différente par rapport à ces deux philosophes. Ils «dépassent» Hegel en le niant, Schelling en le prolongeant. S'ils disent que Schelling et Hegel ont rendu tous les deux un grand service à la pensée, c'est encore d'une manière fort diverse. Le service dû à l'extrême rationalisme de Hegel fut de détruire la philosophie;[156] Schelling, au contraire, réoriente la pensée dans la bonne direction. Hegel conduit à une impasse. Schelling annonce une nouvelle aurore.

L'histoire de la pensée slave au cours du XIXe siècle nous montrera que l'hégélianisme, trop rapidement condamné par les Slavophiles, continuera, surtout sous la forme de l'hégélianisme de gauche, sa progression dans la culture russe. Le courant slavophile, toujours plus ou moins inspiré par Schelling et hostile à Hegel, poursuivra lui aussi sa course longtemps après la disparition de l'Ecole slavophile proprement dite.

---

[156] «Hegelianism remained as the most magnificient absurdity in human history: the most grandiose structure of human reason, and at the same time the most striking revelation of the limitation of this reason, of its inadequacy and falschood, when it was separated from the higher human faculties» (N. V. Riasanovsky, *Russia and the West in the teaching of the slavophiles. A study of romantic ideology*, p. 169). Si nous n'avons pas mentionné dans ce chapitre les travaux du publiciste slavophile N. P. Giljarov-Platonov, c'est moins parce que ses écrits ne furent publiés que beaucoup plus tard que parce que la position qu'il défend n'ajoute rien à celle des grands Slavophiles. Son premier article, Racionalističeskoe dviženie filosofii novych vremen, écrit en 1846, est paru dans la revue *Russkaja beseda* en 1859. Son second article de 1846 n'est paru qu'en 1891 dans les *Voprosy filosofii i psichologii*. Ces deux textes sont rassemblés dans P. N. Giljarov-Platonov, *Sbornik sočinenij*, t. I, pp. 302–365; 366–444.

CHAPITRE IV

L'HÉGÉLIANISME RÉFLÉCHI DE HERZEN

Par sa connaissance approfondie de Hegel et la spécificité de sa réaction face au système hégélien, Herzen tient une place tout à fait particulière dans le groupe des Occidentalistes. Si Herzen – tout comme les autres membres des cercles hégéliens des années «40» – s'attache puis se détache du philosophe berlinois, son attachement quoique plus critique sera plus profond que celui de ses amis et sa rupture moins totale et plus réfléchie.

Avec Herzen, encore plus qu'avec aucun autre penseur, notre propos méthodologique de nous centrer sur l'hégélianisme de l'auteur nous oblige à laisser dans l'ombre la partie la plus riche et la plus féconde de cette grande figure qui fut le témoin et l'écho de son temps. Il est vrai que la vie et l'œuvre de Herzen sont très connues. Le lecteur français possède d'ailleurs l'ouvrage de Labry [1] dont Koyré disait qu'il est «sans conteste, le plus complet et le plus important».[2] Et de fait, il n'est pas de guide plus sûr pour prendre une vue d'ensemble de Herzen.

Ce fils illégitime d'un grand seigneur russe voltairien et d'une petite bourgeoise allemande a été profondément marqué par cette double origine:

«Par sa mère il est tout près du peuple; par son père il est de vieille race seigneuriale. Il descend d'authentiques boyards, grands serviteurs des tsars dans leurs conseils et dans leurs armées».[3]

La découverte, vers les douze ans, de sa naissance illégitime fut un coup très rude pour sa sensibilité.[4] Mais cette prise de conscience fit

---

[1] R. Labry, *Alexandre Herzen, Essai sur la formation et le développement de ses idées.*
[2] A. Koyré, *Études sur l'histoire de la pensée philosophique en Russie*, p. 171, note 2.
[3] R. Labry, *Alexandre Herzen.*, p. 16.
[4] A. I. Gercen, *Byloe i dumy*, in *Polnoe.*, t. XII, pp. 27 sq.

naître en lui des aspirations libérales que nous verrons se confirmer au cours de sa longue existence.

Il faut savoir aussi que le petit Herzen entendit de la bouche de sa «Njanja» l'histoire de l'épopée du peuple russe – récit de l'incendie de Moscou, de la bataille de Borodino – son Iliade et son Odyssée, comme il le dira lui-même dans *Passé et pensées*. L'amour de la Russie et le problème de la question nationale trouvèrent dans l'âme du jeune enfant un terrain tout préparé. Ainsi, avant son entrée à l'université, les deux germes sont déposés d'où sortiront plus tard les tendances libérales et le goût pour l'histoire, spécialement pour l'histoire du peuple russe.

Avant de découvrir Hegel, Herzen fait encore une double expérience: celle de l'université de Moscou et celle de la religiosité mystique de sa femme Natacha. Si Herzen, qui a déjà lu quelques ouvrages de Schelling, ne s'inscrit pas à la faculté des lettres, mais à la faculté des sciences, ce n'est pas qu'il veuille rompre avec Schelling. Tout au contraire. Et Labry a parfaitement vu que Herzen décide d'étudier les sciences naturelles afin de se donner des armes pour mieux lutter contre les interprétations matérialistes de la nature.[5] D'ailleurs, si quelques uns de ses professeurs étaient hostiles à toute interprétation philosophique de la nature, le plus brillant des maîtres et celui qui avait auprès des étudiants la plus large audience était Pavlov qui reconstruisait l'univers dans l'esprit de la philosophie de Schelling.[6]

Le séjour de Herzen à l'université de Moscou fut de courte durée. Pour avoir chanté quelques couplets séditieux, on l'exile, en juillet 1834, à Perm puis à Viatka. Là-bas, sous l'influence conjugée de Natacha, du théosophe Vitberg, banni comme lui, et des lectures de Boehme et de Saint-Martin, Herzen connaît une crise de ferveur mystique. Il lit et relit l'évangile, mais le dogme l'intéresse peu. Il proposera dans *Licinius*, cette œuvre dramatique non publiée qui plaide pour une rénovation totale de l'univers par l'amour, une conception religieuse très proche de celle contenue dans le *Nouveau christianisme* de Pierre Leroux.

Nous savons par une de ses lettres que, vers la fin de 1838, il ne connaît pas encore les œuvres de Hegel.[7] Cependant, comme tous les premiers hégéliens moscovites, il a découvert Hegel en lisant V. Cousin et l'*Histoire de la philosophie allemande* de Barchou de Penhoen. Natu-

---

[5] R. Labry, *Alexandre Herzen*, p. 83.
[6] Cf. *supra*, p. 6.
[7] A. I. Gercen, Pis'mo k N. Ch. Ketčeru, 7/II/1839, in *Polnoe.*, t. II, p. 240.

rellement ces auteurs le déçoivent.[8] La seule étude sérieuse, et qui
l'enchante, sont les *Prolegomena zur Historiosophie* de A. Ciezkowsky.
Nous aurons l'occasion d'y revenir. Malgré cette connaissance encore
très superficielle, Herzen ne se prive pas de juger la philosophie hégélienne. Encore étudiant à Moscou, il prend position face à Schelling
et à Hegel. S'il repousse le premier pour son romantisme religieux, il
tient l'hégélianisme pour une doctrine qui opprime la personne:

«Schelling est arrivé au catholicisme mystique, Hegel au despotisme».[9]

Hegel, un despote qui divinise l'Etat, c'est l'objection courante qui
serait donc en soi peu significative si, dans la même lettre, on ne
voyait Herzen préférer Fichte à Hegel, ce qui ne manque pas de surprendre. Mais la raison qui pousse Herzen vers Fichte est fort révélatrice. Il écrit que si Fichte a introduit «ce régime de terreur dans la
philosophie, il a au moins bien compris la valeur de l'homme».[10] Très
tôt donc, Herzen est sensible à une philosophie qui accorde au sujet,
à la personne une place importante.

Quelques années plus tard, alors qu'il traverse une crise de mysticisme, il est heureux de constater que pour Hegel la foi et la raison se
prêtent un concours mutuel:

«La philosophie allemande contemporaine (Hegel) est très réconfortante;
c'est une union de la pensée et de la révélation, de la conception idéaliste et
de la conception théologique».[11]

C'était sans doute exact de la dernière philosophie de Schelling;
beaucoup moins de celle de Hegel! Quoi qu'il en soit, Herzen est séduit
par une doctrine qui a perçu le caractère historique de la religion et
qui tente de réconcilier la philosophie et la religion.

Gracié en 1840, Herzen rentre à Moscou. C'est l'époque où Occidentalistes et Slavophiles livrent la bataille pour ou contre Hegel. Herzen
n'est plus un tout jeune homme sans lectures et sans expérience. S'il
n'a pas de système philosophique bien élaboré, son mysticisme joint à
son libéralisme et à son amour pour la Russie sont déjà assez marqués
pour que l'on puisse dire que, dès ce moment-là, il incline vers une
sorte de nationalisme messianique et révolutionnaire. Une page justement célèbre de *Passé et pensées* nous aide à mieux comprendre pourquoi les retrouvailles ne furent pas sans nuages. Herzen remarque que

---

[8] *Ibid.*, t. II, p. 242.
[9] *Id.*, Pis'mo k N. P. Orgarevu, 1/VIII/1833, in *Polnoe.*, t. I, p. 120.
[10] *Ibid.* t. I, pp. 120–121.
[11] *Id.*, Pis'mo k A. L. Vitbergu, in *Polnoe.*, t. II, p. 223.

même avant son exil les membres du cercle de Stankevič et ceux de son propre cercle n'entretenaient pas de rapports spécialement cordiaux. L'orientation presque exclusivement politique du groupe de Herzen s'opposait à la tendance spéculative qui régnait dans l'autre groupe:

«Ils voyaient en nous des frondeurs et des Français, et nous voyions en eux des sentimentalistes et des Allemands».[12]

Or, pendant l'exil, l'écart ne s'était nullement comblé, au contraire. Ayant découvert dès 1833 Saint-Simon, Herzen avait adhéré à cette doctrine dont il aimait la philosophie de l'histoire: son goût pour la politique en avait été d'autant renforcé. Par contre, sous l'influence quelque peu tyrannique de Bakounine, la dévotion pour Hegel confinait, dans l'autre cercle, à «l'hégélolâtrie»:

«Au début de 1840, la jeunesse qui entourait Ogarev ne songeait même pas à s'insurger contre la lettre au nom de l'esprit, contre l'abstraction au nom de la vie».[13]

Nous savons que les deux ténors du groupe, Bakounine et Belinskij, lisaient Hegel d'une si étrange manière qu'ils en étaient venus à tout justifier, y compris le Tsar. La distance était donc grande qui séparait le libéralisme politique de Herzen du conservatisme des autres. Aussi Herzen ne fut-il accueilli qu'avec beaucoup de condescendance et seulement parce qu'il était auréolé du titre de banni: sur le fond du débat idéologique on lui laissa entendre qu'il devait se soumettre:

«Ils se montrèrent disposés à m'admettre dans leur groupe, sans pourtant céder en rien, mais en faisant sentir qu'ils étaient *le présent* et *nous déjà le passé*, et exigeant que j'accepte inconditionnellement la *Phénoménologie* et la *Logique* de Hegel, et encore selon leur interprétation».[14]

Texte révélateur. Il nous montre, en effet, que Herzen n'entend nullement mettre les lunettes de Belinskij ou de Bakounine pour lire Hegel. Il n'entend même pas accepter la philosophie hégélienne sans la soumettre à un examen critique approfondi. Ainsi, au moment où il aborde Hegel, Herzen est sur la défensive et prêt à faire des réserves. Attitude excellente que cet esprit critique. Mais la faiblesse d'Herzen, c'est de ne pas avoir lu Hegel. Ogarev se chargera de le lui faire sentir:

---

[12] *Id.*, *Byloe i dumy*, in *Polnoe.*, t. XIII, p. 11.
[13] *Ibid.*, t. XIII, p. 11.
[14] *Ibid.*, t. XIII, p. 11.

«Si tu m'en croyais, tu ne dirais pas: Hegel s'est trompé dans tel passage, mais bien: voilà tel passage que je ne comprends pas, je dois donc connaître de plus près l'ensemble du système».[15]

Réflexion pertinente dont il va faire son profit. Sous l'influence décisive de Bakounine, Herzen qui connaît l'allemand à la perfection va enfin aborder Hegel dans le texte original.[16]

Il est facile de le suivre dans sa découverte de la philosophie hégélienne, puisqu'il nous a laissé dans son *Journal* de précieuses indications sur les œuvres qu'il aborde entre 1842 et 1845. L'étude commença, sans doute, pendant l'année 1841, car il écrit le 3 janvier 1842 qu'il vient d'achever la lecture de la *Phénoménologie de l'Esprit*. Il est littéralement bouleversé. On le sent tout à la fois saisi d'effroi et apaisé:

«A propos, dites à Belinskij qu'enfin j'ai terminé, *et bien*, la lecture de la *Phénoménologie*... Vers la fin du livre, on a l'impression de pénétrer dans la mer: profondeur, limpidité! Le souffle de l'esprit vous emporte... Lasciate ogni speranza. Les rivages disparaissent, le salut ne peut venir que de vous; cependant une voix retentit: quid times? Caesarem vehis. L'angoisse se dissipe: voici la rive. Le beau feuillage de l'imagination est dévasté, mais les fruits succulents de la réalité sont là... J'ai lu tout le livre le cœur battant et tout ébloui».[17]

Deux mois plus tard, Herzen précisera:

«Ce César, c'est l'esprit infini vivant dans la poitrine de l'homme. A la minute où le désespoir est prêt à reprendre ses droits, l'esprit a frémi; il se retrouve dans ce monde».[18]

Nous reviendrons plus loin sur cette conception immanentiste que Herzen découvre à la première lecture de Hegel. Nous voulons seulement souligner combien il est frappé par le caractère humain, profondément concret et vivant de cette philosophie hégélienne. La lecture du *Hegels Leben* de Rosenkranz vient confirmer cette impression. Cet ouvrage qu'il trouve médiocre contient, en appendice, des Fragments inédits des *Theologischen Jugendschriften* si précieux pour comprendre l'origine du système. Ainsi, et Herzen en a la conviction profonde, Hegel n'est nullement un logicien sec, puisque le point de jaillissement de sa doctrine dialectique est l'amour.[19] Quand on sait

---

[15] N. P. Ogarev, Pis'mo Gercenu, 1840, in *Russkaja mysl'* (1889), n⁰ 1, pp. 2–3; cité par R. Labry, *Alexandre Herzen.*, p. 221.
[16] A. I. Gercen, Michel Bakounine, in *Polnoe.*, t. VI, p. 469.
[17] *Id.*, Pis'mo k A. A. Kraevskomu, in *Polnoe.*, t. III, p. 7.
[18] *Id.*, Diletantizm v nauke, in *Polnoe.*, t. III, p. 174.
[19] *Id.*, Dnevnik, 18/XI/1842, in *Polnoe.*, t. III, pp. 56–57. Cf. *Ibid.*, t. III, pp. 348; 352.

que Haym, se faisant d'ailleurs l'interprète de la grande majorité, ne trouvera pas de traits assez violents pour flétrir cette pensée abstraite et formaliste, on est étonné de la perspicacité du jugement de Herzen. Lui-même a parfaitement conscience d'aller à contre-courant:

«Il n'y a rien de plus ridicule que ces Allemands qui tiennent encore Hegel pour un logicien sec et pour un dialecticien pétrifié à la manière de Wolf, alors que chacune de ses œuvres est pleine de poésie puissante et que, emporté par son génie, – souvent même à son insu – il traduit en images d'une force et d'une justesse étonnante les pensées les plus spéculatives».[20]

Plus tard, il arrivera à Herzen de nuancer cette première appréciation, mais il continuera toujours à tenir que Hegel est un penseur tourné vers la vie et l'existence concrète.

En l'espace de deux ans, il lit et parfois relit la *Philosophie de l'histoire*,[21] la philosophie de la nature de l'*Encyclopédie*,[22] l'*Histoire de la philosophie*,[23] la logique de l'*Encyclopédie*.[24] A chaque fois, les exclamations fusent: Quel génie! quel géant! que de poésie et de profondeur! Il ne sait vraiment comment traduire son admiration pour l'œuvre qu'il vient de découvrir.

Mais pour la personne de Hegel, Herzen n'a pas la même admiration. Tout de suite, il a perçu avec beaucoup de netteté que Hegel ne tire pas toutes les conclusions qui sont contenues dans les principes de sa doctrine. Faut-il le lui reprocher? Tout d'abord, il ne le pense pas. Ce qui paraît une insuffisance est dû à l'extraordinaire nouveauté de cette pensée:

«Il ne faut pas accuser Hegel de ruse, d'hypocrisie. La nouvelle conception tranchait tellement sur la précédente qu'il n'avait pu lui-même *déduire* toutes les conséquences de ses principes».[25]

Aussi bien est-il très fréquent de voir un auteur incapable de comprendre à quel point sa propre pensée était révolutionnaire. Quoique

[20] *Id.*, *Dnevnik*, 15/IX/1844, in *Polnoe.*, t. III, p. 352.
[21] *Id.*, *Dnevnik*, 6/XII/1843, in Polnoe., t. III, p. 145.
[22] *Id.*, *Dnevnik*, 14/IV/1844, in *Polnoe*, t. III, p. 323. Herzen note que la doctrine n'est ni aussi complète ni aussi achevée que celle de l'*Esthétique* qu'il a donc lu. Il a lu, de même, la *Philosophie du droit*, la *Philosophie de la religion* et la *Science de la logique* (cf. *Dnevnik*, 30/VIII/1844, in *Polnoe.*, t. III, p. 349; 3/IX/1844, t. III, p. 350; *Diletantizm v nauke*, t. III, p. 191).
[23] *Id.*, *Dnevnik*, 15/IX/1844, in *Polnoe.*, t. III, pp. 353–354.
[24] «Je viens de relire presque jusqu'à la fin la première partie de l'*Encyclopédie*. Mon Dieu! quel puissant génie. A la relecture, on s'aperçoit que l'on a une compréhension trop pauvre et trop étroite» (*Id.*, Pis'mo k. E. T. Koršu, 27/VII/1844, in *Polnoe.*, t. III, p. 398).
[25] *Id. Dnevnik*, 30/IX/1842, in *Polnoe.*, t. III, p. 44.

génial, Hegel reste fils de son temps:

«Nous n'avons pas de reproches à faire à ce grand penseur! Personne ne peut s'élever au-dessus de son siècle au point de s'en évader complètement».[26]

Après cette absolution inspirée des meilleurs principes hégéliens, Herzen n'en est que plus à l'aise pour formuler ses réserves. L'homme Hegel est non seulement un homme daté, c'est aussi un homme tout court, avec ses faiblesses et ses défauts. Peut-être pas un hypocrite, mais à coup sûr un timide et un peureux. Celui qui dut à sa franchise de connaître la déportation et de finir sa vie en exil loin de cette Russie qu'il aimait tant ne pouvait pas ne pas percevoir cette faiblesse de Hegel:

«Hegel, malgré toute la puissance et la grandeur de son génie, n'était qu'un homme. Il éprouva une peur panique de s'exprimer simplement à une époque où l'on parlait une langue déformée, de même qu'il eut peur de tirer les ultimes conclusions de ses principes. Il n'eut ni l'héroïsme de se montrer conséquent ni l'abnégation d'accepter la vérité dans toute son étendue, quoi qu'il lui en coûtât».[27]

Comme Hegel n'a pas la vocation du martyr, il lui arrive de biaiser dans les formulations ou – ce qui est plus grave – de renoncer à ce qu'il croit. Non seulement il utilise cette langue abstruse des philosophes germaniques, mais il le fait intentionnellement afin de camoufler sa pensée: «Cette obscurité délibérée, cette réticence intentionnelle» avaient atteint une telle perfection que «les initiés voyaient l'athéisme là où les profanes ne trouvaient que la foi».[28] Hegel sait très bien ce qu'il devrait dire: il opte pour ces périodes embrouillées afin de masquer la vérité. *Larvatus prodeo* aurait-il pu dire comme Descartes.

Or celui qui fait passer la recherche des honneurs et de sa propre tranquillité avant la pure recherche de la vérité est bientôt contraint de se renier lui-même. Herzen remarque, à ce propos, que le vieux philosophe de Berlin s'éloigne de plus en plus des questions brûlantes de son époque:

«Le véritable Hegel, c'était ce modeste professeur d'Iéna, ami de Hölderlin, qui avait sauvé sous un pan de son habit sa *Phénoménologie* au moment où Napoléon entrait dans la ville; en ce temps-là, sa philosophie ne conduisait ni au quiétisme hindou, ni à la justification des régimes politiques existants, ni au christianisme prussien. Alors il ne donnait pas de cours sur la philo-

---

[26] *Id., Diletantizm v nauke,* in *Polnoe.,* t. III, p. 211 (trad. fr., p. 73).
[27] *Ibid.,*t. III, p. 210 (trad. fr., pp. 72–73). Cf. *Dnevnik,* 22/IX/1842, t. III, p. 43.
[28] A. I. Gercen, *Du développement des idées révolutionnaires en Russie,* in *Polnoe.,* t. VI, p. 276.

sophie de la religion, mais écrivait des choses géniales dans le genre de l'article sur le Bourreau et la peine de mort».[29]

Il serait évidemment trop simple de penser que Herzen, adepte enthousiaste du jeune Hegel, ne se serait opposé qu'à l'hégélianisme définitif de la période de Berlin. Ce serait admettre que Herzen n'aurait relevé dans l'hégélianisme que des gauchissements secondaires dus soit à la bien naturelle impuissance d'un créateur à percevoir toutes les conclusions impliquées par son système, soit au manque de courage de l'auteur à tirer ces conclusions. En fait, l'opposition de Herzen porte sur certains principes essentiels du système hégélien. La raison de cette opposition doit être recherchée moins dans le fait que Herzen a pris conscience que le philosophe de Berlin n'a pas tenu les promesses du jeune *Dozent* de Iéna que dans l'évolution et la modification de sa propre vision politique dues surtout à l'échec de la Révolution de 1848. S'il est possible avec Belinskij ou Bakounine de dater avec précision le moment de l'engouement puis de la rupture, il en va tout autrement avec Herzen. Celui-ci, au moment même où il lit Hegel avec ferveur, sympathise déjà avec les hégéliens de gauche et conserve face à Hegel une grande liberté de jugement.

§ 1. La dialectique

Herzen n'a pas été un historien de la philosophie. Nous ne lui demanderons pas un exposé détaillé des différents auteurs. Pourtant, il a bien dégagé la ligne de force qui traverse et unifie les grands idéalistes allemands. Kant, dont il admire la noble rigueur logique, a rendu impossible le retour au dogmatisme pré-critique.[30] Fichte, que Herzen connaît mal, ne peut souffrir cette barrière insurmontable que Kant avait placée entre l'homme et le Savoir absolu. Mais il manque son projet: la *Destination de l'Homme* se présente comme une profession de foi qui réintroduit un monde idéal transcendant, ce qui accentue ainsi la cassure entre l'homme et la vérité.[31] C'est à Schelling que revient le mérite d'avoir surmonté le dualisme entre l'être et la vérité, entre la nature et l'esprit.[32] Herzen exprime son admiration

---

[29] *Id., Byloe i dumy*, in *Polnoe*, t. XIII, p. 14 (trad. fr., p. 553).
[30] *Id., Pis'ma ob izučenii prirody*, in *Polnoe.*, t. IV, pp. 21–22 (trad. fr., p. 128).
[31] *Id., Dnevnik*, 4/VII/1844, in *Polnoe.*, t. III, p. 335 (trad. fr., p. 334).
[32] «Schelling est un poète d'une grande élévation; il a compris les exigences du siècle et créé non pas un éclectisme sans âme, mais une philosophie vivante, fondée sur un principe unique, d'où elle se développe harmonieusement. Fichte et Spinoza, voilà les extrêmes réunis par Schelling» (*Id.*, Pis'mo N. P. Ogarevu, 1/VIII/1833, in *Polnoe.*, t. I, p. 120).

dans un texte solennel et quelque peu grandiloquent:

«Le premier nom qui retentit en Europe à côté de celui de Napoléon, ce fut le nom d'un grand penseur. Dans une époque de lutte convulsive entre les principes, de discorde sanglante, de divergence féroce, le penseur inspiré proposa solennellement, comme fondement de la philosophie, la réconciliation des oppositions. Il ne repoussa pas les deux tendances ennemies: il reconnut dans leur lutte le processus de la vie et du développement. Il découvrit dans la lutte l'identité suprême qui supprime la lutte».[33]

Comme l'«Etrangère de Mantinée» décrivait naguère l'essence immuable de la beauté, aujourd'hui, «le Penseur inspiré» pose le principe de la nouvelle harmonie. Mais le penseur inspiré était un homme trop tourné vers le passé et aussi trop «Dilettante de génie» pour pouvoir introduire dans la réalité la réconciliation effective des contraires. Son attachement à l'ordre politique et religieux périmé et son absence de rigueur dans la pensée le conduisirent à ce renoncement honteux qu'est sa Philosophie positive.[34]

Nous voyons donc que Herzen tient pour fondamental le principe de l'unité des contraires et qu'il recherche une doctrine philosophique qui permette de résoudre toutes les contradictions dans tous les domaines. Or c'était précisément l'ambition de Hegel. Ce profond penseur a voulu unifier la Logique et l'Histoire, la Logique et la Nature, la Nature et l'Histoire. Mais que Herzen découvre dans le système qu'il admire la moindre impuissance à tout réconcilier, il est aisé de prévoir combien sa déception sera grande.

Le difficile exposé de la Science de la Logique ne le rebute pas tant il est conscient de la nouveauté et de la fécondité de cette œuvre qui contient tout le développement futur de la philosophie.[35] Si Bakounine n'avait finalement retenu de Hegel que le thème de la négation, Herzen, beaucoup plus fidèle à l'esprit du système hégélien, pense que la dialectique est essentiellement une doctrine qui permet de dépasser le dualisme sans pour autant sombrer dans le monisme. Il sait que la notion de dialectique contient, à la fois, le oui et le non, qu'elle est consentement et négation, que le oui sans le non exclut la différence, que le non sans le oui exclut l'identité. Il a parfaitement compris que cette doctrine qui récuse toute unilatéralité, fût-ce l'unilatéralité

---

[33] *Id., Diletantizm v nauke,* in *Polnoe.,* t. III, p. 190 (trad. fr., pp. 47–48).
[34] «Schelling fit l'expérience de descendre d'une conception scientifique profonde dans un somnanbulisme mystique et d'enfermer la pensée dans un hiéroglyphe» (*Id., Pis'ma ob izučenii prirody,* in *Polnoe.,* t. IV, p. 25 (trad. fr., p. 133).
[35] *Id., Diletantizm v nauke,* in *Polnoe.,* t. III, p. 191 (trad. fr., p. 48).

révolutionnaire à la manière de Bakounine, est la plus compréhensive de toutes les philosophies.

Herzen n'a pas consacré d'étude spéciale à la *Logique* de Hegel. C'est dans ses articles sur le *Dilettantisme dans la Science* et ses *Lettres sur l'étude de la nature* que se trouvent les remarques générales sur la dialectique. Ces travaux publiés sous forme d'articles dans la revue *Otečestvennye Zapiski* – les premiers en 1843, les seconds entre 1845 et 1846 – eurent un profond retentissement en Russie. Comme le titre l'indique, Herzen s'en prend aux Dilettantes et autres Bouddhistes, c'est-à-dire à ceux qui, se réfugiant dans la sphère idéale de la pensée pure, se coupent de la vie et des sciences concrètes et à ceux qui se limitent à l'horizon borné du sensible immédiat.

L'unilatéralité, nous le savons, est le péché capital qui conduit aux fausses antithèses: ou l'esprit ou le monde; ou l'empirisme ou l'idéalisme, etc... Or la philosophie – ou comme il préfère dire, la Science – ne partant de rien ne privilégie rien. Il avait lu chez Hegel:

«Nous n'avons pas besoin de nous occuper de ces représentation inutiles, et de ces façons de parler de la connaissance comme d'un instrument pour s'emparer de l'absolu, ou comme d'un milieu à travers lequel nous apercevons la vérité».[36]

Dilettantes, reprend Herzen, tous ces penseurs critiques qui perdent leur temps à examiner la valeur de la connaissance:

«C'est là pour les dilettantes l'une des difficultés les plus insurmontables. Aussi en abordant la science, ils cherchent en dehors d'elle un instrument pour la mesurer; c'est de là que vient la règle fameuse et absurde: avant de commencer à penser, il faut examiner les instruments de la pensée par une sorte d'analyse extérieure».[37]

Examiner par une sorte d'analyse extérieure revient à se demander si les conditions du savoir peuvent être séparées de l'acte par lequel on sait. Sur ce point essentiel, Herzen se montre bon disciple de Hegel.

De même que l'homme ne peut s'appuyer sur un critère dont il aurait au préalable vérifié la validité, il ne peut pas davantage partir de quelques catégories générales comme l'esprit, l'absolu, dieu:

«Ils [les Dilettantes] veulent élucider les plus difficiles problèmes de la science pour savoir pertinemment ce qu'est l'esprit, l'absolu...».[38]

---

[36] G. W. F. Hegel, *Phénoménologie de l'Esprit*, trad. J. Hyppolite, t. I, p. 67.
[37] A. I. Gercen, *Diletantizm v nauke*, in *Polnoe.*, t. III, p. 171 (trad. fr., p. 23).
[38] *Ibid.*, t. III, p. 171 (trad. fr., pp. 23–24).

Herzen dénonce, comme Hegel, cette manie de la ratiocination. Mais alors que pour ce dernier cette attitude manifeste qu'on n'a pas compris la place exacte qui doit revenir au sujet dans la connaissance, Herzen n'y décèle guère que l'effet d'une intempérance.[39]

Il est vrai que Hegel lui-même rapproche l'attitude de ratiocination de la présomption des vérités toutes faites sans ratiocination: chacun a toujours envie de se prendre pour la mesure de toutes choses. Or, note Herzen glosant Hegel, la philosophie a l'air si simple: «rien ne la protège; on n'y trouve ni formules, ni figures comme en mathématique, ni les palissades dont les sciences spéciales entourent leurs jardins».[40] On se sent donc la force de porter un jugement péremptoire.[41] Mais celui qui met toujours son Moi au premier plan n'a pas compris la terrible, mais salutaire leçon de Hegel. Belinskij, dès 1841, rompait définitivement avec Hegel parce qu'il trouvait que ce système opprime la personne. Herzen accepte, du moins à l'époque des *Lettres sur l'étude de la nature*, la position hégélienne. Pourtant, il n'aurait pas lui non plus adhéré à une doctrine qui humilierait la personne. Aussi bien ne prête-t-il pas à l'auteur de la *Phénoménologie* une telle pensée. Que demande donc Hegel? Tout simplement de détruire dans le sujet ce qui est unilatéral, contingent, purement individuel, partant ce qui procède du sentiment plus que de la raison:

«Ceux qui gardent des convictions personnelles aiment non pas *la vérité*, mais ce qu'ils *appellent* vérité».[42]

Or, «la raison ne connaît pas *cette* personne-ci; elle connaît seulement la nécessité des personnes en général ... Le catéchumène de la science doit sacrifier sa personne; il doit la considérer non pas comme véritable, mais comme contingente et la rejeter avec toutes ses convictions particulières avant de pénétrer dans le temple de la science».[43] C'est un sacrifice fort douloureux. La préface de la *Phénoménologie de*

[39] G. W. F. Hegel, *Phénoménologie de l'Esprit*, trad. J. Hyppolite, t. I, pp. 56–57. A. I. Gercen, *Diletantizm v nauke*, in *Polnoe.*, t. III, pp. 171–172 (trad. fr. pp. 23–24).
[40] A. I. Gercen, *Diletantizm v nauke*, in *Polnoe.*, t. III, p. 168 (trad. fr., p. 20).
[41] «Notez que chacun s'estime juge compétent, car chacun est convaincu de son intelligence et de la supériorité de celle-ci sur la science, alors même qu'il n'en aurait lu que l'introduction. Un grand penseur a dit: «Il n'y a pas d'homme au monde qui croit que l'on puisse faire des chaussures sans avoir appris le métier de cordonnier, encore que chacun possède un pied servant de mesure à la chaussure. La philosophie ne bénéficie même pas de ce droit» (*Ibid.*, t. III, p. 169 (trad. fr., p. 21). La dernière partie est une citation libre de Hegel, *Phénoménologie de l'Esprit*, trad. J. Hyppolite, t. I pp. 57–58.
[42] A. I. Gercen, *Diletantizm v nauke*, in *Polnoe.*, t. III, p. 168 (trad. fr., p. 19).
[43] *Ibid.*, t. III, p. 213 (trad. fr., p. 76).

l'Esprit rappelle que «l'esprit conquiert sa vérité seulement à condition de se retrouver soi-même dans l'absolu déchirement».[44] Le pathétique d'une telle situation, Herzen l'exprime dans une envolée d'une grande beauté:

«Passer par les souffrances de la *Phénoménologie de l'Esprit*, verser le sang brûlant de son cœur, pleurer des larmes amères, dépérir sous le poids du scepticisme, plaindre, aimer beaucoup de choses, beaucoup aimer et tout donner à la vérité, tel est le poème lyrique de celui qui se livre à la science. La science devient un terrible vampire, un esprit qui ne peut être conjuré par aucun charme, car c'est l'homme qui l'a fait sortir de sa propre poitrine et il n'a pas *où* se réfugier».[45]

Cependant, ce sacrifice douloureux est salutaire puisque par un tel renoncement l'homme accède au règne de la liberté: la science ne supprime l'individuel que pour le rendre universel, et la personne se retrouve alors à un plan supérieur:

«Ce processus par lequel la personnalité se perd dans la science est le processus de la formation d'une personnalité consciente, librement raisonnable, dégagée de l'immédiateté naturelle».[46]

Celui qui ose perdre son âme la retrouvera, conclut Herzen. Il faut mourir à l'individualité naturelle afin de renaître dans l'esprit. Sur ce point si délicat qui a déclenché la révolte de Belinskij et plus tard celle de Kierkegaard, Herzen est parfaitement d'accord avec Hegel. Nous l'avons vu plus haut, Belinskij refuse de sacrifier son moi au Logos hégélien justement parce qu'il oppose violemment l'universel et le singulier, méconnaissant ainsi l'intention profonde et même la lettre de Hegel. Si Herzen ne commet pas cette erreur d'appréciation, c'est qu'il a beaucoup mieux compris la nature profonde de la dialectique hégélienne.

Il sait, en particulier, que la pensée dialectique implique finalement le thème de la «circularité» lequel interdit de privilégier l'un des deux termes de l'opposition. Hegel notait:

«Le vrai est le devenir de soi-même, le cercle qui présuppose sa fin comme son but, et a cette fin pour commencement et qui n'est effectif que par son accomplissement et sa fin».[47]

[44] G. W. F. Hegel, *Phénoménologie de l'Esprit*, trad. J. Hyppolite, t. I, p. 29.
[45] A. I. Gercen, *Diletantizm v nauke*, in *Polnoe.*, t. III, p. 215 (trad. fr., p. 78).
[46] *Ibid.*, t. III, p. 214 (trad. fr., p. 77).
[47] G. W. F. Hegel, *Phénoménologie de l'Esprit*, trad. J. Hyppolite, t. I, p. 19.

Ce texte si dense rassemble deux idées difficiles à penser en même temps: celle du refus d'une origine – le cercle est l'image d'une totalité close qui n'a aucun point de départ-; et celle d'une autoconstruction due à la scission et à la négativité – le cercle est alors l'image d'une totalité maintenue ouverte par la patience et la douleur du négatif.[48] Herzen commence par poser le principe général:

«La science n'exige rien d'avance; elle ne propose aucun principe à croire. Possède-t-elle même de tels principes que l'on pourrait transmettre par avance? Ses principes, c'est sa fin, son dernier mot, le résultat de tout le mouvement...».[49]

S'il y a mouvement dialectique, ce mouvement n'a pas de point de départ. Herzen a parfaitement vu que cette conception du mouvement circulaire conduit tout droit à refuser la transcendance aussi bien sous sa forme verticale (dans le sens platonicien d'un double de ce monde) que sous sa forme horizontale (dans la perspective des philosophes classiques qui tombent dans le dogmatisme de la Chose-en-soi ou du Sujet-en-soi).

L'illusion de la transcendance verticale provient d'une perception non dialectique du monde. Le Dilettante qui reste au niveau de l'entendement se demande comment l'intrinsèque invisible s'est transformé en extrinsèque invisible: il part de l'idée que l'intérieur cache un mystère inaccessible à la raison. Il ne se contente donc pas seulement d'abstraire la cause de l'effet, il voudrait aussi *«dégager* l'essence, l'intrinsèque afin de pouvoir les contempler».[50] Le Dilettante est ainsi conduit à chercher hors du monde naturel le principe de l'existence de ce monde: la religion est alors la conclusion logique de ce raisonnement.

Avant sa découverte de Hegel, Herzen trouvait consolant la thèse de l'unité de la philosophie et de la religion. En 1839, alors qu'il attend la naissance d'un enfant, il note: «Dieu me confie ce petit être et je le dirigerai vers Dieu».[51] Les malheurs qui ne l'épargneront guère commencent à s'abattre sur lui. L'enfant meurt à la naissance. Son ami Ogarev, pour le consoler, lui envoie une épître philosophique sur l'absolu et le contingent que Herzen juge fausse et déplacée. Pourtant, il ne se révolte pas contre Dieu et trouve même dans la religion la force de supporter cette cruelle épreuve. Il ne comprend pas, mais il

---

[48] *Id.* Préface à la *Phénoménologie de l'Esprit*, notes de J. Hyppolite, collection bilingue, Aubier, pp. 182–183.
[49] A. I. Gercen, *Diletantizm v nauke*, in *Polnoe.*, t. III, p. 175 (trad. fr., p. 28).
[50] *Ibid.*, t. III, p. 172 (trad. fr., p. 24).
[51] *Id.*, Pis'mo k N. Ch. Ketčeru, in *Polnoe.*, t. II, p. 263.

continue à croire. Précisément à l'époque où il a entrepris la lecture de Hegel, il perd ses trois enfants. Son journal contient des notations où perce l'inquiétude:

«Je ne puis même pas les envier [les hommes puérilement religieux] quoique je m'étonne de l'énigme que présente la guérison d'un malheur sans issue par une conviction subjective illusoire».[52]

Zenkovskij, qui cite ce passage, ajoute que «c'est sans doute une crise spirituelle aiguë qui emporte non seulement le serein panlogisme de Hegel, mais encore la foi».[53] En fait, Herzen n'abandonne pas le pan- logisme de Hegel pour la bonne raison qu'il n'a jamais soutenu que l'hégélianisme était un panlogisme. Quand à l'influence de cette épreuve sur sa foi, on peut vraisemblablement supposer qu'elle a préparé Herzen à accueillir l'immanentisme. Mais il ne faudrait pas sous-estimer l'importance de la réflexion philosophique dans la marche de Herzen vers l'athéisme. Si la religiosité ne fut guère qu'un mysti- cisme sentimental, son athéisme, par contre, est le résultat d'une décision réfléchie.

Dans ce même *Journal* où quelques jours plus tôt il traitait l'attitu- de religieuse de conviction subjective, Herzen consacre une page à la montée de l'athéisme au XVIIIe siècle. Il note combien rapidement le timide déisme de Voltaire a dû céder la place au matérialisme athée des Encyclopédistes. Bien qu'il n'accepte pas lui-même la platitude de l'*Aufklärung*, il sent que cette doctrine est une étape nécessaire pour parvenir à une meilleure compréhension de Dieu:

«Le fait qu'on le niait en tant que Jéhovah, en tant que Jupiter, en tant qu'étranger à la terre, jugeant d'en-haut, le dégageait de l'ultime finalité que lui prêtaient les représentations religieuses, ainsi que de l'ultime abs- traction de la philosophie».[54]

Le dieu qui n'est plus l'Etranger qui juge d'en-haut, Herzen le trouve chez Hegel. Dès sa première lecture de la *Phénoménologie de l'Esprit*, il est convaincu que Hegel conduit à l'immanentisme:

«Où jeter l'ancre? Tout se dissout, se fond, se volatilise. Mais bientôt retentit une voix forte qui demande comme Jules César: 'Que crains-tu? c'est *moi* qui te porte!' Ce César, c'est l'esprit infini qui vit dans le cœur de

[52] *Id.*, *Dnevnik*, 4/IV/1842, in *Polnoe.*, t. III, pp. 20–21.
[53] B. Zenkovsky, *Histoire de la philosophie russe*, t. I, p. 317.
[54] A. I. Gercen, *Dnevnik*, 13/IV/1842, in Polnoe, t. III, p. 23.

l'homme; à l'instant où le désespoir est prêt à reprendre ses droits, l'esprit se réveille; il se retrouve dans ce monde-ci: voilà sa patrie».[55]

Koyré ajoute très pertinemment: «L'au-delà a disparu. L'esprit est immanent au monde. Il n'y a plus de place dans cette doctrine pour une transcendance divine».[56]

D'autres Occidentalistes, Bakounine en particulier, ont cru que la philosophie de Hegel se fondait sur l'existence de dieu. Pour Herzen, au contraire, Hegel est le type même du philosophe antireligieux. Il n'a jamais eu le moindre doute à ce sujet. Quand Khomjakov lui expose que des principes hégéliens il est impossible de déduire la personnalité de dieu ou même la transcendance, Herzen ne fait pas la moindre objection: c'est ainsi qu'il comprend lui-même Hegel. Essentiellement, si l'hégélianisme ne se présente pas comme un athéisme radical, c'est sûrement une philosophie qui ne laisse aucune place pour un dieu transcendant.[57]

Ainsi, le détour par l'Au-delà est-il toujours le résultat d'une abstraction idéalisante. L'intérieur, l'essence des choses, Herzen sait maintenant qu'ils se trouvent dans le phénomène. Essence et phénomène sont des termes corrélatifs:

«Bref, l'extérieur est un intérieur qui se manifeste, et l'intérieur est tel parce qu'il possède son extérieur. Un intérieur sans extérieur est une sorte de mauvaise possibilité, car il ne peut pas se manifester; un extérieur sans intérieur est une forme vide-de-sens».[58]

Telle est la base philosophique sur laquelle s'appuie Herzen pour refuser la transcendance verticale vers un deuxième monde.

C'est aussi ce qui le conduit, à la suite de Hegel, à en finir avec les fausses oppositions entre sujet-objet, esprit-nature, logique-réel, idéalisme-empirisme. Herzen commence par constater que le monde est soumis à la mobilité universelle. Au «le vivant sent le vivant» de Hegel correspond «un esprit vivant sympathise avec ce qui est vivant».[59] Mais le point de départ de Hegel fut peut-être moins la vie en général que l'inquiétude de la vie. Herzen accepte cette vue: le monde est entraîné par une force puissante à se dépasser continuellement:

[55] *Id.*, *Diletantizm v nauke*, in *Polnoe*, t. III, p. 174 (trad. fr., p. 27).
[56] A. Koyré, *Etudes sur l'histoire de la pensée philosophique en Russie*, p. 197.
[57] A. I. Gercen, *Dnevnik*, 21/XII/1842, in *Polnoe*, t. III, pp. 62–63.
[58] *Id.*, *Diletantizm v nauke*, in *Polnoe.*, t. III, p. 172 (trad. fr., p. 25).
[59] *Ibid.*, t. III, p. 174 (trad. fr., p. 27).

«Prend-on un seul moment, une force invisible entraîne vers l'opposé; c'est le premier frémissement vital de la pensée: la substance entraîne vers la manifestation, l'infini vers le fini».[60]

Il ne faut donc pas se laisser abuser par l'apparente immobilité de l'être. Si une vue superficielle peut certes ne percevoir que la permanence, le réel dans ses profondeurs est en perpétuel devenir:

«En philosophie, comme dans la mer, il n'y a ni glace ni cristal: tout se meut, coule, vit; à chaque endroit, la profondeur est la même».[61]

Le lecteur peut se demander si toutes ces images n'évoqueraient pas davantage le πάντα ρεῖ d'Héraclite que la dialectique de Hegel. Il n'en est rien. Herzen sait qu'Héraclite, pour avoir enseigné la mobilité universelle de l'être, doit être tenu pour un lointain précurseur de la dialectique hégélienne. Mais cette anticipation géniale n'est pas encore la vraie dialectique. Héraclite, en effet, n'a pas eu le courage de reconnaître que l'être est identique au non-être: il s'est contenté de remplacer l'Un éléatique par le mouvement au lieu d'unir dialectiquement le Même et l'Autre. C'était rester encore prisonnier de la positivité absolue:

«Il n'a donc pas seulement conçu la nature comme un processus, mais il l'a conçue comme un processus autonome».[62]

Aussi le principe du mouvement n'est-il plus «qu'une nécessité fatale, pesante, qui se maintient dans la diversité et s'impose on ne sait pourquoi comme une force irrésistible, comme une donnée-brute, et non comme un but libre, conscient».[63] Héraclite, trop matérialiste, n'a pas vu qu'il est impossible d'expliquer le mouvement sans faire intervenir le Logos.

On sait combien le problème des rapports entre le Logos et la Nature soulève de difficultés. C'est certainement l'un des points les plus obscurs du système hégélien. Personne ne nie, cependant, que selon Hegel il ne peut y avoir de dialectique sans Logos, quitte à donner par la suite des interprétations fort divergentes de la notion hégélienne de Logos et d'Esprit. La position de Herzen est difficile à saisir. Lénine affirme que Herzen, sous l'influence de Feuerbach, a professé une doctrine matérialiste. Pléchanov, déplore, au contraire, que Herzen

---

[60] *Ibid.*, t. III, p. 173 (trad. fr., p. 26).
[61] *Ibid.*, t. III, p. 169 (trad. fr., p. 20).
[62] *Id.*, *Pis'ma ob izučenii prirody*, in *Polnoe.*, t. IV, p. 59 (trad. fr., p. 174).
[63] *Ibid.*, t. IV, p. 59 (trad. fr., p. 174).

n'ait pas suivi la thèse de Feuerbach sur le primat de l'être sur la pensée. Pourtant, après une lecture d'un article de Wigand où il lit: «Das Denken ist nichts Anderes, als die Welt selbst, wie sie von sich weiss, das Denken ist die Welt, die als Mensch sich selbst klar wird», Herzen ajoute: «L'esprit, la pensée sont les résultats de la matière et de l'histoire».[64] Faut-il en conclure qu'il abandonne l'idéalisme? Pléchanov ne le pense pas. Pour étayer sa thèse, il s'appuie sur *Les Lettres sur l'étude de la nature* légèrement postérieures. Dans cette œuvre, Herzen continue à souligner l'importance de l'esprit par rapport à la nature. Une échappatoire, pour celui qui voudrait faire de Herzen un matérialiste, consisterait à dire que cet auteur ne s'oppose qu'au matérialisme des Encyclopédistes et non à celui de Feuerbach. Ce dernier philosophe affirme, en effet, que dans le rapport entre l'être et la pensée, c'est l'être qui est sujet et la pensée qui est le prédicat. Par conséquent, la pensée vient de l'être et non l'inverse: la nature serait donc bien le fondement de l'esprit. Comme nous le verrons, tout lecteur de Herzen sait évidemment qu'on trouve chez lui des affirmations qui semblent aller dans ce sens. Mais ces passages que connaît Pléchanov ne suffisent pas à le convaincre que Herzen soit devenu matérialiste. Les textes antiidéalistes sont dirigés contre l'idéalisme subjectif de Kant et de Fichte, non contre l'idéalisme absolu de Hegel:

«Herzen considère que ses objections contre le matérialisme de jadis sont valables contre toute forme de matérialisme possible».[65]

La conclusion de Pléchanov sera que Herzen s'oriente de plus en plus vers une vue matérialiste du monde, mais ne professera jamais explicitement le matérialisme.

L'embarras des commentateurs traduit celui de Herzen pour ne pas dire celui de Hegel. Il faut bien voir que Herzen distingue deux problèmes: celui de l'origine de l'homme, et celui de l'unité de l'homme et de la nature. Tout l'effort de Herzen consiste à tenir que l'homme est un produit de la nature, et cependant ne se réduit pas à la nature. Certains trouveront qu'il gauchit profondément Hegel: faire sortir l'esprit de la nature, n'est-ce pas «naturaliser» l'esprit? D'autres verront, au contraire, dans cette position une exigence de cohérence logique et finalement la marque d'une fidélité à l'intention profonde de l'hégélianisme:

---

[64] *Id., Dnevnik*, 29/VI/1844, in *Polnoe.*, t. III, p. 334.
[65] G. V. Plechanov, Filosofskie vzgljady A. I. Gercena, in *Sočinenija*, t. XXIII, p. 367.

que pouvait dire d'autre un lecteur de Hegel qui, d'une part, est convaincu de l'absence de dieu et qui, d'autre part, refuse de réduire la pensée à n'être qu'une forme élaborée du cerveau. Herzen formule sa théorie avec beaucoup de précision dans une lettre qu'il envoie à son ami Ogarev:

«La substance-matérielle est en bas [c'est-à-dire, dans la nature] une abstraction tout comme la logique est en haut [dans l'esprit] une abstraction. Ni l'une ni l'autre n'existent finalement dans la réalité concrète. Il n'y a qu'un processus, une interaction, une lutte de l'être et du non-être, un Werden».[66]

Dans cette même lettre, il réfute explicitement la position idéaliste qui prétend poser le logique antérieurement à la nature et le matérialisme qui prend la pensée pour une sécrétion du cerveau.

Bien sûr, Herzen réaffirme souvent que l'homme vient de la nature:

«La pensée est quelque chose d'aussi naturel que l'étendue: c'est un degré d'évolution comme le mécanisme, le chimisme, le monde organique, mais à un niveau supérieur».[67]

Il faut donc reconnaître que Herzen attribue à l'esprit une place moins importante que ne le fait Hegel. La raison en est simple: il ne s'offre pas la facilité que s'accorde Hegel qui fait intervenir partout le Logos, mais reste très discret sur le problème du fondement du Logos. Chez Herzen, il n'y a même plus l'ombre d'un dieu pour y fonder le Logos. Que ceux donc qui l'accusent d'écourter la dialectique hégélienne reconnaissent aussi que face à cette indécision de Hegel, il fallait choisir! Le choix de Herzen, c'est évidemment l'hégélianisme de gauche, donc le refus de la transcendance.

Ce choix fait, on s'aperçoit alors que Herzen est l'un des hégéliens de gauche qui continue à accorder à l'esprit la place la plus importante. Il insiste infiniment plus que Feuerbach sur l'irréductibilité de l'esprit par rapport à la matière. En effet, cette génération de l'homme à partir de la nature, il ne faut pas la concevoir comme le résultat d'une évolution purement mécaniste:

«La conscience n'est nullement une étrangère pour la nature; elle est le degré suprême de l'évolution de la nature qui part de l'existence positive, indivise dans le temps et dans l'espace, passe par la détermination négative et négatrice de l'homme en opposition à la nature, et aboutit à la découverte de leur véritable unité».[68]

[66] A. I. Gercen, Pis'mo k. N. P. Ogarevu, 1–13/I/1845, in Polnoe., t. III, p. 436.
[67] Id., Pis'ma ob izučenii prirody, in Polnoe., t. IV, pp. 169–170 (trad. fr., p. 310).
[68] Ibid., t. IV, p. 33 (trad. fr., p. 142).

Celui qui ne connaîtrait pas la terminologie hégélienne aurait du mal à comprendre ce texte. On y retrouve tous les thèmes de la scission, du dédoublement et du rapport dialectiques. D'après Hegel, le sujet n'acquiert sa liberté que par la suppression dialectique de son être-autre. Dans cette longue phrase que nous nous excusons de citer in extenso, Herzen ne dit pas autre chose:

«Au début, l'objet est tout à fait hors de la pensée; l'activité intellectuelle personnelle de l'homme commence par chercher à savoir en quoi consiste sa vérité, sa raison; à mesure que la pensée dégage l'objet (et se dégage elle-même) de tout ce qui est particulier et contingent, à mesure qu'elle pénètre davantage dans sa raison, elle découvre que cette raison de l'objet est aussi la sienne; en cherchant la vérité de l'objet, elle trouve qu'elle est elle-même cette vérité; plus la pensée se développe, plus elle devient indépendante, autonome de l'objet et de la personne du penseur; elle les relie, supprime leur différence dans une unité supérieure, s'appuie sur eux. Alors, libre, indépendante, étant elle-même sa propre loi, la pensée domine le penseur et l'objet, unifiant en elle-même les deux moments unilatéraux en un tout harmonieux, c'est-à-dire l'existence en tant qu'*être-en-soi* et la conscience en tant qu'être-pour-soi».[69]

Il suffit aussi de lire la deuxième des *Lettres sur l'étude de la nature* qui a pour titre «La phénoménologie de la pensée pour comprendre combien Herzen reste fidèle à l'intention profonde du système hégélien. C'est là qu'il écrit: «La science a pour tâche d'ériger en pensée tout ce qui existe».[70] Ainsi, le concept est la vérité de la réalité, c'est l'accomplissement de l'en-soi devenu pour-soi; c'est l'être-conçu qui se manifeste pleinement dans la clarté et la liberté du concept. Sans doute, Herzen est loin d'avoir assimilé la totalité de la doctrine hégélienne du Logos et du langage. Pourtant, s'il ne fait qu'effleurer ce thème, ses remarques prouvent qu'il en comprend toute l'importance. Dans un premier moment, l'être semble totalement extérieur à la pensée: l'homme se contente alors de parler sur l'objet sans l'entraîner dans la vie propre de la conscience:

«Au commencement du processus logique, l'objet reste passif et la personne s'affirme en étudiant l'objet, en reliant l'être de l'objet à sa propre intelligence, avec le souci de maintenir l'objet tel qu'il est sans l'entraîner dans le processus de la connaissance».[71]

Une idée abstraite tient lieu de la chose. Mais la pensée ne peut se satisfaire d'abstractions: il faut que la réalité vivante, concrète

[69] *Ibid.*, t. IV, p. 32 (trad. fr., p. 141).
[70] *Ibid.*, t. IV, p. 30 (trad. fr., p. 139).
[71] *Ibid.*, t. IV, p. 40 (trad. fr., p. 151).

devienne le contenu même de l'esprit. Vivante et multiple, la réalité semble devoir échapper toujours à la saisie intellectuelle. Face à ce tourbillon, à ce cyclone, à ce désordre, l'intelligence renonce: le seul moyen qui reste, c'est le moyen rudimentaire qui consiste à montrer l'objet du doigt. La singularité sensible passe et se nie: impossible de la désigner par un nom. Toutefois, ce qui échappe à l'entendement peut être saisi par la raison dialectique:

«*Par sa parole*, l'homme arrache les choses au tourbillon qui les emporte et les anéantit; en leur donnant un nom, il les reconnaît, les fait renaître en soi, leur accorde une seconde existence et du coup les introduit dans la sphère de l'universel».[72]

Comme pour Hegel, le langage est, selon Herzen, l'acte qui transpose dans la lumière de l'intelligence l'opacité des réalités sensibles. Herzen se fait lyrique:

«Nous sommes tellement habitués à la parole que nous oublions la grandeur de cet acte solennel qui constitue l'avènement de l'homme au trône de l'univers».[73]

Le langage est, en effet, l'existence de l'essence: à travers la parole, la nature se révèle comme Logos. Pris isolément, tel passage de Herzen pourrait laisser croire que le langage est une doublure du monde réel, un peu à la manière de Platon.[74] Ce serait mal comprendre ce qu'il veut dire. Sur ce point, Herzen dépend de Hegel: le langage nie et conserve le sensible; il le nie comme contingent et le conserve comme nécessaire. Au fond, le langage ne fait que manifester l'identité profonde – quoique cachée – entre le sensible et le rationnel:

«L'homme commence par la saisie immédiate de l'unité de l'être et de l'*intuition*, et il termine par la conscience de l'unité de l'être et de la pensée».[75]

Cette unité de l'être et de la pensée trouve sa traduction effective dans la parole qui est, à la fois, intériorisation du monde et extériorisation du moi.

Nous préférons attendre d'avoir exposé la philosophie de la nature de Herzen pour porter un jugement sur sa conception de la dialectique.

---

[72] *Ibid.*, t. IV, p. 36 (trad. fr., p. 147).
[73] *Ibid.*, t. IV, pp. 36–37 (trad. fr., p. 147).
[74] «Ainsi, l'objet de la connaissance se trouve dès le début séparé de l'être immédiat et conserve son extériorité par rapport à la pensée, en tant qu'universel. Cet objet universel possède une immédiateté de *second ordre*» (*Id.*, Pis'ma ob izučenii prirody, in Polnoe., t. IV, p. 39 (trad. fr., pp. 150–151).
[75] *Ibid.*, t. IV, p. 39 (trad. fr., p. 150).

Nous voudrions seulement faire remarquer que si Herzen prend ses distances par rapport à son maître, il reste profondément sous son influence. On accordera à Koyré que s'il y a dépassement, c'est «pour aboutir à quelque chose qui représente bien l'idéal hégélien».[76] Parti d'une profonde compréhension du thème de la circularité, Herzen en a tiré avec beaucoup de rigueur toutes les conséquences: le dualisme théologique qui conduit à la transcendance de dieu et le dualisme philosophique qui oppose la pensée à l'être sont des théories indéfendables. Cette conviction, Herzen la conservera toute sa vie.

§ 2. Dialectique de la nature

La dialectique de l'être et de la pensée trouve sa première application concrète dans la philosophie de la nature. Le *Dilettantisme dans la science* et les *Lettres sur l'étude de la nature*, les seuls ouvrages didactiques de Herzen, sont entièrement consacrés à ce sujet. Ces deux livres sont quelque peu différents: le premier est plus systématique, le second plus historique ou du moins, à la manière de Hegel, utilise l'histoire pour faire œuvre spéculative. Enfin, Herzen est beaucoup plus critique à l'égard de Hegel dans le second. Toutefois, comme cette plus grande réserve porte plutôt sur la signification globale de l'hégélianisme que sur la philosophie de la nature, nous n'avons pas cru nécessaire de donner un exposé séparé de ces deux travaux.

Les historiens qui inclinaient à faire de Herzen un matérialiste ont tendance à ne voir dans sa philosophie de la nature qu'une variante du positivisme. Ainsi, Labry:

«L'Encyclopédie de la nature le conduit en fait, avant qu'il ne connaisse Auguste Comte, à un véritable positivisme qui demande aux sciences les formes de ce devenir par lequel la raison se réalise inconsciemment dans les choses».[77]

D'autres, comme Zenkovskij, soutiennent un point de vue diamétralement opposé: la philosophie de la nature de Herzen est si peu matérialiste qu'elle est, en fait, une *Naturphilosophie* héritée du romantisme schellingien:

«Mais ce qu'il dit en général de la nature et de la place de l'homme dans celle-ci ne dépasse pas le vitalisme schellingien. Pour Herzen, la nature est

---

[76] A. Koyré, *Etudes sur l'histoire de la pensée philosophique en Russie*, p. 206.
[77] A. Labry, *Alexandre Herzen.*, p. 257. Cf. Th. G. Masaryk, *Zur russischen Geschichts- und Religionsphilosophie*, t. I, p. 353.

un courant d'être inépuisable dans son énergie et que l'on peut sonder jusqu'au fond».[78]

Quant à Pléchanov, Tschiževskij et Koyré, ils reconnaissent que Herzen n'a pas trahi Hegel. Selon Koyré, les *Lettres sur l'étude de la nature* ne sont «ni du matérialisme . . . ni du positivisme comtien, mais de la bonne *Naturphilosophie* hégélienne».[79] Il est vrai que Herzen aurait dû être bien infidèle à son propos s'il avait donné une interprétation matérialiste de la nature, puisqu'il rédige cette double série d'articles tout autant pour réfuter le matérialisme que l'idéalisme.

Le terrain privilégié des épistémologies d'inspiration kantienne qui portent sur la catégorie de quantité est la science physico-mathématique. A l'université, Herzen s'était surtout préparé à l'étude des sciences biologiques. Il s'intéresse donc plus à la catégorie de qualité qu'à celle de quantité et se trouve ainsi en parfait accord avec Hegel. Ayant achevé la lecture de la philosophie de la nature de l'*Encyclopédie*, il consigne dans son *Journal:*

«Quel pas immense pour s'affranchir des forces abstraites et pour remettre à leur place les catégories, les notions qualitatives qui opprimaient tout ce qui est terrestre. Quelle supériorité donnée à la qualité, au concret».[80]

A la quantité abstraite, Herzen oppose la qualité concrète. La vie, la mobilité et l'inquiétude de la vie qui s'efforcent vers des totalités toujours plus compréhensives, telle est l'intuition fondamentale de Herzen – est-il besoin de souligner que c'était aussi celle de Hegel! Voici un texte, pour n'en citer qu'un seul:

«Interrogeons la nature: pas claire pour elle-même, tourmentée et obsédée par ce manque de clarté, tendue vers un but qu'elle ignore, mais qui est tout de même le principe de son inquiétude, elle se fraie un passage vers la conscience de mille manières, met en acte toutes les possibilités, se jette de tous côtés, frappe à toutes les portes en créant des variations innombrables sur le même thème».[81]

Ce thème vitaliste d'une nature qui s'organise et est un tout organisé demeure l'intuition centrale de Herzen. Comme Schelling et Hegel, il fait intervenir la loi de «polarité» pour rendre compte du développement de la nature. Entre les différentes productions qui résultent de ce jeu d'oppositions, nulle cloison étanche:

[78] B. Zenkovsky, *Histoire de la philosophie russe*, t. I, p. 319.
[79] A. Koyré, *Etudes sur l'histoire de la pensée philosophique en Russie*, p. 203.
[80] A. I. Gercen, *Dnevnik*, 14/IV/1844, in *Polnoe.*, t. III, p. 323.
[81] *Id.*, *Diletantizm v nauke*, in *Polnoe.*, t. III, p. 230 (trad. fr., p. 98).

«Les œuvres de la nature ne forment pas seulement une échelle. Non, elles représentent à la fois l'échelle et ce qui monte dessus: chaque échelon est, en même temps, le moyen, le but et la cause».[82]

Le développement du monde trouve son principe et sa fin à l'intérieur du monde lui-même. Herzen adopte donc la conception immanentiste de la finalité de Hegel. A Ogarev qui ne comprend pas la continuité entre le monde organique et le monde inorganique, il répond qu'il reste prisonnier du vieux syllogisme qui toujours sépare indûment ce qu'il faut unir:

«La nature n'aime pas les castes hindoues. La chimie et la physiologie sont l'objet d'un unique processus».[83]

Le flux naturel produit les différents êtres par des mutations brusques et non à la suite d'une longue évolution. Sans doute, Herzen donne à la nature le pouvoir de produire ces formes nouvelles, alors que pour Hegel il n'y a entre une forme supérieure et une forme inférieure qu'une dépendance ontologique, mais pas dynamique ou efficiente. La différence, pour significative qu'elle soit, ne permet pas d'opposer Herzen à Hegel. Lui-même souligne explicitement son accord:

«Hegel a essayé le premier de comprendre la vie de la nature dans son développement dialectique depuis la matière qui se détermine elle-même dans le rapport planétaire jusqu'à l'individualisation dans un corps déterminé, jusqu'à la subjectivité, sans introduire aucun agent si ce n'est le mouvement logique du concept».[84]

Alors, si la nature trouve en elle-même la force qui lui permet de dépasser ses propres limites, si elle est un processus d'auto-organisation, elle ne semble pas avoir besoin de l'Esprit: étant une totalité, la nature devrait se suffire à elle-même.

Il n'en est rien. Encore une fois la position de Herzen rejoint celle de Hegel: la nature se développe elle-même, mais uniquement parce qu'elle est l'Autre de l'Esprit et qu'elle contient l'Idée en son sein. Cette Idée présente dans la nature, c'est la loi:

---

[82] «La vie de la nature est un développement continu par lequel l'élément abstrait, simple, incomplet, spontané devient concret, complet, complexe; c'est le développement du germe par la différenciation de tout ce qui est contenu dans son concept et l'effort continuel pour amener ce développement jusqu'à la plus parfaite concordance entre la forme et le contenu: telle est la dialectique du monde physique» (*Id.*, *Pis'ma ob izučenii prirody*, in *Polnoe.*, t. IV, p. 33 (trad. fr., p. 143).

[83] A. I. Gercen, Pis'mo k N. P. Ogarevu, 1–13/I/1845, in *Polnoe.*, t. III, p. 436.

[84] *Id.*, *Dnevnik*, 19/IV/1844, in *Polnoe.*, t. III, p. 324.

«Il va de soi que l'idée de l'objet n'est pas exclusivement l'apanage personnel du penseur: ce n'est pas lui qui l'a fait entrer dans la réalité en la pensant... Elle préexistait en tant que raison cachée dans l'être immédiat de l'objet, comme son droit à l'existence *révélé* dans le temps et l'espace, comme sa loi s'accomplissant d'une manière pratique et témoignant de l'unité inséparable de cette idée avec l'être».[85]

Puisque la raison est dans la nature, la régularité du développement harmonieux de la nature n'est plus quelque chose de mystérieux.

Cependant, au niveau de la simple nature inorganique ou même organique, on décèle une tension entre l'essence et l'existence: si le concept y est actif, il ne domine pas absolument. Aussi la nature connaît-elle des écarts par rapport à la loi, et le processus de transformation n'est-il pas strictement déterminé. La nature se jette de tous côtés pour se frayer un passage: d'où cette part de contingence que Herzen se plaît à souligner. Tellement de contingence même que Zenkovskij en conclut qu'«il n'y a point de trace de l'interprétation hégélienne de la nature dans cet irrationalisme».[86] Ce jugement est très excessif, car s'il est vrai que Herzen est plus attentif que Hegel à la prodigieuse, et quelque peu prodigue vitalité de la nature, il ne fait guère plus que constater – tout comme Hegel – l'impuissance relative du concept à maîtriser pleinement la nature:

«L'esprit est éternel, la matière est la forme constante de son être-autre. Dès que la forme en est capable, dès qu'elle peut exprimer l'esprit, elle l'exprime».[87]

Herzen poursuit en reconnaissant que l'Etre-autre demeure inadéquat au concept et que par conséquent la nature reste soumise à une certaine contingence. Il est donc étrange de ne percevoir dans ces textes aucune trace de l'interprétation hégélienne!

Puisque la nature est l'Autre de l'Esprit, ces deux réalités forment une unité dialectique. Pour Hegel, l'esprit ne revient près-de-soi que parce qu'il s'est d'abord aliéné dans la nature: extériorisation de l'esprit dans la nature, puis intériorisation de l'esprit sont les deux moments dialectiques d'un même et unique processus. Sur ce point aussi, Herzen se montre fidèle disciple. Ogarev se demande comment Hegel peut passer de la Logique à la Philosophie de la nature. C'était une objection courante dans les cercles hégéliens de Moscou, et qui se retrouve aussi chez les Slavophiles. La préface que Schelling avait

---

[85] *Id.*, *Pis'ma ob izučenii prirody*, in *Polnoe.*, t. IV, p. 31 (trad. fr., p. 140).
[86] B. Zenkovsky, *Histoire de la philosophie russe*, t. I, p. 319.
[87] A. I. Gercen, *Dnevnik*, 14/IV/1844, in *Polnoe.*, t. III, p. 323.

donnée aux œuvres de V. Cousin, très lue dans les milieux moscovites, contenait d'ailleurs la même critique. Herzen avait aussi trouvé cette objection chez Trendelenburg.[88] Ogarev formulait ainsi sa difficulté:

«Après la construction de la logique, je ne vois pas la nécessité pour l'idée de se découvrir dans la nature».[89]

Herzen répond à son ami que sa position est le résultat d'une conception idéaliste et dualiste. Il faut bien compléter la Logique par la Philosophie de la nature puisque l'idée n'existe pas hors des choses naturelles.

Si l'idée a besoin de la nature, la réciproque n'est pas moins vraie. En effet, la finalité interne de la nature ne trouve pas son accomplissement à l'intérieur de la nature, mais tend vers l'homme:

«Toutes les aspirations, tous les efforts de la nature aboutissent à l'homme; c'est vers lui qu'ils tendent, c'est en lui que tous ces courants se jettent comme [des fleuves] dans l'océan».[90]

Les Encyclopédistes ont toujours dissocié la matière de l'idée ou ne les ont reliées que par un rapport purement extérieur. Bref, conclut Herzen, ils n'ont pas réussi à comprendre que «la nature sans la pensée est une partie, et non un tout».[91] Etre-autre de l'esprit, la nature ne peut pas parvenir d'elle-même à la pleine possession de soi. Cette impuissance de la nature dont parle Hegel, Herzen en donne une description pittoresque et imagée:

«La nature, considérée sans la conscience, est un corps sans tête, un mineur, un enfant qui n'a pas atteint la pleine possession de ses organes parce qu'ils ne sont pas tous achevés».[92]

La nature subit donc inconsciemment cette longue montée vers la conscience. Elle a besoin de l'homme pour prendre conscience de ce qu'elle est en-soi:

«Cette raison, cette vérité existante, cette conscience-de-soi qui se développe – qu'on l'appelle philosophie, logique, science ou simplement pensée humaine, empirisme spéculatif ou comme on voudra – transforme continuellement le donné empirique en une pensée claire et lumineuse, s'approprie tout ce qui est en en révélant l'idée».[93]

[88] A. I. Gercen, Dnevnik, 19/IV/1844, in Polnoe., t. III, p. 324.
[89] Id., Pis'mo k N. P. Ogarevu, 1–13/I/1845, in Polnoe., t. III, pp. 435–436.
[90] Id., Pis'ma ob izučenii prirody, in Polnoe., t. IV, p. 33.
[91] Ibid., t. IV, p. 169 (trad. fr., p. 310).
[92] Ibid., t. IV, p. 170 (trad. fr., p. 311).
[93] Ibid., t. IV, p. 18 (trad. fr., p. 124).

Puisque l'homme est la vérité de la nature, on ne sera pas étonné si Herzen déclare que seule la connaissance spéculative permet de comprendre la nature. Il renvoie dos à dos les empiristes qui ignorent l'idée et les idéalistes qui font fi de l'expérience : il est ruineux d'opposer la philosophie et les sciences expérimentales. Nous ne suivrons pas par le détail, comme le fait Herzen, la lutte que se sont livrée la pensée abstraite et l'observation empiriste au cours de l'histoire. Il suffira de retracer brièvement les conclusions auxquelles il parvient. A son avis, la séparation entre la philosophie et les sciences expérimentales est arbitraire. Pour mieux faire apparaître l'unité profonde entre ces deux disciplines, il montre que l'empirisme conséquent se transforme inévitablement en réflexion spéculative et que l'idéalisme tend de son côté à rejoindre la réalité empirique :

«Sans empirie, il n'y a pas de science et de même il n'y en a pas dans l'empirisme unilatéral. L'expérience et la spéculation sont les deux degrés nécessaires, vrais et réels d'un seul et même savoir, la spéculation n'est rien de plus que l'empirie supérieure, développée... En se développant d'une façon régulière, l'empirie doit immanquablement se transformer en spéculation, et c'est seulement cette spéculation [fondée sur l'empirie] qui ne sera pas un idéalisme vide».[94]

Serait-ce l'aveu qu'il suffit de tenir en équilibre le fléau de la balance? Nullement! Empirisme et idéalisme ne jouent pas le même rôle dans la connaissance de la nature. L'observation qui doit être la plus minutieuse et la plus complète possible précède chronologiquement la réflexion philosophique. Mais y a-t-il une priorité méthodologique de l'une sur l'autre? La question est grave. Herzen ne répond pas clairement. On lit, une fois : «Il est pire de se limiter à la réflexion qu'à l'empirisme».[95] Un autre texte porte : «Au point de vue de la conscience, de la méthode, le matérialisme est de beaucoup inférieur à l'idéalisme».[96] On a beau replacer ces citations dans leur contexte, il est pratiquement impossible de savoir ce qui est pire. Sans doute, Herzen sait parfaitement qu'en ce milieu du XIXe siècle les sciences empiriques sont sur le point de célébrer leurs victoires et justement conscientes de la grandeur des tâches accomplies. Mais il voit aussi que «l'accroissement illimité des connaissances, conditionné du dehors par des découvertes fortuites, des expériences heureuses, oppresse parfois

---

[94] A. I. Gercen, *Pis'ma ob izučenii prirody*, in *Polnoe*, t. IV, p. 7 (trad. fr., p. 110).
[95] *Ibid.*, t. IV, p. 12 (trad. fr., p. 117).
[96] *Ibid.*, t. IV, p. 154 (trad. fr., p. 291).

l'esprit plus qu'il ne le réjouit».[97] L'empirisme est donc rappelé à plus de modestie. Quant à l'idéalisme il «n'a, à vrai dire, rien fait pour l'étude de la nature ... L'idéalisme a cru dans sa vanité qu'il lui suffirait de prononcer une phrase méprisante au sujet de l'empirisme pour que celui-ci se dissipe comme une fumée».[98] Que ces frères ennemis s'unissent! Il est inutile de «se quereller pour la préséance. La science est unique: il n'y a pas deux sciences, pas plus qu'il n'y a deux univers».[99]

§ 3. Système et méthode chez Hegel

L'hégélianisme est une doctrine qui répudie toutes les formes de dualisme. Donc, en droit sinon en fait, la philosophie hégélienne résout tous les problèmes dans tous les domaines:

«... en lui tous les résultats préexistent. Et tout ce qui a été fait après Hegel n'est que le développement de ce qui n'était pas développé chez lui».[100]

A la fin de la première de ses *Lettres sur l'étude de la nature,* il déclare avec franchise:

«Quant aux principes fondamentaux, ils ne sont pas de moi: ils appartiennent à la doctrine moderne de la science».[101]

Il faut commencer par payer notre tribut à Hegel, le plus grand représentant du bouleversement qui devait tout transformer. Faut-il donc avec la Droite hégélienne se contenter de répéter littéralement l'enseignement du maître? Nullement. D'abord parce que Hegel fut un penseur peu courageux qui a refusé sciemment de tirer les conclusions de ses principes. C'est pourquoi prolonger son enseignement en s'appuyant sur ses principes, c'est rester fidèle, non sans doute à la lettre, mais à l'esprit de cette philosophie:

---

[97] *Ibid.,* t. IV, p. 5 (trad. fr., p. 107).
[98] *Ibid.,* t. IV, p. 6 (trad. fr., pp. 109–110).
[99] *Ibid.,* t. IV, p. 9 (trad. fr., p. 113). Bien sûr, Herzen sait que les sciences ont leurs propres méthodes d'observation du réel. Il écrit: «Tous les succès dans le domaine des sciences naturelles ont été réalisés sans l'aide de la philosophie de la nature» (A. I. Gercen, *Pis'ma ob izučenii prirody,* in *Polnoe.,* t. IV, p. 26 (trad. fr., p. 133). Il vantera même la valeur pédagogique de la méthode expérimentale: «Aucune branche des connaissances ne vaut l'étude de la nature pour habituer l'intelligence à raisonner d'une manière positive et sûre, à s'incliner devant la vérité et, ce qui est plus important encore, à accepter honnêtement les conséquences *telles qu'elles se présentent (Id.,* Publičnyja čtenija G-na professora Rul'e, in *Polnoe.,* t. IV, p. 377 (trad. fr., p. 346).
[100] *Id., Pis'ma ob izučenii prirody,* in *Polnoe.,* t. IV, p. 28 (trad. fr., 136).
[101] *Ibid.,* t. IV, p. 29 (trad. fr., p. 137).

«On part de ses principes pour s'opposer hardiment à son manque de conséquence avec la ferme conscience d'agir *pour lui* et *non contre lui*».[102]

Cependant, même si Hegel avait eu plus d'audace, comme Spinoza,
il n'en serait pas moins resté fils de son temps. Par ce biais, Herzen,
en s'appuyant sur une thèse incontestablement hégélienne, se prépare
à prendre ses distances, non seulement par rapport à la lettre, mais
aussi par rapport à certains principes de l'hégélianisme. Et l'historien
des idées sait parfaitement que cette fidélité plus profonde conduit
souvent le disciple à s'attaquer à l'esprit même de la doctrine qu'il
prétend «prolonger». Nous voyons là s'amorcer la célèbre et dangereuse
distinction entre système et méthode chez Hegel. Quelques années plus
tard, Černyševskij déclarera que le système est conservateur alors
que la méthode est progressiste et dynamique. Mais Herzen est trop
imprégné des textes de Hegel pour penser qu'il soit possible de séparer
ainsi la méthode du système. D'une part, il ne croit pas que le système
soit tellement conservateur; et d'autre part, il sait que la méthode
enferme des éléments idéalistes qui la vicient de l'intérieur. Entrer
dans la critique que Herzen fait à Hegel, c'est la meilleure façon de
comprendre la spécificité de l'hégélianisme herzénien. En allant du
plus extérieur au plus profond, on s'aperçoit que Herzen vise la philosophie de la nature de Hegel, puis sa conception de la dialectique et
enfin les rapports entre la spéculation et l'action.

Malgré tous ses mérites, la philosophie de la nature de Hegel souffre
d'un défaut fondamental:

«Il [Hegel] cherche à écraser la nature par l'esprit, par le logique».[103]

Herzen a l'impression que Hegel ne tient pas assez compte du donné
des sciences empiriques et que finalement la nature ne l'intéresse que
sub specie universalitatis. La vie, ce courant bacchique, ne serait que
du fortuit dont il faut se défaire au plus vite:

«Il est prêt à considérer chacune des productions particulières de la nature
comme un mirage; il regarde de haut tout phénomène naturel».[104]

Hegel, pourtant si pénétré de l'exigence du réalisme ne serait pas loin,
par moment, de regretter que la nature existe. Ce dédain certain pour
l'observation et pour les sciences empiriques eut un résultat néfaste:
alors que Hegel aurait dû provoquer la réconciliation entre la philoso-

[102] *Ibid.*, t. IV, p. 86 (trad. fr., p. 208).
[103] *Ibid.*, t. IV, p. 27 (trad. fr., pp. 134–135).
[104] *Ibid.*, t. IV, p. 27 (trad. fr., p. 135).

phie et les sciences, ces dernières, maltraitées, se raidirent contre l'entreprise hégélienne. Devant cette prétention de diminuer l'importance des sciences, l'empirisme «voyait bien que le péché originel de la scolastique n'était pas encore entièrement effacé».[105] C'est pourquoi les savants ne se mirent pas résolument à l'école de Hegel. Evidemment Herzen se leurre: la base inductive de Hegel aurait-elle été beaucoup plus étendue, cela n'aurait pas amené les Scientifiques à accepter sa méthode spéculative!

Le fait de subordonner, dans les sciences de la nature, les recherches empiriques à l'idée n'est qu'un cas particulier de la tendance générale de l'hégélianisme à sacrifier le réel au logos. Sans doute, Hegel écrit-il dans l'Introduction à l'*Encyclopédie* que «chacune des parties de la philosophie forme un tout philosophique, un cercle en soi fermé».[106] Si toutes les disciplines formaient vraiment un cercle, on ne devrait pas trouver une science qui soit au principe des autres. Or, remarque Herzen, à la place du cercle on rencontre une ligne sur laquelle se distribuent les différentes disciplines philosophiques. Au départ de cette ligne, Hegel place la Logique. D'où ces aphorismes du type: «l'esprit condescend à la multiplicité de l'être», etc.... qui ont le don de déplaire à Herzen.[107] Mais il y a pire. Alors, la critique de Herzen se fait plus insistante:

«Dès qu'il arrive au fond du sujet, Hegel, comme Leibniz, sacrifie tout ce qui est temporel, tout l'existant, à la pensée et à l'esprit».[108]

On sait pourtant combien Herzen admire le réalisme de Hegel, combien il proteste avec force contre ceux qui prennent Hegel pour un penseur abstrait ou un logicien sec. D'où vient alors ce gauchissement qui affecte sa philosophie? La réponse de Herzen n'est guère originale. Il reprend, encore une fois, l'une des objections déjà formulées par le vieux Schelling et qui se retrouve aussi chez Trendelenburg. C'est l'idée que chez Hegel la Logique n'est, en fin de compte, qu'une anticipation de la nature. Herzen dénonce très clairement ce qui lui semble une démarche inutile:

«Hegel commence par les sphères abstraites pour aboutir aux concrètes. Les sphères abstraites, cependant, présupposent le concret dont elles ont été

---

[105] *Ibid.*, t. IV, p. 27 (trad. fr., p. 135).
[106] G. W. F. Hegel, *Enzyklopädie der philosophischen Wissenschaften im Grundrisse*, § 15, p. 48.
[107] A. I. Gercen, Pis'mo k N. Ch. Ketěru, 3/XII/1843, in *Polnoe.*, t. III, p. 286.
[108] *Id.*, *Pis'ma ob izučenii prirody*, in *Polnoe.*, t. IV, p. 27 (trad. fr. 134).

abstraites. Il développe l'idée inconditionnée, et une fois qu'elle est parvenue à la conscience-de-soi, il l'oblige à se dévoiler dans l'être temporel; mais celui-ci est déjà devenu inutile vu que l'exploit auquel il était destiné s'est accompli en dehors de lui».[109]

C'est aussi une démarche dangereuse puisqu'elle conduit à une forme subtile d'idéalisme: la *Science de la logique* propose une sorte de «monde à l'envers». Hegel, oubliant que la logique est tirée de la nature et de l'histoire, finit par prendre cette logique pour la loi du monde:

«Il est vrai que chez Hegel la logique conserve ses prétentions au pouvoir souverain sur les autres sphères... Il semble oublier que la logique n'est justement pas la plénitude de la vie parce qu'elle l'a dominée, parce qu'elle *s'est abstraite* du temporel. Elle est abstraite parce qu'elle ne contient que ce qui est éternel; elle est abstraite parce qu'elle est absolue. Elle est la connaissance de l'être, non l'être lui-même».[110]

Herzen prend donc ses distances. Il voit dans une logique qui prétend décrire le mouvement de l'être «avant la création du monde» la marque d'un impérialisme de la pensée sur l'existence. Si l'on part de l'Idée, il est impossible de parvenir à l'existence effective, c'est-à-dire à la nature. Faut-il alors supprimer la logique et déclarer avec Feuerbach qu'«il manque à la philosophie de Hegel l'*unité immédiate*, la *certitude immédiate*, la *vérité immédiate*»?[111] La critique de Herzen rejoindrait-elle celle de Feuerbach? Nous ne le pensons pas. L'opposition de Feuerbach est beaucoup plus radicale, car il affirme que Hegel subordonne si totalement l'être à l'idée que finalement l'extériorisation de l'idée dans la nature ne serait qu'une feinte sans valeur. Selon Herzen, au contraire, l'hégélianisme est, non par feinte mais par tendance profonde, une doctrine réaliste. Si réaliste même qu'en dépit du poids de l'idéalisme contemporain et des infidélités de Hegel à ses propres principes, la philosophie hégélienne «fut le dernier, le plus puissant effort de la pensée pure, si fidèle à la vérité et si pleine de réalisme que partout et toujours elle devenait, malgré elle, une pensée réaliste».[112] Ainsi Herzen n'a pas accepté de dire, avec la gauche hégélienne, que l'Absolu de Hegel serait l'idée abstraite de l'Absolu. S'il regrette que la Logique régente de haut toutes les autres sphères du savoir, il ne croit pas toutefois qu'il faille comme Feuerbach congédier le Logos. L'unité dialectique de l'être et de la pensée

[109] *Ibid.*, t. IV, p. 27 (trad. fr., p. 134).
[110] *Ibid.*, t. IV, p. 26 (trad. fr., p. 134).
[111] L. Feuerbach, Thèses provisoires pour la réforme de la philosophie, in *Manifestes philosophiques*, trad. L. Althusser, p. 109.
[112] A. I. Gercen, *Pis'ma ob izučenii prirody*, in *Polnoe.*, t. IV, p. 26 (trad. fr., p. 134).

demeure pour lui le principe fondamental sur lequel repose toute vraie philosophie.

La pierre d'achoppement de tous les hégéliens des «années 40», la thèse sur la rationalité du réel, sollicite la réflexion de Herzen. Cet axiome avait déjà fait scandale du temps de Hegel, puisque ce dernier fut obligé d'en préciser le sens et la portée dans son introduction à l'*Encyclopédie*. Herzen en parle, une première fois, dans le *Dilettantisme dans la science*, puis vingt-cinq ans plus tard dans *Passé et Pensées*. Dans le premier texte, il suit exactement la «mise au point» de Hegel. Les Talmudistes, les professeurs berlinois, s'en tiennent à la lettre:

«Ils prêchaient la réconciliation avec tout ce que la vie contemporaine a de sombre, appelant *réel*, et par conséquent ayant droit à être reconnu, tout ce qui est contingent, éphémère, périmé, bref tout ce que l'on rencontre dans la rue».[113]

Les Talmudistes font donc un contresens puisque cette grande pensée de Hegel ne veut pas dire que le contingent, l'accidentel est l'effectivement réel.

L'explication fournie par *Passé et Pensées* est différente. Herzen voit dans la phrase hégélienne «une autre formulation du principe de *raison suffisante* et de la concordance entre la logique et les faits».[114] Si, à la rigueur, cette sentence de Hegel signifie, à la manière spinoziste, l'unicité entre l'ordre idéal et l'ordre réel, on voit mal en quoi elle serait une autre formulation du principe de raison suffisante.[115] On remarquera surtout que ce que Herzen nommait auparavant «une grande pensée» est qualifié maintenant de «pure tautologie». Encore une fois, il s'est laissé influencer par la position du vieux Schelling. D'ailleurs, à cette époque de sa vie, Herzen ne s'intéresse guère à la justification théorique du «tout ce qui est réel, est rationnel», car il est tout entier tourné vers les problèmes politiques. On sait que Belinskij avait cru que la thèse hégélienne conduisait à la justification de l'ordre établi. Herzen, même lorsqu'il s'éloigne de Hegel, a l'intelligence de reconnaître que ce célèbre passage de la *Philosophie du Droit* n'a pas une signification conservatrice.

D'une façon générale, il adopte par rapport à la conception hégélienne de la dialectique de l'être et de la pensée une position originale. S'il récuse les Hégéliens de droite qui placent le Logos, voire Dieu,

---

[113] *Id. Diletantizm v nauke*, in *Polnoe.*, t. III, p. 224 (trad. fr., p. 90).
[114] *Id., Byloe i dumy*, in *Polnoe.*, t. XIII, p. 15.
[115] G. V. Plechanov, Filosofskie vzgljady A. I. Gercena, in *Sočinenija*, t. XXIII, p. 396.

au principe du monde, il n'accepte pas pour autant la position des Hégéliens de gauche qui congédient sans appel le Logos. Dirons-nous que Herzen a adopté une position centrale, lui qui si souvent a manifesté son dégoût pour les demi-mesures? Certainement pas! L'hégélianisme théorique de Herzen se présente comme un hégélianisme anthropologique qui a effacé ce que l'hégélianisme de Hegel pouvait encore contenir d'idéalisme théologique et d'ouverture possible vers le divin, mais qui a conservé comme l'hégélianisme de Hegel une certaine transcendance de l'esprit par rapport à l'être. La dialectique ne sera ni supprimée, comme chez Feuerbach, ni «naturalisée», comme chez Engels et Černyševskij. Qu'il y ait une tension entre la logique et l'existence, ce n'est pas une raison pour faire disparaître l'un des termes. Cette conviction qu'il doit à ses lectures de Hegel, Herzen va la garder toute sa vie.

La réconciliation spéculative n'est qu'une face du problème global de la réconciliation: à côté de la pensée, il y a l'agir. Sitôt résolu au plan spéculatif, le dualisme peut réapparaître au plan pratique. Herzen est tout naturellement conduit à se demander si Hegel unifie vraiment la pensée et l'action.

Il connaît la vie de Hegel par l'ouvrage de Rosenkranz. Cette biographie lui laisse une impression pénible. Il jette sans nuance:

«Hegel fut un petit bourgeois ... Dans la vie, il fut nul».[116] Nous allons voir que si le jugement sur la doctrine fut un peu plus nuancé, il demeure cependant assez négatif. Certes, Herzen reconnaît que Hegel a bien souligné le primat de l'agir sur la pensée pure:

«Hegel dit dans la Propédeutique: 'La parole n'est pas encore de l'*action* qui est supérieure au *verbe*'».[117]

Toutefois, cette phrase lumineuse restait toute théorique parce que les temps n'étaient pas encore venus pour la comprendre d'une façon effective et pratique. En effet, Hegel appartient à une grande période historique qui va s'achever et dont il est le dernier représentant, la Réforme. Or, note Herzen, «la tâche de la Réforme a été de comprendre».[118] La réflexion spéculative est au protestantisme allemand ce qu'avait été l'art pour le monde hellénique. Fils de son temps, Hegel s'est efforcé de comprendre. D'ailleurs, même limité à la seule spéculation, son rôle historique ne fut pas négligeable:

[116] A. I. Gercen, *Dnevnik*, 3/IX/1844, in *Polnoe*, t. III, p. 350 (trad. fr., p. 338).
[117] *Id.*, *Diletantizm v nauke*, in *Polnoe*, t. III, p. 217 (trad. fr., p. 81).
[118] *Ibid.*, t. III, p. 221 (trad. fr., p. 86).

«Ils [ces penseurs, dont Hegel] avaient le droit, vu leur place dans l'histoire, de se contenter de l'universel; ils étaient appelés à témoigner à la face du monde de l'affirmation de la conscience-de-soi et à indiquer la voie: c'est en cela que consista *leur action*».[119]

Dans une thèse célèbre, Marx déclare que la tâche de la philosophie ne consiste pas à comprendre le monde, mais à le transformer. Il est remarquable de voir Herzen s'attacher à défendre Hegel contre les attaques du radicalisme de la gauche. La philosophie n'a pas d'autre fonction et d'autre but, sinon de concevoir ce qui est:

«Une des caractéristiques particulières de notre siècle, c'est que nous *connaissons tout et que nous ne faisons rien;* il ne faut pas s'en prendre à la science: comme nous avons eu l'occasion de le remarquer, elle ne fait que refléter en les épurant et transposer dans la connaissance en les universalisant les éléments qui se trouvent dans la vie ambiante».[120]

Si Herzen s'oppose à Hegel, ce n'est pas parce que ce dernier définit la philosophie comme une spéculation, mais parce qu'il croit que la spéculation est la fin de l'homme.

Nous qui sommes habitués à donner tant d'importance à la dialectique du maître et de l'esclave et qui avons souligné la place que Hegel donne au travail et à l'agir dans sa *Phénoménologie de l'Esprit*, nous sommes un peu surpris de lire que Hegel se limite à la pure réflexion. Même le livre le plus spéculatif, la *Science de la Logique*, se termine sur l'Idée absolue qui unifie l'aspect théorique et l'aspect pratique. Mais selon Herzen, si la doctrine hégélienne intègre le moment de l'agir, c'est seulement d'une façon toute théorique, comme réflexion sur l'action. Or l'action véritable est synonyme d'engagement politique. Dès 1836, il dénonçait l'insuffisance de la connaissance qu'il opposait à la plénitude de la vie.[121] Quand il découvre quelques années plus tard l'article de Bakounine sur la *Réaction en Allemagne*, véritable manifeste de la gauche moscovite, il se réjouit de voir son ami mettre l'action au premier plan.[122] Špet remarque d'ailleurs fort justement que Herzen avait depuis quelques années déjà subi l'influence de la gauche hégélienne allemande.[123] Pour devenir libre, il faut en finir avec l'ordre politico-religieux de la Restauration qui régne en Europe et spéciale-

[119] *Ibid.*, t. III, p. 220 (trad. fr., p. 85).
[120] *Id., Pis'ma ob izučenii prirody*, in *Polnoe.*, t. IV, p. 155 (trad. fr., pp. 292–293).
[121] *Id.*, Pis'mo k N. A. Zachar'inoj, in *Polnoe.*, t. I, p. 351).
[122] *Id., Dnevnik*, 7/I/1843, in *Polnoe.*, t. III, p. 88.
[123] G. Špet, *Filosofskoe mirovozzrenie Gercena*, pp. 90 sq.

ment dans la Russie de Nicolas Ier. Seule l'action peut préparer la
révolution:

«La réconciliation positive ne peut se réaliser que dans l'action libre, rationnelle, consciente».[124]
«L'homme ne peut se contenter du bonheur d'une calme contemplation; il
veut goûter pleinement les enchantements et les souffrances de la vie; il veut
agir, car seule l'action peut satisfaire pleinement l'homme».[125]

L'idéal de Herzen ne consiste ni à rejeter la spéculation qui est une
étape nécessaire, ni à se donner à l'action sans avoir au préalable
spéculativement compris, mais à réconcilier les exigences de la pensée
et de la vie sociale. Hegel s'est contenté de pourchasser le dualisme
dans l'ordre théorique; à notre génération incombe la tâche de supprimer le dualisme dans l'ordre pratique. Ce faisant, Herzen sait bien
qu'il «dépasse» Hegel; il croit cependant lui rester profondément fidèle.
Il veut seulement rendre effective l'œuvre de réconciliation que Hegel
n'a pu mener à terme faute d'avoir compris que l'action est l'union
vivante de la théorie spéculative et de la pratique sociale. Cette réconciliation par l'action est le domaine de l'histoire. Et comme cette
catégorie d'historicité est au centre de la réflexion hégélienne, on
comprend que Herzen puisse en appeler à Hegel quand il déclare
prolonger son enseignement. Mais comme nous venons de le voir, si
agir ce n'est pas renoncer à philosopher, il se pourrait bien que la
réalité historique ne se conformât pas aux exigences rationnelles de la
philosophie. La pensée résistera-t-elle aux épreuves du devenir historique? Herzen, quand il écrit ses *Lettres sur l'étude de la nature*, n'en
doute pas encore. Il va donc lutter pour que la réalité historique
devienne elle-même rationnelle.

§ 4. Philosophie de l'histoire

Le lecteur qui s'efforce d'analyser la philosophie de l'histoire de
Herzen rencontre de multiples difficultés. Comme Herzen n'a consacré
aucun ouvrage systématique à ce problème, il faut rassembler des textes tirés de ses deux études sur la nature, et ceux contenus dans *De
l'autre rive* et dans *Du développement des idées révolutionnaires en
Russie*. Or ces deux derniers livres, postérieurs à la révolution de 1848,
marquent un tournant dans la vie de Herzen. Sa doctrine sur l'histoire

---

[124] A. I. Gercen, *Diletantizm v nauke*, in *Polnoe.*, t. III, p. 217 (trad. fr., p. 81).
[125] *Ibid.*, t. III, p. 216 (trad. fr., p. 79).

est sensiblement différente de ce qu'elle était auparavant. D'autre part, Herzen expose le plus souvent ses propres vues sur l'histoire sans se référer explicitement à Hegel. Comme la *Philosophie de l'histoire* de Hegel contient elle-même des points assez obscurs, en particulier sur la fin de l'histoire ou la rationalité historique, il est difficile de dire avec certitude si Herzen suit Hegel ou s'oppose à lui.

Sous ce terme «Philosophie de l'histoire», nous nous proposons de regrouper tout ce qui touche à sa philosophie pratique: le thème de l'historicité recouvre alors la vie concrète de l'homme dans la société. Il englobe donc, outre les ouvrages proprement historiques de Hegel, *Les Principes de la Philosophie de Droit*. Trois notions seront examinées: la fin de l'histoire, logique et histoire, les Agents de l'histoire.

Avant de connaître Hegel, Herzen découvre la philosophie de l'histoire à travers l'hégélien polonais Ciezkowsky. Il a dit lui-même combien les *Prolegomena zur Historiosophie* eurent un profond retentissement sur lui:

«Soudain je vois qu'on a imprimé quelque chose d'approchant à Berlin, *Prolegomena zur Historiosophie*. Je commande le livre, et figurez-vous ma joie: sur tous les points essentiels, j'étais d'accord avec l'auteur jusqu'à un degré étonnant».[126]

Cet ouvrage de peu de valeur, et que l'excès des trichotomies faussement hégéliennes rend vite ennuyeux, contenait cependant deux idées qui justifient l'enthousiasme de Herzen: la Praxis prime la théorie; l'histoire ne s'intéresse pas tant au passé qu'à l'avenir.

Les historiens sont unanimes à reconnaître que l'opposition essentielle entre Hegel et Herzen porte précisément sur l'importance que ce dernier accorde à l'avenir, donc à l'action. Zenkovsky décèle même une telle différence entre les deux auteurs qu'il écrit:

«La conception de Herzen se développe non dans le cadre hégélien, mais par opposition à l'hégélianisme».[127]

Certes, selon Hegel, la tâche de la philosophie consiste à comprendre ce qui est. Une philosophie de l'histoire ne peut pas avoir pour objet

---

[126] A. I. Gercen, Pis'mo k A. L. Vitbergu, 28/VII/1839, in *Polnoe.*, t. II, p. 274. Sur l'influence de Cieskovski sur Herzen, cf. G. Špet, *Filosofskoe mirovozzrenie Gercena*, pp. 76–80; R. Labry, *Alexandre Herzen*, pp. 202–205; A. Koyré, *Etudes sur l'histoire de la pensée philosophique en Russie*, pp. 188–192; B. Jakowenko, *Geschichte des Hegelianismus in Russland*, t. I, pp. 93 sq.

[127] B. Zenkovsky, *Histoire de la philosophie russe*, t. I, pp. 320–321.

un avenir qui par définition n'existe pas encore. Mais il est trop
évident que jamais Hegel n'a pu croire que l'histoire prendrait fin
avec lui. La fin d'un monde n'est pas la fin du monde. Contre Haym,
nous pensons qu'il y a place pour l'avenir dans la philosophie de
l'histoire de Hegel. On s'aperçoit alors que la position de Herzen n'est
pas tellement éloignée de celle de son maître. Ils ont tous les deux
conscience de se trouver à la charnière de deux époques. Hegel écrit
dans la *Phénoménologie de l'Esprit:*

«Du reste, il n'est pas difficile de voir que notre temps est un temps de gestation et de transition à une nouvelle période; l'esprit a rompu avec le monde
de son être-là et de la représentation qui a duré jusqu'à maintenant; il est
sur le point d'enfouir ce monde dans le passé et il est dans le travail de sa
propre transformation».[128]

Les premières lignes du *Dilettantisme dans la science* reprennent sous
un mode lyrique les mêmes idées:

«Nous vivons à la frontière de deux mondes. De là viennent la gêne particulière, la difficulté à vivre pour les hommes qui pensent. Les anciennes convictions et la vision du monde d'autrefois sont ébranlées, mais restent chères
à nos cœurs. Les convictions nouvelles, si larges et si grandes, n'ont pas
encore porté leurs fruits».[129]

Le parallélisme de ces deux textes est frappant. Mais il est plus remarquable encore de noter que ces deux auteurs sont d'accord pour
reconnaître que, dans une période de transition, il est possible de
s'appuyer sur ce qui est déjà advenu pour scruter ce qui va venir.
Herzen, pas plus que Hegel, ne joue au mage: il ne peut s'agir que
d'une prévision limitée. Une question préalable se pose. Pour que
l'homme puisse connaître l'avenir, il faut que l'histoire ne soit pas
dirigée d'En-haut. Dans sa jeunesse, Herzen, alors croyant, acceptait
la thèse d'une providence qui régit le monde:

«Je crois fermement à la conséquence rigoureuse et à la netteté de la Providence».[130]

On sait que la lecture de Hegel lui fit perdre la foi en la transcendance. Sur ce point sa conviction sera même plus ferme et plus conséquente que celle de Hegel chez qui réapparaît toujours, à côté de la
ruse de l'homme qui se joue du monde, la ruse de la Raison qui se
joue de l'homme. Herzen dit fièrement qu'il n'a pas besoin du *Welt-*

[128] G. W. F. Hegel, *Phénoménologie de l'Esprit*, t. I, p. 12.
[129] A. I. Gercen, *Diletantizm v nauke*, in *Polnoe.*, t. III, p. 163 (trad. fr., p. 13).
[130] *Id.*, Pis'mo k N. A. Zachar'inoj, 30/I/1837, in *Polnoe.*, t. I, p. 384.

geist. Puisque l'histoire n'a aucun but prédéterminé, le sens de l'histoire est immanent au développement historique. Pour connaître l'histoire, si elle était tracée d'avance, il faudrait être le confident de dieu. Mais alors l'homme ne serait qu'une marionnette. Or Herzen est fermement convaincu que ce sont les hommes qui font leur propre histoire. Ils peuvent par conséquent entrevoir l'avenir:

«Nous pouvons prévoir l'avenir parce que nous sommes les prémisses sur lesquelles est fondé son syllogisme; mais nous ne le pouvons que d'une manière générale, abstraite».[131]

Pour découvrir ce qui va arriver, on pourrait peut-être aussi se pencher sur le passé. Malheureusement – et sur ce point Herzen est encore une fois bien proche de Hegel – le passé n'est pas d'un grand secours:

«Tout ce qui a précédé est nécessaire du point de vue génétique, mais l'avenir puisera sa propre existence et son développement régulier autant en lui-même que dans l'histoire».[132]

Croire le contraire, poursuit Herzen, reviendrait à se figurer qu'il suffit pour prévoir l'action du fils de connaître son père. A ce moment de son existence, Herzen est assez fortement persuadé que l'avenir sera ce que l'on veut qu'il soit.

Une vingtaine d'années plus tard, puisqu'il n'a pas vu se réaliser les espoirs qu'il avait mis dans la Révolution de 1848, il se montre beaucoup plus prudent. D'où cette conclusion amère:

«Je n'aime pas à me perdre en conjectures. L'avenir n'existe pas. Il résulte d'un ensemble de milliers de conditions nécessaires et contingentes, et aussi de la volonté humaine qui ajoute des dénouements dramatiques inattendus et des coups de théâtre».[133]

Quand il prend conscience que l'histoire est déroutante, sa conception de l'histoire qu'il plaçait toute entière dans l'avenir régresse non certes vers le passé – Herzen s'est toujours très violemment heurté sur ce point avec les Slavophiles – mais vers le présent. Le but de l'histoire ne réside ni dans le passé ni dans l'avenir: il coïncide avec la réalisation actuelle. Koyré a cette heureuse formule: «Mais tout subordonner au futur, négliger le présent pour l'avenir est un romantisme complémentaire – et nullement supérieur – à celui qui passe son temps

---

[131] *Id., Diletantizm v nauke,* in *Polnoe.,* t. III, p. 233 (trad. fr., p. 102).
[132] *Ibid.,* t. III, p. 230 (trad. fr., p. 98).
[133] A. I. Gercen, *S togo berega,* in *Polnoe.,* t. V, p. 403 (trad. fr., p. 384).

dans le regret du passé».[134] Herzen a compris que se donner un but éloigné revient à se leurrer soi-même. Il faut vivre avec son temps au lieu de se laisser bercer par le mythe de la terre promise:

«Le but de chaque génération, c'est elle-même».[135]
«Il m'est plus réconfortant de considérer la vie et par conséquent l'histoire comme un but atteint que comme un moyen pour l'atteindre».[136]

A notre avis, les historiens de Herzen n'ont pas suffisamment souligné ce curieux retour de Herzen vers Hegel. La fuite vers le futur se conclut en une douloureuse réconciliation avec le présent. Face au monde crépusculaire de la Restauration, Hegel confie:

«Reconnaître la raison comme la rose dans la croix du présent et se réjouir d'elle, c'est la vision rationnelle que procure la philosophie et qui réconcilie avec la réalité».[137]

Herzen reprend de son côté:

«Chaque année comporte un printemps et un été, comme un hiver et un automne, des tempêtes et du beau temps. C'est pour cela que chaque période est neuve, fraîche, remplie de ses propres espérances: elle porte en soi son bonheur et ses peines, le présent lui appartient».[138]

Comment ne pas être frappé par la similitude des idées! La méditation sur l'histoire a conduit les deux penseurs à une attitude d'enracinement dans le présent. Mais cet enracinement n'est pas un consentement passif: la raison ne découvre la rose que dans la croix du présent, et le sourire du printemps se profile sur le dénuement de l'hiver. Toutefois, la leçon est entendue: on ne peut échapper à son temps. Ce qui ne veut pas dire que Hegel justifie l'état prussien, ni que Herzen va renoncer à sa foi dans l'avenir de la Russie. Herzen publiciste pourra de longues années encore continuer son œuvre de journaliste et de pamphlétaire, croire que l'absence de passé est pour la Russie moins un handicap qu'un avantage, penser que le «mir» sera le germe d'un socialisme humanitaire proche de celui de Proudhon. Herzen philosophe de l'histoire est contraint d'avouer avec Hegel qu'il est chimérique de prétendre dépasser son temps. Sur ce point, il se sépare nettement des autres Occidentalistes.

[134] A. Koyré, *Etudes sur l'histoire de la pensée philosophique en Russie*, p. 222.
[135] A. I. Gercen, *S togo berega*, in *Polnoe.*, t. V, p. 406 (trad. fr., p. 387).
[136] *Ibid.*, t. V, p. 404 (trad. fr., p. 385).
[137] G. W. F. Hegel, *Grundlinien der Philosophie des Rechtes*, Vorrede, p. 16.
[138] A. I. Gercen, *S togo berega*, in *Polnoe.*, t. V, p. 404 (trad. fr., p. 385).

Ce revirement n'est pas fortuit: il découle de la conception que Herzen se fait des rapports entre la Logique et l'Histoire. Si la nécessité régissait l'histoire, on pourrait prévoir totalement l'avenir. Or il n'en est pas ainsi. Nous avons dit qu'au début de sa vie, sous l'influence de sa vision religieuse, il commence par nier l'existence du hasard.[139] On pourrait croire que la découverte de Hegel va renforcer cette attitude, puisque dans cette philosophie de l'histoire le hasard occupe une place très limitée. Or ce fut exactement le contraire qui se produisit dans la mesure où la rencontre de Hegel a aidé Herzen à perdre la foi au dieu transcendant. L'histoire, une fois affranchie de la providence divine, voit croître en elle la part du hasard. Il n'est donc pas étonnant de l'entendre déclarer que le hasard est, «dans l'histoire, un élément incomparablement plus important que ne le pense la philosophie allemande».[140] Ce trait est, bien sûr, dirigé contre Hegel.

Herzen va essayer de déterminer de façon plus précise quelle est, dans l'histoire, la place respective de la nature et de l'aventure. Il commence par remarquer que l'histoire est le lieu de l'unité dialectique entre la raison et le monde: «L'histoire unit la nature et la logique».[141] Comme pour Hegel, la véritable existence effective se réalise sous le mode historique:

«L'immédiat et la pensée sont deux négations qui se résolvent dans l'action de l'histoire. Le simple s'est supprimé en son contraire pour s'unifier dans l'histoire. La nature et la logique sont supprimées et réalisées par elle».[142]

Sur le problème des rapports entre l'histoire et la nature, Herzen adopte une position très réaliste: bien que distincte du cours naturel du monde, l'histoire se déroule dans ce monde et est ainsi conditionnée par lui:

«L'histoire de la pensée est une continuation de l'histoire de la nature: ni l'humanité ni la nature ne peuvent se comprendre en dehors du développement historique».[143]

L'homme et les peuples sont partiellement le résultat des forces naturelles, telles les conditions climatologiques ou autres. C'est ce que

---

[139] «Pourquoi ce passage m'est-il apparu? Par hasard? Quelle bêtise! il n'y a pas de hasard» (Id., Pis'mo k N. A. Zachar'inoj, 10/XI/1836, in Polnoe., t. I, p. 351).
[140] Id., Pis'mo k T. N. Granovskomu, E. T. i N. T. Koršu, N. Ch. Ketčeru i N. M. Satinu, 5/XI/1848, in Polnoe., t. V, p. 244.
[141] Id., Pis'ma ob izučenii prirody, in Polnoe., t. IV, p. 34 (trad. fr., p. 144).
[142] Id., Diletantizm v nauke, in Polnoe., t. III, p. 229 (trad., fr., p. 97).
[143] Id., Pis'ma ob izučenii prirody, in Polnoe., t. IV, p. 34 (trad., fr. p. 144).

Herzen nomme «la physiologie de l'histoire». Il termine une lettre en rappelant à son correspondant qu'«il faut accepter le fait naturel».[144] Une autre fois, il parle de l'indocilité de la nature. Nullement idéaliste, pas plus que Hegel d'ailleurs, il accorde une place appréciable à ce que nous groupons sous le mot d'écologie. Bref, il sait que pour se soumettre la nature, il faut commencer par se soumettre à elle.

L'autre moment qu'intègre l'histoire, c'est la raison. L'analyse des rapports entre l'histoire et la logique introduit pleinement au cœur du problème. Si l'histoire se trouvait entièrement sous l'emprise de la raison, il n'y aurait plus de hasard et par conséquent pas d'histoire:

«Si l'humanité allait tout droit à quelques résultats, il n'y aurait point d'histoire, mais seulement la logique; l'humanité s'arrêterait sous une forme achevée dans un statu quo comme les animaux».[145]

Herzen repousse le nécessitarisme historique qui n'est que la laïcisation de la thèse théologique du Providentialisme. Sur ce point, il sait qu'il se sépare de Hegel:

«Nous n'admettons nullement ce fatalisme qui voit une nécessité absolue dans les événements, idée abstraite, théorique que la philosophie spéculative a importée dans l'histoire comme dans la nature».[146]

Si Hegel enseigne une telle doctrine, c'est qu'il transpose au plan de l'histoire l'erreur qu'il commettait déjà au plan de l'être: il «anticipe» sur l'histoire:

«Mais Hegel traitait la nature et l'histoire comme une *logique appliquée*, au lieu de considérer la logique comme la rationalité abstraite de la nature et de l'histoire».[147]

L'immobilité de la pensée logique ne peut évidemment pas reconstruire a priori la multiplicité vivante du devenir historique. Hegel se trompe donc. Herzen lance, et cette formule résume bien dans sa brièveté sa pensée profonde:

«La logique est plus raisonnable, l'histoire est plus humaine».[148]

Entre la logique et l'histoire, il y a tension et non identité. Cette tension

---

[144] *Id.*, Pis'mo k T. N. Granovskomu, in *Polnoe.*, t. V, p. 282.
[145] *Id.*, *S. togo berega*, in *Polnoe.*, t. V, p. 407 (trad. fr., p. 388).
[146] A. I. Gercen, *Du développement des idées révolutionnaires en Russie*, in *Polnoe.*, t. VI, p. 215.
[147] *Id.*, *Pis'ma ob izučenii prirody*, in *Polnoe.*, t. IV, p. 27 (trad. fr., p. 135).
[148] *Ibid.*, t. IV, p. 35 (trad. fr., p. 145).

est due à la contingence historique. Herzen décrit avec brio cette luxuriante épopée historique:

«Dans l'histoire, tout est improvisation, tout est liberté, tout est ex tempore; il n'y a ni limites ni itinéraires tracés à l'avance; il y a des conditions, une sainte inquiétude, la flamme de la vie et le défi perpétuel aux combattants d'essayer leurs forces, d'aller au loin où bon leur semble partout où il y a un chemin; là où la route fait défaut le génie la frayera d'abord».[149]

Ces textes, et bien d'autres qui les corroborent, inquiètent. Plus humaine, selon le mot de Herzen, l'histoire entièrement livrée au hasard ne finirait-elle pas par être inhumaine à force d'incohérence? C'est ce que pensent certains interprètes. Puisque l'histoire est pure improvisation, qu'elle ne va nulle part, qu'elle n'est qu'une accumulation de hasards, il faut conclure que la philosophie de l'histoire de Herzen culbute dans l'illogisme.[150] D'où le jugement sévère de Masaryk:

«Die Geschichte ist ein chronischer Massenverstand, heilige Verstandlosigkeit, religiöse Manie».[151]

Les historiens qui tiennent la conception herzénienne de l'histoire pour une doctrine irrationaliste s'appuient sur *De l'autre rive*, ouvrage postérieur à la Révolution de 1848. A cette époque, Herzen profondément déçu accorde au hasard et à la contingence une place beaucoup plus importante que dans ses études sur la nature. Il nous semble toutefois que la thèse de l'irrationalisme de Herzen est excessive. On sait que l'auteur n'est pas un philosophe qui pèse ses formules, mais un écrivain polémiste qui se laisse facilement emporter par son incontestable don d'expression. Enfin, *De l'autre rive* est un monologue à deux voix, et c'est toujours Herzen qui dialogue avec lui-même. Dès qu'il avance une thèse, il présente une antithèse: de synthèse, point! Et celui qui doit trouver la moyenne de ces deux voix contraires n'a pas la tâche facile. Qu'il y ait de la contingence, beaucoup de contingence même, c'est sûr. Qu'il n'y ait que de la contingence, Herzen lui-même dit que non:

«Il est évident que les lois du développement historique ne sont pas opposées aux lois de la logique, mais leurs voies ne coïncident pas avec celles de la pensée...».[152]

149 *Id.*, *S togo berega*, in *Polnoe.*, t. V, p. 407 (trad. fr., p. 389).
150 B. Zenkovsky, *Histoire de la philosophie russe*, t. I, p. 328.
151 Th. G. Masaryk, *Zur russischen Geschichts- und Religionsphilosophie*, t. I, p. 354.
152 A. I. Gercen, *S togo berega*, in *Polnoe.*, t. V, p. 433 (trad. fr., p. 421).

Il poursuit dans le même chapitre:

«La vie réalise seulement le côté de l'idée qui trouve un terrain propice, et le terrain d'ailleurs ne se comporte pas en substratum passif, il donne ses sucs, apporte ses éléments propres».[153]

Il est si peu porté à refuser toute intelligibilité à l'histoire qu'il recommande même de se mettre à étudier scientifiquement les lois de son développement:

«S'est-on jamais sérieusement occupé de la physiologie de la vie sociale, de l'histoire en tant que science réellement objective»?[154]

Cette idée «comtienne» d'une étude scientifique de l'histoire, Herzen la propose parce qu'il sait que l'Idée est présente au cœur de cette histoire pourtant si capricieuse.

La conception que nous défendons trouve une autre confirmation dans la notion de progrès historique. Masaryk qui attribue à Herzen une conception irrationaliste de l'histoire conclut tout naturellement que Herzen nie le progrès. En fait, jamais Herzen n'a vu l'histoire comme une suite de catastrophes. Avec Hegel, il sait au contraire que l'humanité actuelle est le résultat d'une longue culture; il a pleinement perçu que la conscience historique est à chaque nouvelle étape la récapitulation de l'étape antérieure. L'histoire est la mémoire du temps: le passé est moins dépassé que réactivé dans le présent. Tous ces thèmes spécifiquement hégéliens se retrouvent sous sa plume:

«Il n'y a pas de plus grave erreur que de rejeter le passé qui a servi à atteindre le présent, comme si cette évolution n'était qu'un échafaudage extérieur privé de toute valeur intrinsèque. Alors, l'histoire serait une offense, un sacrifice perpétuel du vivant en faveur du futur; le présent de l'esprit humain embrasse et conserve tout le passé, il n'est pas révolu pour lui, mais s'est transformé en lui; le passé ne s'est pas perdu dans le présent, il n'a pas été remplacé par lui, mais y a trouvé son accomplissement; seul disparaît ce qui est faux, illusoire, non-substantiel».[155]

Ce texte plaide si peu pour l'incohérence que si on prenait au pied de la lettre sa partie finale, il aurait même une résonance presque conservatrice: le présent ne serait que la reprise du passé, moins l'accidentel et l'illusoire! On objectera que ce passage date de 1845, époque la plus hégélienne de Herzen. Mais on lit dans *De l'autre rive*, son

---

[153] *Ibid.*, t. V, p. 444 (trad. fr., p. 433).
[154] *Ibid.*, t. V, p. 433 (trad. fr., p. 421).
[155] *Id.*, *Pis'ma ob izučenii prirody*, in *Polnoe.*, t. IV, p. 35 (trad. fr., pp. 145–146).

époque de crise:

«D'ailleurs, les civilisations ne périssent pas aussi longtemps que le genre humain continue de vivre sans une complète rupture; les hommes ont bonne mémoire, la civilisation romaine n'est-elle pas vivante pour nous»?[156]

Les Romains étaient plus civilisés, pourtant ce furent les Germains qui triomphèrent. Eh bien, conclut Herzen:

«Les sauvages Germains étaient dans leur immédiateté, *potentialiter*, supérieurs aux Romains cultivés».[157]

Voilà, pour les Romains, une oraison funèbre d'inspiration fort hégélienne!

Quelques exemples parmi d'autres montrent que l'histoire n'a pas la mémoire courte. Ainsi, la prise de conscience du droit des peuples qui se fit jour dans l'Angleterre de Jacques II n'a trouvé son accomplissement que dans la Révolution française.[158] Herzen aime rechercher «le travail volcanique et souterrain» qui s'accomplit dans l'histoire. Face à la monarchie de la Restauration, il remarque:

«Cependant, la désagrégation allait son train, la 'taupe souterraine' travaillait sans relâche».[159]

Il ne reprend pas seulement l'image de Hegel; il en fait sien le contenu doctrinal. Pour brutales et inattendues que puissent apparaître les discontinuités dans l'histoire, elles sont toujours le fruit d'une longue préparation. Sur ce point, Herzen est proche de Granovskij.

Cette croyance au progrès historique ne repose pas sur une conviction mystique et irrationnelle. Elle est, au contraire, le résultat de la conception qu'il se fait de la Négativité. Nous avons déjà rencontré la thèse radicale de Bakounine. Ce n'est pas celle qu'il adopte.[160] La négativité nihiliste dans sa fureur destructrice ne sait pas reconnaître la positivité du passé. Encore une fois, Herzen se montre fidèle disciple de Hegel:

«L'aspect religieux de la négation consiste précisément dans la croyance à l'extermination de l'ancien et à l'introduction du nouveau... Mais la négation tire toute son énergie de ce qu'elle nie, de ce qui est passé... Comme le feu, elle consume la citadelle de ce qui existe, mais elle est elle-même con-

---

[156] *Id., S togo berega*, in *Polnoe.*, t. V, p. 401 (trad. fr., p. 382).

[157] *Ibid.*, t. V, p. 403 (trad. fr., p. 384).

[158] *Id., Dnevnik*, 4/VII/1843, in *Polnoe.*, t. III, p. 120.

[159] *Id., S togo berega*, in *Polnoe.*, t. V, p. 498 (trad. fr., p. 470).

[160] «L'homme ne peut se contenter de la destruction seule, cela est contraire à sa nature créatrice» (*Ibid.*, t. V, p. 433 (trad. fr., p. 432).

ditionnée par l'existence de ce qui est consumé. Et, de même que dans la combustion physique, le corps brûlé n'est pas anéanti, de même dans l'acte de négation le passé n'est pas anéanti...».[161]

Herzen se fonde sur cette conception de la dialectique historique pour condamner Pierre le Grand. La réforme pétrinienne tendait à abolir le passé russe. Elle devait échouer puisqu'elle ne trouvait pas à s'enraciner dans la vie concrète du peuple.[162] Il ne peut y avoir de progrès historique que dans la mesure où le passé, dépassé dans le présent, y est conservé.

L'histoire de la pensée ne procède pas autrement: thèses et antithèses s'affrontent pour donner des synthèses qui les englobent:

«Est-il besoin de donner un démenti à l'opinion plate et absurde selon laquelle les systèmes philosophiques seraient incohérents et précaires ou s'élimineraient l'un l'autre, et selon laquelle chaque système contredirait les autres et dépendrait d'un caprice individuel»?[163]

C'est la marque d'une vue faible que de ne pouvoir discerner le contenu intérieur derrière la forme externe du phénomène. L'histoire de la philosophie n'est pas une galerie de portraits. Chaque philosophe donne une vision totale et globale de son époque. C'est pourquoi le principe de chaque philosophie est vrai, bien qu'il soit partiel et unilatéral. Mais chaque nouveau système tend à réduire la part d'unilatéralité que contenait le système précédent. Lecteur admiratif de l' *Histoire de la philosophie* de Hegel, le disciple russe a découvert le sens profond de la pensée de son maître: par rapport au système précédent, la philosophie nouvelle contient moins d'éphémère et plus d'éternel.

Le progrès dans la pensée et le progrès dans l'histoire ne se font pas sans des retours en arrière. Herzen le souligne peut-être plus fortement que Hegel. Pour l'Hégélien russe, l'histoire va en tous sens, elle frappe à toutes les portes. Nous le savons, il n'y a pas de scénario écrit à l'avance. S'il y en avait un, «l'histoire perdrait tout intérêt, deviendrait inutile, ennuyeuse, ridicule; l'affliction de Tacite et l'enthousiasme de Colomb se changeraient en farce, en bouffonnerie».[164] L'histoire réelle n'évolue pas selon la régularité d'un processus biologique. Le modèle d'un progrès linéaire et mécanique inspire les Encyclopédistes. Hegel a réagi contre cette tendance. Sur ce point

---

[161] A. I. Gercen, Neskol'ko zamečanij ob istoričeskom razvitii česti, in *Polnoe.*, t. V, p. 230.
[162] *Id.*, Dnevnik, 16/VI/1843, in *Polnoe.*, t. III, pp. 127–128.
[163] *Id.*, Pis'ma ob izučenii prirody, in *Polnoe.*, t. IV, p. 40 (trad. fr., p. 151).
[164] *Id.*, S togo berega, in *Polnoe.*, t. V, p. 407 (trad. fr., pp. 388–389).

encore Herzen suit l'enseignement de son maître. Le processus historique s'accomplit selon un mouvement dialectique: heurts et conflits sont le moteur de l'histoire. Chaque création est une nouveauté originale.

La conception de l'histoire de Herzen nous semble donc beaucoup plus proche de celle de Hegel qu'on le dit habituellement. Il continue à croire à l'intelligibilité et à la rationalité de l'histoire, même s'il souligne davantage que ne le fait Hegel la part de contingence dans l'évolution historique. Au soir de sa longue vie, pour essayer de résumer à son fils la conception qu'il se fait de l'histoire, il se réfère encore spontanément à Hegel:

«Si je ne craignais la vieille langue philosophique, je répéterais que l'histoire n'est que le développement de la liberté dans la nécessité».[165]

L'histoire a une face d'ombre et une face de lumière. Si elle n'est pas plénitude de sens, elle n'offre pas que du non-sens: la conviction de Herzen, c'est que dans l'histoire il y a du sens.

Pour Hegel, l'histoire humaine est la réalisation de l'idée dans le domaine temporel. Les supports de cette Idée, ce ne sont ni les hommes, ni même les hommes de génie, mais les peuples organisés dans un état. Nous savons déjà que Herzen a définitivement «congédié» l'Idée. Les agents de l'histoire se trouvent donc dans le monde temporel. Avec Hegel, Herzen pense que les grands hommes ne font pas l'histoire, car leur rôle se limite à pressentir les aspirations de leur époque. Le grand homme n'est pas un inventeur, mais un accoucheur. Il n'anticipe pas l'esprit de son temps, s'il devance les attardés:

«Ni Robespierre ni Napoléon ne pouvaient avoir un plan d'action déterminé d'avance; ils furent les organes vivants s'abandonnant aux événements et se faisant leur complice: ils se trouvèrent donc entraînés par eux».[166]

M. D'Hondt résume ainsi la position de Hegel:

«Le grand homme coïncide avec la volonté générale à l'état naissant. Il guette ce qui va surgir dans le présent, pour l'aider à percer. Il se détourne donc de ce qui va périr, pour orienter le progrès tout en se laissant porter par lui».[167]

---

[165] Id., Pis'mo k Synu, VII–VIII/1868, in Polnoe., t. XXI, p. 4.
[166] Id., Dnevnik, 9/VII/1843, in Polnoe., t. III, pp. 125–126.
[167] J. D'Hondt, Hegel, philosophe de l'histoire vivante, p. 444.

Ce pourrait très bien être le commentaire du texte de Herzen que nous venons de citer. Ainsi, bien que leur rôle ne soit pas négligeable, on peut se passer de ces serviteurs de l'Esprit du temps:

– «Et si, par malheur, il ne se trouve pas de Colomb»?
– «Cortez le remplacera. Les natures de génie se trouvent presque toujours lorsqu'on a besoin d'eux; du reste, elles ne sont pas nécessaires: les peuples arriveront plus tard, par une autre voie plus difficile».[168]

Il est certes heureux de prendre plus vite conscience des exigences de l'époque nouvelle. Mais la place du grand homme est modeste puisque, sans ce complice de l'histoire, l'histoire arriverait au même but.

A côté du grand homme, chef d'état, il faut placer le savant et l'artiste. Herzen pense qu'à un moment déterminé, l'acquisition des connaissances est telle que la découverte ne peut pas ne pas se produire. Là encore, la personnalité du savant est négligeable.[169]

Herzen qui fut lui-même un si grand écrivain – Koyré n'hésite pas à mettre en parallèle *Passé et Pensées* et *Dichtung und Wahrheit* – se devait de situer l'artiste dans son temps. Si l'on trouve effectivement quelques réflexions sur l'art, il n'a cependant pas concacré un seul ouvrage à l'esthétique. Nous n'avons même pas rencontré dans les tomes que nous avons lus une seule référence à l' *Esthétique* de Hegel. Il serait imprudent de conclure que Herzen n'a pas subi son influence. Les premiers chapitres du *Dilettantisme dans la science* montrent que sa description du classicisme et du romantisme doit beaucoup à Hegel. Mais notre intention n'est pas d'analyser les conceptions esthétiques de Herzen; nous voudrions seulement souligner ici la place qu'il accorde à l'écrivain dans la société. Comme le grand homme, l'artiste décèle les signes du temps: sous l'accidentel et le fugitif, il perçoit la réalité profonde:

«Les poètes sont vraiment, selon l'expression romaine, des 'prophètes'; seulement ils n'expriment pas ce qui est inexistant et ce qui se produira par hasard, mais *ce qui est inconscient, ce qui est* dans la conscience trouble des masses, ce qui s'y trouve encore assoupi».[170]

L'artiste ne peut se contenter de refléter passivement son époque. Il doit par la profondeur de sa vision hâter l'événement du monde

---

[168] A. I. Gercen, *S togo berega*, in *Polnoe.*, t. V, p. 407 (trad. fr., 389).
[169] *Id.*, *Diletantizm v nauke*, in *Polnoe.*, t. III, p. 169 (trad. fr., p. 21).
[170] *Id.*, *Byloe i dumy*, in *Polnoe.*, t. XIII, p. 29 (trad. fr., p. 570).

futur.[171] C'est pourquoi Herzen insiste tant sur le rôle social du théâtre:

«La scène, en tant qu'elle exprime quelque chose, est le parlement de la littérature, la tribune, ou si vous voulez, le temple de l'art et de la connaissance».[172]

A l'époque de Nicolas Ier, après les bannissements qui suivirent la révolte manquée de Décembre 1825, toute action politique d'opposition était impossible, car les gendarmes de Benckendorff veillaient. Ce fut la littérature qui prit la relève en diffusant les idées libérales.[173] Herzen se plaît à souligner l'influence de Pouchkine, puis celle de Polevoj et de Gogol – du moins avant que ces derniers ne mettent leur talent au service du Tsar.

On comprend que Herzen se gausse de la théorie de l'art pour l'art. C'est, dit-il, la conception esthétique d'une société bourgeoise décadente. Il est proche de Belinskij, mais plus pessimiste que lui: la société mercantiliste et utilitariste offre à l'art une base si mesquine qu'il ne peut s'y développer.[174] Avec sa thèse de la fin de l'esthétique, Hegel ne voulait pas dire autre chose. L'artiste est donc un homme d'action engagé au service de son temps. Il contribue même plus que le grand homme à la marche de l'histoire. Banni, Herzen continue à servir la cause de son pays par son infatiguable activité d'écrivain.

Cependant, les véritables agents de l'histoire ne sont ni les grands hommes, ni les savants, ni les écrivains, mais les peuples:

«Les peuples – ces personnages du drame universel à l'activité colossale – accomplissent la tâche de l'humanité toute entière comme *leur tâche à eux*».[175]

Herzen reprend alors la thèse de Hegel sur le messianisme des peuples élus. Sans beaucoup y insister, Hegel pressentait que l'Amérique ou la Russie pourrait assurer la relève du monde germanique. L'Amérique ne trouve pas grâce aux yeux de Herzen:

«Les Etats-Unis du Nord sont la dernière édition corrigée du même texte féodal et chrétien, et encore dans une grossière traduction anglaise».[176]

---

[171] *Id., Ueber den Roman aus dem Volksleben in Russland*, in *Polnoe.*, t. IX, pp. 83–92; tout spécialement, pp. 89–90.

[172] *Id., Dnevnik*, 13/IX/1842, in *Polnoe.*, t. III, p. 41.

[173] *Id., Du développement des idées révolutionnaires en Russie*, in *Polnoe.*, t. VI, p. 256.

[174] *Id., Koncy i načala*, in *Polnoe.*, t. XV, p. 247. Sur l'art pour l'art, cf. t. XI, p. 81. Sur l'esthétique de Herzen, cf. Ja. El'sberg, *Gercen, Žizn' i tvorčesvo*, pp. 310–318; 467–474; 618–627.

[175] A. I. Gercen, *Diletantizm v nauke*, in *Polnoe.*, t. III, p. 231 (trad. fr., p. 99).

[176] *Id., S togo berega*, in *Polnoe.*, t. V, p. 435 (trad. fr., p. 422).

Dégoûté de l'Europe qui s'embourgeoise, et ne voulant pas voguer vers l'Amérique, de Paris, de Londres, Herzen continue à regarder vers la Russie. Koyré note finement que la philosophie politique de Herzen, «c'est le rêve d'un Russe qui, comme tous les Russes, croit à la mission universelle de son pays».[177] Messianisme plus sentimental que rationnel, puisque Herzen fonde sa croyance en l'avenir de son pays sur le fait que la Russie n'a aucun passé. Parfois cependant, il perçoit la fragilité de cette «qualité» toute négative:

«Nous autres, nous sommes plus libres du passé – c'est un grand avantage, mais il oblige à plus de modestie... Nous avons plus d'espérances, car nous ne faisons que commencer, mais une espérance n'est une espérance que parce qu'elle peut ne pas se réaliser».[178]

S'il n'est pas très hégélien, en effet, de spéculer sur l'avenir, au moins Herzen se montre-t-il fidèle à son maître sur un point important. Pour qu'un peuple puisse dominer, il faut qu'il incarne en lui plus de valeur universelle. La Russie prendra la relève parce qu'elle est la synthèse des richesses de l'occident et de l'orient. Lui-même ne veut appartenir à aucun groupe particulier:

«Pour eux [les Slavophiles], je suis l'homme de l'Occident, et pour leurs ennemis [les Occidentalistes], l'homme de l'Orient».[179]

L'idéalisme et le matérialisme étaient des abstractions unilatérales. Ici en politique, Herzen reste fidèle à son intuition centrale: il récuse aussi bien ses amis Occidentalistes que ses «frères-ennemis», les Slavophiles.

Nous allons voir que les idées politiques de Herzen sont très différentes de celles de Hegel. Pourtant, il aime les *Principes de la philosophie du Droit* qui a, sur les autres conceptions, l'inappréciable mérite de situer la morale dans l'histoire concrète:

«Les domaines du droit abstrait sont dissous, supprimés dans le monde de l'Ethique, par le règne des lois et par le droit conscient de soi. Cependant Hegel ne s'arrête pas là; il se lance du haut de l'idée du droit dans le torrent de l'histoire universelle, dans l'océan de l'histoire».[180]

Ainsi, à la place du droit abstrait et formel des kantiens, on trouve une morale politique concrète et historique. Contre Kireevskij, Herzen

---

[177] A. Koyré, *Etudes sur l'histoire de la pensée philosophique en Russie*, p. 210.
[178] A. I. Gercen, *Du développement des idées révolutionnaires en Russie*, in *Polnoe.*, t. VI, p. 281.
[179] *Id.*, *Dnevnik*, 17/V/1844, in *Polnoe.*, t. III, p. 328.
[180] *Id.*, *Diletantizm v nauke*, in *Polnoe.*, t. III, pp. 228–229 (trad. fr., p. 96).

défend le principe hégélien d'une morale évolutive.[181] Il reprend à son compte le fameux «Weltgeschichte ist Weltgericht» de Hegel:

«Il est absurde d'accuser les peuples: ils ont raison parce qu'ils sont toujours conformes aux circonstances de leur vie passée; ils ne sont responsables ni du bien ni du mal; ils sont des faits, comme une bonne et mauvaise récolte, comme le chêne et l'épi».[182]

Tous les tribunaux ne servent rigoureusement à rien. Herzen pas plus que Hegel ne cède cependant à la «factolâtrie» dans le moment même où il répudie tout critère transcendant. Se délivrer des rêveries romantiques, ce n'est pas renoncer à discerner la valeur des actes:

«Le bien est tout ce qui développe, à la fois, la valeur spécifique et individuelle de l'homme; le mal, c'est de laisser l'individuel, le phénoménal engloutir ce qu'il y a d'universel dans l'homme».[183]

Mais alors que pour Hegel il est impossible d'atteindre et de développer en soi l'humain sans se trouver dans une société régie par un état, mettre l'état au-dessus de la personne, c'est, selon Herzen, le propre d'une théorie despotique. Sur ce point aussi, Herzen est l'héritier de Belinskij et non de Hegel:

«La liberté de la personne est ce qu'il y a de plus grand; c'est sur elle, *et seulement sur elle*, que peut se former la volonté réelle du peuple».[184]

Aussi la subordination de la personne à la société, au peuple, à l'humanité, «c'est la continuation des sacrifices humains, l'immolation de l'agneau pour apaiser Dieu, le crucifiement de l'innocent pour racheter les coupables».[185] Dans *De l'autre rive* d'où ce texte est tiré, on retrouve non seulement les thèmes personnalistes, mais aussi tous les thèmes anarchistes que développeront plus tard Bakounine et Kropotkin. Herzen opte pour la société contre l'état, et pour la personne contre la société. Il faut préciser ces deux points.

Pour individualiste que soit sa morale, Herzen ne sépare jamais l'homme de la société. Si l'individu transcende son milieu social, il en reste pourtant dépendant. Cette dépendance entre l'homme et la société varie selon les différentes périodes historiques. En gros, il y a

[181] «Evidemment, la vertu est éternelle et doit toujours être la norme de l'action. Mais comment s'est-elle déterminée, comment a-t-elle été comprise aux diverses époques? Le monde grec, le monde juif et le monde chrétien l'ont conçue d'une façon tout à fait différente» (*Id., Dnevnik,* 18/XI/1842, in *Polnoe.,* t. III, p. 56).
[182] A. I. Gercen, *S togo berega,* in *Polnoe.,* t. V, p. 446.
[183] *Id., Dnevnik,* 8/I/1845, in *Polnoe.,* t. III, p. 442.
[184] *Id., S togo berega,* in *Polnoe.,* t. V, p. 388 (trad. fr., p. 365).
[185] *Ibid.,* t. V, p. 478 (trad. fr., p. 483).

trois situations typiques. Dans une époque révolutionnaire, l'homme et la société marchent ensemble vers plus de liberté: nulle opposition, mais un appui mutuel. Les époques les plus fréquentes sont celles où rien ne se passe: c'est l'accord dans la médiocrité. Enfin, dans les périodes de transition où le passé se survit, il y a conflit entre les individus lucides et la société.[186] Mais, à quelque moment historique que ce soit, «la personne n'a sa pleine réalité que dans la mesure où elle est dans la société. Aristote a nommé excellemment l'homme 'zoon politicon'».[187] Pour Herzen, la personne est donc toujours une personne sociale.

Elle sera même longtemps soumise à l'autorité de l'état. Cependant, plus perspicace que Hegel, Herzen dénonce l'ambiguïté de l'état qui est, selon les cas, soit un facteur de libération, soit une machine d'oppression. Dans les sociétés primitives, l'état commence par asservir la personne; dans une société plus évoluée, il tend à affranchir les individus. L'autorité de l'état peut donc avoir son utilité:

«De ce que l'état est une forme *passagère*, on ne peut pas conclure que cette forme est déjà *passée*».[188]

On doit, sans doute, envisager l'idéal lointain d'une disparition de l'état, mais ce ne sera pas pour demain. A regret, Herzen est conduit à polémiquer avec son vieux camarade Bakounine qui veut la destruction immédiate de l'état. Comme Herzen a la conviction que «le peuple est conservateur par instinct», l'intervention de l'état devient nécessaire pour faire disparaître la cassure entre les masses endormies et les élites révolutionnaires. L'état exerce alors un rôle médiateur entre l'élite et le peuple. Nous sommes évidemment très loin de Hegel. Si l'auteur de la *Philosophie du droit* veut que l'état respecte la liberté du citoyen, il ne pouvait admettre la supériorité de la personne sur l'état. Or, on connaît la proclamation passionnée de Herzen:

«Sans aucun doute, la personne est le sommet effectif du monde historique: tout la concerne et tout vit par elle».[189]

Chez Hegel le pouvoir de l'état ne s'étend pas à la philosophie. Chez Herzen c'est non seulement le penseur, mais tout homme qui peut pré-

---

[186] *Ibid.*, t. V, pp. 476–477 (trad. fr., pp. 478–479).
[187] *Id.*, Neskol'ko zamečanij ob istoričeskom razvitii česti, in *Polnoe.* t. V, p. 214.
[188] *Id.*, K staromu tovariščsu, in *Polnoe*, t. XXI, p. 447. «Hegel trouve (et c'est fort juste) que l'esclavage même est un pas vers la liberté. Sans doute, il faut en dire autant de l'Etat: comme l'esclavage, il finira par se détruire lui-même, mais il ne faut pas le rejeter comme une défroque sale, avant une certaine époque» (*ibid.*, p. 446).
[189] *Id.*, Neskol'ko zamečanij ob istoričeskom razvitii česti, in *Polnoe.*, t. V, p. 213.

tendre s'affirmer face à l'état. Et nous retrouvons sur ce point une opposition déjà maintes fois soulignée. Alors que Hegel se limite au monde de la pensée et de la spéculation, Herzen place la dignité de l'homme dans l'action libre.

A l'intérieur du mouvement Occidentaliste, Herzen a une place à part. Il n'a pas connu l'enthousiasme hégélien de Belinskij et de Bakounine, ce qui lui a permis d'éviter de rompre brutalement avec Hegel. Il serait excessif de vouloir faire de Herzen un hégélien. Mais celui qui sous-estimerait l'influence de ce philosophe ne pourrait pas comprendre l'itinéraire herzénien. Feuerbach, Fourier, Proudhon ont certes beaucoup aidé Herzen à se définir. Cependant, jusqu'à la fin de sa vie, donc à un moment où il est le plus éloigné de Hegel, il n'est pas difficile de percevoir tout ce qu'il doit encore au philosophe allemand.

Herzen est sans doute le seul à avoir pris conscience de l'évolution de Hegel. On sait qu'il préfère le *Dozent* de Iéna au Professeur de Berlin. La lecture de la *Phénoménologie de l'Esprit* l'a conduit à l'athéisme. Dès 1840, alors que Bakounine aime Hegel parce qu'il y trouve une réconciliation de la religion et de la philosophie, Herzen sait que l'Idée n'a aucune réalité en dehors de l'homme ou de la nature. Toutefois, lorsqu'au début de la deuxième moitié du XIXème siècle, il voit naître les courants matérialistes mis à la mode par Büchner et Moleschott, il s'opposera à eux, car il a conservé, surtout grâce à Hegel, un sens très aigu de la dignité de la pensée. La réflexion spéculative le préservera toute sa vie du mécanisme et du matérialisme. Pour lui, la grandeur de la philosophie hégélienne fut d'élaborer une dialectique, véritable «Algèbre de la révolution». Il s'efforcera donc de prolonger l'hégélianisme, resté trop spéculatif, en une philosophie de l'action. Cependant, sur ce point encore, il se refuse à suivre les adeptes de la gauche hégélienne. Herzen appelle de ses vœux une communauté socialiste qui développerait les germes contenus dans le mir et l'artel, mais il s'oppose à la révolution prolétarienne, et par là se trouve très en retrait par rapport à la position de Bakounine et même par rapport à celle de Belinskij.

On le voit, son opposition à l'idéalisme hégélien n'est pas telle qu'elle lui fasse accepter une vue franchement matérialiste du monde, et son sens des exigences d'une dialectique de l'action ne l'entraîne pas à militer pour une Praxis révolutionnaire. Herzen avait décelé que Hegel, dans la vie concrète, avait été infidèle à ses propres principes. Ne pourrait-on pas l'accuser lui aussi de la même infidélité? Bakounine, on le pense bien, ne s'en est pas privé.

Hegel à Berlin, souffrant des limites de cet état prussien qu'il avait appelé de ses vœux, s'efforce de trouver un sens au présent. Herzen, en exil, loin de sa chère Russie, déçu par la tournure des événements après les révolutions manquées de 1848, veut lui aussi trouver un sens au présent. Chez l'un comme chez l'autre, c'est le même état d'âme, non la résignation, mais une certaine lassitude devant le poids des choses et la lenteur de l'histoire. Hegel continue à croire que le sens de la vie repose dans l'Etat rationnel. Herzen préfère mettre ses derniers espoirs dans la Liberté de la personne.

II. PARTIE

L'HÉGÉLIANISME PENDANT LA POUSSÉE RÉVOLUTIONNAIRE

L'ère qui s'ouvre avec Alexandre II est assez différente de celle de Nicolas Ier. Le nouveau Tsar finit par accepter plusieurs réformes en vue de transformer la société. Il suffit de mentionner l'abolition du servage, la suppression des peines corporelles, la création des Assemblées ou Zemstvos, premier embryon d'un système constitutionnel, enfin une certaine libéralisation de la censure. Pendant une dizaine d'années, la Russie connaît un régime un peu libéral. Alors la noblesse va s'opposer à cette nouvelle orientation: elle bloquera pratiquement l'application de l'abolition du servage, et les paysans se retrouveront dans une situation économique souvent plus lamentable qu'avant l'affranchissement. Les démocrates, satisfaits au début – Černyševskij lui-même écrira des articles flatteurs pour Alexandre II – seront vite déçus par la lenteur mise à appliquer les réformes et par leur peu d'efficacité à changer le climat social.

Fait nouveau, et qui tranche tellement avec l'opposition de l'*intelligentzia* sous Nicolas Ier, les paroles ne suffisent plus: on veut passer à l'action. La génération des «années 40» fut celle des Idéalistes; celle des «années 60» sera celle des Réalistes. Tourguénev avait symbolisé le héros de la première période sous les traits de Roudin; c'est le personnage de Bazarov qui illustre le révolutionnaire de la seconde période. Sous Nicolas Ier presque tous les intellectuels provenaient de la noblesse. Maintenant, on assiste à l'apparition d'un nouveau groupe social essentiellement constitué par quelques nobles déchus, par d'anciens membres du bas clergé et surtout par les éléments roturiers de la société, les «Raznočineci». Les intellectuels sous Nicolas Ier se rassemblaient dans des cercles et des salons: leur tribune, c'était les Revues. A présent, bien que les revues demeurent – les plus engagées auront même des difficultés avec la censure – on ne se contente plus de la plume. A peu près partout, on assiste à la naissance de groupements révolutionnaires aux activités multiples. C'est une période de contestation généralisée. Les Nihilistes veulent saper tout l'édifice ancien: leurs brûlots, qui partent dans toutes les directions, s'attaquent aussi bien aux fondements de la religion et de la métaphysique qu'au droit et à la morale. L'esthétique elle-même ne sera pas épargnée, du moins par le plus radical d'entre eux, Pisarev. Las de la spéculation et poussés par un immense élan de générosité, beaucoup éprouvent le besoin impérieux de revenir au peuple. Ce sera le courant populiste qui verra instituteurs, prédicateurs ambulants, médecins parcourir la campagne autant pour aider le peuple que par besoin d'enracinement. Dans le même temps commencent à proliférer les groupuscules anarchistes et révolutionnaires. C'est le radicalisme extrême: les uns appellent de leurs vœux la république, d'autres nient la démocratie. Bakounine lui-même sera effrayé par les thèses de Nečaev et rompra avec sa société secrète «la hache». Le groupe «Zemlja i volja» (Terre et liberté) a inscrit à son programme l'attentat politique. Devant tant d'excès, il n'est pas étonnant qu'Alexandre II ait fini, sous la pression de son entourage et profitant de l'attentat manqué de 1866, par renoncer à son premier libéralisme. Après sa mort, Alexandre III fera régner un système ultra-conservateur qui rappelle assez celui de Nicolas Ier. Il faudra attendre Nicolas II pour que la Russie connaisse un timide essai de régime constitutionnel.

On comprend que dans un tel climat social et politique la philosophie ait subi une transformation profonde. L'issue de 1917 qui vit le triomphe des idées démocratiques et marxistes ne doit pas faire oublier l'importance des autres tendances. Nous savons qu'entre 1835 et 1855, philosopher c'était prendre parti pour ou contre Hegel. Après 1860, l'engouement hégélien des «années 40» est terminé. Mais alors qu'en Allemagne, Hegel n'exerce pratiquement plus aucune influence, l'hégélianisme demeure en Russie une philosophie à laquelle on continue à se référer. La tradition hégélienne est ininterrompue. Il est vrai qu'elle n'est plus la seule, car la philosophie russe se diversifie considérablement pendant cette deuxième moitié du XIXe siècle. On trouve une école leibnizienne avec Kozlov, Lopatin, Losskij. Les Néo-kantiens, un peu comme en Allemagne, sont les plus nombreux: Vvedenskij, Lapšin en sont les représentants les plus connus. Le courant positiviste a déjà de nombreux adeptes. Enfin, la philosophie russe commence à produire des penseurs qui élaborent des systèmes originaux. Il suffit ici de mentionner Vl. Soloviev.

En ce qui concerne la philosophie hégélienne proprement dite, la pensée russe continue selon son habitude à juger le système hégélien de très haut. Bien qu'il y ait de nombreux professeurs, on ne trouve aucune de ces études historiques qui renouvellent le sujet. Certes, nous rencontrerons l'un ou l'autre exposé de la philosophie hégélienne. Toutefois, ce seront ou des études dépendant de celles des auteurs allemands, spécialement de Haym et de Rosenkranz, ou de simples exposés assez peu approfondis du système hégélien, suivis d'une de ces critiques que l'on pourrait dire externe, puisque l'auteur se contente d'opposer à Hegel sa propre vision du monde.

Pendant cette période pré-révolutionnaire on voit se dessiner trois types d'interprétation de la philosophie hégélienne. Un premier groupe de penseurs s'efforce d'unir la dialectique avec le matérialisme, ce qui vaudra à la Russie l'équivalent de la *Dialectique de la nature* de Engels. Le second groupe rassemble des penseurs chrétiens dont les uns rejettent la vision religieuse de Hegel et dont les autres s'efforcent de promouvoir sa philosophie politique. Le troisième groupe est constitué par les marxistes proprement dits, Menchéviks ou Bolchéviks, qui radicalisent la tradition russe de l'hégélianisme de gauche.

CHAPITRE V

LA «NATURALISATION» DE LA DIALECTIQUE: LAVROV ET ČERNYŠEVSKIJ

A partir de 1860 se développent en Russie deux courants idéologiques qui vont contribuer à modifier les idées politiques du temps: le populisme et le mouvement démocratique révolutionnaire. Bien que ce soient des tendances opposées – leurschefs de file respectifs, le populiste Lavrov et le démocrate Černyševskij, seront toujours en lutte l'un contre l'autre – nous avons pensé qu'il était possible de les réunir sous un même chapitre. En effet, leur attitude face à l'hégélianisme, si elle n'est pas identique, a cependant beaucoup de points communs. Populistes et Démocrates révolutionnaires sont en un sens les héritiers de Belinskij, Bakounine et Herzen. Toutefois, ni Lavrov ni Černyševskij ne furent hégéliens comme l'avaient été leurs grands prédécesseurs occidentalistes. Ils s'efforcent seulement de déterminer en quoi l'époque nouvelle qu'ils voient poindre peut encore profiter de l'hégélianisme.

§ 1. Le conservatisme hégélien selon Lavrov

Il n'est guère facile de cerner la pensée philosophique de Lavrov parce que ce propagandiste du Populisme, l'un de ces «Amis du peuple», pour reprendre l'expression de Lénine, est un éclectique. Par son semi-agnosticisme, il se rattache à Kant, mais il va beaucoup plus loin que lui puisqu'il rejette toute métaphysique. De Feuerbach, il a retenu l'importance du Principe anthropologique, et par cette filiation il n'est pas tellement éloigné de son adversaire, Černyševskij. Toutefois, l'anthropologisme de Lavrov prend une coloration éthique très accentuée qu'il n'a pas chez le Démocrate. C'est aussi un grand admirateur d'Auguste Comte dont il contribue à diffuser la doctrine en Russie, si bien qu'il est exact de dire que Lavrov fut le fondateur de la sociologie russe. Cependant, c'est un sociologue qui préfère la mir et l'artel à l'état et qui déclare que le devenir social ne repose sur aucune loi objective. Par là, il s'oppose à Marx dont il prise par ailleurs les analyses économiques. La seule constante de cette pensée indécise, c'est le primat accordé à la «personne critique pensante»: tout progrès social et historique dépend uniquement de la qualité morale de l'individu agissant.[1] Le héros moral est beaucoup plus qu'un accoucheur de l'histoire: il fait l'histoire.

On comprend que dans son *Autobiographie* il n'ait pas cité Hegel parmi ceux qui inspirèrent sa pensée. Radlov a bien raison d'écrire:

«Si l'influence de Hegel se laisse déceler dans les débuts de l'activité de notre philosophe, par la suite, son influence disparaît presque complètement».[2]

Lavrov ne trouve place dans une étude sur l'histoire de l'hégélianisme en Russie que dans la mesure où il fut l'un des premiers à donner de cette philosophie un exposé critique.[3] L'occasion lui en fut fournie par la parution de l'ouvrage de Haym, *Hegel und seine Zeit*. Le populiste que l'on appelait avec une pointe d'ironie «der deutsche Professor» semble bien avoir mérité son surnom, si l'on en juge par l'étendue de l'information tant sur les œuvres de Hegel que sur la littérature secondaire, et par l'habileté de ses analyses malheureusement gâtées par un très mauvais style. On sait que l'ouvrage de Haym fut aussitôt suivi d'un essai de réhabilitation, *Apologie Hegels gegen Dr. R. Haym*, dû à l'hégélien conservateur K. Rosenkranz. Lavrov qui connaît les deux ouvrages n'a pas été convaincu par l'apologie de Rosenkranz. Il serait à mi-chemin de Haym, écrit Špet, dans un article remarquable.[4] Sans doute, sur l'un ou l'autre point, Lavrov se sépare de Haym, mais il adopte généralement l'attitude critique et fort négative du critique allemand.

---

[1] Sur la philosophie de Lavrov, on pourra consulter: I. S. Knižnik-Vetrov, *Petr Lavrovič Lavrov*. N. L. Markina, *Sociologičeskie vzgljady P. L. Lavrova*. Petr Lavrovič Lavrov, *Sbornik statej. Stat'i, vospominanija, materialy.* R. Verrier, *Le positivisme russe et la fondation de la sociologie.* F. Venturi, *Il populismo russo.*

[2] E. Radlov, Lavrov v russkoj filosofii, in P. L. Radlov, *Sbornik statej*, p. 17. Tschiževskij remarque que «quelques unes des idées fondamentales de la *Weltanschauung* de Lavrov proviennent en tout cas de Hegel» (D. Tschiževskij, *Hegel bei den Slaven*, p. 343). C'est vrai dans la mesure où l'on peut dire qu'un éclectique prend son bien partout!

[3] Il s'agit d'une série de trois articles; les deux premiers parurent sous le titre, Gegelizm, dans la revue *Biblioteka dlja čtenija* en 1858; le troisième, publié dans la même revue en 1859, était intitulé, Pratičeskaja filosofija Gegelja. Ces trois articles viennent d'être réédités dans le premier tome de P. L. Lavrov, *Filosofija i sociologija*, pages 43–338. Comme on le voit, il s'agit d'un fort volume sur la philosophie hégélienne.

[4] «Dans les articles sur la philosophie de Hegel écrits à propos du livre de Haym sur Hegel, Lavrov qui s'éloigne à mi-chemin de ce livre, complète, critique Haym et même polémique avec lui» (G. Špet, Antropologizm Lavrova v svete istorii filosofii, in P. L. Lavrov, *Sbornik statej*, p. 101).

Tout d'abord, Lavrov est conscient qu'en 1860 personne n'est plus hégélien: une page a été définitivement tournée parce qu'une nouvelle époque est apparue. Il s'étonne donc que Strachov vienne le contester au nom du pur hégélianisme, car il n'est pas sans savoir que depuis la mort de Hegel, il n'y a plus d'hégélianisme, mais des écoles hégéliennes aux tendances opposées.[5] S'il se sépare des Hégéliens de droite, il est difficile de dire qu'il adopte la position des Hégéliens de gauche. Il semble même ignorer la distinction déjà amorcée par Herzen, et qui va être reprise par Černyševskij, entre le système et la méthode, mais cela ne l'empêche nullement de séparer dans l'hégélianisme ce qui lui paraît vivant de ce qui lui semble caduc.

L'encyclopédisme de Hegel l'émerveille. Lavrov reprend à son compte la formule élogieuse: Hegel est le nouvel Aristote. Il se déclare fasciné par cette doctrine qui embrasse la totalité du réel sous ses multiples aspects:

«Nous avons dit que Hegel a répondu à toutes les revendications de l'époque dont il fut le contemporain. En effet, dans ses œuvres on peut trouver des références et, bien sûr, des jugements qui portent sur toutes les aspirations et les visées pures et impures qui s'exercèrent près de lui, en dépit des contradictions apparues dans les derniers temps».[6]

Hegel n'est pas seulement le souverain interprète de son époque, car certains aspects de sa philosophie peuvent et doivent inspirer la période actuelle en Russie. Bien que ce ne soit sans doute ni très original ni très nouveau puisque Herzen le déclarait dès 1845, Lavrov fut cependant assez avisé pour découvrir que l'hégélianisme repose sur deux principes fondamentaux: la visée du réel et sa compréhension rationnelle.[7]

De sa lecture de Hegel, il semble avoir retenu qu'une synthèse des connaissances est nécessaire pour surmonter l'éparpillement du donné. Il faut s'empresser de préciser que pour Lavrov le principe unificateur de cette systématisation n'est nullement la Raison, au sens hégélien du terme, mais tout simplement le principe anthropologique.

Le grand mérite de l'hégélianisme, c'est d'être une philosophie centrée sur le devenir. Avec la *Science de la Logique*, le monde des

---

[5] Cf. P. L. Lavrov, Otvet g. Strachovu, in P. L. Lavrov, *Filosofija i sociologija*, t. I, p. 501.

[6] P. L. Lavrov, Gegelizm, in P. L. Lavrov, *Fil. i soc.*, t. I, p. 50. Cf. *ibid*, p. 94.

[7] «*Réalité* et *Raison* furent les deux principes fondamentaux de l'hégélianisme; ces principes sont restés inscrits dans la devise de la pensée contemporaine, et si je ne m'abuse, ils y resteront longtemps» (P. L. Lavrov, Praktičeskaja filosofija Gegelija, in P. L. Lavrov, *Fil. i soc.*, t. I, p. 331).

essences abstraites, immuables et éternelles est balayé; il ne reste plus
que la réalité changeante, concrète, diverse selon les temps et les lieux:

«Ce n'est qu'après Hegel que les meilleurs esprits tombèrent d'accord pour
reconnaître que le développement est nécessaire et général, qu'on ne peut
l'interrompre, que l'existence réelle n'est incluse ni dans le positif ni dans le
négatif d'un être donné quelconque, mais dans le passage, dans le mouvement».[8]

Le domaine par excellence de la réalité concrète est le monde historique. Nul mieux que Hegel n'en a eu une si vive intuition:

«Précisément, Hegel apparaît comme le philosophe de la pensée, mais à la
différence de ses prédécesseurs dans ce domaine, comme le *philosophe de la
pensée historique*, c'est-à-dire d'une pensée imprégnée de la conscience historique du changement universel».[9]

On s'attendrait qu'un si bon départ ait porté des fruits. Or le lecteur
qui a la curiosité de parcourir les *Lettres historiques* de Lavrov est
surpris de n'y point trouver la moindre mention de Hegel: Buckle,
Darwin, Haeckel même sont devenus ses inspirateurs. Il ne faut donc
pas exagérer l'importance que le Populiste a accordé à la philosophie
hégélienne.

Par contre il sait très bien en montrer les limites et les dangers.
S'il appréciait l'orientation générale de cette pensée entièrement tournée vers le concret, il constate que la réalisation de la philosophie
hégélienne de la raison et de l'histoire est un échec, car l'une et l'autre
reposent sur une double idolâtrie:

«La philosophie pratique de Hegel fut fondée sur l'adoration de l'état, comme
sa philosophie théorique le fut sur l'adoration de la raison».[10]

Pour Lavrov, l'ouvrage fondamental de Hegel est la *Science de la
Logique*. Assez porté à la simplification, il écrit curieusement que la
Phénoménologie de l'Esprit est encore sous l'influence de Schelling
– mais ce n'était pas l'avis de Schelling lui-même –, que la *Propédeutique* n'est que le squelette de l'hégélianisme et que déjà dans l'*Encyclopédie* on perçoit le souffle réactionnaire du futur auteur des *Principes
de la Philosophie du Droit*. Reste donc ce livre difficile, mais prestigieux,
la *Logique:*

«La *Logique* constitue l'essence même de l'hégélianisme. En elle, l'hégélianisme s'est clairement manifesté comme philosophie de la pensée; en elle, il a

[8] *Id.*, Gegelizm, in P. L. Lavrov, *Fil. i soc.*, t. I, p. 175.
[9] *Ibid.*, p. 164.
[10] *Id.*, Praktičeskaja filosofija Gegelija, in P. L. Lavrov, *Fil. i soc.*, t. I, p. 301.

résolu avec toute la clarté suffisante la tâche qu'il s'était proposée: transposer le monde dans un système harmonieux; en elle, il a, du début à la fin, mené à bien sa puissante méthode dialectique...».[11]

Cet éloge mérité de la *Science de la logique* aurait plus de valeur si Lavrov s'était efforcé de comprendre et d'expliquer la dialectique hégélienne. Or la critique suit immédiatement l'éloge: le système hégélien n'est qu'un panlogisme. Hegel n'a pas pu l'éviter parce que, pour fonder sa philosophie sur un roc inattaquable, il avait besoin d'un point de départ absolu: l'Esprit qui unifie le Sujet et la Substance. Mais, constate Lavrov, cette unification est un postulat toujours affirmé, jamais une vérité démontrée:

«Hegel ne se place jamais au point de vue de son contradicteur puisqu'il le contraint d'accepter un nouveau principe; et il n'a jamais prouvé, en se basant sur un examen extérieur des différents principes, que le principe absolu est le plus juste ou, au moins, le plus probable de tous ces principes».[12]

N'ayant pas compris, ou ne voulant pas admettre, que le vrai est le devenir sujet de la substance, Lavrov conclut à la gratuité de la position hégélienne. Il ajoute alors que le philosophe allemand n'a pas réussi à tenir son projet qui était d'unifier les deux mondes de l'idée et de la réalité. Le discours hégélien se clot dans l'élément de la pensée pure:

«La philosophie de Hegel ne saisit pas le processus de la vie; elle saisit seulement la *pensée* à propos de la vie. C'est donc une philosophie *partielle,* nullement *toute* la philosophie».[13]

Les historiens se demandent souvent quelle est la nature de l'Absolu hégélien. Certains ont cru y reconnaître le dieu des chrétiens. Haym pense même que Hegel subordonne la philosophie à la religion. Lavrov ne partage pas ces affirmations inexactes. Il constate, au contraire, que jamais Hegel n'a identifié les concepts d'Absolu et de Dieu. S'il remplace souvent le terme d'Absolu par celui de Dieu, ce serait uniquement pour mieux se faire comprendre de ses lecteurs: une représentation commune est plus facile à saisir qu'un concept philosophique fort abstrait. En bref, dieu n'est qu'une métaphore qui sert à illustrer, en se servant du langage de la représentation, ce que dans le langage spéculatif on doit nommer l'Absolu. On peut en voir la confirmation

---

[11] *Id.*, Gegelizm, in P. L. Lavrov, *Fil. i soc.*, t. I, pp. 153–154.
[12] *Ibid.*, p. 81.
[13] *Id.*, Otvet g. Strachovu, in P. L. Lavrov, *Fil. i soc.*, t. I, p. 505.

dans le fait que Hegel a toujours tenu que les religions positives ne sont que des manifestations temporelles et transitoires de la religion de la Raison absolue.[14] La position de Hegel sur la religion constitue donc un réel progrès sur les conceptions théologiques de la religion. Mais il y a plus. Hegel a parfaitement vu que la représentation religieuse qui culmine dans la religion de la Raison absolue s'efface elle-même devant la compréhension philosophique:

«Cependant, Haym se trompe lorsqu'il pense qu'il [Hegel] veut subordonner sa philosophie aux dogmes positifs. Au contraire, il se décide à subordonner les dogmes à sa philosophie».[15]

Pourtant, Lavrov a la conviction que la philosophie hégélienne fondée sur l'Esprit absolu est devenue une nouvelle religion et l'hégélianisme une sorte d'école religieuse:

«L'hégélianisme ne fut pas seulement un système scientifique, les hégéliens ne furent pas seulement une école philosophique; le point de vue de l'Absolu ne fut pas seulement un principe métaphysique. L'hégélianisme fut une doctrine religieuse; les hégéliens des membres d'une secte; l'Absolu, un dogme».[16]

Lavrov n'aime pas la chapelle des Hégéliens et n'entend pas brûler de l'encens sur l'autel de l'Absolu. Toutefois, la philosophie spéculative de Hegel n'aurait certainement pas tellement troublé ce positiviste peu porté aux querelles spéculatives, s'il n'avait remarqué que la philosophie pratique de Hegel n'est que la conséquence logique de sa philosophie spéculative. Lavrov a dénoncé la prétention de la *Science de la logique* uniquement parce qu'il en a perçu les effets dans les *Principes de la philosophie du Droit*. L'interprétation qu'il donne de la pensée politique de Hegel vient directement de Haym. Sur ce point encore le plaidoyer de Rosenkranz ne l'a pas convaincu. Hegel, en fidèle ministre de la Prusse, met sa plume au service de cet état bureaucratique parce qu'il croit que la Prusse est l'état idéal.[17] Nous savons que ce populiste se défie de l'état et fait dépendre tout son «système» de l'activité individuelle de la «personne pensante critique». Il a cru découvrir dans les *Principes de la philosophie du Droit* une apologie éhontée de l'état et la volonté de rabaisser systématiquement

---

[14] *Id.*, Gegelizm, in P. L. Lavrov, *Fil. i soc.*, t. I, p. 150, en note. Cf. *Id.*, Praktičeskaja filosofija Gegelija, in P. L. Lavrov, *Fil. i soc.*, t. I, p. 309, en note.
[15] *Ibid.*, p. 313.
[16] *Id.*, Gegelizm, in P. L. Lavrov, *Fil. i soc.*, t. I, p. 89.
[17] *Ibid.*, p. 51. Cf. Praktičeskaja filosofija Gegelija, in P. L. Lavrov, *Fil. i soc.*, t. I, pp. 278–279; 300; 332.

la valeur de la personne. Belinskij, Herzen s'étaient eux aussi, totalement ou partiellement, brouillés avec Hegel qu'ils trouvaient trop étatiste et trop conservateur. Du moins pensaient-ils que l'individu Hegel avait été infidèle à sa propre doctrine. Avec Lavrov tout change: le conservatisme hégélien est le résultat logique de la philosophie de Hegel. Au fond, Lavrov se contente de démarquer Haym qui pensait que la préface des *Principes de la philosophie du Droit* n'était qu'une justification du système policier de Karlsbad.[18] De même que Herzen préférait le modeste «Privat-Dozent» de Iéna qui sauvait sous son manteau sa *Phénoménologie de l'Esprit* au «Hofphilosoph» berlinois qui s'égarait dans ses *Leçons sur la philosophie de la Religion,* de même Lavrov oppose le sympathique auteur des écrits sur le *Droit naturel* ou sur le *Royaume du Württemberg* au philosophe établi des *Principes de la philosophie du Droit.* Dans son travail sur le Württemberg, Hegel avait réellement conscience du caractère irrationnel de l'état allemand; dans le *System der Sittlichkeit,* il avait très heureusement montré l'harmonie de l'idée dans son développement temporel. Dans les deux cas, il postulait le changement et invitait à la transformation politique.[19]

Que fait l'auteur de la *Philosophie du Droit?* Il prétend rédiger sereinement un traité scientifique de philosophie politique. En dépit de ses déclarations, il se livre, sous le couvert d'une abstraction philosophique bien propre à dissimuler ses intentions, à une œuvre de basse polémique dont le but est de sanctifier la réalité politique de son temps:

«Ici [dans la Philosophie du Droit], il ne s'agissait pas de suivre le développement nécessaire de l'Idée, mais de prouver des théorèmes moraux et politiques que fournissait la réalité, indépendamment de la référence à la science; théorèmes que l'Idée devait s'assimiler d'une façon ou d'une autre».[20]

Hegel voudrait nous faire croire que l'Idée absolue, en se réalisant dans l'existence concrète de l'état, confère à ce dernier sa propre rationalité. En fait, la réalité historique concrète est irrationnelle

---

[18] «Jener Kritik des Friesianismus zur Seite, der Politik des Fortschritts und der Forderungen gegenüber, spricht unsere Vorrede das classische Wort des Restaurationsgeistes, die *absolute Formel des politischen Conservatismus, Quietismus und Optimismus.* aus. «Was vernünftig ist», so lässt Hegel in seinem antidemagogischen und antisubjectivistischen Eifer drucken» (R. Haym, *Hegel und seine Zeit,* p. 365).
[19] P. L. Lavrov, Praktičeskaja filosofija Gegelija, in P. L. Lavrov, *Fil. i soc.,* t. I, pp. 213–216.
[20] *Ibid.,* p. 273.

et le travail du philosophe Hegel consiste à essayer de masquer cette irrationalité. Il ne pouvait en être autrement, car cette démarche est entièrement conforme à la conception que se faisait Hegel de l'activité philosophique. Ayant exclu de son système toute référence à un *Sollen*, il n'avait d'autre possibilité que de s'installer dans la pure positivité du donné:

«... cependant, il nie que la tâche de la philosophie soit de découvrir, de propager, d'étendre la vérité; la philosophie doit seulement *comprendre* la vérité déjà accomplie».[21]

L'adage sur la rationalité du réel prend donc pour Lavrov un sens très conservateur. Certains ont cru pouvoir nuancer le caractère réactionnaire de la *Philosophie du Droit* en le tempérant par la vision progressiste du jeune auteur du *System der Sittlichkeit*. Entreprise impossible, pense Lavrov, parce que Hegel a définitivement abandonné les idéaux révolutionnaires de sa période de Iéna et est devenu le philosophe officiel de la Restauration. On a essayé aussi d'introduire un distinguo subtil entre le réel effectif et le réel accidentel afin de rendre moins choquante la célèbre formule. Peine perdue, remarque encore Lavrov qui semble d'ailleurs ignorer que cette précision fut introduite par Hegel lui-même, car s'il en était ainsi, on se trouverait en face d'une tautologie:

«Dans ce cas, on n'a plus de raison de s'en prendre à la formule ainsi édulcorée: elle n'est alors que l'identité qui exprime seulement, selon la définition de Hegel, qu'en elle l'idée rationnelle s'est incarnée».[22]

De deux choses, l'une: ou Hegel veut dire que l'idée et le réel sont parfaitement convertibles, et alors il supprime la spécificité de l'histoire; ou Hegel pense qu'il n'y a pas convertibilité totale, dans ce cas, il n'a plus le droit de glorifier la réalité concrète. Une chose est certaine: le système hégélien n'accorde aucune place à la personne. Lavrov, qui met si haut la dignité de la personne pensante critique, ne pouvait guère être insensible à cette faiblesse de l'hégélianisme. Hegel insiste beaucoup sur l'histoire, mais l'histoire telle qu'il la conçoit s'accomplit derrière le dos de la conscience individuelle:

«Aussi le philosophe ne produit pas lui-même ce mouvement, il n'est pas effleuré par le mécanisme du développement dialectique. Celui-ci tire son

---

[21] *Ibid.*, p. 274. Cf. Gegelizm, in P. L. Lavrov, *Fil i soc.*, t. I, p. 53.
[22] *Ibid.*, p. 275.

origine de lui-même, selon une nécessité interne, indépendamment de ce que la volonté pourrait bien désirer».[23]

L'homme n'est qu'une marionnette dont les fils sont tirés par l'Esprit absolu et par l'état, son représentant sur terre. D'après Haym, le système hégélien avait deux sommets: la philosophie dans le domaine de l'idée, l'état dans celui de la réalité. Lavrov ne voit pas l'hégélianisme de cette façon: un double sommet dans un système fortement élaboré serait la marque d'une faille certaine. Il sait sans doute pour l'avoir lu très souvent que, selon Hegel, l'état est le «divin sur terre», «le dieu visible», «le divin existant en soi et pour soi». Mais on aurait tort de prendre toutes ces épithètes à coloration religieuse pour monnaie comptante, car il est clair qu'il ne s'agit là que de métaphores. En fait, l'état n'est que la réalisation privilégiée de l'Absolu, non l'Absolu lui-même. Le sommet de la philosophie hégélienne, il faut le chercher dans la *Science de la logique*, et ce n'est pas dans les écrits politiques de Berlin qu'on le trouvera.[24] Cependant, même restitué à ses justes proportions, l'état hégélien conserve une place si importante que la personne est tenue de se soumettre à lui. Le populiste Lavrov a une totale allergie pour la philosophie politique du philosophe allemand:

«Hegel ne connaît pas le devoir personnel, la morale personnelle. Il s'élève au degré de la moralité absolue qui ne se réalise que dans la vie d'un peuple, dans l'état... La personne existe seulement pour l'état en lequel elle trouve son bonheur».[25]

Or cette âme du monde, cet esprit absolu et ce vouloir absolu se révèlent n'être au regard de la science que des produits de la spéculation métaphysique.[26] Ce ne sont pas les Esprits d'un peuple, mais les personnes individuelles qui sont les véritables agents de l'histoire. Herzen, vers la fin de sa vie, avait déjà fait cette remarque. Lavrov réaffirme lui aussi contre Hegel:

«L'esprit d'un peuple à une époque donnée est l'esprit des personnes pensantes critiques de cette époque qui comprennent l'histoire du peuple et qui veulent introduire dans le présent le plus possible de vérité et de justice...

[23] *Id.*, Gegelizm, in P. L. Lavrov, *Fil. i soc.*, t. I, p. 53.
[24] *Id.*, Praktičeskaja filosofija Gegelija, in P. L. Lavrov, *Fil. i soc.*, t. I, pp. 213–214; 253–254.
[25] *Ibid.*, pp. 213–214.
[26] *Id.*, *Istoričeskija pis'ma*, pp. 142–143.

En ce qui concerne la raison de l'histoire, ce n'est rien de plus qu'un mot, un phantasme pour rêveurs, un épouvantail pour poltrons...».[27]

Lavrov peut porter ce jugement sévère parce qu'il a pris conscience que la philosophie hégélienne s'est soldée par un échec. Elle voulait unir la raison et la réalité, le logique et l'historique; elle n'a oublié qu'une chose, accorder une place authentique au réel. Ne l'ayant pas fait, la vie a éliminé ce système:

«Mais le miracle ne s'est pas accompli. L'histoire ne s'est pas arrêtée, comme le déclarait Hegel. L'Esprit absolu, en prenant conscience de soi, avait envie d'inaugurer encore une nouvelle période dans l'histoire de l'humanité. Et la doctrine s'est écroulée en même temps».[28]

Laissons Lavrov porter Hegel en terre. Bien avant lui, d'autres, en Allemagne ou en Russie, s'en étaient chargés. Mais pour ne prendre que deux exemples, les critiques d'un Marx ou d'un Herzen étaient d'une autre qualité. Certes, Lavrov dira dans sa *Réponse à Strachov* que la philosophie de notre temps doit inclure l'hégélianisme, même si elle ne peut se limiter à lui. Qui ne serait d'accord! Ce qui paraît grave, c'est que Lavrov ait tellement maltraité cette doctrine. Il a vu, sans doute, que la grandeur de l'hégélianisme fut de mettre au premier plan la réflexion sur l'histoire. Mais le malheureux Lavrov, peu attentif à la leçon de Hegel, se figure que l'histoire n'est qu'un vague évolutionnisme. Sa propre théorie est plus proche de celle de Darwin et même de Haeckel que de Hegel.

Il n'avait peut-être pas tort de souligner après Herzen que le talon d'Achille de l'Hégélianisme est l'impuissance où se trouve cette doctrine à accorder un statut métaphysique à l'individualité. Il pouvait donc craindre légitimement que dans un tel système la personne humaine ne fût soumise à l'oppression de l'absolu et à une certaine tyrannie de l'état. Mais pour avoir accepté la position de Haym, il fut incapable de comprendre que la dialectique hégélienne du sujet et de l'objet, donc de la liberté et de la nécessité, pouvait permettre d'instaurer une philosophie politique où les droits de l'individu eussent été mieux assurés que par le recours à la «personne pensante critique», vague personnalisme moral sans aucun fondement métaphysique ou social. La thèse centrale de Hegel sur la liberté comme reconnaissance de la nécessité n'a même pas été entrevue par Lavrov. Si la nouvelle

---

[27] *Ibid.*, p. 105. Cf. A. Z. Šteinberg, Načalo i konec istorii v učenii P. L. Lavrova, in P. L. Lavrov, *Sbornik statej*, p. 368. Th. G. Masaryk, *Zur russischen Geschichts- und Religionsphilosophie*, t. II, p. 138.
[28] P. L. Lavrov, Gegelizm, in P. L. Lavrov, *Fil. i soc.*, t. I, p. 89.

époque a définitivement ébranlé le système spéculatif fondé sur l'Esprit absolu, cette nouvelle époque qui découvrait l'importance de l'économique et, d'une façon plus générale, du social ne pouvait manquer de bousculer le fragile rempart personnaliste dressé par Lavrov pour protéger les individus contre les menaces de l'état.

Le jugement de Lavrov sur Hegel ne serait pas tellement important s'il n'avait engagé que lui-même. Aussi bien dans ce cas nous n'aurions pas secoué la poussière qui recouvrait ses livres. Or il se trouve que Lavrov, s'il n'est pas un personnage de premier plan dans le domaine philosophique, eut une importance politique certaine. Fondateur du populisme et propagateur de la sociologie subjectiviste, il a rassemblé autour de lui un groupe d'hommes pour lesquels le nom de Hegel est devenu synonyme de réaction et de conservatisme. On connaît la place qu'a tenu le populisme dans l'avènement du socialisme russe. Ce courant idéologique va donc se développer en dehors de toute réflexion sérieuse non seulement sur Hegel, mais aussi sur l'hégélianisme de gauche. Faire l'économie d'une telle étude n'a pas manqué de produire des effets néfastes pour la cohérence du mouvement social en Russie entre 1860 et 1890. Il faudra attendre Pléchanov pour que la tradition de l'hégélianisme de gauche trouve en Russie, aux environs de 1890, une vigueur et une originalité nouvelles. Mais précisément à ce moment-là, Pléchanov et un peu plus tard Lénine devront lutter contre Michajlovskij, l'un des derniers disciples populistes de Lavrov.

§ 2. Matérialisme dialectique

Dans *Matérialisme et Empiriocriticisme*, Lénine rend hommage à «la position gnoséologique du grand hégélien et matérialiste russe, N. G. Černyševskij».[29] Hégélien et matérialiste sont-ils vraiment les deux traits distinctifs de ce penseur que certains rangent parmi les Nihilistes, d'autres parmi les Populistes ou Socialistes utopiques, mais qu'il vaut peut-être mieux, se conformant à l'usage qui prévaut actuellement en Union Soviétique, qualifier de Démocrate révolutionnaire? Que Černyševskij soit un penseur matérialiste, nul ne l'a jamais contesté. Faire de lui un hégélien est beaucoup moins évident. C'est en effet avec Černyševskij que commence en Russie la première lecture véritablement matérialiste de Hegel. D'où l'importance de cet auteur pour qui veut étudier la philosophie soviétique contemporaine. La

[29] V. I. Lenin, *Materializm i Empiriokriticizm*, in *Polnoe.*, t. XVIII, p. 381 (fr., p. 331).

pensée russe depuis 1917 ne se laisse évidemment pas réduire à la doctrine élaborée par Černyševskij, mais on ne peut la comprendre si on ignore l'influence qu'il a exercée sur elle. Il suffit d'ouvrir au hasard l'un des très nombreux ouvrages consacrés à Černyševskij, surtout depuis quelques années, pour s'en rendre compte. Déjà Marx qui avait compris le rôle déterminant de ce démocrate révolutionnaire avait appris la langue russe pour pouvoir lire dans le texte les travaux éco-nomico-politiques de celui qui a si largement contribué à modifier la pensée sociale de son temps. La contribution de Černyševskij dans le domaine de l'esthétique est plus connue que son apport proprement philosophique. Mais encore que ce dernier soit loin d'être négligeable, il convient tout d'abord de l'examiner pour lui-même, ne serait-ce que parce que les idées esthétiques du théoricien russe découlent directe-ment de son matérialisme dialectique.

Les premiers hégéliens russes avaient pris contact avec Hegel en lisant directement dans le texte allemand les œuvres de leur maître. Černyševskij, lui, découvre le philosophe allemand à travers les exposés qu'en ont donnés les Hégéliens de gauche. Plus tard, en 1849, lorsqu'il étudie les ouvrages de Hegel, son désappointement est grand. Parlant de lui-même à la troisième personne, il confesse:

«Hegel, dans l'original, lui a plu beaucoup moins qu'il ne s'y attendait d'après les exposés russes. La raison, c'est que les disciples russes de Hegel avaient exposé son système dans l'esprit de l'aile gauche de l'école hégélienne. Dans l'original, Hegel ressemblait plus aux philosophes du XVIIe siècle et même aux Scolastiques qu'au Hegel qu'on trouvait dans les exposés russes de son système».[30]

En effet, entre 1840 et 1860, l'époque métaphysique a progressive-ment été remplacée par celle de l'engagement social. Dans son *Essai sur la littérature russe du temps de Gogol*, Černyševskij trace rapidement le sens de cette évolution. Alors que dans l'euphorie de la découverte, tous pensaient que la nouvelle philosophie hégélienne «semblait éclairer toutes choses et tout réconcilier en communiquant à l'homme une paix intérieure imperturbable et la force d'agir dans le monde»,[31] on sait maintenant que cette doctrine est largement dépassée:

«Nous ne sommes pas plus les continuateurs de Hegel que de Descarte ous

---

[30] N. G. Černyševskij, *Estetičeskie otnošenija iskusstva k dejstvitel'nosti* (Predislovie k tret'emu izdaniju), in *Izbrannye filosofskie sočinenija*, t. I, p. 203 (fr., p. 463).

[31] *Id.*, *Očerki gogolevskogo perioda russkoj literatury*, in *Izbrannye.*, t. I, p. 659 (fr., p. 506).

d'Aristote. A présent, Hegel appartient déjà à l'histoire, car l'époque actuelle qui a parfaitement vu l'insuffisance du système hégélien possède une autre philosophie».[32]

Černyševskij a très nettement perçu, à la suite de son véritable maître Feuerbach, que toute philosophie est toujours historiquement datée. On peut lire dans la *Contribution à la critique de la philosophie de Hegel:*

«La philosophie hégélienne est née dans un temps où l'humanité se trouvait, comme à n'importe quelle époque, à un stade déterminé de la pensée, où il existait une philosophie déterminée; elle se référa à cette philosophie, elle s'y rattacha; elle doit donc posséder en elle-même un caractère déterminé et par suite fini. Ainsi toute philosophie commence, en tant qu'événement temporel déterminé, par une présupposition».[33]

Černyševskij accepterait ce jugement de Feuerbach, mais à condition de préciser que la philosophie de Hegel est beaucoup plus qu'un simple maillon, puisqu'elle a permis «le passage de la science abstraite à la science de la vie».[34] Ce Démocrate fut le premier, en Russie, à reconnaître que toute réflexion philosophique est non seulement datée, mais engagée politiquement:

«Les théories politiques, comme toutes les doctrines philosophiques, ont toujours été très fortement influencées par la situation sociale à laquelle elles appartiennent; et chaque philosophe a été le représentant d'un des partis politiques qui luttaient à l'époque pour s'assurer la domination de la société à laquelle appartenait ce philosophe».[35]

C'était déjà souligner, bien avant Lénine, ce que la philosophie soviétique appellera «partijnost'», littéralement, la prise de parti, c'est-à-dire l'engagement politique au service d'une classe sociale déterminée. On voit donc que Černyševskij s'oriente vers l'hégélianisme de gauche. Ainsi, en se plaçant à ce point de vue nouveau pour la pensée russe, cet auteur découvre que la philosophie hégélienne contient des éléments novateurs et des éléments conservateurs. Par rapport à ses prédécesseurs, Hegel apporte un incontestable progrès, mais par rapport à ses successeurs, il fait figure de scolastique attardé dont la doctrine reflète très bien le courant conservateur de la Prusse sous Frédéric-Guillaume III.[36]

---

[32] *Ibid.*, t. I, p. 665 (trad. fr., p. 510).
[33] L. Feuerbach, Contribution à la critique de la philosophie de Hegel, in *Manifestes philosophiques*, p. 17.
[34] N. G. Černyševskij, *Očerki.*, in *Izbrannye.*, t. I, p. 667 (trad. fr., p. 514).
[35] *Id.*, *Antropologičeskij princip v filosofii*, in *Izbrannye*, t. III, p. 163 (trad. fr., p. 48).
[36] «Mais Hegel a donné à la philosophie des limites plus larges que le système de Schelling ne pouvait franchir... Cependant si Hegel lui-même avait vécu quelques

Nous savons que Herzen avait déjà perçu que le contenu de la philosophie de Hegel était souvent en opposition avec les principes.[37] Mais il est juste de reconnaître que Černyševskij fut le premier penseur russe à opposer nettement le système et la méthode chez Hegel. Aussi, pour comprendre dans quelle mesure il fut hégélien, il suffit de savoir ce qu'il entend par cette distinction qui est devenue si célèbre par la suite dans la pensée soviétique. Marx déclare dans le *Capital* que la dialectique hégélienne marche la tête en bas, et qu'il convient de la remettre sur ses pieds. En opposant système et méthode, Černyševskij pense lui aussi opérer la même conversion de l'hégélianisme.

La découverte de la pensée dialectique fut le grand service que Hegel a rendu à la philosophie. Il suffit donc de conserver cette méthode et de l'appliquer à un contenu purement matérialiste. L'auteur russe attribue à cette opposition entre les principes et les conclusions la déception qu'il vient d'éprouver en lisant Hegel après avoir pratiqué depuis longtemps les Hégéliens de gauche:

«Cette différence s'explique, comme nous l'avons dit, par la dualité du système même de Hegel, par la contradiction entre les principes et les conclusions de ce système, entre son esprit et son contenu. Les principes de Hegel étaient d'une ampleur et d'une puissance extraordinaires, les conclusions bornées et insignifiantes».[38]

Il faut maintenant entrer dans le détail et voir ce que l'auteur retient ou rejette de l'hégélianisme. Černyševskij eût détonné s'il n'avait, après Bakounine et Herzen, tenu Hegel «pour un savant de cabinet, pour un homme insensible aux passions de la vie, jetant sur tout un regard froidement objectif de vieux sage aux cheveux blancs».[39] Ce démocrate révolutionnaire qui passera de si longues et mutilantes années au bagne ne pouvait manquer de fustiger le philosophe spéculatif peu porté à l'action concrète. Toutefois, et cela est important, car il faut y voir le signe d'une authentique clairvoyance, Černyševskij sut découvrir sous le conservatisme et même l'obscurantisme du système les trait d'un audacieux élan vers la réalité et vers la vie concrète. La philosophie idéaliste allemande, et surtout Hegel, s'est résolument décidée à se consacrer à la recherche de la vérité, quoi qu'il en coûte. C'était opérer une révolution capitale, car si «la vérité est le but suprême

années de plus, il serait devenu l'adversaire de ses meilleurs disciples les plus fidèles et, sans doute, son nom eût été ainsi le symbole de l'obscurantisme» (*Id., Očerki.,* in *Izbrannye.,* t. I, p. 431).
[37] Cf. *supra*, p. 152 sq.
[38] N. G. Černyševskij, *Očerki.,* in *Izbrannye.,* t. I, p. 662 (trad. fr., p. 508).
[39] *Ibid.,* t. I, p. 676 (fr., p. 521).

de la pensée ... n'importe quelle vérité est toujours préférable à l'erreur. Le premier devoir d'un penseur est de ne pas reculer devant les résultats obtenus».[40] Le but de la philosophie n'était-il donc pas depuis toujours la recherche de la vérité? Černyševskij ne le croit pas, car avant Hegel, les autres philosophes «s'adonnaient à la philosophie pour justifier leurs idées de prédilection: ils cherchaient non pas la vérité, mais des arguments en faveur de leurs préjugés».[41] Ce que Černyševskij veut faire entendre est bien facile à saisir: Hegel dépasse le subjectivisme, la vérité qu'il se propose d'atteindre, c'est la vérité totale:

«C'est pourquoi Hegel a montré que le verbiage de jadis qui ne tenait compte ni des circonstances ni des causes à partir desquelles naît un phénomène donné sont des affirmations générales, abstraites dont on ne peut se satisfaire. Chaque objet, chaque phénomène ont leur signification propre, et il faut les juger en tenant compte du milieu dans lequel ils se trouvent. Ceci a été parfaitement exprimé dans la formule: il n'y a pas de vérité abstraite; la vérité est concrète».[42]

Entraîné par cette irrésistible tendance vers le concret, la philosophie se devait de se donner l'instrument de pensée qui, rompant avec toute la tradition antérieure, fût enfin apte à épouser l'infinie richesse du donné: la méthode dialectique est née de cette orientation vers le réel:

«Hegel propose la célèbre 'méthode dialectique de la pensée' comme remède nécessaire au penchant qui pousse à s'écarter de la vérité pour se complaire dans la vanité et les préjugés personnels. La nature de cette méthode consiste à susciter l'insatisfaction du penseur devant les conclusions positives, à voir s'il n'y a pas dans l'objet que l'on examine des qualités et des forces opposées à ce qui se manifeste dans cet objet à première vue».[43]

La méthode dialectique hégélienne est ainsi la réponse adéquate à une attitude philosophique qui se porte résolument vers le réel concret sous toutes ses formes. Le penseur qui utilise la dialectique abandonne la science abstraite et se plonge dans la science de la vie.

Pour cerner le donné en perpétuel devenir, la méthode dialectique se spécifie en trois moments, la contradiction dialectique, la transformation des changements quantitatifs en changements qualitatifs, la négation de négation. On sait que la philosophie soviétique contemporaine a vu dans ces trois «lois» l'essence même de la dialectique. Sur

---

[40] *Ibid.*, t. I, p. 665 (fr., p. 511).
[41] *Ibid.*, t. I, p. 665 (fr., p. 511).
[42] *Ibid.*, t. I, p. 666 (fr., p. 513).
[43] *Ibid.*, t. I, p. 666 (fr., pp. 512–513).

ce point encore, Černyševskij fut un précurseur.[44] La première loi dialectique insiste sur le fait que les contradictions sont objectives, situées à l'intérieur même de l'être. D'où il suit que chaque objet, parce qu'il est en relation avec la totalité du réel et possède en lui-même une multiplicité de qualités, est animé d'un dynamisme profond:

«Chaque vie est polarisation. Dans le magnétisme, dans l'électricité, dans la loi de Newton, partout nous voyons des forces diverses qui tendent dans des directions opposées et qui, de ces directions opposées, s'unifient dans un phénomène unique».[45]

Il faudrait préciser que si Černyševskij distingue clairement le concept abstrait du concept concret qui seul reflète tous les aspects multiples du réel, son concept concret n'est pas, comme chez Hegel, l'unité des éléments opposés. Certains interprètes soviétiques n'ont pas manqué de le percevoir:

«Il [le concept concret] exprime plus le matérialisme que la dialectique».[46]

De fait, Černyševskij reste très proche de la conception métaphysique traditionnelle qui refuse d'admettre que des éléments contradictoires puissent exister ensemble. Comme le souligne Kurpotin, l'importance de la notion de développement ne lui a pas échappé, mais il se montre incapable de voir que le développement résulte des déterminations contradictoires du réel.[47]

La loi des changements quantitatifs vient souligner que le dynamisme de la nature ne produit pas seulement des formes identiques, mais aboutit à des réalités qualitativement nouvelles: le changement est une évolution. Enfin, la loi de double négation indique encore mieux que cette évolution est progressive: le retour au point de départ n'est qu'apparent puisque le degré nouvellement atteint se situe à un plan plus élevé. Selon Černyševskij, la méthode dialectique se réduit finalement à la reconnaissance d'une évolution dans la nature, évolution qui ne présuppose rien d'autre que la nature elle-même. La méthode dialectique se confond avec l'idée de progrès.

Parmi les vérités énoncées avec tant de clarté et de vigueur par

---

[44] Cf. l'exposé des trois lois dans V. E. Evgrafov, Filosofskie vzgljady N. G. Černyševskogo, in *Iz istorii russkoj filosofii*, pp. 360 sq.

[45] N. G. Černyševskij, Alfer'ev; cité par V. Evgrafov, in *Bol'sevik*, n⁰ 11–12, (1945), p. 56.

[46] V. Kurpotin, Černyševskij i dialektika, in *Pod znamenem marksisma*, n⁰ 11, (1928), p. 38.

[47] *Ibid.*, p. 47.

Hegel, la première et la plus importante est la notion de circularité:

«Nous ne sommes pas des disciples de Hegel et encore moins des disciples de Schelling, mais nous ne pouvons pas ne pas reconnaître que ces deux systèmes n'aient rendu de grands services à la science, en révélant les formes générales que revêt le processus du développement. Le résultat essentiel de ces découvertes est exprimé par l'axiome suivant: 'Le degré supérieur du développement est, quant à sa forme, analogue à son point de départ.' Cette idée renferme l'essence fondamentale du système de Schelling; elle reçoit un développement plus précis et plus poussé chez Hegel dont tout le système consiste à retrouver ce principe fondamental à travers tous les phénomènes de la vie universelle, depuis ses états les plus généraux jusqu'aux moindres détails de chaque sphère particulière de l'être».[48]

Dans la philosophie hégélienne, la dialectique, même celle de la nature, impliquait toujours une référence à l'Esprit. Ici, rien de tel. Tout le mouvement dialectique vient des choses et ne doit rien à l'Idée. Ayant ainsi compris la méthode dialectique, Černyševskij ne pouvait manquer d'être déçu par les conclusions auxquelles aboutit le système hégélien:

«C'est uniquement chez Hegel, et non chez ses devanciers, que cette opposition est devenue une si colossale contradiction. Ayant dépassé tous ses prédécesseurs par l'envergure de ses principes, il n'est pas douteux que Hegel ne soit plus faible qu'eux tous en ce qui regarde les conclusions».[49]

Que ce soit dans les domaines de la nature ou de l'histoire, la position de Černyševskij est l'antithèse de celle de Hegel. Ce démocrate russe est en effet un disciple fervent de Feuerbach; et sur certains points, il n'est pas tellement éloigné des thèses étroitement matérialistes que développaient vers cette époque un Vogt ou un Moleschott. Dans son ouvrage le plus important, le *Principe anthropologique en philosophie*, il polémique avec le populiste Lavrov en utilisant les principes de Feuerbach. Ce texte contient un exposé de sa théorie de la connaissance. La thèse proposée est le monisme intégral: puisque l'homme est une partie de la nature, la conscience n'est pas une réalité substantielle, mais seulement une propriété de la matière, une fonction du cerveau.

---

[48] N. G. Černyševskij, *Kritika filosofskich predubeždenij protiv obščinnogo vladenija*, in *Izbrannye*, t. II, p. 457 (trad. fr., p. 191). «Ainsi tout simplet peut, semble-t-il, deviner que la vie est une succession de changements, que tout ce qui est dans le monde se transforme et qu'un extrême entraîne l'autre. Il n'est pas douteux que le grand secret de la philosophie hégélienne, c'est d'avoir découvert de telles vérités» (*Id., Očerki.*, in *Izbrannye.*, t. I, pp. 578–579).

[49] *Ibid.*, t. I, p. 669 (trad. fr., p. 515).

Même les philosophes soviétiques dénoncent ce matérialisme vulgaire.[50]

Cependant, Černyševskij fut le premier penseur russe à dégager deux éléments importants qui vont devenir par la suite le bien commun de la pensée soviétique. Il tient que la connaissance est indépendante des conditions subjectives et surtout que toute connaissance est liée à la pratique sociale. Lénine apprécie tout spécialement la gnoséologie de Černyševskij parce qu'elle est en complète rupture avec le subjectivisme kantien.[51] Hegel était sur la bonne voie lorsqu'il déclarait que la vérité est concrète. Toutefois, le philosophe allemand n'a pas réussi à s'affranchir de l'élément spéculatif:

«Le savoir est le but premier et presque unique du système de Hegel; les conséquences que le savoir a pour la vie passent chez lui au second plan».[52]

La connaissance dialectique ne consiste pas seulement à prendre de l'objet une vue spéculative aussi complète que possible; elle doit encore, et c'est tellement plus fondamental, reconnaître que l'objet est engagé dans le devenir historique. Le critère de la vérité dépend donc de l'activité sociale:

«C'est l'homme lui-même qui, par sa vie, rend le jugement. 'La Praxis', cette pierre de touche irréfutable de toute théorie, doit être notre guide. Ici aussi... l'action est la vérité de la pensée. La praxis est la grande justicière des mensonges et des illusions, non seulement dans le domaine de l'action, mais aussi dans celui des sentiments et de la pensée».[53]

Ce recours à la praxis est le plus précieux apport de Černyševskij. Il lui permet d'éviter le scepticisme de l'illusionisme subjectiviste et le dogmatisme de l'absolutisation de la connaissance. Sa tendance au scientisme risquait de lui faire considérer la connaissance comme une simple vérification expérimentale. Il corrige heureusement, encore

---

[50] M. Rozental', *Filosofskie vzgljady N. G. Černyševskogo*, p. 135.

[51] «Avis aux adeptes brouillons de Mach: pour Černyševskij, comme pour tous les matérialistes, les lois de la pensée n'ont pas seulement une signification subjective; autrement dit, les lois de la pensée reflètent les formes de l'existence réelle des objets; elles ressemblent parfaitement à ces formes et ne se distinguent pas d'elles» (V. I. Lenin, *Materializm i Empiriokriticizm*, in *Polnoe.*, t. XVIII, p. 383; trad. fr., p. 332).

[52] N. G. Černyševskij, *Očerki.*, in *Izbrannye.*, t. I, p. 683 (fr., p. 528).

[53] *Id., Estetičeskie otnošenija iskusstva k dejstvitel'nosti (Avtorecenzija)*, in *Izbrannye.*, t. I, p. 180 (trad. fr., pp. 440–441). «La thèse de Černyševskij sur le rôle et la signification de la connaissance de la réalité indique, au fond, une nouvelle étape du développement de la gnoséologie dans la philosophie classique au XIXe siècle en direction du matérialisme dialectique» (V. E. Evgrafov, Filosofskie i obščestvenno-političeskie vzgljady N. G. Černyševskogo, in *Očerki po istorii filosofskoj i obščestvenno-političeskoj mysli narodov SSSR*, t. II, p. 99).

qu'imparfaitement, cette tendance en conservant de Hegel la notion essentielle de vérité dialectique qu'il interprète d'ailleurs, sous l'influence de Feuerbach, dans la ligne d'une vérité pratique et non plus spéculative.

Chez Hegel, la dialectique de la nature est une dialectique de l'esprit se révélant dans la nature. Il s'agit donc beaucoup moins d'une dialectique de la nature que d'une compréhension dialectique de la nature. Moniste matérialiste, Černyševskij ne pouvait suivre Hegel sur ce point:

«Comment donc convient-il de considérer la nature? De la même façon qu'on doit considérer la chimie, la physiologie et les autres sciences naturelles. Il n'y a pas à chercher l'idée dans la nature, puisqu'en elle il n'y a que la matière multiforme liée aux qualités multiformes qui s'entrechoquent: tel est le principe de la vie de la nature».[54]

La cause du développement du monde est ainsi immanente aux phénomènes. Tous les changements et les progrès qui s'accomplissent n'ont d'autres causes que les forces réelles de la nature elle-même. Černyševskij dira même que les lois de la nature, c'est la nature elle-même considérée sous l'aspect de son propre dynamisme interne. Lénine ne l'oubliera pas.

Pour éclairer ce devenir progressif du monde et l'expliquer philosophiquement, l'auteur recourt à la loi du changement quantitatif en changement qualitatif. L'exemple de Hegel, l'eau sous ses états liquide, solide et gazeux vient illustrer ce mécanisme.[55] Personne ne niera que la position de Černyševskij ne soit en réalité diamétralement opposée à celle de Hegel. L'explication philosophique du mouvement par la contradiction dialectique ou celle du progrès par les mutations quantitatives et qualitatives ne sont hégéliennes qu'en apparence. En fait, Černyševskij abandonne la dialectique de Hegel pour suivre la théorie transformiste de Lamarck, même si quelques termes hégéliens se rencontrent encore dans son exposé.[56]

---

[54] N. G. Černyševskij, Kritičeskij vzgljad na sovremennye estetičeskie ponjatije, in *Izbrannye.*, t. I, p. 246.

[55] *Id., Antropologičeskij princip v filosofii*, in *Izbrannye.*, t. I, p. 188 (trad. fr., pp. 70–71).

[56] On pourrait croire que Černyševskij aurait été tenté par le darwinisme alors si influent dans les milieux matérialistes russes. Il n'en fut rien. La théorie de la lutte pour la vie lui paraît impliquer une contradiction logique. Admettre la sélection naturelle revient à dire que le nuisible est utile, que le mal produit le bien. La thèse évolutionniste serait aussi liée à une conception politique réactionnaire fort voisine de celle de Malthus, cet autre charlatan obscurantiste (Cf. N. G. Černyševskij, Proischoždenie teorii blagotvornosti bor'by za žizn', in *Polnoe sobranie sočinenij v pjatnadcati*

La lutte menée par Černyševskij fut surtout celle d'un propagateur d'idées révolutionnaires. Il n'est pas question de le suivre dans ses controverses avec les populistes ou les libéraux. Nous voudrions seulement dégager les grandes lignes de sa conception de l'histoire. Démocrate et socialiste utopiste, Černyševskij qui a longuement étudié les conditions économiques de la Russie, n'est disciple ni de Marx ni d'Engels. S'il n'admet pas avec Hegel que l'Esprit mène le monde, il ne croit pas avec Marx que l'évolution sociale dépende des conditions économiques. Il ne renonce pas à appliquer la méthode dialectique aux faits sociaux, mais il est pourtant assez difficile de déterminer quel est le rôle exact qu'il accorde à la dialectique. D'où l'hésitation de Pléchanov qui écrit au début de son étude:

«*La critique des préventions philosophiques contre la possession communale du sol* demeure dans notre littérature le plus brillant essai d'application de la dialectique à l'analyse des phénomènes sociaux».[57]

et qui poursuit quelques lignes plus loin:

«La solution trouvée par Černyševskij est en réalité purement algébrique... Par suite justement du caractère abstrait de l'*argumentation*, ce résultat général d'une dialectique philosophique et historique pouvait s'appliquer également à tous les pays et à tous les peuples».[58]

C'est un grave reproche à l'adresse d'un penseur qui se veut concret! En clair, Pléchanov souligne que Černyševskij se contente d'appliquer mécaniquement le schéma hégélien à n'importe quelle situation historique donnée. Le démocrate veut montrer que la Russie peut parvenir à la phase socialiste sans passer par la phase capitaliste. C'était évidemment un problème fondamental, pour ce pays, puisqu'il engageait l'avenir de la propriété collective du sol. Černyševskij défend la thèse du maintien de la propriété collective contre ceux qui soutiennent que la propriété privée, puisqu'elle est l'expression d'une force économique plus évoluée, doit remplacer le mir. Černyševskij rappelle à ses contradicteurs que s'ils connaissaient un peu de philosophie, ils sauraient au moins que la loi fondamentale qui régit tous les phénomènes naturels ou sociaux est la loi du mouvement dialectique selon les trois moments, thèse – antithèse – synthèse. Le troisième moment synthé-

---

tomach, t. X, pp. 984 sq.). Que Černyševskij n'ait pas compris la position de Darwin est évident. Pléchanov l'a parfaitement souligné (G. V. Plechanov, *N. G. Černyševskij*, p. 141).

[57] *Ibid.*, p. 105.
[58] *Ibid.*, pp. 105–106.

tique est, quant à la forme, un retour au premier, bien qu'il y ait une grande différence selon le contenu:

Partout, nous avons trouvé l'évolution immuablement fidèle à une seule et même loi: le degré supérieur du développement apparaît, quant à la forme, comme un retour au point de départ primitif du développement. Il va sans dire que, sous la similitude des formes, le contenu est au terme de l'évolution incomparablement plus riche et plus parfait qu'au début».[59]

Tel est bien, schématiquement résumé, le principe de la dialectique hégélienne. Mais le lecteur est surpris lorsqu'il voit Černyševskij proclamer que, puisque cette dialectique se vérifie dans la nature, elle doit valoir a fortiori pour les phénomènes sociaux:

«Est-il vraisemblable, en effet, que les seuls rapports agraires contredisent la loi générale à laquelle obéit le développement du monde matériel et moral tout entier»?[60]

L'auteur commence par s'accorder que la dialectique est une méthode universelle qui couvre tout le champ du réel. Si l'on admet son hypothèse de départ, on peut alors accepter sa conclusion: au début, la possession communale du sol; ensuite, la propriété privée; enfin, le retour à la possession communale. Est-ce à dire qu'il faille inéluctablement passer par les trois stades? Černyševskij ne le croit pas. Il appelle Hegel à son secours:

«Hegel dit expressément que la plupart du temps les moments logiques intermédiaires ne parviennent pas à une existence objective et restent seulement des moments logiques. Hegel dit à bon droit qu'il suffit qu'un certain moment intermédiaire atteigne à l'existence, n'importe où et n'importe quand, pour épargner au processus du développement la nécessité de poursuivre son accomplissement effectif en tout autre temps et en tout autre lieu».[61]

Qu'il y ait une accélération de l'histoire, qu'une découverte puisse être reprise par d'autres peuples plus en retard, c'est peut être vrai. Mais les plus favorables à Černyševskij ne peuvent manquer de reconnaître dans son argumentation une sorte de socialisme utopique: on peut

---

[59] *Id., Kritika filosofskich predubeždenij protiv obščennogo vladenija*, in *Izbrannye.*, t. II, p. 463 (trad. fr., p. 197).

[60] *Ibid.*, t. II, p. 474 (trad. fr., p. 207).

[61] *Ibid.*, t. II, p. 487, note 2 (trad. fr., p. 219, note 2). Dans ce même passage, Černyševskij a cette pittoresque formule: «L'histoire, telle une grand'mère, aime passionnément les derniers-nés de ses petits-fils. *Tarde venientibus*, elle donne non des *ossa*, mais la *medullam ossium* que l'Europe occidentale a brisée en se faisant très mal aux doigts» (*ibid..*, pp. 486–487; fr., p. 219).

brûler les étapes dialectiquement; la résistance du réel n'en sera pas diminuée pour autant.[62]

L'auteur lui-même, ayant dû se rendre compte de l'insuffisance de sa méthode dialectique, a essayé de la compléter par ce qu'il nomme la méthode hypothétique. C'est un procédé d'exposition qui devrait permettre de dégager les lois générales de fonctionnement d'une société, abstraction faite des conditions concrètes. Dans une société donnée, on sait que telle loi est valable. Mais en faisant abstraction des conditions réelles, on peut découvrir d'autres lois plus rationnelles. La méthode hypothétique s'intéresse à la réalité sociale non telle qu'elle est mais telle qu'elle doit être. Ces lois universelles pourront être ensuite vérifiées dans le concret puisque la méthode hypothétique nous livre ce qu'il appelle un «chiffre abstrait». On verra mieux sur un exemple ce que vise l'auteur. Prenons le cas de la guerre. Applique-t-on la méthode dialectique, on dira qu'une guerre est bonne pour un peuple selon les circonstances concrètes. Par contre, la méthode hypothétique doit permettre de déterminer absolument si la guerre est bonne: il suffit de connaître le chiffre abstrait, par exemple le rapport optimum entre le nombre de soldats et celui de l'ensemble de la population.[63]

Un logicien soviétique contemporain croit que cette méthode hypothétique donne la possibilité de passer d'une vérité relative à une vérité absolue et permet d'atteindre à une connaissance objective concrète.[64] Rozental', au contraire, à la suite de Pléchanov, montre que Černyševskij a été victime d'une dangereuse propension à l'abstraction.[65] Si

---

[62] M. Rozental', *Filosofskie vzgljady N. G. Černyševskogo*, p. 128. Pléchanov est très explicite: «Černyševskij démontrait ainsi la *possibilité abstraite* d'un passage sans transition de la commune primitive à «la forme communiste supérieure». Mais, par suite justement du caractère abstrait de l'*argumentation*, ce résultat général d'une dialectique philosophique et historique pouvait s'appliquer à tous les pays et à tous les peuples qui ont conservé la propriété communautaire du sol... La *possibilité* abstraite n'est pas encore une *probabilité* concrète, encore moins peut-elle tenir lieu d'argument définitif là où il s'agit de *nécessité historique*» (G. V. Pléchanov, *Nos controverses*, in *Œuvres philosophiques*, t. I, p. 106).

[63] N. G. Černyševskij, Očerki iz političeskoj ekonomiki (po Millju), in *Izbrannye sočinenija*, t. II, pp. XXI sq.

[64] P. Popov, Voprosy logiki v proizvedennijach revoljucionnych demokratov, in *Iz istorii russkij filosofii XVIII–XIX vekov*, p. 264.

[65] M. Rozental', *Filosofskie vzgljady N. G. Černyševskogo*, p. 140. Un autre historien remarque que d'une façon générale Černyševskij conçoit le développement social moins sur le modèle d'un développement dialectique que sur celui d'un parallélogramme des forces. (V. Kurpotin, Černyševskij i dialektika, in *Pod znamenem marksizma*, n° 11, (1928), p. 45). Ceci nous paraît d'autant plus vrai que c'est pleinement conforme à sa position sur la nature de la réalité sociale: «Chaque changement de la vie sociale est la somme des changements des individus particuliers qui constituent une nation» (N. G. Černyševskij, in *Polnoe sobranie sočinenij v pjatnadcati tomach*, t. X; čast' 2, p. 170). Si l'on adopte une conception mécaniste de la société, il est évidemment impossible de concevoir les changements sociaux comme des transformations dialectiques véritables.

le Démocrate s'était contenté de sa méthode hypothétique, Marx n'aurait certainement pas appris le russe pour lire ses travaux. On rencontre heureusement dans ses études sur la Révolution de 1848 ou sur la situation en Russie des analyses économiques précises. Cependant, il faut reconnaître que, d'une façon générale, Černyševskij accorde plus d'importance à l'aspect culturel qu'à l'aspect économique. C'est ainsi qu'il explique la chute de Rome par la transformation du contexte idéologique. Non sans raison, Masaryk remarque que Černyševskij a assez peu le sens de l'histoire.[66] Il ne serait pas tellement exagéré de faire de ce Démocrate révolutionnaire un *Aufklärer* tant est grande, chez lui, la place accordée à la science et à la raison. La lutte émancipatrice est d'abord une lutte idéologique.

Černyševskij a retenu de Hegel que la vérité est toujours une vérité concrète, totale. Il a admirablement perçu que la vérité n'est pas inscrite une fois pour toutes dans le royaume des idées, mais qu'elle se fait, et que la praxis est son fondement ainsi que son critère. Pour être une interprétation dans la ligne de l'hégélianisme de gauche, cette lecture s'inspire encore de la philosophie hégélienne.

Cependant, la dialectisation de la réalité et de la vérité est beaucoup plus restreinte qu'on pourrait le croire. Disciple de Feuerbach, Černyševskij adopte le point de vue anthropologique. Il admet donc qu'il existe une nature humaine intemporelle, ce qui le conduit à retomber dans les vieilles abstractions métaphysiques du *Gattungswesen*. D'une façon plus générale, en accordant un primat absolu à l'être sur le connaître, à l'espace sur le temps, il situe la dialectique dans la positivité de l'être. Alors, la dialectique est complètement naturalisée plus que l'être n'est dialectisé. Quant à la dialectique historique, nous savons que Černyševskij reste encore très métaphysicien: s'il rompt avec le point de vue hégélien d'une dialectique du devenir de l'Esprit, il ne s'est pas haussé à la position marxiste d'une dialectique de la lutte des classes. Enfin la méthode dialectique devient chez lui une sorte de mécanisme abstrait qu'il croit pouvoir compléter par cette méthode encore plus abstraite, la méthode hypothétique.

L'erreur de Černyševskij fut de prétendre redresser la dialectique hégélienne en distinguant le système de la méthode. Si l'on commence par poser que la méthode est révolutionnaire et que le système est conservateur, on sera tout naturellement conduit, afin de démythifier l'hégélianisme, à conserver telle quelle la méthode dialectique et à

---

[66] Th. G. Masaryk, *Zur russischen Geschichts- und Religionsphilosophie*, t. I, p. 57.

rejeter l'ensemble du système. D'où la double conséquence. D'une part, on se figure que la méthode dialectique hégélienne est libre de toute limitation idéaliste, alors qu'en fait cette méthode est beaucoup moins révolutionnaire qu'on veut bien le dire puisqu'elle postule, en vertu de son dynamisme téléologique, la réconciliation. D'autre part, la méthode séparée du contenu devient une théorie vide qui «anticipe» sur le réel: elle explique d'autant plus facilement ce réel qu'elle est plus abstraite. Černyševskij n'a pas compris que la contradiction entre le système et la méthode est une contradiction à l'intérieur même de la méthode et une contradiction à l'intérieur du système. M. Bloch est plus judicieux lorsqu'il écrit:

«Donc la méthode et le système ne sont pas séparables chez Hegel; ils souffrent *tous les deux* d'un idéalisme panlogique, d'une anagnorisis et de leur caractère statique; mais ils sont *tous les deux* porteurs de lumière et sont aptes à se lier à la lumière».[67]

Černyševskij croit expliquer le devenir de la nature et de la connaissance par les trois lois dialectiques. Mais, en réalité, il explique avec des notions pseudo-dialectiques un devenir qu'il conçoit à la façon de Lamarck, et sa théorie de la connaissance relève de la plus pure tradition du matérialisme classique. Il recourt aussi à la triade hégélienne dans l'espoir d'y lire une justification du maintien de la propriété collective des sols, alors que cette justification ne peut résider que dans l'analyse des circonstances historiques concrètes. La dialectique ainsi comprise a tous les caractères d'une idéologie.

La pensée soviétique est consciente des graves insuffisances de la position de Černyševskij. Elle sait qu'il n'a pu se hausser à ce qu'elle appelle le matérialisme historique.[68] Par contre, Černyševskij est l'un des fondateurs du matérialisme dialectique: l'évolutionnisme scientiste, la théorie dite du reflet et, d'une façon plus générale, l'habitude de lire Hegel à l'aide de la trop fameuse distinction entre système et méthode remontent à Černyševskij.

---

[67] E. Bloch, *Philosophische Aufsätze*, in *Gesamtausgabe*, t. X, p. 480.

[68] Bien que Černyševskij n'ait jamais accepté la position de Marx, certains auteurs soviétiques n'en écrivent pas moins: «Il s'approche très près, non seulement du matérialisme dialectique, mais même du matérialisme historique» (V. Evgrafov, Dialektika N. G. Černyševskogo, in *Bol'ševik*, n° 11–12, (1945), p. 61). C'était aussi l'opinion de Steklov qui, dès le début du siècle, s'efforçait de réfuter le jugement de Pléchanov. Alors que l'historien menchévique tenait Černyševskij pour un socialiste utopique, Steklov est persuadé que dans les analyses historiques de Černyševskij les éléments idéalistes sont beaucoup moins importants que les éléments authentiquement matérialistes (Ju. Steklov, *Žizn' i dejatel'nost'* N. G. *Černyševskogo*, p. 34). On consultera sur ce point A. Nifontov, K voprosu ob istoričeskich vzgljadach N. G. Černyševskogo, in *Pod znamenem marksizma*, n° 11, (1928), pp. 57–74, qui donne raison à Pléchanov.

§ 3. Le Réalisme esthétique

L'étude des théories esthétiques de Černyševskij n'a pas seulement un intérêt académique puisque ce Démocrate est le véritable fondateur de l'esthétique réaliste qui inspira toute une partie de la littérature russe pendant la deuxième moitié du XIXe siècle et qui fut reprise par les Communistes après la Révolution d'Octobre. M. Corbet écrit justement:

«On ne saurait exagérer l'importance historique de l'œuvre de Černyševskij en milieu russe. Jusqu'à nos jours, la 'science des lettres' soviétique se réclame de Černyševskij et de son disciple Dobroljubov. Aussi est-il très désirable que l'on se forme chez nous une idée exacte des principes esthétiques et critiques de Černyševskij; hors de cette connaissance, il n'est pas d'analyse possible des phénomènes littéraires qui se sont déroulés en Russie de 1917 à nos jours».[69]

De son vivant déjà, ses théories sur l'art rencontrèrent une profonde audience non seulement auprès de ses disciples Dobroljubov et Pisarev, mais même auprès d'écrivains et penseurs qui, comme Dostoievski et Vl. Soloviev, appartenaient à une toute autre famille spirituelle.[70]
Le premier à poser les bases d'une nouvelle esthétique avait été Belinskij.[71] Černyševskij publie ses premiers travaux quelques années seulement après la mort de Belinskij. Les interprètes marxistes sont surtout sensibles au fait que Černyševskij reprend le flambeau des mains de son illustre devancier: son esthétique ne ferait que prolonger celle de Belinskij dont il approfondit la notion centrale de «retour à la réalité».[72]
Les historiens occidentaux n'admettent point une telle filiation. L'un d'eux le souligne avec beaucoup de fermeté:

«Černyševskij, nous assure Pléchanov, a commencé là où Belinskij avait fini. La formule est exacte à condition que l'on comprenne bien que, si les thèses de Černyševskij et celles de Belinskij coïncident au point initial des unes et

[69] Ch. Corbet, Černyševskij, Esthéticien et critique, in *Revue des études slaves*, t. XXIV, (1948), p. 106.
[70] Cf. l'appréciation élogieuse de Vl. Soloviev, Pervij šag položitel'noj estetike, in *Sobranie sočinenij*, t. VII, pp. 69–77. Cf. aussi l'article de Dostoievski, Dobrolioubov ou Qu'est-ce que l'art?, in *Journal d'un écrivain*, trad. J. Chuzeville, pp. 47–70. On sait que Dobroljubov s'était consacré à la diffusion des idées de Černyševskij.
[71] Cf. *supra*, pp. 55–61.
[72] «La mérite fondamental de Černyševskij fut de fonder, de défendre et de beaucoup développer la théorie de l'art de Belinskij, c'est-à-dire l'esthétique du réalisme critique» (*Istorija filosofii v SSSR v pjati tomach*, t. III, p. 86).

au point final des autres, leurs deux courbes sont néanmoins tout à fait différentes: la seconde n'est nullement la continuation de la première».[73]

Belinskij, nous croyons l'avoir montré, restait encore assez fortement influencé par l'esthétique hégélienne. Peut-on en dire autant de Černyševskij? L'examen de leurs sources respectives est l'un des éléments de cette réponse. Le premier dépend directement de Hegel, le second de Feuerbach. Sur ce point, aucun doute n'est possible puisque c'est Černyševskij qui revendique lui-même cette filiation dans la préface à la troisième édition de sa thèse:

«C'est ainsi que la brochure dont j'écris la préface est un essai pour appliquer des idées de Feuerbach à la solution des principaux problèmes d'esthétique. L'auteur n'avait pas la moindre prétention de dire quelque chose de nouveau lui appartenant en propre. Il désirait simplement être l'interprète des idées de Feuerbach en les appliquant à l'esthétique».[74]

Feuerbach n'a pas écrit de traité d'esthétique. Mais un paragraphe des *Principes de la philosophie de l'avenir* propose cependant cette définition de l'art:

«L'ancienne philosophie absolue a rejeté *les sens* uniquement dans le domaine du *phénomène*, de la *finitude;* et cependant, ce qui *contredit cette thèse*, elle a fait de l'*absolu*, du *divin*, l'*objet de l'art*. Or, l'*objet de l'art* (médiatement dans les belles lettres, immédiatement dans les arts plastiques) est *objet de la vue, de l'ouïe et du toucher*. Mais alors ce n'est pas seulement *le fini, le phénomène* qui sont *objet des sens*, mais aussi l'essence vraie et divine: *les sens sont donc l'organe de l'absolu*. Si on l'entend et si on l'exprime correctement, la proposition: l'art 'représente la vérité sous la forme sensible' veut dire: *l'art représente la vérité du sensible*».[75]

Cette conception de Feuerbach est antihégélienne parce qu'elle donne pour objet à l'art la réalité sensible et non l'absolu, et surtout parce qu'elle implique une conception non dialectique, uniquement anthropologique, donc métaphysique, de la réalité. Cette position va se retrouver intégralement chez Černyševskij. Nous ne voulons pas dire que le critique russe se contente, comme il l'affirme lui-même trop modestement, d'appliquer les principes hérités de Feuerbach. Le Démocrate révolutionnaire sait, comme le disait déjà Herzen, que «la scène, en tant qu'elle exprime quelque chose, est le parlement de la

---

[73] Ch. Corbet, Černyševskij, Esthéticien et critique, in *Revue des études slaves*, t. XXIV, (1948), p. 109.
[74] N. G. Černyševskij, *Estetičeskie... (Predislovie)*, in *Izbrannye.*, t. I, p. 204 (trad. fr., p. 464).
[75] L. Feuerbach, Principes de la philosophie de l'avenir, in *Manifestes philosophiques*, p. 183.

littérature, la tribune, ou si vous voulez, le temple de l'art et de la conscience».[76] Il insistera donc sur le rôle social de l'art, mais sans renoncer pour autant à la vision feuerbachienne sur la nature de la réalité esthétique.

Černyševskij ne se contente pas d'aborder la lecture de Hegel à travers Feuerbach: il expose Hegel en se servant du manuel de Vischer. On connaît la raison: la censure interdisait de nommer Hegel. Afin de pouvoir citer les paroles authentiques d'un adepte des conceptions esthétiques qu'il réfute, il se rabat sur Vischer. Non sans savoir que l'esthétique de Hegel dépasse de loin celle du disciple qui n'est qu'un pygmée en comparaison de son maître:

«Chaque fois qu'il s'écarte des idées fondamentales de l'*Esthétique* de Hegel, il ne fait que gâter ces idées. Au demeurant, les passages que cite l'auteur [Černysevskij lui-même] exposent les idées de Hegel sans aucun changement».[77]

Sans doute, matériellement considérée, la position de Vischer sur la nature du beau, les rapports entre beauté naturelle et beauté artistique, l'origine et la signification de la beauté est bien celle de Hegel. Toutefois, sur deux points essentiels, Vischer s'écarte de Hegel. Alors que ce dernier a une conception vraiment dialectique des rapports entre la forme et le contenu, entre le subjectif et l'objectif, le disciple glisse dangereusement vers l'idéalisme subjectif et se rapproche beaucoup de Kant. Enfin, Vischer n'est pas loin de concevoir l'art comme une réalité a-historique: le beau devient une forme éternelle, intemporelle qui, sans doute, doit s'incarner dans le sensible, mais dont l'incarnation n'est plus conçue comme un processus authentiquement historique. Aussi, quand Černyševskij décoche des traits contre la notion d'absolu ou lorsqu'il fulmine contre l'importance excessive accordée au sujet dans la création artistique, ses arguments portent plus contre Vischer que contre Hegel. Cependant, en critiquant Vischer, il croit réellement atteindre Hegel. Or c'est cela qui nous intéresse. Que ce soit sur le problème de la nature des catégories fondamentales de l'esthétique ou sur celui de l'origine et de la distinction de l'art, le théoricien russe ne prend pas seulement quelque distance avec la tradition esthétique de l'idéalisme allemand: il s'en sépare radicalement.

[76] A. I. Gercen, *Dnevnik*, 13/IX/1842, in *Polnoe.*, t. III, p. 41.
[77] N. G. Černyševskij, *Estetičeskie... (Predislovie)*, in *Izbrannye.*, t. I, p. 205 (trad. fr., p. 464).

a. De la beauté artistique à la belle réalité

En esthétique, Černyševskij, c'est l'anti-Hegel. L'affirmation peut paraître excessive; elle ne l'est pas si l'on veut bien admettre que prendre le contre-pied de Hegel n'implique pas que l'on tienne l'esthétique hégélienne pour négligeable. On trouve en effet dans l'œuvre de ce philosophe des éléments positifs qui faisaient cruellement défaut chez Kant. Hegel a eu le mérite inappréciable de lier la théorie de l'art à l'histoire de l'art. Il ne va pas puiser dans l'histoire des exemples pour illustrer sa thèse; il montre que l'art résulte vraiment du développement historique de l'activité artistique:

«L'histoire de l'art sert de fondement à la théorie de l'art; la théorie de l'art facilite ensuite une étude plus poussée, plus complète de l'histoire de l'art; une meilleure étude de l'histoire permet de perfectionner à nouveau la théorie et ainsi de suite. Cette interaction, à l'avantage réciproque de l'histoire et de la théorie, se poursuivra à l'infini, tant que les hommes étudieront les faits et en tireront des conclusions, au lieu de les transformer en tables chronologiques et en listes bibliographiques dépourvues du besoin de penser et de la faculté de réfléchir».[78]

Hegel apporte donc à Černyševskij la conception dialectique et historique du rapport entre la forme et le contenu. Il est vraiment dommage que Černyševskij, après avoir si bien perçu l'essentiel du message hégélien, lui soit par la suite si infidèle. Sa thèse sur les *Rapports esthétiques de l'art avec la réalité* est entièrement dogmatique et ne contient que très peu de références historiques. Ce qui a fait dire à Pléchanov qu'il y a beaucoup plus de vue authentiquement matérialiste chez Hegel que chez Černyševskij.[79]

Le théoricien russe souligne l'ambiguïté fondamentale de la position hégélienne: le recours à l'histoire indique une très authentique tendance au réalisme esthétique, mais cette tendance, constamment gâtée par l'abstraction idéalisante, demeure irréalisée, inefficace, un vœu pieux. On retrouve ainsi dans le domaine de l'art la contradiction déjà dénoncée entre la méthode et le système.[80]

D'où provient donc que cette esthétique hégélienne qui avait pris un si bon départ échoue si piteusement? La réponse ne surprendra pas.

---

[78] *Id.*, «O poezii». Sočinenie Aristotelja, in *Izbrannye.*, t. I, p. 303 (trad. fr., p. 474).
[79] G. V. Plechanov, in *Sočinenija*, t. V, p. 60.
[80] «Dans ce cas-là [en esthétique], comme dans presque tous les autres, le système hégélien s'arrêtait à mi-chemin et, renonçant à tirer rigoureusement les conséquences de ses principes fondamentaux, admettait des pensées vieillies en opposition avec ces principes» (N. G. Černyševskij, *Očerki.*, in *Izbrannye*, t. I, p. 703).

Disciple de Feuerbach, Černyševskij ne pouvait pas admettre que l'art relevât du domaine de l'absolu. Il remarque que Hegel recourt toujours à l'Idée pour définir chacune des principales catégories esthétiques: le beau, le sublime et le tragique. L'Absolu hégélien anime et explique toute l'esthétique: et même s'il prend chaque fois différents visages, c'est toujours lui qui est présent. Ces visages de l'Absolu, Černyševskij n'a pas de peine à les reconnaître: dans l'art, c'est le Beau; dans le sublime, c'est l'Infini; et dans le tragique, c'est le Destin ou la Nécessité.

L'esthétique a pour objet le vaste empire du Beau. Voilà, pense Černyševskij, le principe et la source de tout l'idéalisme de Hegel. Soutenir que l'art vise seulement la beauté, c'est prendre la partie pour le tout et se contenter finalement de définir l'art par son aspect formel en omettant son contenu réel:

«La confusion de la beauté de la forme, en tant que qualité nécessaire d'une œuvre d'art, et du beau, en tant qu'un des nombreux objets de l'art, a été une des causes des tristes abus dans l'art. 'L'objet de l'art est le beau', le beau coûte que coûte, l'art n'a pas d'autre contenu».[81]

Comment, avec une telle conception de l'art, ne pas sombrer dans l'esthéticisme de l'art pur! La position de Hegel serait, selon Černyševskij, le fondement théorique de l'attitude esthétique de l'art pour l'art:

«... Le système de Hegel fondait toute sa doctrine esthétique sur ce principe que l'art a pour unique objet la réalisation de l'idée de beauté; l'art, d'après ces conceptions idéalistes, devait demeurer absolument indépendant de toutes les autres aspirations de l'homme, excepté l'aspiration vers la beauté. Un tel art s'appelait l'art pur».[82]

Faire de Hegel le théoricien de l'art pour l'art est assez étrange. Černyševskij a tenu lui-même à nuancer son jugement. Il reconnaît que l'esthétique hégélienne est dirigée contre la séparation de l'Idée et de la Réalité, car le Beau est l'identité de l'image et de l'idée. La beauté ne plane pas dans l'empyrée puisqu'elle doit se manifester dans le monde sensible: comme la vérité, elle est toujours concrète. Il y a donc chez Hegel un certain réalisme:

«... et Hegel et Vischer répètent constamment que le beau dans la nature, c'est ce qui rappelle l'homme (ou, pour s'exprimer en terme hégélien, ce qui annonce une individualité); ils affirment que le beau dans la nature n'a la signification de beau qu'en tant qu'il est une allusion à l'homme – grande,

---

[81] Id., Estetičeskie., in Izbrannye., t. I, p. 154 (trad. fr., p. 417).
[82] Id., Očerki., in Izbrannye., t. I, p. 703 (trad. fr., p. 547).

profonde pensée! Ah, combien serait belle l'esthétique de Hegel si, au lieu
de la recherche fantastique de l'Idée qui se phénoménalise, cette pensée,
parfaitement développée, avait pu devenir l'idée fondamentale de cette
esthétique».[83]

Selon Černyševskij, un choix s'impose: ou bien le beau est quelque
chose de réel, mais alors nul besoin de se référer à l'Idée; ou bien l'on
recourt à l'Idée pour expliquer la beauté, mais alors le réel perd son
importance. D'ailleurs, définir la beauté par la fusion du sensible et de
l'idée contient virtuellement une condamnation de l'esthétique. En
vérité, l'*Esthétique* de Hegel est un éloge funèbre de l'art:

«Ainsi, selon le système de Hegel, plus la pensée est développée et plus le
beau disparaît devant elle; finalement, pour une pensée pleinement développée, il n'existe que le vrai, le beau n'existe pas. Je ne réfuterai pas cela par
le fait qu'en réalité le développement de la pensée chez l'homme ne détruit
nullement en lui le sentiment esthétique».[84]

Définir l'art par les notions de beauté, d'absolu, revient à priver
l'art de tout contenu, ce qui incline vers la théorie de l'art pour l'art,
et conduit aussi à méconnaître la spécificité de l'activité esthétique, ce
qui est faire preuve d'un bel impérialisme philosophique. Au lieu
d'hypostasier la beauté, Hegel aurait dû remarquer que la beauté n'est
que l'un des éléments de l'art, et encore le moins important. L'esthétique doit se définir par son véritable objet qui n'est point le beau,
mais la vie selon toute son extension et toute sa richesse. Pour reprendre le titre même de sa thèse qui contient déjà tout son programme,
il suffit de voir que l'art, c'est la réalité:

«Le beau, c'est la vie; est beau l'être en qui nous voyons la vie telle qu'elle
doit être selon l'idée que nous nous faisons d'elle; est beau cet objet en qui
la vie se manifeste en soi ou qui nous rappelle la vie. Il semble que cette
définition explique de façon satisfaisante tout ce qui peut éveiller en nous
le sentiment de beau».[85]

Puisqu'il est si évident que le beau, c'est la vie, Hegel lui-même ne
pouvait manquer de s'en apercevoir. Aussi, en dépit de sa conception
métaphysique, cette notion de vie s'impose-t-elle à lui à son insu:

«Et dans le développement même de l'idée du beau, le mot 'vie' se rencontre
très souvent chez Hegel, au point que, finalement, on peut se demander

---

[83] *Id., Estetičeskie.,* in *Izbrannye,* t. I, p. 63 (trad. fr., p. 332).
[84] *Ibid.,* t. I, p. 56 (fr., p. 325).
[85] *Ibid.,* t. I, p. 59 (fr., p. 328).

s'il y a une différence essentielle entre notre définition 'le beau, c'est la vie' et sa définition à lui 'le beau est la totale unité de l'idée et de l'image'»?[86]

Si Černyševskij s'était contenté, comme le croit Pléchanov, de soutenir la thèse du primat du réel sensible sur l'idée abstraite, son esthétique ne serait que la simple explication de celle de Feuerbach qui voulait que l'objet de l'art fût l'objet de la vue, de l'ouïe et du toucher. Mais le théoricien russe introduit un élément nouveau, étranger à Feuerbach. Après avoir expliqué sa formule, «le beau c'est la vie», il poursuit:

«Mais on ne peut manquer d'ajouter que, d'une façon générale, l'homme regarde la nature avec les yeux d'un propriétaire, et que sur terre lui semble beau également ce à quoi sont rattachés le bonheur et l'épanouissement de la vie humaine».[87]

Lukács a compris l'importance de ce texte. Il y voit, à juste titre, l'ébauche d'une conception marxiste de l'esthétique: le rapport dialectique entre la nature et la condition sociale de l'homme. Ainsi Černyševskij s'engage sur la voie du réalisme socialiste.[88] L'art est lié à la vie, et la vie elle-même est le produit d'un travail social. D'où il résulte que le jugement que chacun porte sur la beauté est conditionné par son appartenance à une classe déterminée. Si le théoricien russe reprend certains thèmes feuerbachiens, il ajoute une référence à la condition sociale. Sa position contredit directement celle de Hegel dans la mesure où il définit l'esthétique sans aucune référence à l'idée d'Absolu.

D'une façon très conséquente, Černyševskij va poursuivre ce fantôme de l'absolu hégélien dans ces deux autres domaines privilégiés que sont le sublime et le tragique. Un peu à la manière de Kant, Hegel perçoit que la notion de sublime provient de la nature de l'homme, à la fois esprit et sensibilité. Le sublime, c'est la prépondérance de l'idée sur la forme et aussi la manifestation de l'Absolu. Le théoricien russe pense que ces deux définitions sont totalement différentes. Il ne comprend pas que Hegel tienne l'une pour l'explication de l'autre. Pourtant, il est assez facile de voir que si le sublime est la manifestation de l'absolu ou si le sublime est ce qui éveille en nous la notion d'infini, c'est précisément parce que dans le sublime, il y a une transcendance de l'Idée

---

[86] N. G. Černyševskij, *Esteticeskie.*, in *Izbrannye.*, t. I, p. 64 (trad. fr., pp. 332–333).
[87] *Ibid.*, t. I, pp. 63–64 (fr., p. 332).
[88] G. Lukács, *Problem der Aesthetik*, in *Werke*, t. XI, p. 549. Cf. W. Wegner, Hegel und Černyševskij, Eine Untersuchung zur Kategorie des Schönen, in *Zeitschrift für Slawistik*, t. III, (1958), p. 441.

sur la forme sensible.[89] Selon Černyševskij, la «bonne» définition hégélienne est celle qui éclaire le sublime en introduisant la notion d'infini. Nous avons mis bonne entre guillemets pour faire entendre que c'est bien celle qui exprime le mieux le fond de la pensée de Hegel. Mais en elle-même, elle est tout aussi mauvaise que celle qui prétendait que l'art, c'est le beau. Černyševskij commence par examiner la naissance de l'idée de sublime. D'emblée, il inverse le rapport. Hegel voulait que l'infini provoquât en nous le sentiment de sublime. Černyševskij corrige:

«Voilà pourquoi, même si l'on admet que la contemplation du sublime conduit toujours à l'idée d'infini, le sublime, qui n'est pas engendré par cette idée, mais l'engendre lui-même, doit avoir la cause de son action sur nous non pas dans cette idée d'infini, mais en quelque chose d'autre».[90]

Ce quelque chose d'autre en quoi il faut voir la cause de l'idée de sublime, c'est tout simplement le caractère élevé de l'objet perçu:

«Le sublime est ce qui est beaucoup plus grand que tout ce à quoi nous le comparons. Ainsi, par exemple, le Kasbek est une montagne majestueuse (bien qu'il n'apparaisse pas du tout comme quelque chose d'illimité ou d'infini) parce qu'il est beaucoup plus haut que les collines que nous avons l'habitude de voir; ainsi la Volga est un fleuve majestueux parce qu'elle est beaucoup plus large que les petites rivières...».[91]

La phrase continuait. Nous avons préféré mettre des points de suspension, car le lecteur a vite compris. Si l'on nous permet un jeu de mots facile, on admettra que la substitution de la notion d'élevé à celle de «sublime – infini» nous fait tomber de haut. Il n'est pas besoin de préciser que sur ce point, Pléchanov et la littérature soviétique contemporaine trouvent beaucoup trop courte l'explication de Černyševskij.

D'après Hegel, le tragique résulte du conflit entre la volonté, source de liberté, et le monde extérieur perçu comme destin ou nécessité. Pour Černyševskij, le tragique perd cette référence au destin:

«La définition: le tragique est l'horrible dans la vie humaine semble être la définition parfaitement exhaustive du tragique dans la vie et dans l'art».[92]

---

[89] N. G. Černysevskij, Estetičeskie., in Izbrannye., t. I, p. 63 (trad. fr., p. 334).
[90] Ibid., t. I, p. 69 (fr., p. 338). Dans son traité sur le Sublime et le comique, Černyševskij constate que Schelling et Hegel, en expliquant la notion de sublime par celle d'Absolu, recourent à un fantôme inconsistant (Id., Vozvyšennoe i komičeskoe, in Izbrannye., t. I, p. 266).
[91] Id., Estetičeskie... (Avtorecenzija), in Izbrannye., t. I, p. 195 (trad. fr., p. 455).
[92] Id., Estetičeskie., in Izbrannye, t. I, p. 86 (fr., p. 353).

Il n'y a dans le monde ni destin ni nécessité, mais seulement une suite d'événements purement accidentels:

«Où est donc la nécessité du tragique dans la nature? Le tragique dans la lutte avec la nature est l'effet du hasard».[93]

Černyševskij prévoit l'objection: une cascade d'éléments fortuits donneront un mélodrame, point une tragédie. Sa réponse est révélatrice:

«On nous dit: 'une mort purement accidentelle est une absurdité dans la tragédie'; dans les tragédies écrites par des auteurs, peut-être; dans la vie réelle, non».[94]

Il faut donc admettre que Černyševskij est tellement obnubilé par son réalisme qu'il finit par ne plus très bien distinguer l'art de la réalité. Il est vrai que c'était précisément le but de sa thèse. Que la notion de destin et de nécessité ait été inconsciemment imposée à Hegel par la société capitaliste, comme le pense Lukács, c'est possible; en tout cas, c'est une explication fort valable. Mais prétendre que l'origine de la notion de destin dépend de l'habitude qui nous fait trouver un événement tantôt tragique, tantôt banal, c'est méconnaître l'essence même du tragique.

Que l'art, le sublime, le tragique ne se définissent plus par la référence aux idées de beauté, d'infini et de nécessité, mais par celle de vie, d'élevé et d'horrible implique ainsi une conception radicalement différente de celle de Hegel. Pour le philosophe allemand, l'esthétique se propose d'étudier le vaste empire de la beauté. Toutes les catégories rencontrées sont donc des manifestations diverses de l'unique et seule beauté: le sublime, le tragique, sont des formes particulières de la réalisation du beau. Or Černyševskij, en définissant l'art par la vie et non par la beauté, a conscience d'innover:

«Le sublime (et son aspect, le tragique) n'est pas une variété de beau; les idées de sublime et de beau diffèrent totalement l'une de l'autre; entre elles, il n'y a ni liaison interne ni opposition interne».[95]

Hegel faisait du beau moins une catégorie esthétique déterminée que la catégorie fondamentale de l'Esthétique. C'était une position dogmatique arbitraire qui découlait directement de sa thèse sur la transcendance de l'Idée. Černyševskij rompt avec cette tradition héritée du

[93] *Ibid.*, t. I, p. 82 (fr., p. 350).
[94] *Ibid.*, t. I, p. 85 (fr., p. 353).
[95] *Ibid.*, t. I, pp. 164–165 (fr., p. 427).

platonisme et annonce, en un sens, les courants esthétiques positivistes. La beauté, si elle n'est pas complètement écartée, n'est plus, comme auparavant, la notion centrale qui sert à définir l'esthétique et à lui donner son unité: le beau n'est qu'une catégorie parmi beaucoup d'autres.

b. Origine et destination de l'art

Dès le début de son *Esthétique*, Hegel s'efforce de préciser les rapports entre la beauté artistique et la beauté naturelle. S'il ne rejette pas complètement l'existence d'une certaine beauté dans la nature, spécialement dans la nature vivante, justement en tant que cette dernière est une lointaine annonce de la véritable individualité, on sait qu'il place la beauté toute relative de la nature fort en dessous de la beauté artistique.

Černyševskij consacre de longs passages à réfuter la position hégélienne. Cependant, la thèse que défend le philosophe allemand ne le surprend pas. Puisque Hegel fonde son esthétique sur l'Absolu, il est normal que cet Absolu soit le paradigme de toute beauté:

«En définissant le beau comme la pleine manifestation de l'idée dans un être particulier, nous viendrons nécessairement à cette conclusion: 'le beau dans la réalité n'est qu'une apparence que nous introduisons dans la réalité par notre imagination'; il s'ensuivra qu''à proprement parler, le beau est créé par notre imagination, tandis que dans la réalité (ou selon Hegel, dans la nature) le beau véritable n'existe pas».[96]

Černyševskij qui tient si fortement que la beauté naturelle est toujours supérieure à la beauté artistique va essayer d'en administrer la preuve. Sur ce point, il réfute Vischer qui, on le sait, détaille beaucoup – tout en lui restant fidèle – l'intuition centrale de Hegel. Huit raisons militent en faveur de la primauté de la beauté artistique. Minutieusement, Černyševskij prend le contre-pied de l'argumentation. Dans sa recension critique, il s'aperçoit même qu'il n'a pas réfuté explicitement deux objections profondes de Hegel: la beauté naturelle souffre de l'«Ungeistigkeit» et de l'«Unfreiheit». L'auteur plaide coupable tout en reconnaissant que pour l'essentiel ce que contient sa thèse permet de répondre à ces deux assertions.[97]

Ce serait une tâche fastidieuse de reprendre point par point les objections. Toutefois, on ne peut manquer d'en dégager l'essentiel, car

[96] *Ibid.*, t. I, p. 64 (fr., p. 333).
[97] *Id.*, *Estitičeskie... (Avtorecenzija)*, in *Izbrannye.*, t. I, p. 185 (trad. fr., p. 446).

les réponses de Černyševskij sont fort révélatrices. Lorsque Hegel
constate que la beauté naturelle n'accède pas au domaine de l'esprit
et ne porte pas les marques de la liberté, il laisse entendre que la beauté
naturelle est éphémère, qu'elle est gâtée par des éléments inesthétiques,
grossiers, et que finalement, si elle est belle, ce n'est que par rapport
à l'homme. La mise en parallèle du texte de Hegel avec celui de Černyševskij fait immédiatement ressortir le caractère antinomique de ces
deux positions. Pour Hegel, l'art fait participer l'objet esthétique à
la permanence de l'esprit:

«L'art fixe pour la durée ce qui, dans la nature, est passager. Un sourire vite
disparu, une moue soudaine, un regard, une lueur fugitive, les traits également fugitifs dans la vie humaine, tous ces accidents et ces circonstances qui
passent, sont présents et seront oubliés, l'art les arrache tous à l'existence
momentanée, et sous ce rapport aussi il l'emporte sur la nature».[98]

Permanence toute relative, remarque Černyševskij, car les œuvres
d'art se perdent et se détériorent elles aussi. Mais là n'est pas le problème essentiel. L'esthéticien russe laisse entendre que si l'œuvre
artistique est intemporelle, alors elle est immobile et donc figée:

«Si la beauté dans la réalité était immobile et immuable, 'immortelle', comme
l'exigent les esthéticiens, elle serait ennuyeuse et nous en serions dégoûtés.
L'homme vivant n'aime pas l'immobile dans la vie; c'est pourquoi il ne se
lasse jamais d'admirer la beauté vivante et se rassasie très vite d'un tableau
vivant».[99]

Hegel non plus n'aimait pas l'immobilité. Il pensait cependant que
parcourir les musées d'Europe lui apporterait plus de plaisir esthétique
que de se promener dans l'Oberland bernois! La nature contient sans
doute des traces de beauté, mais la beauté n'y apparaît pas selon toute
sa splendeur:

«Ce qui existe d'une façon naturelle est tout simplement quelque chose
d'individuel et même à tous les points de vue quelque chose de singularisé.
Au contraire, la représentation a en soi la détermination de l'Universel, et
ce qui sort d'elle contient déjà le caractère de l'universalité à la différence
de la singularisation naturelle. Sous ce rapport, la représentation offre
l'avantage d'avoir une plus grande extension et par là d'être apte à saisir, à
dégager et à rendre visible l'Intérieur».[100]

[98] G. W. F. Hegel, Aesthetik, t. I, p. 165.
[99] N. G. Černyševskij, Estetičeskie., in Izbrannye., t. I, p. 101 (trad. fr., p. 367).
[100] G. W. F. Hegel, Aesthetik, t. I, p. 165.

Traverser le voile des apparences inesthétiques pour aller contempler
la beauté intérieure qui se dérobe, voilà bien, pense Černyševskij, «le
plus haut degré d'idéalisme fantastique». Et d'abord, qu'en est-il de
cette perfection des œuvres artistiques dont on nous rebat les oreilles:

«Les poèmes d'Homère sont incohérents, Eschyle et Sophocle sont trop
austères et trop secs; Eschyle, en outre, manque de sens dramatique;
Euripide est pleurard; Shakespeare est oratoire et grandiloquent... Beetho-
ven est trop incompréhensible et souvent barbare; chez Mozart, l'orchestra-
tion est faible; chez les nouveaux compositeurs, il y a trop de bruit et de
tapage».[101]

L'artiste est au rouet: s'il cède à l'inspiration, ses œuvres sont gros-
sières; s'il s'applique, elles sentent l'huile. Par contre, la nature produit
avec une libéralité magnifique une profusion d'œuvres d'une totale
perfection.

La dernière objection de Hegel visait l'absence de liberté et de
spiritualité des réalités naturelles:

«Il n'y a d'œuvre d'art que pour autant que l'œuvre qui provient de l'esprit
appartient aussi présentement au domaine de l'esprit, a reçu le baptême de
l'esprit... C'est pourquoi l'œuvre d'art est plus haute qu'aucun produit de
la nature qui, lui, n'a pas reçu cette promotion de l'esprit».[102]

Ce baptême de l'esprit confère à l'œuvre sa spécificité. L'objet
artistique perd le caractère de nécessité propre aux réalités naturelles
pour acquérir ce mode d'existence supérieure que donne la liberté: il
entre dans le domaine proprement dit de l'esthétique. Černyševskij
note que cette vue de Hegel procède de sa thèse générale sur l'identification de la beauté à l'Absolu. Le critique russe y a donc déjà répondu
lorsqu'il affirmait que l'art, c'est la vie et non la beauté créée par
l'esprit. La beauté de la nature surpasse infiniment celle produite par
l'artiste. D'où vient donc que si facilement les théoriciens soient persuadés du contraire? Tout simplement parce que l'homme adopte
spontanément un point de vue anthropocentrique. Černyševskij
entreprend une sorte de psychanalyse de ses adversaires. Trois raisons
expliquent pourquoi on accorde tant de valeur aux œuvres d'art.
La création artistique exige beaucoup d'effort. Dans l'œuvre d'art
nous primons le labeur de l'artiste, ce qui nous rend partial envers la
nature qui, elle, produit la beauté sans effort. La deuxième raison qui
lui est semblable montre que si nous avons un parti-pris pour les

---

[101] N. G. Černyševskij, *Estetičeskie.*, in *Izbrannye.*, t. I, p. 113 (trad. fr., p. 378).
[102] G. W. F. Hegel, *Aesthetik*, t. I, pp. 39–40.

œuvres d'art, c'est tout simplement par orgueil: l'homme aime ce qu'il a fait. Reste la troisième raison, encore moins avouable que les deux premières: l'œuvre d'art flatte notre goût de l'artificiel. Toutes nos exigences mesquines, le désir de paraître, de se faire voir et de se faire valoir nous conduisent à sophistiquer la réalité:

«L'œuvre d'art est plus mesquine que ce que nous voyons dans la vie et dans la nature, et en même temps produit plus d'effet. Comment pourrait ne pas s'affirmer l'opinion qu'elle est plus belle que la nature et la vie réelle où il y a si peu d'artificiel, et à qui le désir d'intéresser est étranger»?[103]

Un pamphlet contre les déviations dans l'art pourrait contenir de telles affirmations. Dans une thèse sur la nature de l'art, elles sont assez inquiétantes! Si Černyševskij a patiemment réfuté la théorie de Hegel sur le primat de la beauté artistique, c'est qu'il a reconnu dans cette thèse la marque de l'idéalisme. Adopte-t-on la position de Hegel, il faut dire alors que la création artistique n'a d'autres buts que la recherche de la beauté. Černyševskij a rédigé sa thèse sur les *Rapports esthétiques de l'art avec la réalité* pour prouver que l'art consiste à imiter le réel et à en donner une explication. Le critique russe s'engage donc résolument sur la voie du réalisme naturaliste et du moralisme didactique.

Le problème de l'imitation de la nature est lié à celui de l'origine de la création artistique. C'est Plotin, ce «penseur fumeux» qui le premier a expliqué le besoin de l'art par l'insuffisance de la beauté du réel. Hegel n'a fait que reprendre et développer les thèmes du néoplatonisme. La beauté véritable n'apparaît que si l'imagination créatrice de l'artiste reproduit le donné extérieur ou intérieur. Très logiquement, et en pleine conformité avec sa théorie du primat de la beauté de la nature, Černyševskij est conduit à s'opposer à Hegel. Il le fait sans demi-mesure. Pour le philosophe berlinois, l'art implique une unité dialectique entre le sujet et l'objet. Le critique russe va sinon supprimer du moins réduire considérablement le rôle de l'artiste. Certains écrivains soviétiques dénoncent cette faiblesse de la position du critique russe:

«Toutefois, Černysevskij n'est pas pleinement parvenu à saisir dans sa totalité la dialectique de l'objectif et du subjectif à l'intérieur de la beauté».[104]

---

[103] N. G. Černyševskij, *Estetičeskie.*, in *Izbrannye.*, t. I, pp. 137 sq. (trad. fr., pp. 401 sq.).
[104] M. F. Owsjannikov, S. W. Smirnowa, *Kurze Geschichte der Aesthetik*, p. 404.

Ceux qui veulent défendre le théoricien russe font valoir deux ou trois courts passages dans lesquels il insiste sur le rôle de l'artiste dans la création. On trouve, en effet, cette affirmation en apparence assez claire:

«Or 'peindre *parfaitement* un visage' et 'peindre un visage *parfait*' sont deux choses absolument différentes».[105]

Par là est annoncée une distinction importante entre l'art comme re-présentation du réel et l'art comme expression esthétique. Nous aurons l'occasion de voir si Černyševskij maintient effectivement cette distinction.

L'autre passage que l'on verse à l'actif du théoricien russe est celui où il se dit en parfait accord avec la critique faite par Hegel contre ceux que l'imitation de la nature conduit à peindre ces fameux portraits si ressemblants qu'ils vous en donnent la nausée. Venant de citer le texte de Hegel, Černyševskij commente:

«Ces remarques sont tout à fait justes; mais elles concernent soit la copie inutile et absurde de ce qui n'est pas digne d'attention, soit le dessin d'une forme extérieure quelconque, vide de contenu... La forme artistique ne sauvera pas du mépris ou d'un sourire de compassion une œuvre d'art, si, par l'importance de son idée, elle n'est pas en état de répondre à cette ques-tion: 'valait-il la peine de travailler à cela'»?[106]

Dans l'autorecension de sa propre thèse, il réaffirme encore que les objections de Hegel ne sauraient atteindre sa théorie:

«Pas une des objections de Hegel, parfaitement justes par rapport à la théorie de l'imitation de la nature, ne s'applique à la théorie de la reproduc-tion; c'est probablement pourquoi l'esprit de ces deux conceptions est essen-tiellement différent».[107]

En quoi consiste donc cette nouvelle théorie de l'imitation que pro-pose Černyševskij? Tout d'abord, il convient de préciser que, si elle est nouvelle par rapport à celle qui règne depuis le XVIIe siècle, elle est aussi très ancienne puisque c'était déjà celle d'Aristote. On risque, en effet, d'être injuste envers Černyševskij si l'on se contente de prendre certaines de ses formules en les retirant de leur contexte. Il dit, bien sûr, que l'artiste doit se contenter de reproduire la nature, ou plus généralement, le réel dans toute sa richesse sans chercher à l'embellir, à l'idéaliser. Ni embellir ni idéaliser, ne serait-ce point alors

---

[105] N. G. Černyševskij, *Estetičeskie.*, t. I, p. 58 (fr., p. 327).
[106] *Ibid.*, t. I, p. 149 (fr., p. 413).
[107] *Id., Estetičeskie...* (*Avtorecenzija*), in *Izbrannye*, t. I, p. 188 (trad. fr., p. 449).

copier servilement la nature et renoncer ainsi à distinguer la représentation du contenu et son expression artistique? La réponse n'est pas
simple. Transcrire le réel tel qu'il est, c'est premièrement se démarquer
de Boileau, de Batteux et autres pour qui la théorie de l'imitation
impliquait de remodeler la nature en la sophistiquant:

«La théorie pseudo-classique comprenait effectivement l'art comme une
contrefaçon de la réalité, ayant pour but de tromper les sentiments; mais
c'est un abus qui n'appartient qu'aux époques de goût perverti».[108]

Il précise que celui qui prend la réalité vivante pour modèle préfère
la nature aux «jardins» célébrés par Delille ou aux «lacs» dépeints par
Wordsworth, Wilson et tutti quanti, et doit être prêt à défendre la
description sociale de Nekrassov et Michajlov contre les attaques de
Pogodin qui accusait ce dernier d'avoir donné une copie vile et inutile
de la vie russe. D'ailleurs, ce refus d'embellir et d'idéaliser n'implique
pas une condamnation de la création artistique: la vérité dans l'art
n'exclut nullement une certaine transformation du donné. Témoin,
ce passage:

«Mais nous devons faire observer que l'on a tort de croire qu'en considérant
la reproduction de la réalité comme le principe suprême de l'art, nous con-
damnons celui-ci à 'exécuter des copies frustes et vulgaires, et bannissons
de l'art l'idéalisation'».[109]

Il y a imitation et imitation. Celle que vise Černyševskij n'est pas celle
condamnée par Hegel. Une authentique théorie de l'imitation non
seulement permet mais exige une véritable création:

«Leur μίμησις [de Platon et d'Aristote] correspond à notre terme 'reproduction'. Et si plus tard, on a compris ce mot comme 'imitation' (Nachahmung),
la traduction n'était pas heureuse, car elle restreignait la 'compréhension'
du mot et faisait penser à une contrefaçon de la forme extérieure et non à la
transmission du contenu intérieur».[110]

Lukács, s'autorisant de ces textes, conclut que le réalisme esthétique
du théoricien russe ne saurait être confondu avec le simple naturalisme.[111]

---

108 *Id.*, *Estetičeskie.*, in *Izbrannye*, t. I, p. 151 (fr., p. 414).
109 *Id.*, «O poezii». Sočinenie Aristotelja, in *Izbrannye.*, t. I, p. 320 (trad. fr., p. 490).
110 *Id.*, *Estetičeskie.*, t. I, pp. 150–151 (fr., p. 414).
111 «Tschernyschewskij benügt sich auch nicht damit, die Reproduktion, die er für
die zentrale Aufgabe der Kunst hält, scharf von allen möglichen Schattierungen des
Naturalismus, von der reinen Kopierung der Natur abzugrenzen, sondern er konkretisiert
seine Feststellungen sowohl inhaltlich, wie formell noch weiter» (G. Lukács, Einführung
in die Aesthetik Tschernyschewskijs, in *Beiträge zur Geschichte der Aesthetik*, pp. 155–156.

Malheureusement, la thèse sur les *Rapports esthétiques de l'art avec la réalité* contient une série d'affirmations fort différentes. S'il s'agissait de notions secondaires on pourrait essayer d'en diminuer la portée. Mais tel n'est pas le cas puisqu'elles se rattachent toutes à l'intention fondamentale de l'auteur qui est de subordonner résolument l'art à la nature et à la vie. Ne pas copier mécaniquement signifie séparer les traits essentiels des éléments accessoires. C'est tout de même fort peu lorsqu'on sait que le réel est toujours supérieur à ce que l'art peut produire. Quel que soit le talent, voire le génie de l'artiste, son activité créatrice reste fort limitée. C'est l'un des thèmes favoris de Černyševskij:

«Les forces de l''imagination créatrice' sont très limitées; elle peut uniquement combiner les impressions reçues par l'expérience; l'imagination peut uniquement faire varier et augmenter l'objet en étendue; mais nous ne pouvons rien imaginer plus intensément que ce que nous avons observé et éprouvé. Je peux me représenter le soleil beaucoup plus grand qu'il n'est dans la réalité, mais je ne peux pas l'imaginer plus éclatant qu'il ne m'est apparu dans la réalité».[112]

Voilà une curieuse conception de l'activité esthétique! Dans sa toile du semeur, Van Gogh ne peint certes pas un soleil plus éclatant que l'astre à son midi, mais c'est précisément cet astre presque éteint qui nous émeut. Et Hegel sait que la peinture hollandaise, pour s'absorber dans les sujets les plus humbles et les plus quotidiens, n'en a pas moins atteint «la plus haute liberté de composition artistique». Černyševskij ne semble guère avoir médité ce texte célèbre de l'*Esthétique*.

C'est que le théoricien russe n'a qu'une idée en tête: la fidélité au réel. L'étrange aveu de Pascal: «Quelle vanité que la peinture qui attire l'admiration par la ressemblance des choses dont on n'admire point les originaux» semble très légitime à Černyševskij:

«Fort de toutes les considérations exposées, nous pensons que la beauté d'une statue ne peut être supérieure à la beauté d'un individu vivant, parce qu'une copie ne peut être plus belle que l'original».[113]

Dix ans avant la thèse de Černyševskij, le feuerbachien Hettner soutenait que jamais l'art n'égale la nature ni en fraîcheur ni en beauté. Sans qu'on puisse parler d'influence – il n'est pas certain que le Démocrate russe ait lu le critique allemand – on retrouve le même point de vue dans les *Rapports esthétiques de l'art avec la réalité:* la rose

[112] N. G. Černyševskij, *Estetičeskie.*, t. I, p. 118, in *Izbrannye*, (trad. fr., p. 384).
[113] *Ibid.*, t. I, p. 120 (fr., p. 385).

du jardin est plus belle que la rose peinte, et «les couleurs d'un tableau, comparées à la couleur du corps et du visage, sont une grossière et pitoyable imitation».[114] Il ne faut donc plus s'étonner de voir Černyševskij préférer la photographie à la peinture:

«Parmi eux [les portraits daguerréotypes], il s'en trouvera un très grand nombre qui non seulement sont fidèles, mais rendent très bien l'expression du visage. Est-ce que nous les apprécions»?[115]

Que la photographie soit aussi un art, on en conviendra volontiers. Mais il faut bien savoir que si Černyševskij préfère les daguerréotypes, ce n'est pas parce que la photo est belle, mais tout simplement parce qu'elle procure de l'original une copie plus fidèle que celle que peut obtenir un peintre. En effet, que cherche-t-on dans l'activité artistique? A incarner de la beauté dans un monde partiellement privé de beauté, comme le pense Hegel, ou au contraire à remplacer par un tableau un paysage rencontré lors d'une promenade, et qu'on ne peut emmener avec soi? Černyševskij adopte la seconde position: l'art a pour but de remplacer la réalité:

«La mer est belle; en la regardant, nous ne pensons pas en être mécontent sous le rapport esthétique. Mais tous les hommes ne vivent pas près de la mer; beaucoup ne réussissent pas à la voir une seule fois pendant leur vie. Or ils voudraient bien admirer la mer; c'est pour eux que sont intéressants et charmants les tableaux qui représentent la mer. Certes, il vaut beaucoup mieux regarder la mer elle-même, plutôt qu'une reproduction. Mais à défaut de mieux, l'homme se contente du pire, à défaut de la chose, il se contente de son succédané».[116]

Une telle citation se passe de commentaire: on se demande si l'on a encore affaire à un théoricien de l'art! Dire que l'art n'est qu'un «Ersatz» de la réalité, voilà pense M. Corbet, le fait d'une «esthétique de la sclérose». Lukács est obligé d'avouer:

«Ainsi Černyševskij a justement montré que la reproduction de la réalité comme l'explication et la critique au service du bien de l'homme est utile, voire une nécessité absolue; mais quand il émet ce jugement positif avec la restriction: 'en cas d'insuffisance de plaisir esthétique parfait tel que l'offre la réalité', alors il détruit lui-même ce qu'il a construit puisqu'il transforme l'art en Ersatz de la réalité».[117]

---

[114] *Ibid.*, t. I, p. 120 (fr., p. 386).
[115] *Ibid.*, t. I, p. 138 (fr., pp. 402–403).
[116] *Ibid.*, t. I, pp. 145–146 (fr., pp. 409–410).
[117] G. Lukács, *Einführung.*, in *Beiträge.*, p. 157.

Pour avoir voulu s'opposer à l'idéalisme de Hegel qui plaçait l'essence de l'art dans l'absolu de l'idée de Beauté, Černyševskij est tombé dans l'autre extrême qui est moins le réalisme que le pur naturalisme esthétique: la beauté est si bien naturalisée qu'elle devient une catégorie de la «Naturphilosophie». Il avait déclaré que la beauté implique une référence à l'homme (le thème fécond de l'homme propriétaire de la nature) et que la reproduction n'est pas une imitation servile. Mais tout le poids de son réalisme pré-critique le porte vers une direction diamétralement opposée.[118] Finalement, au lieu de mettre l'imitation au service de l'expression, c'est l'expression qui est soumise aux exigences de l'imitation fidèle du réel. De plus, Černyševskij confond constamment le réel et l'objectif. Prenant le réel comme une présence brute, il va demander à l'art de faire concurrence au réel, ou mieux, puisque cette concurrence est impossible, d'en être la pâle doublure. En donnant pour but à l'art de reproduire la vie, Černyševskij a fondé l'esthétique réaliste: c'est sa grandeur. Mais, dans le même moment, il n'a pu éviter le piège qui guette toute esthétique réaliste: le danger de méconnaître que l'œuvre d'art appartient à un monde spécifique nullement réductible au monde réel.

Que l'art soit l'*Ersatz* de la réalité n'est que la première fonction de l'activité artistique. Il en existe une plus haute: l'artiste doit aider à comprendre. Or cette fonction didactique et moralisatrice est le but suprême que l'artiste doit se proposer. Selon le critique russe, l'œuvre d'art doit être une explication de la vie:

«Or il [l'art] apporte à l'homme une quantité de bienfaits parce que l'œuvre d'un artiste, et surtout d'un poète digne de ce nom, est un 'manuel de vie', selon la juste définition de l'auteur, et un manuel dont se servent avec délices tous les hommes, même ceux qui ne connaissant pas ou n'aiment pas les autres manuels. L'art doit s'enorgueillir de cette signification élevée, magnifique, bienfaisante qu'il a pour l'homme».[119]

Une dizaine d'années plus tard, V. Hugo dans *William Shakespeare* proclamera: «l'art pour l'art peut être beau, mais l'art pour le progrès est plus beau encore». Černyševskij a une conception si unilatérale du didactisme esthétique qu'il ne croit pas à la beauté d'une œuvre d'art

---

[118] «Und weil er [Černyševskij] die objektive Dialektik der Menschheitsentwicklung, die aus der Entwicklung der Produktivkräfte entspringt, nicht klar sieht, wird bei ihm auch die ästhetische Beziehung des Menschen zur Natur utopisch, unproblematisch, undialektisch» (G. Lukács, *Aesthetik*, in *Werke*, t. XI, p. 549).

[119] N. G. Černyševskij, *Estetičeskie... (Avtorecenzija)*, in *Izbrannye.*, t. I, p. 197.

qui ne serait pas fondée sur des principes vrais. Toute vision erronée de la vie sociale se traduit par une œuvre ratée:

«La valeur artistique consiste dans le rapport de la forme avec l'idée; c'est pourquoi, pour déterminer quelles sont les qualités artistiques d'une œuvre, on doit absolument examiner très soigneusement si l'idée sur laquelle repose l'œuvre est vraie. Si elle est fausse, on ne peut plus parler de qualité artistique, car la forme sera elle aussi artificielle».[120]

Avec une telle théorie, on devine ce que fut son activité au *Sovremennik:* moins une critique littéraire qu'une critique de la société russe. Tourguénev, pour ne parler que de lui, en sut quelque chose! Cependant, sa thèse était si manifestement excessive que l'auteur lui-même ne put s'y tenir. Dans plusieurs de ses recensions, il reconnaît la valeur artistique de certaines œuvres dont le contenu était en opposition avec ses propres idées.

La conception didactique de l'art conduit Černyševskij a établir une hiérarchie entre les diverses activités artistiques. Comme Hegel, il place au sommet la poésie, en fait les arts littéraires. C'est une rencontre toute fortuite avec Hegel, puisque le théoricien russe ne privilégie la poésie par rapport aux autres arts que dans la mesure où il la croit plus apte à répandre la culture:

«L'art, ou pour mieux dire, la poésie (la poésie seule, car sous ce rapport les autres arts sont de peu d'utilité) répand parmi la masse des lecteurs une foule de connaissances et, qui plus est, lui rend familières les notions élaborées par la science: en ceci réside l'importance considérable de la poésie pour la vie».[121]

Černyševskij est effleuré par le scrupule: cette subordination de l'art à la science n'entraîne-t-elle pas une diminution de la valeur de l'art? Il ne le croit pas, ce qui lui donne encore l'occasion d'accuser davantage son point de vue:

«S'il se borne à reproduire les phénomènes de la vie, l'artiste satisfait notre curiosité ou vient en aide à nos souvenirs de la vie. Mais si, en outre, il explique et juge les phénomènes qu'il reproduit, il devient un penseur et son œuvre ajoute à sa valeur artistique une signification encore plus haute, une signification scientifique».[122]

---

[120] *Id.*, Zametkach o žurnalach, ijun' 1856, in *Polnoe sobranie sočinenij*, t. III, p. 663.
[121] *Id.*, «O poezii». Sočinenie Aristotelja, in *Izbrannye.*, t. I, p. 313 (trad. fr., p. 483).
[122] N. G. Černyševskij, *Estetičeskie... (Avtorecenzija)*, in *Izbrannye.*, t. I, p. 191 (fr., p. 451). Belinskij défendait une position diamétralement opposée: «Le philosophe, plus il est philosophe, moins il est poète» (V. Belinskij, Obščij vzgljad na narodnuju poeziju i eja značenie, in *Polnoe.*, t. VI, p. 550).

Hegel, sans confondre l'art et la philosophie, plaçait cette dernière au-dessus de l'art. Černyševskij a cru devoir dénoncer cet impérialisme philosophique qui entraîne la mort de l'Esthétique. Or n'est-ce pas vouer l'art à une mort encore plus certaine que de le faire servir à «démontrer»? Sincèrement, il ne le croit pas:

«La science n'a pas honte de dire que son but est de comprendre et d'expliquer la réalité, et puis d'appliquer ses découvertes pour le bien de l'homme; l'art, lui aussi, n'a pas honte d'avouer que son but est celui-ci: pour dédommager l'homme, à défaut de la jouissance esthétique complète que procure la réalité, reproduire, dans la mesure de ses forces, cette précieuse réalité et l'expliquer pour le bien de l'homme».[123]

Cette subordination de l'art à la science n'est pas un lapsus échappé à l'auteur. Elle a au moins le mérite de révéler, trop clairement peut-être, quels dangers mortels le didactisme fait courir à l'art. En s'en prenant à la théorie de l'art pour l'art de Hegel, Černyševskij finit par atteindre l'art lui-même en ce qu'il a de plus authentique. Il suffit de remplacer Sartre par Černyševskij dans la citation suivante de M. Dufrenne pour avoir une juste appréciation de la position du Démocrate russe:

«On comprend qu'une éthique de l'entreprise et de la générosité comme celle de Sartre en vienne à récuser l'art, si l'art n'est que divertissement – exception faite pour les arts de la prose qui peuvent être employés au service de l'entreprise morale la plus urgente, c'est-à-dire de la pratique révolutionnaire».[124]

Nous n'avons pas l'intention d'étudier l'influence de Černyševskij sur ses continuateurs immédiats, Dobroljubov et Antonovič, car ces auteurs ne firent guère plus que vulgariser sans les transformer les idées du fondateur de l'esthétique naturaliste. Nous voudrions seulement rapporter le jugement de Pisarev sur son illustre devancier. On sait que dans son libelle au titre révélateur *La destruction de l'esthétique*, Pisarev soutient que Černyševskij a pulvérisé l'esthétique. En donnant pour but à l'art de représenter et d'expliquer la vie, Černyševskij a très justement perçu que ce qui compte, c'est non pas la recherche de la belle forme, mais la reproduction du contenu social. Ainsi, Černyševskij détrône l'artiste au profit du savant ou du révolutionnaire. M. Corbet accorde à Pisarev que son interprétation de Černyševskij va tout à fait dans le sens des idées émises par cet auteur. Tout au plus

[123] N. G. Černyševskij, *Estetičeskie.*, in *Izbrannye.*, t. I, p. 163 (trad. fr., p. 425).
[124] M. Dufrenne, *Phénoménologie de l'expérience esthétique*, t. II, p. 615.

peut-on dire que l'auteur de la *Destruction de l'esthétique* radicalise la théorie contenue dans les *Rapports esthétiques de l'art avec la réalité*.[125] Il n'y a certes pas un abîme entre ces deux ouvrages. Cependant, le Nihiliste se trompe lorsqu'il prétend que le Démocrate a voulu détruire l'esthétique. Pisarev confond deux aspects qu'il fallait soigneusement distinguer: l'esthétique comme science du beau, et l'esthétique comme système des principes universels de l'art. Il est exact que Černyševskij, en s'opposant à l'idéalisme de Hegel, détruit l'esthétique fondée sur la beauté. Mais en proposant sa vision du réalisme dans l'art, il croit vraiment sauver l'essentiel de l'activité artistique. Pléchanov à qui l'on doit les meilleures études sur Černyševskij a clairement montré que l'intention de ce dernier n'était point de supprimer l'art, mais de remplacer la conception idéaliste alors dominante par une esthétique nouvelle plus résolument révolutionnaire.[126]

Il n'en reste pas moins que l'erreur de Pisarev n'est pas fortuite. Le jeune Nihiliste a seulement mis à jour le conflit latent que Černyševskij n'avait pas réussi à dominer. Cette tension provient de l'impossibilité où se trouvait le fondateur de l'esthétique naturaliste, à cause de sa référence trop étroite à Feuerbach, de maintenir une liaison authentiquement dialectique entre la forme esthétique et le contenu naturel ou social. En faisant de l'art une imitation de la nature au point que l'activité esthétique ne soit plus qu'un *Ersatz* de la réalité, et en donnant d'autre part pour but à l'art d'expliquer et de démontrer, il est trop évident que Černyševskij devait finir par éliminer plus ou moins complètement la spécificité de l'activité artistique. L'autre grand esthéticien russe, Belinskij, n'avait point commis une telle confusion: s'il voulait que l'art eût pour objet l'infinie richesse du réel, il savait que l'artiste doit toujours créer de la beauté et il ne lui serait jamais venu à l'esprit de subordonner l'art à la science. L'artiste n'est nullement un savant qui popularise les dernières découvertes scientifiques, puisque la fonction de l'art, c'est précisément de montrer sans démontrer: la «connaissance» poétique n'est pas une connaissance, mais la résonance qu'acquiert le réel à travers un sujet.

---

[125] «C'est en vain qu'on tentera de creuser un abime entre Černyševskij et Pisarev, et de réserver à ce dernier l'appellation de «nihiliste». En réalité, Pisarev n'a fait que pousser à leurs dernières conséquences les principes de Černyševskij. Le résultat final des *Rapports esthétiques de l'art et de la réalité* est bien la «destruction de l'esthétique» (razrušenie estetiki)» (Ch. Corbet, Černyševskij, Esthéticien et critique, in *Revue des études slaves*, t. XXIV, (1948), p. 122, note 4). Le texte de D. Pisarev, *Razrušenie estetiki*, se trouve dans D. Pisarev, *Izbrannye sočinenija*, t. II, pp. 307–329. On pourra consulter, A. Coquart, *Dmitri Pisarev et l'idéologie du nihilisme russe*, pp. 251–272.

[126] G. W. Plechanow, Die ästhetische Theorie N. G. Tschernyschewskis, in *Kunst und Literatur*, p. 448.

Černyševskij avait cru qu'il suffisait de donner un contenu matérialiste à la dialectique hégélienne pour lui faire perdre son aspect
idéaliste. Il pense aussi qu'il n'y a qu'à remplacer l'idée de beauté par
l'ouverture sur la vie concrète pour que l'esthétique idéaliste devienne
une esthétique réaliste. Ce qu'il a obtenu, c'est une philosophie de la
connaissance où manquent les a priori de la représentation et une
philosophie de l'art qui se passe trop bien des a priori affectifs. Dans
les deux cas, le sujet étant éliminé, il est encore difficile de parler de
dialectique. Qui connaît la philosophie soviétique ne peut pas ne pas
constater que Černyševskij est son vrai fondateur. C'est de lui, plus
que de Marx, que procèdent la théorie de la connaissance, dite du
Reflet, et le réalisme naturaliste en esthétique. Maintenant, que
Černyševskij soit «un grand hégélien russe», beaucoup préféreront
laisser à Lénine la responsabilité de son jugement. Il est même permis
de croire que jamais la pensée russe ne fut si éloignée de l'hégélianisme.

CHAPITRE VI

ANTIHÉGÉLIANISME ET NÉOHÉGÉLIANISME
DES PHILOSOPHES SPIRITUALISTES

Le mouvement amorcé par Černyševskij trouvera son plein accomplissement à partir de 1890 avec Pléchanov et Lénine. Cependant, à la même époque, on assiste en Russie à de nouvelles lectures de Hegel dues à des auteurs chrétiens. Ce courant de pensée rassemble des théologiens orthodoxes peu connus et aussi quelques fortes personnalités dont les noms ont survécu à la Révolution d'Octobre. Certains apparaissent comme les continuateurs des premiers Slavophiles, tout comme Černyševskij et Pléchanov le furent des premiers Hégéliens occidentalistes. Mais de même que les Démocrates et les Marxistes ont donné de Hegel une interprétation profondément différente de celle proposée par Bakounine ou Herzen, de même ces auteurs chrétiens ne se sont pas contentés de reprendre les critiques slavophiles. Certains même, tels Čičerin et Berdjaev, n'ont pas subi l'influence slavophile.

L'intérêt manifesté par ces penseurs chrétiens à la philosophie hégélienne est peut-être même, à cette époque, un trait spécifiquement russe, car en Occident les philosophes spiritualistes se tournaient plus vers Kant que vers Hegel. On lit donc Hegel avec sympathie; et pourtant on a beaucoup de mal à se définir par rapport à l'hégélianisme. C'est dire que les interprétations divergent, soit parce que les uns s'intéressent surtout à l'aspect spéculatif de l'hégélianisme et les autres à sa philosophie politique, soit parce que les critiques que l'on formule portent sur la signification religieuse de l'hégélianisme ou au contraire sur la place que cette philosophie accorde à la personne.

§ 1. Panlogisme ou Réalisme absolu?

Nous savons que la tradition occidentaliste contestait l'hégélianisme parce qu'elle trouvait que malgré sa tendance progressiste et révolutionnaire, cette philosophie n'était pas parvenue à déployer toutes ses virtualités. La cause essentielle de cet échec, il fallait la chercher dans la notion d'Absolu qui est l'équivalent de l'idée de Dieu. Les Slavophiles, au contraire, suivis par Bakounine pendant sa dernière période, avaient perçu que l'Absolu hégélien n'était qu'un pâle reflet de la divinité: ils étaient prêts à conclure que l'hégélianisme serait en son intention profonde une philosophie athée. Les quelques penseurs dont nous nous proposons d'analyser les thèses ont conscience que le problème est plus complexe. Sans doute, plus fidèles à l'authentique pensée de Hegel, ils sentent à la fois que sans les notions d'Absolu, d'Infini, d'Esprit, le système hégélien finirait par n'être guère plus qu'une doctrine évolutionniste, et que d'autre part sa conception de l'Absolu est telle qu'il devient impossible de faire de l'hégélianisme une doctrine franchement spiritualiste. La question soulevée porte très précisément sur ce point: quel est le lieu de l'Absolu? Celui qui, comme Kojève, se réfère à la *Phénoménologie de l'Esprit* peut, à la rigueur, avancer une interprétation anthropologique: c'est l'homme concret qui expérimente le devenir de la conscience. Celui qui voit dans la *Science de la Logique* la clef de l'hégélianisme ne peut se rallier à ce type d'interprétation réductrice. Pour lui, la philosophie spéculative de Hegel n'est ni une théologie comme le déclarait Feuerbach, ni une anthropologie, ce que Černyševskij avait cru y découvrir.

En 1860 paraît un long article, véritable défense et illustration de l'hégélianisme.[1] C'est, en fait, une réponse à Katkov qui venait de déclarer que Hegel est mort et enterré. Strachov, l'auteur de ce texte, répond que sans doute Hegel est enterré, mais qu'il n'est pas mort pour autant. Malicieusement, il fait remarquer que ce n'est pas la première fois que Hegel est porté en terre, et qu'il est toujours resté bien vivant. Il y a quelque chose de paradoxal dans la position de ce professeur qui est très proche des idées slavophiles et qui pourtant se déclare ouvertement hégélien. Mais il suffit de lire la préface de ses *Essais philosophiques* pour lever le paradoxe. Strachov, effrayé par ce qu'il appelle les courants négateurs de la philosophie – il vise tout spécialement Černyševskij – croit pouvoir trouver dans l'hégélianisme un excellent allié pour défendre l'authentique philosophie.[2] C'est dire que son interprétation sera des plus bienveillantes. Tous les procédés sont bons pour défendre le philosophe qu'il admire. Au début de l'article, il

---

[1] N. N. Strachov, Značenie gegelevskoj filosofii v nastrojaščee vremja, in *Filosofskie očerki*, pp. 1–50. On lui doit un article polémique contre les interprétations démocrates: Ob Indjuškach i o Gegele, in *Iz istorii literaturnago nigilizma*, pp. 66–80.

[2] *Id.*, Predislovie, in *Filosofskie očerki*, p. XI.

affirme que pour condamner le système, il faut pouvoir en réfuter chaque partie séparément.[3] A la fin de son texte, il répond aux détracteurs de la philosophie de la nature que, puisque la *Logique* de Hegel est excellente, sa *Naturphilosophie* doit l'être aussi.[4] Curieux procédé de justification!

Son admiration pour Hegel lui permet cependant de comprendre l'originalité de ce philosophe. Selon Strachov, la philosophie hégélienne est la première qui ne recèle aucun mystère, n'a besoin d'aucune révélation, n'avance aucune hypothèse:

«Nous devons, par conséquent, expliquer cette vie elle-même dans laquelle nous vivons et que nous connaissons bien et nous n'avons que faire des Monades ou autres artifices».[5]

Chez Hegel, le système s'efface devant le réel, alors que pour tous les autres penseurs le système fait violence au réel. Hegel, philosophe contemplatif, au sens où l'entendait Kojève, voilà qui est fort bien vu et qui a scandalisé à l'époque. Strachov est prêt à reconnaître que l'hégélianisme contient un élément rationaliste, mais il ajoute aussitôt que, puisque c'est un système absolu, ce rationalisme est tout autant un réalisme véritable:

«Je pense qu'une telle espèce de réalisme se trouve dans le système de Hegel; il n'est pas seulement un idéalisme absolu, mais aussi un réalisme absolu».[6]

Déjà Herzen louait Hegel pour son étonnante ouverture sur la totalité de l'existence. Donc sur ce point rien de nouveau. Par contre Strachov tranche sur tous ses devanciers lorsqu'il entreprend de défendre la philosophie politique et la philosophie religieuse de Hegel. On dit que les *Principes de la philosophie du Droit* tendent à éliminer l'initiative de la personne et conduisent à justifier l'état prussien. Hegel, quiétiste, cette critique de Haym ne résiste pas à l'étude des faits. Et Strachov de rappeler comment Protestants et Prussiens se sont empressés de faire appel à Schelling parce qu'ils jugeaient dangereuse la diffusion de l'hégélianisme.[7] Le Populiste Lavrov s'était rangé du côté

[3] *Id.*, Značenie., in *Filosofskie očerki*, p. 15.
[4] «Si sa *Logique* est excellente, alors la philosophie de la nature doit l'être aussi puisque dans la *Logique* est incluse toute la réalité de la philosophie de la nature. Appliquez la *Logique* à la nature, et vous obtenez la philosophie de la nature» (*Ibid.*, p. 50). Pas une ligne de plus sur ce difficile problème. L'article de Strachov relève davantage du panégyrique que de la réflexion critique!
[5] *Ibid.*, p. 10.
[6] *Ibid.*, p. 24.
[7] *Ibid.*, p. 37.

de Haym; le Slavophile Strachov est convaincu par l'argumentation
de Rosenkranz. Le plus étonnant, cependant, c'est de voir Strachov
reconnaître son Dieu sous les traits de l'Absolu hégélien. Hegel n'est
pas un panthéiste, mais un profond mystique comme Maître Eckhart,
Angelus Silesius et Spinoza.[8] Dans la même lettre à Tolstoï, il déplore
que les historiens de Hegel soient fort discrets sur cet aspect qui lui
paraît si central. Il se propose donc de rédiger un ouvrage pour mettre
en lumière le mysticisme de Hegel. Le projet ne fut pas exécuté, si
bien que Strachov ne nous a laissé qu'un trop rapide exposé program-
matique plein de promesses, mais insuffisamment élaboré.

On retrouve une vue plus classique avec Gogockij, professeur à l'académie ecclésiastique de Kiev et auteur d'un monumental *Lexique
philosophique*. C'est d'ailleurs dans ce lexique que parut sa dissertation
doctorale consacrée à Hegel. Il s'agit d'un exposé critique de l'ensemble
de cette philosophie. Sans être remarquable, l'analyse des différentes
parties du système de Hegel ne déparerait pas dans une actuelle histoire
de la philosophie. Gogockij est beaucoup plus critique que son contemporain Strachov: l'hégélianisme lui apparaît comme une doctrine qui
s'est révélée incapable de tenir ses promesses, car elle n'a pas pu unir
la transcendance et l'immanence.

L'outil spéculatif mis en œuvre pour réaliser cette tâche est la
méthode dialectique. Plus judicieux que les Slavophiles qui croyaient
que Hegel veut déduire l'être du néant,[9] Gogockij a compris que le
minimum rationale de la dialectique, c'est le Devenir. Il a cru lire que
ce devenir dialectique a pour fonction de libérer la pensée de la finitude
spatio-temporelle. Ainsi la dialectique est une démarche ascensionnelle
vers l'Universalité. Toutefois, cette ascension est elle-même l'effet de
la présence de l'Infini dans le fini. On pressent la critique qu'il va
formuler: l'hégélianisme, parce qu'il postule la présence de la Raison
divine dans le monde, ne peut éviter de s'abîmer dans l'immanentisme.
Philosophie de la Totalité, et non de la totalisation, il fallait que la
philosophie hégélienne eût un point de départ absolu. Gogockij a
beaucoup réfléchi sur la notion de «Anfang». Hegel, dit-il, devait partir

[8] *Id.*, Pis'mo ka Tolstomu, in *Tolstovskij muzej*, t. II; cité par D. Tschiževskij, *Hegel
bei den Slaven*, p. 320. Cf. N. N. Strachov, Značenie, in *Filosofskie očerki*, p. 17. Parce
que Strachov a rédigé un ouvrage d'inspiration vaguement hégélienne intitulé *Le monde
comme tout (Mir kak celoe)* dans lequel il insiste sur l'unité organique du cosmos, les
auteurs d'une récente histoire de la philosophie russe déclarent, sans aucun fondement,
que Strachov est un panthéiste-idéaliste (Cf. *Istorija filosofii v SSSR pjati tomach*, t. III,
p. 321).
[9] Cf. *supra* pp. 96 sq.

d'un principe à la fois premier et non déterminé, autrement dit, d'un principe qui serait en même temps immédiat et source de toutes les déterminations.[10] Il l'a recherché dans la raison humaine prise comme substrat de l'Absolu. D'où la critique du théologien au philosophe:

«Hegel voit la découverte de Dieu non par la raison humaine, mais dans la raison humaine elle-même».[11]

On peut aborder l'hégélianisme soit par la *Phénoménologie de l'Esprit*, soit par la *Science de la Logique*. Dans le premier cas, on se donne le sujet humain comme moteur de la dialectique, mais alors il est impossible de sortir de la finitude: la dialectique anthropologique conduit à la mauvaise infinité. Dans le second cas, on part de l'Absolu et l'on devrait aboutir à la manifestation de l'Absolu. C'est cette dernière démarche qui correspond à l'intention profonde de Hegel, puisque la *Phénoménologie de l'Esprit* n'est qu'une introduction à la *Science de la Logique* sur laquelle se fonde le système et qui est peut-être même tout le système.[12] Gogockij constate alors que même la *Logique* ne parvient pas à saisir l'Infini:

«Elle [la dialectique hégélienne] atteint la saisie intellectuelle de l'Absolu, mais non l'Absolu lui-même; et cependant, elle ose faire passer sa saisie pour une authentique saisie de l'Absolu».[13]

L'Infini hégélien n'est qu'une fausse monnaie que le théologien n'est pas décidé à accepter. Cette lacune dans le fondement de la philosophie hégélienne vicie tout le système et spécialement sa conception de l'homme. Hegel aime à dire que la liberté est la nécessité reconnue. Gogockij craint que cette reconnaissance de la nécessité ne soit qu'une forme subtile du nécessitarisme ontologique:

«D'une part, si Hegel a en vue la véritable liberté, alors dans ce passage de la nécessité à la liberté le lien de la conséquence est rompu; d'autre part, si ce lien est conservé, alors la liberté dont parle Hegel dans la *Logique* n'est pas la liberté, mais bien la nécessité».[14]

Le passage de la nécessité à la liberté implique une rupture qualitative. Or seule la personne est apte à transcender le monde de la nécessité. Mais chez Hegel, on ne voit pas clairement qu'il y ait un tel sujet libre. Il faut savoir que l'«hégélien» Gogockij ne cesse de se réclamer du

[10] S. Gogockij, *Filosofskij leksikon*, t. II, p. 178.
[11] *Ibid.*, p. 193.
[12] *Ibid.*, p. 193.
[13] *Ibid.*, p. 184.
[14] *Ibid.*, p. 201.

dualisme de la philosophie morale kantienne, même s'il n'aime pas le dualisme métaphysique de ce même philosophe. C'est encore une fois, sous la forme d'un dilemne, qu'il propose son objection à Hegel: si la liberté est quelque chose d'immédiat, elle n'est pas le résultat de l'autodéveloppement de l'Idée en nous; est-elle un moment du développement de la pensée absolue, les fautes ne sont plus imputables à la personne humaine.[15] Ainsi est amorcée la grande objection que des philosophes personnalistes comme Soloviev et surtout Berdjaev vont opposer à l'hégélianisme.

Soloviev prolonge et conteste en même temps la tradition slavophile. Plus précisément, s'il s'oppose au nouveau slavophilisme de Danilevskij et de Leontev, c'est pour retrouver la pureté des intuitions des premiers Slavophiles, Khomjakov et Kireevskij. L'excellent historien de Soloviev, dont l'ouvrage reste encore le livre de base, le Prince Eugène Trubeckoj, divise l'activité de Soloviev en trois périodes: mysticisme de tendance slavophile, utopisme théocratique, synthèse finale.[16] Pendant sa phase théocratique, Soloviev, entièrement occupé par les problèmes strictement religieux (rapport de l'Orthodoxie et du Catholicisme; rôle respectif de l'état et de l'église), délaisse les questions proprement philosophiques. C'est donc au début et à la fin de sa vie qu'il traite de la philosophie hégélienne. D'ailleurs, si l'on excepte un court article pour le *Lexicon Brockhaus-Jefron* rédigé en 1892, Soloviev ne s'est exprimé sur Hegel qu'incidemment dans ses autres ouvrages philosophiques.[17]

Le fondateur de la Théocratie et de la Théurgie est évidemment plus proche du Schelling de la *Philosophie der Offenbarung* que du Hegel de la *Wissenschaft der Logik*. S'il faudra y apporter quelques nuances, on peut cependant avancer que la philosophie soloviévienne n'est en rien redevable à la philosophie hégélienne. Soloviev, du moins au début de sa carrière, se contente de reprendre les critiques que les premiers

---

[15] *Ibid.*, p. 219.

[16] Kn. E. Trubeckoj, *Mirosozercanie Vl. S. Solov'eva.* On pourra consulter: D. Strémooukhoff, *Vladimir Soloviev et son œuvre messianique* qui classe l'activité de Soloviev selon les trois thèmes: Théosophie (1853–1881); Théocratie (1881–1890); Théurgie et Apocalypse (1890–1900).

[17] Textes sur Hegel pour la première période:
Krizis zapadnoj filosofii
Filosofskie načala cel'nogo znanija
Kritika otvlečennych načal
Pour la troisième période:
Gegel', in *Enciklopedičekij slovar'*
Teoretičeskaja filosofija.

Slavophiles adressaient à Hegel.[18] C'est même cette identité de vue qui nous dispensera, pour éviter des redites, de nous attarder longtemps sur ce penseur. Sa seule originalité est d'accentuer encore l'opposition à Hegel.

La philosophie hégélienne est l'héritière du courant rationaliste dont Soloviev résume ainsi les trois grandes étapes:

«1. (Major du dogmatisme). Ce qui existe vraiment est connu dans la conscience apriorique.

2. (*Minor* de Kant). Or dans la conscience a priorique sont seulement connues les formes de notre pensée.

3. (*Conclusio* de Hegel). Ergo les formes de notre pensée sont ce qui existe vraiment.

Autrement dit:

1. Nous pensons ce qui existe.

2. Mais nous ne pensons que des concepts.

3. Ergo ce qui existe est concept».[19]

Nous retrouvons la thèse bien connue des Slavophiles: l'hégélianisme est l'accomplissement du rationalisme occidental. Personne ne contestera que la philosophie hégélienne ne contienne un élément rationaliste. Peu, cependant, comprennent ce rationalisme comme le fit Soloviev. Il prête, en effet, à Hegel une intrépidité rationaliste qui lui eût sans doute donné le vertige! On a vu que les autres commentateurs russes venaient buter sur l'interprétation du «tout ce qui est rationnel, est réel; tout ce qui est réel, est rationnel». C'était déjà admettre que l'hégélianisme faisait dialoguer la raison et l'existence, admettre donc que cette philosophie avait au moins un rapport avec l'être réel. Soloviev ne se demande pas s'il faut distinguer le réel effectif du réel contingent. Sa critique est beaucoup plus radicale: l'hégélianisme, parce qu'il est un panlogisme, n'a aucun rapport avec la réalité extramentale. Bien sûr, Soloviev admet que le concept hégélien se distingue de la notion des philosophies classiques. Alors que la notion spinoziste est une unité simple, passive, statique, le concept hégélien contient en soi une activité qui fait qu'il s'oppose lui-même à lui-même, donc qu'il se différencie:

«Aussi tout ce qui existe effectivement est ce développement dialectique du concept qui, dans sa position immédiate (*thesis* = unité abstraite, moment de l'entendement), inclut une contradiction et pour cela passe dans son

[18] Vl. Solov'ev, *Krizis zapadnoj filosofii*, in *Sobranie sočinenij*, t. I, p. 58, note 39 (fr. p. 205).

[19] *Ibid.*, pp. 133–134 (fr. p. 318).

opposé (*antithesis*, réflexion, moment négativement rationnel) et dans cette opposition il trouve sa propre essence et ainsi par la négation de la négation fait retour à lui-même, mais désormais comme contradiction manifestée et par là libre de lui (*synthesis* = unité concrète suprême, le moment positivement rationnel ou spéculatif)».[20]

On aura reconnu une transposition presque littérale d'un passage fort connu de l'*Encyclopédie*. Mais après un si bon départ, Soloviev propose une interprétation fort peu satisfaisante. S'appuyant sur les trois premières catégories de la *Logique*, il déclare non seulement que l'être est égal au néant et le néant à l'être, mais que l'existence concrète est produite par le néant:

«Ainsi au commencement il y a l'acte de la pensée pure ou le pur concept, c'est-à-dire non le concept d'un être déterminé d'une façon ou d'une autre, mais le concept d'être en général sans aucune détermination, ne contenant rien en soi, nullement distinct du concept de 'néant' et, par conséquent, égal à lui. Et puisqu'ici (dans le rationalisme absolu) tout est déduit du principe, et que par conséquent tout doit être déduit du néant ou que tout doit se manifester comme autodéveloppement du néant, un tel principe est le résultat d'une colossale absurdité...».[21]

La philosophie hégélienne est donc la plus irréelle et la plus acosmique qui se puisse concevoir, car la dialectique qui dissout aussi bien le sujet que l'objet ne porte que sur des relations.[22]

Il est remarquable que dans son analyse du premier chapitre de la *Logique*, Soloviev ait simplement oublié la catégorie centrale de Devenir sans laquelle la dialectique est impensable. Assez souvent, il recourt au schéma thèse-antithèse-synthèse pour exposer sa propre conception soit de l'histoire de la philosophie, soit de l'histoire de la culture. On a déjà vu que le rationalisme s'explicite en trois moments. Il en est de même du matérialisme qui prend les formes successives du positivisme, de l'empirisme et du sensualisme.[23] Les trois grandes époques de la civilisation sont le moment de l'Indifférence (avant la Grèce) où droit, religion, art, etc... demeurent confondus; celui de la Différence (de l'Antiquité jusqu'à la fin de l'Idéalisme) où ces domaines

---

[20] *Ibid.*, pp. 57–58 (fr. pp. 204–205).
[21] *Id.*, *Kritika otvlečennych načal*, in *Sobranie.*, t. II, p. 282.
[22] «Et si tout a son être véritable uniquement dans le concept, alors le sujet connaissant lui-même ne peut faire exception et il n'existe que dans le concept, il n'est rien d'autre que le concept. Ces concepts eux-mêmes, en exprimant tout ce qui existe, ne peuvent donc pas être les concepts du sujet pensant, car lui-même n'est que l'un de ces concepts; ceux-ci sont eux-mêmes en soi sans sujet comme sans objet» (*Ibid.*, p. 286). Cf. *Id.*, t. I, pp. 302; 330; 343; 395.
[23] *Id.*, *Filosofskie načala cel'nogo znanija*, in *Sobranie.*, t. I, pp. 295 sq.

acquièrent une spécificité et une autonomie propres; enfin celui de la Synthèse, lorsque la Foi religieuse permettra de retrouver une unité nouvelle.[24] Il peut donc déclarer que la dialectique hégélienne est une formule géniale qui conservera une valeur éternelle et universelle.[25] Si l'on y regarde d'un peu plus près, on s'aperçoit que malgré l'utilisation des termes hégéliens comme Indifférence, Différence, Synthèse, la position de Soloviev est fort éloignée de celle de Hegel. Pour le penseur russe, en effet, la méthode dialectique n'est qu'un complément des méthodes traditionnelles que sont l'analyse et la synthèse. Décevante interprétation de l'avant-dernier chapitre de la *Science de la Logique*![26]

Si l'on n'est guère étonné de lire sous sa plume que la dialectique consiste à déduire le contenu concret à partir d'un principe conçu sous la forme du Concept, il est plus surprenant – car c'est l'originalité de l'hégélianisme qui est en jeu – de voir Soloviev présenter le processus dialectique comme une explicitation progressive d'un déjà-là:

«Ainsi il est évident que ce contenu doit déjà être inclus dans le principe universel (sinon la pensée serait une création à partir du néant), mais il n'y est inclus que potentiellement; alors l'acte de la pensée dialectique consiste précisément à changer ce contenu potentiel en actualité...».[27]

Or l'un des efforts de Hegel a justement consisté à se dégager du couple métaphysique puissance-acte qui, à ses yeux, rendait impossible la justification de la nouveauté pour y substituer une démarche dialectique qui seule permet de comprendre que ce qui advient est qualitativement autre que ce qui était déjà. Est-il besoin de souligner que la trichotomie de Soloviev n'est qu'un démarquage très superficiel de l'authentique dialectique hégélienne.[28]

Bien qu'il en ait méconnu la nature profonde, Soloviev a cru pouvoir intégrer à son système la méthode dialectique. Par contre, il s'est toujours opposé à l'Absolu hégélien. Fidèle disciple des premiers Slavophiles, il ne pouvait échapper à ce croyant mystique que l'Absolu de Hegel n'est qu'une caricature du vrai Dieu. En identifiant la dialectique

---

[24] *Ibid.*, pp. 266–268.
[25] *Ibid.*, pp. 255; 308.
[26] «De ces trois méthodes, la dialectique est par excellence la méthode de la logique organique, l'analyse, celle de la métaphysique organique et la synthèse, celle de l'éthique organique» (*Ibid.*, p. 341).
[27] *Ibid.*, p. 341.
[28] «Der Einfluss Hegels ist deshalb bei Solowjew nur formal, und sehr bald ist von ihm fast gar nichts mehr zu spüren. Nur die Idee der 'historischen Arbeitsteilung' wie Solowjew sich ausdrücken will, mag auch auf ihn zurückzuführen sein» (G. Laske, *W. S. Solowjews Geschichtsphilosophie*, p. 42).

immanente de notre pensée au Logos transcendantal, Hegel accorde à l'homme ce qui revient à Dieu. Il n'y a aucune place pour l'Etre premier dans cette philosophie rationaliste qui a confondu le véritable Absolu, c'est-à-dire «ce qui contient tout en soi» avec l'absolu du panthéiste, c'est-à-dire «ce qui se trouve en tout».[29] Le premier est le Principe concret qui est donné par la Foi; le second est un principe abstrait, œuvre de notre raison. On reconnaît ici l'influence schellingienne: l'opposition entre la philosophie négative et la philosophie positive si fortement soulignée dans la *Philosophie de la Révélation*.

A toutes ces objections plus ou moins reprises des Slavophiles, Soloviev en ajoute une nouvelle: Hegel a rejeté le principe d'identité et fondé sa doctrine sur la contradiction dialectique afin de supprimer l'opposition entre l'Infini et le fini, entre Dieu et le monde:

«Une telle philosophie qui considère les déterminations logiques universelles non comme des prédicats de l'étant ou des étants, mais comme des formes pures absolues, indépendantes en elles-mêmes dans leur abstraction et pour lesquelles tout se résout dans un contenu purement logique, abstrait, puisqu'il n'y a pas, au fond, de réalité inconditionnée, une, différente, etc..., mais uniquement l'inconditionalité, l'identité, la différence, etc..., donc une telle philosophie purement formelle, en étant logique avec elle-même, devait nécessairement nier le principe d'identité».[30]

En rejetant le principe d'identité et en admettant la coïncidence des opposés, l'hégélianisme se place du coup au-dessus de la mêlée: il devient une philosophie qui échappe à la critique puisqu'au moment même où l'on croit y découvrir une contradiction, Hegel répondrait que justement la contradiction est la vie de son système. La philosophie hégélienne serait ainsi une philosophie indépassable puisqu'inattaquable:

«Car la nature du principe hégélien, c'est d'inclure sciemment sa propre négation à l'intérieur de lui-même; c'est pourquoi dans ce système qui a rejeté le principe de contradiction, il est impossible de montrer quelque contradiction interne apte à lui donner une impulsion nouvelle; c'est pourquoi dans ce système qui a rejeté le principe de contradiction, la contradiction elle-même est considérée dans sa sphère comme une nécessité logique et ensuite est supprimée dans l'unité supérieure du concept concret».[31]

---

[29] Vl. Solov'ev, *Kritika otvlečennych načal*, in *Sobranie.*, t. II, p. 284. Dans un autre passage, Soloviev dit que l'Absolu hégélien est un «mot vide», comme le sont d'ailleurs toutes les autres catégories de ce système (*Id.*, *Filosofskie načala cel'nogo znanija*, in *Sobranie.*, t. I, p. 347).

[30] *Ibid.*, p. 393.

[31] *Id.*, *Krizis zapadnoj filosofii*, in *Sobranie.*, t. I, p. 58 (fr. p. 205).

Puisqu'on ne peut dialoguer avec le système hégélien, il faut l'adopter ou le rejeter en bloc.[32] Soloviev s'en détournera donc, non sans faire remarquer que ce système a abouti à un échec. Le concept devait être la totalité du réel; en fait, la *Science de la Logique*, qui prétendait absorber la métaphysique, doit reconnaître qu'elle n'est pas l'unique savoir puisqu'elle demande à se réaliser dans la philosophie de la nature et dans la philosophie de l'esprit. Reprenant encore une fois la critique schellingienne, Soloviev estime que Hegel recourt à des métaphores embarrassées parce qu'il est incapable de justifier rationnellement ce passage du logique au réel. Rosenkranz ira jusqu'à dire que le logique pose la nature. Soloviev sait que Hegel ne s'est pas exprimé si nettement, mais il pense que cette explicitation est conforme à l'intention du système.[33]

La critique que Soloviev fait de l'hégélianisme est encore plus excessive que celle des anciens Slavophiles. Elle dénote une lecture plus superficielle que négative des œuvres de Hegel. Et d'ailleurs, comme le remarque le Prince E. Trubeckoj, elle n'est pas exempte de contradictions. Sentant tout le profit qu'il pourrait tirer de Hegel contre les Empiristes, Soloviev utilise contre eux le premier chapitre de la *Phénoménologie de l'Esprit*. Il n'a pas de peine à montrer, à la suite de Hegel, que la certitude sensible qui porte sur l'«ici» et le «maintenant» est illusoire et doit passer de la saisie du singulier à la compréhension de l'universel. Dans ce texte d'une dizaine de pages, Soloviev administre la preuve qu'il sait lire Hegel lorsqu'il le veut.[34] Mais en acceptant la position du philosophe allemand, il ne semble pas remarquer qu'il introduit une faille dans son propre système. Soloviev professe une philosophie de l'intuition parce qu'il est convaincu que c'est là l'unique possibilité de rester en contact avec l'être concret. Or voici qu'il admet, contre les Empiristes, que la certitude est fondée sur l'universel. La critique qui vaut contre eux, il devrait la retourner contre lui-même. Trubeckoj a senti l'incohérence de la position de son ami:

«En incluant la critique hégélienne de la certitude sensible dans le cadre de sa propre doctrine, il ne semble pas remarquer qu'elle est entièrement rationaliste et c'est pourquoi elle produit une vive dissonance dans le système mystique».[35]

[32] *Ibid.*, p. 62 (fr. p. 211).
[33] *Ibid.*, pp. 111–117 (fr. pp. 284–291).
[34] *Id.*, *Kritika otvlečennych načal*, in *Sobranie.*, t. II, pp. 196–206.
[35] Kn. E. Trubeskoj, *Mirosozercanie Vl. S. Solov'eva*, t. I, p. 197.

Vers la fin de sa vie, Soloviev est en proie au doute et à l'abattement, car son activité pour fonder une théocratie s'est soldée par un échec. Attristé et déçu, le confident de Dieu se fait le chantre de l'ange exterminateur. Certes, il reste croyant, mais est moins persuadé que pendant la première période de sa vie du bien-fondé de sa propre doctrine. Il est donc tout naturellement porté à juger l'hégélianisme avec moins de sévérité. Il admire maintenant l'étonnante nouveauté de ce système: tous les autres philosophes se sont efforcés de découvrir le sens de l'être; pour Hegel, au contraire, c'est l'être lui-même qui se révèle comme philosophie. Dix ans plus tôt, il trouvait que l'hégélianisme reposait sur un principe logique abstrait; il accorde à présent que ce principe, c'est Dieu lui-même.[36] Pendant sa première période, Soloviev était convaincu que l'existence du sujet pensant est l'une de ces certitudes absolues qui s'imposent à l'évidence. Dans cet ouvrage inachevé qu'est sa *Philosophie théorique* et déjà dans la *Justification du Bien*, il doute qu'on puisse saisir immédiatement la liaison entre la pensée et l'existence empirique du sujet. Dans une formule pittoresque, il écrit que le sujet pensant est un imposteur sans passeport philosophique.[37] Soloviev avoue qu'il était dans l'erreur lorsqu'il réfutait l'hégélianisme en partant de l'expérience du Moi. Il faut donc donner raison à Hegel et accepter son point de départ, c'est-à-dire prouver la philosophie en philosophant:

«Peut-on, au préalable, examiner la certitude de la pensée lorsque cet examen lui-même ne peut manifestement s'accomplir qu'au moyen de la pensée, et que l'objet examiné est déjà présupposé comme vrai et certain? Cette difficulté s'appuie habituellement sur une fausse représentation de la pensée prise comme instrument matériel par lequel on obtient la vérité... Lorsque nous examinons la nature de la pensée nous nous jetons déjà dans le courant de la pensée».[38]

Le mystique russe porte alors un regard nouveau sur la *Logique.* Oubliant qu'il avait largement contribué à diffuser cette idée – ses écrits eurent toujours une grande audience – notre philosophe repentant affirme qu'il est absurde de laisser croire que la philosophie hégélienne déduit l'être du néant.[39] Il comprend, enfin, le sens de la

---

[36] Vl. Solov'ev, Gegel', in *Sobranie*, t. X, pp. 301–302.
[37] *Id., Teoretičeskaja filosofija,* in *Sobranie.,* t. IX, pp. 127–130.
[38] *Ibid.,* pp. 139–140.
[39] «Puisque Hegel pose comme premier principe de sa philosophie le concept d'être pur sans contenu, égal au néant, il serait bien facile et tentant d'interpréter ce système sur le modèle insensé d'une autocréation du tout à partir du néant. Qu'on n'oublie pas que Hegel n'a jamais présenté l'origine et le développement du progrès logique comme une succession temporelle. Rien ne fut plus éloigné de sa pensée que cette affirmation

première triade:

«Ainsi la vérité ne réside ni dans l'un ni dans l'autre des deux termes opposés, mais dans ce qui est commun aux deux et qui les unit, à savoir dans le concept de passage, de processus, de 'devenir' ou d'"avènement' (das Werden)».[40]

La dialectique reçoit alors une signification nouvelle. Continuant sans le dire sa propre autocritique, Soloviev insiste sur l'unité entre forme et contenu, ce qui permet de transcender la fausse alternative du dogmatisme et du criticisme. Il ne faudrait donc pas croire que le processus dialectique s'accomplit hors de toute référence au réel:

«En effet, on reproche injustement à Hegel que son processus dialectique ne serait qu'une pensée sans sujet pensant et sans réalité pensée. Bien sûr, Hegel ne tenait pas le sujet et l'objet pour deux *choses* abstraites et extérieures l'une par rapport à l'autre: il avait parfaitement raison... Selon Hegel, dans le véritable processus de l'être et de la pensée, la substance devient sujet ou esprit; et s'il mettait particulièrement l'accent sur le terme 'devient', il ne s'en suit pas qu'il niait les deux autres, il n'a fait qu'écarter leur particularité».[41]

L'hégélianisme est une philosophie du devenir. C'est même là, remarque Soloviev, son mérite le plus indiscutable puisque cette pensée dialectique nous libère du monde statique et cloisonné dans lequel, indûment, les systèmes fondés sur l'entendement prétendaient nous enfermer:

«En fait, tout est engagé dans un processus: il n'existe aucune barrière absolue entre les différentes sphères de l'être; il n'y a rien d'abstrait, rien qui ne soit relié au tout... La philosophie 'absolue' a détruit ce monde fictif et par là a incontestablement réussi à réconcilier et à unifier la connaissance et la réalité».[42]

D'où cette dernière constatation que fait Soloviev: Hegel a parfaitement réussi à expliquer l'unité du fini et de l'Infini, bien qu'il insiste peut-être trop sur la valeur du fini.

On le voit, ce dernier exposé de la philosophie hégélienne, s'il n'est pas très original, ne manque pas d'intérêt: il permet de constater le chemin parcouru en quelques années. Soloviev apprécie hautement ce que, dix ans auparavant, il taxait d'absurdité. On est même surpris de

qu'il *existerait* d'abord l'être pur et rien de plus, et qu'*ensuite* cet être pur serait équivalent au néant d'où procéderait le concept de Werden» (*Id.*, Gegel', in *Sobranie.*, t. X, p. 317).
[40] *Ibid.*, pp. 311–312.
[41] *Ibid.*, p. 318.
[42] *Ibid.*, p. 318.

le voir vanter le mérite de la théorie hégélienne de l'unité dialectique entre le fini et l'infini qui semble conduire à une conception panthéiste. Mais on sait que Soloviev, un peu comme Hegel, et peut-être sous son influence, n'a que très imparfaitement réussi à s'affranchir de toute trace de panthéisme. Il est clair que Soloviev n'est pas devenu hégélien. S'il est moins injuste envers l'hégélianisme, il n'en est pas tellement plus proche. Dans ses premiers écrits, il tenait ce système pour une philosophie de l'abstrait. Vers la fin de sa vie, il commence à percevoir le caractère réaliste de la dialectique hégélienne. S'il regrette encore que le fini ait plus de place que l'infini, ce n'est pas qu'il veuille dire que Hegel a tort d'intégrer le monde et l'histoire. Il veut seulement marquer que l'Infini hégélien n'est qu'une image appauvrie de la divinité. Pour conclure, nous lui emprunterons une comparaison, car elle exprime bien le fond de sa pensée:

«L'hégélianisme est grandiose, non pas à la manière d'un grand torrent d'eau vivante qui puisse nous porter à l'océan, mais à la manière d'une fontaine extraordinairement haute qui retombe avec d'autant plus d'impétuosité vers son réservoir illimité – la réalité empirique – que son jet est plus élevé... Parmi les philosophes qui s'approchèrent de la vérité, il n'y en a pas de plus grand que Hegel; mais le plus petit des philosophes qui partirent de la vérité même est plus grand que lui».[43]

Soloviev a oscillé entre les deux interprétations classiques que l'on donne de l'hégélianisme: panlogisme ou réalisme. Berdjaev interprète Hegel en partant de la *Phénoménologie de l'Esprit*, non de la *Science de la Logique*. Donc, pour lui, l'hégélianisme est une philosophie de l'esprit. Son problème sera de savoir si l'Esprit hégélien est un sujet personnel authentique. La question insistante de Berdjaev à Hegel rejoint celle de Belinskij: Hegel a-t-il reconnu la dignité de la personne? Mais alors que Belinskij protestait au nom de la personne sociale, Berdjaev oppose à Hegel sa conception d'un personnalisme chrétien à très forte coloration mystique et eschatologique.

Il ne semble pas que Berdjaev ait entrepris une étude approfondie de Hegel. Son œuvre est davantage le fruit d'une méditation intérieure que d'une réflexion sur l'histoire de la pensée. Il juge beaucoup plus les autres philosophes qu'il ne dialogue avec eux. Cependant, le Père Segundo a pu écrire que «si étrange que cela puisse paraître, c'est Kant et Hegel qui ramèneront Berdjaeff de la périphérie du christianisme

---

[43] *Id., Teoretičeskaja filosofija*, in *Sobranie.*, t. IX, p. 164.

vers son centre. Car c'est en les écoutant qu'il réfléchira au rôle dialectique, complémentaire mais essentiel, du monde objectif».[44]

Deux raisons font que la communication s'établit assez facilement entre Hegel et Berdjaev. D'une part, ce chrétien pense que les sources de la dialectique hégélienne se trouvent dans l'expérience religieuse de Hegel et non dans son expérience politique:

«On disait de Hegel qu'il a remplacé la Trinité par une triade purement philosophique qui n'avait plus aucune signification religieuse. Il serait plus exact de dire que Hegel a emprunté sa triade à l'expérience religieuse chrétienne et lui a donné une expression philosophique».[45]

Très souvent Berdjaev rappelle que Hegel est l'interprète génial des mystiques allemands, en particulier de Maître Eckhart et de Boehme, et qu'il continue l'œuvre religieuse de Luther. Il aurait donc fallu qu'il fût bien infidèle à ses sources avouées pour éliminer de sa synthèse philosophique toute pensée religieuse. La deuxième raison qui permet le dialogue, c'est que l'hégélianisme est moins un panlogisme qu'un réalisme authentique. Jamais Berdjaev n'a hésité sur ce point:

«Hegel est lui-même idéaliste conséquent, et en lui l'idéalisme devient un réalisme original. Il désire retourner à la réalité et à la concrétude à travers la dialectique du concept».[46]

Réalisme original, en ce sens que c'est presque un réalisme tragique, donc existentiel et point le réalisme métaphysique qui se borne à affirmer le primat de l'être sur le connaître:

«Hegel porte la dynamique de la vie dans la pensée et dans le concept. Il donne une nouvelle vie à la loi de l'identité... La dialectique est inquiétude et vie du concept».[47]

On a trop insisté sur cette figure de la *Phénoménologie de l'Esprit* – la dialectique du maître et de l'esclave – et ainsi trop tiré l'hégélianisme vers le social et le politique, mais pas assez mis en valeur cette autre figure – la conscience malheureuse – qui permet d'interpréter cette philosophie dans une ligne existentielle et tragique. Et de fait, lorsque

---

[44] J. L. Ségundo, *Berdjaev. Une réflexion chrétienne sur la personne*, p. 57.
[45] N. Berdjaev, *Dialectique existentielle du divin et de l'humain*, p. 61.
[46] *Id., Oput eschatologičeskoj metafiziki*, p. 30.
[47] *Ibid.*, pp. 30–31. «La dialectique hégélienne ne fut pas seulement une dialectique logique du concept; elle fut une dialectique de l'esprit, c'est-à-dire une dialectique existentielle» (*Ibid.*, p. 76).

Berdjaev veut exprimer sa propre conception eschatologique de la scission, il aime se référer à Hegel.[48]

Est-ce à dire qu'il se retrouve complètement dans la dialectique hégélienne? On sait bien que la réponse ne peut être que négative. Comprendre pourquoi les deux visions dialectiques divergent nous conduit à découvrir le fondement de l'opposition entre ces deux penseurs. Pour résumer la différence entre Hegel et Marx, Hyppolite déclare que selon l'hégélianisme toute objectivation est une aliénation, alors que d'après le marxisme toute objectivation n'est pas nécessairement aliénante. Ainsi Hegel serait l'un des premiers philosophes à refuser la chute de la conscience dans le domaine de l'objectivité. Or voici que Berdjaev va justement reprocher à Hegel d'être un philosophe de l'objectivation. L'heureux projet hégélien d'une philosophie de l'esprit finit par aboutir à cet échec d'une objectivation de l'esprit. On affaiblirait considérablement la portée de l'opposition de Berdjaev à Hegel, si on la réduisait à n'être qu'une contestation de l'hégélianisme à partir d'une simple revendication morale. Beaucoup plus profondément, ce sont ici deux visions métaphysiques du monde qui s'affrontent. Selon le penseur russe, Hegel ne parvient pas à surmonter le monisme, car si la substance devient sujet, il y a toujours priorité de la substance sur le sujet, donc dépendance de celui-ci par rapport à celle-là. Ce que Berdjaev postule, c'est une philosophie dualiste qui oppose le monde nouménal au monde phénoménal. On ne sera pas étonné de le voir préférer Kant à Hegel:

«Kant a beaucoup plus raison [que Hegel] avec son dualisme, sa liberté métaphysique et son personnalisme éthique».[49]

Sans doute Hegel est plus tragique que Kant puisqu'il a perçu que le développement de l'histoire est fondé sur la contradiction et le travail du négatif. Mais Kant l'emporte sur Hegel pour avoir soutenu que les antinomies ne peuvent pas être résolues dans les limites du monde phénoménal.[50] Et en ce sens, la géniale dialectique contenue dans les antinomies kantiennes demeure le fondement véritable de toute pensée existentielle. La suppression des antinomies se traduit par une rechute dans le monde objectif. Berdjaev ne peut souffrir le troisième moment synthétique de la dialectique hégélienne. Ce troisième moment existe-t-

---

[48] «L'Apocalypse du christianisme historique présente les destinées finales de l'humanité sous l'aspect d'une rupture définitive entre l'humain et le divin, sous l'aspect de ce que Hegel appelle «la conscience malheureuse» (Id., Dialectique existentielle du divin et de l'humain, p. 233).

[49] Id., Oput eschatologičeskoj metafiziki, p. 32.

il, il en résulte pour l'esprit une série de conséquences fâcheuses. Tout d'abord, et c'est le point sur lequel Berdjaev revient le plus souvent, l'Esprit se perd dans le monde objectif:

«Il [Hegel] ne comprend pas que l'*autoaliénation* de l'esprit dans l'objectivité est une chute; il est optimiste; il croit faussement à l'existence d'un esprit objectif, au lieu de ne reconnaître que l'objectivation de l'esprit».[51]

Ce passage s'éclaire par le texte suivant:

«Pour le monisme hégélien, il est absolument nécessaire que l'esprit s'organise lui-même comme religion, art, état, âme, nature. C'est pourquoi, pour lui, l'esprit objectif existe et c'est en quoi je vois la grande erreur de Hegel et de sa théorie moniste de l'esprit».[52]

L'Esprit objectif hégélien, ce sont les dogmes de la religion, les lois de l'état, les formes transitoires de la culture. Ces réalités portent sans doute l'empreinte de l'activité spirituelle. En y reconnaissant l'esprit objectif, Hegel n'a pas vu que l'esprit transcende chacune de ces œuvres. Berdjaev dira sans détours que la notion hégélienne d'esprit objectif est une notion contradictoire, car il n'est d'esprit que subjectif.[53] On aura remarqué que ce que Berdjaev appelle esprit objectif englobe l'esprit objectif et l'esprit absolu selon Hegel. Cet esprit objectif se substitue indûment à la personne libre. Berdjaev, qui n'a cessé de souligner l'importance du nihilisme comme protestation de l'individu, a un sens très aigu de la liberté. Pour lui, Esprit objectif et absence de liberté sont des notions équivalentes. D'où ce pamphlet, véritable réplique chrétienne à celui que Belinskij avait lancé à l'adresse de Hegel:

«Chez Hegel, ce n'est pas l'homme qui connaît, mais la Raison du monde, l'Esprit du monde, finalement la divinité. Sans doute l'autoconscience et l'autoconnaissance que la divinité a d'elle-même s'accomplissent dans l'homme et par l'homme. Mais quelle peut bien en être ma joie»?.[54]

Surhumaine, peut-être même divine, il manque à la conscience hégélienne d'être une conscience simplement humaine. L'autonomie personnelle n'existe plus.[55]

[50] *Id.*, *Dialectique existentielle du divin et de l'humain*, pp. 236–237.
[51] *Id.*, *Oput eschatologičeskoj metafiziki*, p. 59.
[52] *Ibid.*, p. 31.
[53] «Contrairement à ce que prétend Hegel, il ne saurait être question d'esprit objectif. Il n'existe qu'un esprit subjectif ou plutôt un esprit qui est au-delà du subjectif et de l'objectif» (*Id.*, *Dialectique existentielle du divin et de l'humain*, p. 162).
[54] *Id.*, *O naznačenii čeloveka*, p. 13.
[55] «Et ainsi l'autonomie de l'homme n'existe plus; l'homme est seulement l'organe

Cet impersonnalisme est particulièrement néfaste dans la doctrine hégélienne de l'état. Nous n'insisterons pas sur ce point, car Berdjaev n'ajoute rien de nouveau. Par contre, nous voudrions mentionner une critique originale. Le fondateur du personnalisme eschatologique a reconnu que Hegel est tragique parce qu'il s'appuie sur les contradictions vivantes. Mais c'est Hegel lui-même qui s'efforce de réconcilier les contradictions, éliminant ainsi le tragique que pouvait contenir sa philosophie. On a souvent prétendu que l'hégélianisme postulait la fin de l'histoire. C'est tout à fait inexact, remarque Berdjaev, car chez Hegel il n'y a pas de fin de l'histoire, mais un développement continu de l'histoire. La philosophie de l'histoire hégélienne est beaucoup plus proche de celle des Encyclopédistes qu'il n'y paraît au premier abord. En effet, c'est une vision optimiste puisque les contradictions sont beaucoup moins graves et tragiques qu'on ne le dit souvent. Sont-elles même des contradictions? On peut en douter, car si la conscience malheureuse vit effectivement la scission, elle n'est qu'une figure transitoire, un simple moment. Berdjaev eût aimé que Hegel déclarât que chaque conscience est toujours malheureuse. Il craint aussi que la dialectique hégélienne ne soit trop optimiste, car «la dialectique du Fini et de l'Infini est d'un bout à l'autre une dialectique de résolution, et non d'achèvement, d'accomplissement».[56] La synthèse a vite fait d'apaiser le conflit. Il voit surtout que cette dialectique peut se poursuivre sans fin puisqu'elle a joyeusement pris son parti de la finitude. Berdjaev récuse cette dialectique mondaine qui n'est en somme qu'une dialectique du mauvais infini:

«Mais Hegel n'admet pas une fin, et on ne trouve pas chez lui d'eschatologie proprement dite».[57]

Selon le personnaliste russe, la destinée humaine ne prend un caractère existentiel que dans la mesure où elle met l'homme face à son créateur dans la pensée de la mort. Or chez Hegel, la mort n'a aucune signification transcendante puisqu'elle n'est que la suppression de l'individu, une suppression dont le but unique est d'assurer la pérennité du Genre. C'est pourquoi l'histoire, selon Hegel, s'accomplit suivant un progrès indéfini. Celui-ci se traduit même par une intégration toujours plus grande de la personne à la réalité sociale et politique objective.

___

de l'esprit absolu, de la raison du monde, de la divinité; il n'est que le moyen, l'instrument, la voie de l'accomplissement de buts absolument pas humains» (*Ibid.*, p. 14).

[56] *Id., Dialectique existentielle de l'humain et du divin*, p. 237.
[57] *Ibid.*, p. 237.

Or, pense Berdjaev, cette insertion dans le monde ou objectivation est moins le signe d'une plus grande liberté que l'indice d'une perte de la liberté:

«Hegel avait tort de croire au développement progressif de l'esprit et de la spiritualité au cours de l'histoire... Atteindre à la spiritualité, c'est se libérer du pouvoir du milieu social et naturel, ce qui équivaut, pourrait-on dire, à l'irruption du nouménal dans les phénomènes».[58]

Puisque Hegel refuse le dualisme métaphysique du Nouménal et du Phénoménal, il devait éliminer tout *Sollen:* le grand homme, la plus haute manifestation de la liberté d'après Hegel, n'est jamais que le fils de son temps. Berdjaev récuse ce grand homme et met à sa place, au centre de l'histoire, l'homme libre, seul et incompris, qui agit en dehors de toute influence du temps et du milieu et qui brise ainsi le cercle fatal de l'objectivation en s'élançant à la recherche d'une existence véritable. Le fondateur du personnalisme eschatologique a cru découvrir dans le cheminement de la pensée hégélienne une évolution du pantragique vers le panlogisme. Il accepte donc le point de départ, la dialectique existentielle de la conscience malheureuse. Mais il croit que seul un dualisme de type kantien fondé sur l'antinomie du Noumène et du phénomène peut assurer la Liberté à la personne et la mettre à l'abri des dangers de l'objectivation.

§ 2. Le néohégélianisme de l'Ecole du Droit historique

Nous savons que certains Slavophiles, effrayés par la poussée du matérialisme, se demandaient si Hegel ne pourrait pas servir de rempart contre ce courant de pensée. Entre 1870 et 1900, à côté du matérialisme, se propagent en Russie deux autres doctrines: le positivisme et le marxisme. La réaction ne se fit pas attendre. Vers 1890, un groupe de penseurs cherche par un retour à Hegel à s'opposer à ces nouvelles tendances de plus en plus envahissantes. Ce fut le néohégélianisme russe. Le chef de file de la nouvelle Ecole est B. Čičerin. Traditionnellement, on lui adjoint Debol'skij et Pavel Bakounine, le frère du célèbre révolutionnaire. Debol'skij, professeur à l'académie de théologie, est le premier traducteur russe de la *Science de la Logique*. Il a aussi écrit un ouvrage sur la *Méthode dialectique* dans lequel il s'inspire un peu de Hegel.[59] La logique formelle refuse les contradictions, alors que la

---

[58] *Ibid.*, p. 162.
[59] N. G. Debol'skij, *O dialektičeskom metode.*

dialectique est une méthode qui permet d'intégrer et de dépasser la contradiction. Est-ce suffisant pour ranger cet auteur parmi les Hégéliens, comme l'affirme Tschiżewskij?[60] Nous ne le pensons pas, car non seulement Dobol'skij remplace la manifestation progressive de l'Absolu par une intuition mystique, ce qui pourrait à la rigueur permettre de le classer parmi les hégéliens de droite, mais il finit, comme Soloviev, par confondre la dialectique avec l'analyse et la synthèse de la logique traditionnelle.

P. Bakounine, qui avait subi l'endoctrinement de son frère Michel qu'il avait accompagné en Allemagne, continuera à se déclarer fidèle disciple de Hegel. Mais il faudrait le croire sur parole et n'avoir jamais ouvert un de ses livres pour faire de lui un Hégélien. A moins de dire qu'est Hégélien celui qui enseigne que la nature est soumise à la Raison universelle, que l'Absolu donne son sens au monde et que l'amour permet de découvrir la vérité de l'être.[61]

A notre avis, le seul représentant authentique du néohégélianisme russe est B. Čičerin. Cet hégélien a échappé à l'oubli, non à cause de ses réflexions sur la dialectique, mais parce qu'il fut le fondateur de l'Ecole du Droit historique russe. Il est vrai que dans ce domaine il paracheva le travail commencé par le grand historien S. Soloviev et par le sociologue semi-positiviste Kavelin. Le néohégélianisme russe ne mérite de survivre que dans la mesure où il a inspiré une nouvelle conception du droit.

Ces trois membres de l'Ecole du Droit historique étaient de tout jeunes gens en 1840, c'est-à-dire au moment de la grande période hégélienne. Čičerin a raconté dans ses *Souvenirs* l'impression que fit sur lui la découverte de Hegel. Dans ses *Mémoires*, S. Soloviev nous apprend qu'il n'a lu de Hegel que les *Leçons sur la Philosophie de l'histoire*. L'effet fut tel que le jeune homme déclare qu'il en devint protestant. Il reconnaîtra vite que les abstractions n'étaient pas son fort, car il était né historien. Aussi revient-il bien vite à la foi de son enfance.[62] Il avait quand même sérieusement étudié cet ouvrage de Hegel puisque Rubinstejn a retrouvé dans ses cahiers non publiés de larges extraits tirés du texte même de Hegel.[63] Enfin, Kavelin qui fréquentait les cercles occidentalistes s'était enthousiasmé pour Herder et

---

[60] D. Tschiżewskij, *Hegel bei den Slaven*, p. 347.
[61] L'ouvrage fondamental de P. Bakunin est *Osnovy very i znanija*.
[62] S. M. Solov'ev, *Moi zapiski dlja detej moich, a esli moźno i dlja drugich*, p. 60.
[63] N. L. Rubinstejn, *Russkaja istoriografija*, p. 315.

Hegel.[64] Hegel continuera à exercer sur l'historien et le sociologue devenus adultes une certaine influence. Čičerin est un personnage très contesté. Ayant, toute sa vie, lutté contre le marxisme, il se fera attaquer très durement par Lénine. Il ne faut donc pas s'étonner si les auteurs soviétiques le tiennent pour le plus conservateur de tous les hégéliens de ce temps: il aurait oublié les éléments positifs de la dialectique hégélienne et sa théorie du droit ne serait qu'une honteuse apologie du Tsar Alexandre III.[65] Par contre, Gurvitsch est heureux de reconnaître dans ce penseur un esprit ouvert et assez audacieux pour critiquer le gouvernement tsariste.[66] Il est vrai, en effet, que Čičerin est un libéral, adversaire aussi bien des révolutionnaires que des conservateurs. Il y a quelque injustice à le tenir pour un adulateur du régime si l'on sait que ce fils de la vieille noblesse dut attendre la mort de Nicolas Ier pour pouvoir soutenir sa thèse, qu'il perdra après cinq ans d'enseignement sa chaire de professeur de droit à Moscou et qu'il devra démissionner de sa charge de maire de Moscou pour avoir défendu, lors d'un banquet en présence d'Alexandre III, le principe de la monarchie constitutionnelle. L'«Hegel», c'était le surnom donné par ses étudiants, se sent pleinement en harmonie avec le système du philosophe allemand. Il lui emprunte son argumentation pour mener la lutte contre l'empirisme soit en psychologie, soit surtout en sociologie. Pas plus que Hegel, il ne croit que les sciences puissent contredire la véritable philosophie. Čičerin a même un fâcheux penchant pour le concordisme:

«Il est donc clair que l'expérience peut ne pas s'accorder avec la philosophie uniquement dans les détails; mais pour l'ensemble, elle coïncide sans aucun doute avec elle, car l'une et l'autre démarche expriment le développement des mêmes principes, c'est-à-dire des principes de la connaissance rationnelle».[67]

Čičerin sait gré à Hegel d'avoir été le premier philosophe à comprendre que la déduction des catégories de l'être dépend de la dialectique:

«On peut dire que sans dialectique il n'y a pas de philosophie. Celui qui rejette la dialectique ne comprend pas les principes premiers de la pensée

[64] D. A. Korsakov, K. D. Kavelin. Materialy dlja biografii, iz semejnoj perepiski i vospominanij, in *Vestnik Evropy*, 21, 5, 1886–23, 5, 1888.
[65] V. A. Malinin, Russkij neogegel'janec B. H. Čičerin, in *Filosofskie nauki*, 3, 1961, pp. 161–162; 168.
[66] G. Gurwitsch, Die zwei grössten russischen Rechtsphilosophen. Boris Tschitscherin und Wladimir Ssolowjew, in *Philosophie und Recht*, Heft 2, 1922, p. 86.
[67] B. Čičerin, *Istorija političeskich učenij*, t. IV, p. 608.

philosophique. Rien n'atteste mieux le déclin actuel de la philosophie que le dédain dans lequel on tient présentement la dialectique».[68]

Hégélien, Čičerin entreprend de remettre en honneur la pensée dialectique. Néohégélien, il veut apporter des retouches à la conception hégélienne. Après cette correction du maître par le disciple, la dialectique va sortir complètement transformée, plutôt mutilée que portée à un niveau supérieur. Certains penseurs russes, dont Herzen, contestaient qu'il fût possible d'unir la *Phénoménologie* à la *Logique*. Čičerin veut séparer la logique de la métaphysique, sapant d'un coup tout l'effort hégélien puisqu'il réintroduit ainsi, entre la pensée et l'être, une rupture que Hegel avait éliminée.

Il remplace la trichotomie hégélienne par un mouvement dialectique à quatre moments. Hegel qui n'aimait guère que l'on décomposât ainsi le processus dialectique, explique vers la fin de sa *Logique* que si l'on veut à tout prix compter, alors ce n'est pas trois, mais quatre termes qu'il faudrait reconnaître. Sans doute voulait-il dire par là que si l'activité de la Raison s'effectue selon le schéma thèse-anti-thèse-synthèse, l'entendement qui ne peut procéder que par affirmation et négation voit la démarche dialectique progresser selon le rythme de mouvements binaires: le terme positif, nié, devient le principe d'une nouvelle dyade. Le néohégélien ne semble pas avoir vu le véritable problème soulevé par Hegel. Aussi l'élaboration qu'il propose a-t-elle une toute autre signification. Selon Čičerin, l'activité de la pensée est essentiellement l'unification et la division. Ces deux opérations de l'esprit produisent soit la détermination de l'unité, soit celle de la pluralité. D'où la figure proposée pour aider les lecteurs peu aptes aux exercices abstraits:

Unité

Relation + Liaison

Multiplicité

C'est une sorte de tableau à quatre entrées. Si l'on regarde le couple «unité-multiplicité» à partir de l'unification, on obtient l'unité concrète de l'un et du multiple; part-on de la séparation, le produit obtenu est la relation de l'un et du multiple. On peut aussi se représenter le mouvement dialectique d'une autre façon: unité originelle; séparation des opposés: l'universel abstrait et le singulier abstrait; unité finale.[69] Čičerin se croit alors en possession d'une de ces formules a priori

---

[68] *Ibid.*, p. 575.
[69] B. Tschitscherin, *Philosophische Forschungen*, pp. 280–285.

aptes à tout intégrer:

«Comme nous l'avons déjà fait remarquer, cette formule ne contient rien d'autre que les activités logiques les plus élémentaires propres à la Raison, à savoir l'unification et la division. C'est pourquoi elles sont entièrement a priori et pour cette raison applicables à toute recherche conduite par la raison».[70]

Face à ce passe-partout universel, on s'étonne de l'aplomb de Tschižewskij qui écrit que «Čičerin reste toujours sur le sol de la dialectique hégélienne».[71] Mais on ne peut qu'approuver ceux qui flétrissent une telle lecture réductrice de la philosophie hégélienne. Korkunov a tout de suite perçu qu'un tel schéma ne laisse aucune place à la négation dialectique.[72] Pour Čičerin, en effet, un terme ne nie pas l'autre, mais lui est juxtaposé. La dialectique qui, chez Hegel, était douée d'un véritable dynamisme propre à assurer des transformations réciproques, devient chez le néohégélien le principe d'une simple alternance: un moment succède à un autre moment. Ainsi les opposés tombent dans la plus plate «indifférence» et sont inaptes à s'entraîner mutuellement comme dans la dialectique hégélienne. Il n'est pas étonnant que Čičerin ait eu une telle défiance pour le troisième moment, la synthèse. Il croyait y voir la disparition des moments antérieurs. Emporté par son élan révolutionnaire, Bakounine n'avait retenu de la dialectique hégélienne que la catégorie de négation. Čičerin est bien le seul à réussir ce tour de force: exposer la dialectique sans mentionner la catégorie de négativité. Un philosophe soviétique contemporain s'indigne de la myopie de Čičerin qui le rend incapable de percevoir, après Herzen, que «la dialectique est l'algèbre de la révolution». C'était beaucoup demander à quelqu'un qui n'a même pas su découvrir que la réconciliation hégélienne présuppose nécessairement la patience, la douleur et le travail du négatif.

Les corrections que Čičerin a fait subir à la dialectique vont infléchir sa lecture des *Principes de la philosophie du Droit*. En parfait accord avec Hegel, il voit dans l'histoire la révélation et l'accomplissement de la Raison dans le monde:

«L'histoire est l'expérience du genre humain par laquelle la Raison parvient à la conscience de soi».[73]

[70] *Ibid.*, p. 285.
[71] D. Tschižewskij, *Hegel bei den Slaven*, p. 305, note 11.
[72] N. M. Korkunov, *Istorija filosofii prava*, p. 244.
[73] B. Čičerin, *Istorija političeskich učenij*, t. I, p. 3. «La doctrine de Hegel m'a

Cette prise de conscience historique s'effectue d'une façon progressive et presque linéaire. Hegel était plus attentif au caractère tragique, donc discontinu de l'histoire que son disciple russe qui adopte le même point de vue que l'historien Soloviev. L'un et l'autre, d'ailleurs, ont hérité de Granovskij ce sens de la continuité dans l'histoire.[74] Soloviev, au début de son *Histoire de la Russie*, commence par poser le principe de l'unité de tout le processus historique. Il aime éclairer le devenir des civilisations en le comparant à celui d'un organisme humain:

«Les peuples vivent, se développent suivant des lois connues; ils traversent des âges connus, comme les individus particuliers, comme tout ce qui vit et tout ce qui est organique».[75]

Čičerin se contente de reprendre et de diffuser ce thème d'une continuité organique. En somme, les membres de l'Ecole du Droit historique adoptent une position moyenne entre celle des Slavophiles, partisans d'une fixité absolue, et celle des Hégéliens de gauche qui défendaient un changement à caractère révolutionnaire. Ni immobilisme ni rupture, mais lente évolution, voilà leur idéal.

Plus proche de Hegel ou plus éloigné de lui selon la conception que l'on se fait soi-même de l'importance du facteur géographique dans la synthèse historique de Hegel, Soloviev insistait davantage sur l'écologie que ne le fit Čičerin. Mais tous les deux s'accordent avec Hegel sur le rôle des grands hommes:

«Il est le fils de son temps et il ne peut pas sentir et comprendre autre chose que ce que le peuple lui-même sent et comprend».[76]

Soloviev aurait même plutôt tendance à diminuer l'influence des personnages historiques qu'il tient pour les vicaires des forces populaires:

«Le grand homme fait son travail, mais la valeur, le succès du travail dépend du capital populaire, de ce que le peuple a amassé dans sa vie et ses œuvres antérieures».[77]

Cette position n'est d'ailleurs qu'une application de la doctrine générale qui veut qu'il n'y ait aucune rupture, aucun saut brusque dans le développement historique.

convaincu de la justesse de la loi historique selon laquelle l'Esprit partant de l'unité fait retour à l'unité en passant par la division et la scission» (*Id.*, *Vospominanija*, t. I, p. 88).
[74] Cf. *supra* p. 30.
[75] S. M. Solov'ev, *Publičnye čtenija o Petre Velikom*, p. 2.
[76] *Ibid.*, p. 4.
[77] S. M. Solov'ev, in *Sobranie sočinenij*, p. 274.

Sur un point essentiel les membres de l'Ecole du Droit historique se séparent de Hegel. Les *Leçons de la Philosophie de l'histoire* proposent la célèbre théorie du peuple élu, incarnation de l'Esprit du monde. Nous avons vu que le messianisme latent, aussi bien chez les Occidentalistes que chez les Slavophiles, avait vite fait de s'emparer de cette idée de Hegel pour conclure que la Russie serait ce peuple élu. Ni Soloviev ni Čičerin n'entonnent la même antienne: l'idée d'un peuple élu leur est complètement étrangère. S'ils critiquent la prétention hégélienne de voir en Allemagne la plus haute incarnation de l'Absolu sur terre, ils ne croient pas qu'aucun autre peuple puisse légitimement formuler pour lui une telle prétention. Čičerin opterait plutôt pour un certain pluralisme de la culture puisque chaque nation suit sa propre voie. Ce qu'il souhaite se rapprocherait de la conception kantienne d'une communauté des peuples:

«Dans l'époque nouvelle, pas un seul peuple ne se présente comme allant dominer pendant une période donnée; tous sont les membres d'une communauté universelle».[78]

Ce n'est peut-être plus l'idéal universaliste du XVIIIe siècle; ce n'est cependant pas le nationalisme étroit des Slavophiles ou le messianisme des Révolutionnaires. C'est en tout cas une attitude assez nouvelle en Russie, et qu'il fallait souligner.

La philosophie politique de Čičerin est moins dépendante de celle de Hegel que ne l'était sa philosophie de l'histoire. Certes, il commence par se déclarer substantiellement d'accord avec le penseur allemand:

«Le développement de ces principes [hégéliens] constitue l'une de ces idées fécondes dans la philosophie du droit et demeure l'immortel mérite de Hegel... On peut dire que les lois essentielles de la théorie élaborée par Hegel sont entièrement valables».[79]

Le Néohégélien russe a su découvrir l'originalité de la doctrine de Hegel. Le Droit n'est ni un droit naturel abstrait et intemporel, ni un droit positif sans fondement spéculatif, mais la manifestation progressive de l'Idée absolue dans la vie d'une cité.[80] Hegel n'est donc pas un utopiste qui élabore dans son cerveau – Čičerin vise les marxistes – un modèle de société pour une société modèle. Sur tous ces points, la concordance est parfaite entre le philosophe allemand et son disciple russe.

Dès que l'on redescend des principes généraux et que l'on aborde les

[78] B. Čičerin, *Istorija političeskich učenij*, t. IV, p. 604.
[79] *Ibid.*, p. 596.
[80] *Ibid.*, p. 596.

thèmes particuliers, on s'aperçoit que Čičerin adopte une position souvent très différente de celle de Hegel. Comme beaucoup de Russes à cette époque, il a un sens très aigu de la valeur de la personne. On a vu Belinskij, Herzen et Soloviev se révolter contre la théorie hégélienne de l'état. Čičerin va-t-il suivre la même ligne? Nullement. Il s'efforce, au contraire, de donner un sens acceptable aux textes controversés de Hegel, ce qui le conduit à réfuter l'interprétation de Haym qui avait cru que l'adage hégélien sur la convertibilité du réel et du rationnel conduisait à une position ultra-conservatrice:

«Il [Hegel] dit justement que sous le nom de réalité il n'entend nullement ce qu'il y a d'accidentel et d'arbitraire dans les phénomènes. Par réalité, il désigne seulement les principes fondamentaux de la vie qui découlent des profondeurs de l'Esprit universel».[81]

Accuser Hegel de factolâtrie, c'est oublier que sa philosophie est une philosophie du devenir, qu'elle implique le changement et la transformation de ce qui est. Le libéral Čičerin va même assez loin:

«La négation de l'ordre établi, si elle est conforme aux exigences de la raison, est elle-même une manifestation de la dialectique inhérente à l'esprit».[82]

Les Slavophiles avaient violemment attaqué le rationalisme hégélien parce qu'il conduisait au nécessitarisme historique. Sur ce point encore, le Néohégélien entreprend de défendre son maître. On nous répète que si l'homme doit agir en se conformant à la Raison absolue, il perd toute initiative et sa liberté devient illusoire. Quelle différence, lance Čičerin à l'adresse des Slavophiles, peut-il y avoir entre obéir à l'Esprit d'un peuple et obéir à la Providence? D'ailleurs, on aurait tort de croire que l'idéal de la liberté, ce serait la liberté d'indifférence. Faire ce qui plaît n'est qu'une vue de l'esprit, puisque l'individu ne peut pas plus s'affranchir des lois de son temps que des lois naturelles. Comment, enfin, ne pas reconnaître que l'être raisonnable ne peut avoir de but plus élevé que de se savoir l'instrument des fins universelles.[83] La liberté est donc actualisée par l'insertion dans la vie d'un peuple. Čičerin, sous l'influence de Hegel, sait que l'état est le principe de la réalité effective:

«Toute vie, toute réalité sociale procèdent de l'état, et tout le long cours de l'histoire doit être conçu comme le développement de cette réalité».[84]

[81] *Ibid.*, p. 603.
[82] *Ibid.*, p. 603.
[83] *Ibid.*, pp. 602–603.
[84] B. Čičerin, *Oblastnyja učreždenija v Rossii v XVIIm veke*, p. 339.

Dans cette deuxième moitié du XIXe siècle où il n'était question que de suppression de l'état, où presque tous prétendaient fonder la liberté sur sa disparition immédiate, où tous tenaient l'autorité de l'état pour le mal suprême, la position de Čičerin a quelque chose d'insolite. Ce croyant convaincu affirme même que la plus haute organisation et le lien le plus puissant et le plus décisif, ce n'est ni l'Eglise avec ses Idéaux célestes et ses tendances théocratiques, ni la société civile divisée en groupes d'intérêts rivaux, mais bien l'Etat.[85] Čičerin semble donc fort proche de Hegel.

Nous savons aussi que le théoricien russe tient la personne pour une sorte d'absolu. On sait que Čičerin «corrige» Hegel. En philosophie du droit, cette correction porte essentiellement sur la signification morale et politique de la personne. Comme il affectionne le schéma à quatre temps, il ajoute aux trois moments hégéliens – le droit abstrait, la moralité et l'éthique – celui de la personne. Il ne faudrait pas y voir une simple modification de peu d'importance. C'est bien en un sens une transformation radicale de la perspective de Hegel. En plaçant au principe de la philosophie politique l'individu libre, Čičerin sait qu'il se sépare de son maître:

«On peut dire que la doctrine sur la morale est l'aspect le plus faible de la philosophie du droit de Hegel».[86]

La raison de cette faiblesse, c'est que le philosophe allemand n'a pas vu que la liberté individuelle est le principe et la source de la moralité. Dans sa *Philosophie du droit*, Čičerin réaffirme que la société n'existe pas, que seules les personnes existent et qu'ainsi l'individualisme est le principe fondamental de toute société humaine.[87] Même s'il ajoute un peu plus loin que Hegel a parfaitement compris la haute significa-tion spirituelle de la personne, il est évident que sa position n'est plus celle de Hegel. Au fond, et Gurvitsch n'a pas manqué de le souligner, Čičerin s'efforce de rectifier Hegel en se référant à Kant.[88] Parce qu'il prétend, un peu à la manière kantienne, déduire le concept de droit de

---

85 Cf. E. Spektorskij, Die Staatsphilosophie B. N. Tschitscherins, in *Festschrift N. O. Losskij zum 60. Geburtstage*, p. 126.

86 B. Čičerin, *Istorija političeskich učenij*, t. IV, p. 597.

87 *Id.*, *Filosofija prava*, p. 226.

88 G. Gurwitsch, Die zwei grössten russischen Rechtsphilosophen. Boris Tschitscherin und Wladimir Ssolowjow, in *Philosophie und Recht*, Heft 2, 1922, p. 84. «Čičerin löste diese Antinomie [zwischen Recht und Freiheit], die nichts anderes als das Problem der Willensfreiheit bedeutet, unter Berufung auf Hegel, in einer Weise, die ebensosehr Kants Pflichtbegriff bestimmte, da Kant nicht zufällig der einzige Philosoph war, den Čičerin neben Hegel anerkannte» (K. D. Grothusen, *Die historische Rechtsschule Russ-lands*, p. 131).

l'idée de droit, Čičerin finit par retomber dans les antinomies du moralisme: opposition entre la moralité externe fondée sur l'état et la moralité interne dépendant de la conscience; antithèse entre légalité et moralité. Comme dans les conceptions individualistes, l'idéal de la moralité devient un «Jenseits»: le *Sollen*, exclu de l'hégélianisme, est réintroduit dans la vie morale.

Dans sa vision morale et politique, Čičerin croit intégrer le kantisme et l'hégélianisme. En réalité, ces deux philosophies sont simplement juxtaposées. Il n'est pas étonnant que les historiens aient vu dans le fondateur de l'Ecole du droit historique tantôt un disciple de Hegel faisant reposer le monde moral et juridique sur une conception autocratique de l'état, tantôt un disciple de Kant recherchant dans l'autonomie de la raison la source de la moralité et du droit. Malinin pense que Čičerin se contente de transposer l'idéal hégélien de l'Etat prussien dans l'idéal pravoslave.[89] Ce grief n'est pas fondé puisque notre auteur est partisan d'une monarchie constitutionnelle. L'aboutissement politique de ses théories sera la réforme de 1905. Son héritier spirituel est Miljukov; les membres du Parti des Cadets s'efforceront, eux aussi, de faire passer dans la réalité sa doctrine politique. La conviction profonde de Čičerin, reçue de Hegel, est que la monarchie est la source du pouvoir, l'aristocratie, celle de la loi et la démocratie, celle de la liberté.[90] Il voudrait une forme de gouvernement qui ne soit ni la Monarchie parce que l'état serait au-dessus de la personne et du peuple, ni l'Anarchie, car alors la personne s'élèverait au-dessus du peuple et de l'état, ni le Socialisme puisque ce serait mettre le peuple au-dessus de la personne et de l'état. La synthèse de ces attitudes politiques unilatérales, Čičerin a cru la découvrir dans la monarchie constitutionnelle telle que Hegel l'a décrite. Cette forme de gouvernement lui semble tout à fait conforme à l'histoire de la civilisation politique en cette deuxième moitié du XIXe siècle:

«Dans le domaine politique, son idéal [Hegel] ne fut pas l'organisation socialiste de la société, mais la monarchie constitutionnelle, c'est-à-dire cette forme de gouvernement qui était la richesse suprême de tout le développement antérieur de la vie européenne et qui fut reconnue comme telle par les meilleurs esprits de ce temps».[91]

---

[89] V. A. Malinin, Russkij neogegel'janec B. N. Čičerin, in *Filosofskie nauki*, 3, 1961, p. 162.
[90] B. Čičerin, *Istorija političeskich učenij*, t, IV, p. 602.
[91] *Ibid.*, p. 601.

M. E. Weil a montré que la philosophie politique de Hegel n'était pas tellement éloignée de ce que réalisèrent les démocraties occidentales à la fin du XIXe et au début du XXe siècle. Il semble que Čičerin avait retiré de sa fréquentation de Hegel une opinion fort voisine. Il désirait ardemment que la Russie tsariste s'engageât résolument dans cette voie. Comme le libéral Hegel, il est lui aussi partisan du libéralisme économique; il réclame lui aussi la séparation de l'église et de l'état; plus que Hegel, peut-être, il se défie des masses populaires, allant même jusqu'à dire – ce qui n'est pas tellement hégélien – que l'idée d'égalité est une utopie nuisible et contraire au mouvement de l'histoire.

Čičerin eut peu de disciples en Russie. La vieille taupe se frayait dans ce pays un chemin qu'il avait peut-être prévu, mais qu'il ne pouvait admettre, parce qu'il pensait que la révolution est toujours un mal. Ne vient-elle pas briser le développement organique de l'histoire? A la même époque Pléchanov et bientôt Lénine se croiront plus fidèles à Hegel lorsqu'ils iront chercher dans la *Science de la Logique* des fondements philosophiques pour une théorie révolutionnaire. La négativité, trop sous-estimée par Čičerin et ses collègues de l'Ecole du Droit historique, va repasser au premier plan et inspirer une nouvelle lecture de l'Hégélianisme.

CHAPITRE VII

LES AMIS MATÉRIALISTES DE LA DIALECTIQUE
HÉGÉLIENNE

La pensée de Marx avait pénétré très tôt en Russie. Pourtant, ce n'est qu'aux environs de 1880 qu'un groupe d'émigrés – Pléchanov, P. Axelrod, V. Zasulič, L. Dejč – fonde à Genève la première organisation marxiste, «La libération du travail». Pléchanov, le théoricien le plus connu de cette équipe, doit entreprendre une lutte idéologique contre les Populistes russes et contre les Sociaux-démocrates allemands. Il est impossible de comprendre la position de Pléchanov, et celle de Lénine dans les premières années de son activité, si l'on ignore l'enjeu du débat. Au plan proprement philosophique, se pose à cette époque avec acuité la question des rapports entre le marxisme et l'hégélianisme. On retrouve ainsi en Russie vers 1890 un écho des discussions qui s'étaient élevées en Allemagne entre Dühring et Engels sur la signification de la dialectique.

Du côté populiste, c'est un disciple de Lavrov, Michajlovskij, qui tient le haut de la scène. Ce publiciste accentue encore plus que ne le faisait son maître le rôle et l'importance du héros qui devient un hypnotiseur propre à électriser les foules. Il suffit de parcourir son article, *La lutte pour l'individualité*, pour s'apercevoir que Michajlovskij n'a qu'une idée en tête: affranchir la personne des pressions de la société. Cette conviction de base le conduit à contester la théorie marxiste d'un devenir historique fondé sur le développement nécessaire des conditions économiques. Ainsi que le remarque Billington, c'est l'opposition entre le matérialisme dialectique et l'idéalisme moral.[1] De plus, Michajlovskij rejette la thèse de la lutte des classes et pense même qu'il n'y a pas de prolétariat digne de ce nom en Russie. Le populiste a enfin

---

[1] «In Russia, a selsewhere on the Continent, the struggle among socialists in the nineties was between German and French, objective and subjective, 'scientific' and 'utopian' dialectical materialist and moral idealist» (J. H. Billington, *Mikhailovsky and Russian Populism*, p. 171).

une ultime raison de s'opposer au marxisme. Cette doctrine, qui prétend se fonder sur l'analyse des faits économiques, dépend beaucoup plus profondément qu'elle ne le croit de la philosophie de Hegel.[2] Or s'il est une doctrine que Michajlovskij repousse avec la dernière vigueur, c'est bien l'hégélianisme:

«Il n'y a pas de système philosophique qui ait traité la personne avec autant de mépris destructeur et autant de froide dureté que le système de Hegel».[3]

Non seulement ce système élimine la personne, mais il prétend même rendre compte du devenir historique par la loi du processus triadique. Michajlovskij a cru lire chez Engels que la dialectique est la véritable cause du développement de la nature et de l'histoire:

«Il [Engels] répondrait que la phase ultérieure de l'histoire accomplit tout grâce au schéma triadique du développement des contradictions et de la négation de la négation puisque le processus dialectique est invincible-et-indiscutable».[4]

Le populiste ne nie pas que Marx se distingue de Hegel. Mais s'il n'ignore pas que le *Capital* est une critique de l'économie bourgeoise, il veut faire entendre que le contenu concret a été en quelque sorte déversé dans le moulin dialectique, et que par conséquent les analyses économiques reçoivent toute leur force de la méthode dialectique qui joue ainsi le rôle de preuve.

On le voit, Michajlovskij, pour être moins explicite que les Sociaux-démocrates allemands, n'est pas tellement éloigné d'eux. Vers la même époque, Kautsky se déchaînait contre la pensée dialectique: celui qui l'utilise au plan de l'histoire court le risque de substituer à l'analyse des faits concrets une méthode abstraite et vide.[5] A la rigueur, il serait disposé à admettre la théorie évolutionniste de Darwin, voire son sous-produit philosophique, le *Realmonismus* de Haeckel. Très proche du positivisme, Kautsky préfère même se passer de toute philosophie.

---

[2] «Les fondateurs du matérialisme économique sont des hégéliens, et si, en tant que tels, ils répètent avec une pareille insistance 'non pas à partir de la philosophie','non pas à partir de la conscience', cela tient à ce qu'ils sont incapables de s'arracher à l'étreinte de la pensée hégélienne, et qu'ils ne l'essaient même pas' (N. K. Michajlovskij, O. G. P. Struve i ego 'kritičeskich zametkach po voprosu ob ekonomičeskom razvitii Rossii'», in *Polnoe sobranie sočinenij*, t. VII, p. 894.

[3] *Ibid.*, p. 898.

[4] *Id.*, Gegelizm i gal'vanizm. O dialektičeskom razvitii i trojstvennych formulach progressa, in *Polnoe.*, t. VII, p. 774. Dans cet article curieux, Michjalovskij tente de prouver que Hegel aurait eu l'intuition de sa méthode dialectique en réfléchissant sur la théorie de la polarité, mise à la mode par le galvanisme et le magnétisme (*ibid.*, p. 763).

[5] K. Kautsky, *Die materialistische Geschichtsauffassung*, t. I, pp. 133–137.

258   LA POUSSÉE RÉVOLUTIONNAIRE

Marx n'a-t-il pas déclaré avec suffisamment de clarté que le socialisme scientifique annonce la fin de la philosophie? La conclusion politique de telles prémisses philosophiques est connue: c'est la doctrine du spontanéisme. Kautsky pense, en effet, que le Capitalisme finira par disparaître de lui-même.

Bernstein est encore plus sévère. Admettre la dialectique revient à tout dissoudre dans la mobilité universelle; la pensée perd alors toute assise:

«Cette ambiguïté, si peu conforme au caractère d'Engels, plongeait en fin de compte sa racine dans la dialectique empruntée à Hegel. Le 'oui, c'est non, et non, c'est oui' au lieu du 'oui, c'est oui, et non, c'est non', la fusion des contraires et la transformation de la quantité en qualité, toutes ces gentilles-ses dialectiques ont toujours constitué un obstacle pour rendre compte pleinement de la portée des changements reconnus».[6]

La méthode dialectique est maîtresse d'erreurs et d'illusions. S'appuie-t-on sur elle, on se perd dans le marais des constructions arbitraires. Il suffit de lire Marx pour s'en persuader. Le *Capital* est un ouvrage utopique parce que l'auteur, en utilisant la méthode dialectique, se dispense de s'appuyer sur les faits et se donne par avance le résultat auquel il veut aboutir.[7] Autant dire qu'on doit considérer les éléments dialectiques introduits dans le marxisme comme des résidus idéalistes qui le corrompent:

«Ce que Marx et Engels ont accompli de grand, ils le firent non en vertu de la dialectique hégélienne, mais malgré elle».[8]

Le Social-démocrate à qui la pensée dialectique donne le vertige préfère donc éliminer la notion de contradiction. D'ailleurs, la force motrice de l'histoire, ce n'est pas comme le répètent les marxistes-hégéliens, la lutte et l'opposition, mais l'action commune et le concours de toutes les forces vivantes de la société. Bernstein adopte lui aussi la thèse de l'évolution naturelle vers le socialisme.[9] Tient-on absolument à rac-crocher le socialisme à un système philosophique, alors ce n'est pas vers Hegel qu'il faut se tourner, mais vers Kant. Sociaux-démocrates allemands et Populistes russes sont plus tentés par l'idéalisme moral

---

[6] E. Bernstein, *Die Voraussetzungen des Sozialismus und die Aufgaben des Sozialismus*, p. 25.
[7] *Ibid.*, p. 177, Cf. E. Bernstein, *Zur Theorie und Geschichte des Sozialismus*, pp. 79 sq.
[8] *Id.*, *Die Voraussetzungen des Sozialismus und die Aufgaben des Sozialismus*, p. 36.
[9] Sur le rapport de la Social-démocratie et de l'Hégélianisme, on pourra consulter I. Fetscher, *Das Verhältnis des Marxismus zu Hegel*, in *Marxismusstudien*, t. III, (6), 1960, pp. 87–95.

qui permet de justifier le rôle de la «personne critique pensante» que par le réalisme dialectique qui fait passer le social avant l'individuel.

§ 1. La «réhabilitation» de l'Hégélianisme par Pléchanov

Pléchanov qui avait été populiste savait avec quel mépris Sociaux-démocrates et Populistes s'opposaient à Hegel. Dès qu'il se convertit au marxisme, en 1883, il entreprend de réagir contre cette tendance. Sous le pseudonyme de Beltov, il met sa plume prolifique au service de Marx et d'Engels, si bien qu'il est tout à fait exact de le considérer comme le véritable fondateur du marxisme russe. Presque à la fin de sa vie, donc après sa brouille avec Pléchanov, Lénine continuera toujours à rendre hommage à son ancien compagnon de lutte:

«Il me paraît opportun de faire remarquer aux jeunes membres du parti qu'on ne *peut* devenir un communiste conscient, *authentique* sans étudier – réellement *étudier* – tout ce que Pléchanov a écrit sur la philosophie, car c'est ce qu'il y a de meilleur dans toute la littérature internationale du marxisme».[10]

Si Pléchanov a beaucoup écrit sur le marxisme, il n'a traité explicitement de la philosophie hégélienne que dans un court article à l'occasion du cinquantième anniversaire de la mort de Hegel. On trouve certes dans ses ouvrages théoriques sur le marxisme, ou dans les diverses polémiques qu'il poursuit contre les révisionnistes de tous bords, des aperçus non négligeables sur l'hégélianisme. Cependant, ces fragments ne remplacent pas un exposé cohérent. Pléchanov ne prétend pas à l'originalité: il diffuse en Russie, en les vulgarisant quelque peu, les thèses de Marx et d'Engels, ses vrais maîtres. L'influence de Feuerbach est aussi très sensible, et Lénine ne manquera pas de le souligner et même de le lui reprocher. Enfin, Pléchanov emprunte beaucoup à Herzen.

Pour comprendre le jugement de Pléchanov sur la philosophie de Hegel, il convient d'avoir présent à l'esprit que cet auteur vise avant tout à défendre le marxisme. Face à ceux qui croient identifier la méthode dialectique de Hegel à la théorie du *Capital*, il doit montrer que la pensée de Marx est radicalement différente de celle du philosophe idéaliste. Face à ceux qui veulent que le marxisme rejette l'hégélianisme, il va plaider en faveur de la méthode dialectique hégé-

10 V. I. Lenin, Ešče raz o profsojuzach, o tekuščem momente i ob ošibkach T. T. Trockogo i Bucharina, in *Polnoe.*, t. XLII, p. 290.

lienne. Mais puisque le camp de ceux qui contestent Hegel est le plus puissant, Pléchanov est tout naturellement conduit à réhabiliter la philosophie hégélienne. Aussi n'est-il pas étonnant que certains philosophes soviétiques, surtout pendant la période stalinienne, n'aient trouvé qu'il se montre trop peu critique vis-à-vis de l'hégélianisme.[11] Il est certain que Pléchanov a une grande admiration pour la philosophie hégélienne. Il sait, sans doute, que cette philosophie comme système global a fait son temps. Il n'en pense pas moins qu'il est impossible de faire l'économie d'une profonde réflexion sur l'hégélianisme:

«Le réveil de l'intérêt pour la philosophie de Hegel aura d'ailleurs un second avantage: il invitera les esprits impartiaux à connaître les œuvres du philosophe – travail peu facile à la vérité, mais d'une très grande utilité. Qui veut vraiment apprendre, peut apprendre beaucoup de Hegel».[12]

C'est en effet l'étude de Hegel qui le convainc que cette philosophie est infiniment plus valable que le matérialisme du XVIIIe siècle. Il fallait un certain courage et une belle lucidité, à l'époque, pour écrire:

«Il faut avouer qu'elle [la philosophie spéculative] présentait une grande supériorité sur le matérialisme: elle étudiait les choses dans leur *devenir*, dans leur *genèse* et leur *destruction*. Et considérer les choses sous cet angle, c'était renoncer à la manière de voir si caractéristique des Philosophes, celle qui consistait à éliminer le mouvement de la vie à l'intérieur des phénomènes pour les transformer en objets pétrifiés dont la nature et les rapports deviennent incompréhensibles. Hegel, qui fut le Titan de l'idéalisme au XIXe siècle, l'a combattue sans relâche».[13]

Si le marxisme voulait rompre avec l'hégélianisme, au lieu de se purifier des scories idéalistes – comme le croient les Sociaux-démocrates – il se détruirait lui-même, puisque l'hégélianisme est partie intégrante du socialisme de Marx et d'Engels:

«Mais si Marx a porté un coup mortel à l'utopisme, il le doit précisément à cette méthode qu'il a empruntée à Hegel...».[14]

---

[11] «Pléchanov a correctement souligné et aussi prouvé que la dialectique de Hegel représentait un progrès par rapport à la métaphysique; mais en même temps il n'a pas eu une attitude suffisamment critique face à la philosophie de Hegel» (V. A. Fomina, *Filosofskie vzgljady G. V. Plechanova*, p. 145).

[12] G. V. Pléchanov, Pour le soixantième anniversaire de la mort de Hegel, in *Les questions fondamentales du marxisme*, p. 108.

[13] *Id., Essais sur l'histoire du matérialisme*, in *Œuvres philosophiques*, t. II, p. 112. Une vingtaine d'années plus tard, Lénine se souviendra de cette réflexion de Pléchanov; *cf. infra*, pp. 301 sq.

[14] G. V. Plechanov, Grom ne iz tuči, in *Literaturnoe nasledie Plechanova*, t. V, p. 183.

Le marxisme n'est devenu le socialisme scientifique que pour avoir fait sien la méthode dialectique de Hegel.[15] Il était difficile d'aller plus loin sans risquer de se faire taxer d'«hégélolâtrie». On voit, en tout cas, que Pléchanov ne s'en laisse pas imposer par les objections de Michajlovskij ou de Bernstein.

Ce Titan de l'idéalisme ou ce géant aux vues géniales ne peut être accepté sans examen critique. Nous l'avions dit, Pléchanov ne prétend pas à l'originalité. Il reprend la distinction de Engels entre système et méthode que Černyčevskij venait quelques années auparavant de faire connaître à la pensée russe. La méthode dialectique est révolutionnaire alors que le système est idéaliste, donc conservateur. Ce point est si connu qu'il n'est guère besoin d'y insister.[16] Par contre, il est assez intéressant de constater que Pléchanov est convaincu que le dynamisme dû à la méthode dialectique l'emporte sur le conservatisme du système. Il fut un temps où les philosophes réactionnaires s'appuyaient sur Hegel pour justifier leurs idées. Mais une compréhension plus profonde de l'hégélianisme a permis de découvrir que cette doctrine est éminemment révolutionnaire. Ceux qui font de l'hégélianisme, l'«Algèbre de la stagnation» se trompent; c'est Herzen qui a raison en déclarant que la méthode dialectique est l'«Algèbre de la révolution». En s'appuyant sur un historien de la philosophie de l'époque, Pléchanov rejoint curieusement les Slavophiles qui disaient que la philosophie hégélienne devait produire naturellement le matérialisme dialectique. Marx est l'héritier légitime de Hegel: l'hégélianisme de gauche ne «gauchit» pas l'hégélianisme, il le redresse.[17]

Dans les *Cahiers philosophiques*, Lénine constate que Pléchanov, bien qu'il ait écrit plus de mille pages sur la philosophie, ne s'est pas mesuré à la *Logique* de Hegel, c'est-à-dire à la dialectique. Il remarque

---

[15] «Chaque fondateur d'école *pensait l'avoir trouvé* [le meilleur système]; et c'est pourquoi il proposait *son utopie* à lui. Marx introduisit dans le socialisme la méthode dialectique et en fit par là-même une *science*, portant ainsi un coup mortel à l'utopisme» (G. V. Pléchanov, Dialectique et logique, in *Les questions fondamentales du marxisme*, p. 146. [Ce texte est, en réalité, un extrait de la Préface de Pléchanov à sa traduction du *Ludwig Feuerbach et la fin de la philosophie classique allemande* de F. Engels].

[16] «D'une part, il n'y a ni ne peut y avoir rien d'éternel, d'immuable... D'autre part, Hegel pensait que son système est le degré ultime, final à quoi l'esprit est parvenu dans son effort vers la prise de conscience de soi» (G. V. Plechanov, Ferdiand Lassal', ego žizn' i dejatel'nost', in *Literaturnoe nasledie Plechanova*, t. I, p. 29).

[17] «Robert Flint a complètement raison lorsqu'il fait à propos de Hegel l'observation suivante; 'It is in fact the case that Hegelianism, although the most elaborate of all idealistic systems presents only the feeblest of barriers even to materialism' (*Ibid.*, p. 30). Par contre, Pléchanov s'attaque à Lange qui s'est révélé incapable, dans son *Histoire du matérialisme*, de comprendre ce passage logique de l'idéalisme dans le matérialisme (*Ibid.*, p. 30)».

en outre dans le même ouvrage que le penseur menchévique n'a pas vu que la thèse de l'unité et de la lutte des contraires constitue le noyau central de la théorie dialectique. Il est vrai que Pléchanov a cru devoir insister sur un autre aspect de la dialectique. Cependant il a lu la *Logique*, qu'il cite souvent, et il y a tout de même découvert que la méthode dialectique reposait fondamentalement sur la contradiction. Il prend même bien soin de préciser que la contradiction dont il est question ne se limite pas aux concepts, mais concerne surtout le réel naturel ou historique:

«D'après Hegel, la pensée progresse grâce à la découverte et à la solution des *contradictions* contenues dans les *concepts*. Conformément à notre doctrine *matérialiste*, les contradictions contenues dans les concepts ne sont que le reflet, la *traduction dans le langage de la pensée* des contradictions qui résident dans les *phénomènes*, par suite de la nature contradictoire de la base qui leur est commune, à savoir le *mouvement*».[18]

A la suite d'Engels, il redit que sans une logique dialectique il est impossible de comprendre le mouvement, puisque le mouvement inclut en soi la contradiction. Il sait parfaitement que, s'il y a du devenir dans le monde, c'est parce que tout est soumis à la contradiction.[19] L'accusation de Lénine semble donc excessive.[20]

Elle est d'autant moins fondée que Pléchanov a parfaitement mis en relief le fait que la raison dialectique exclut l'alternative du ou bien ou bien en laquelle prétend s'enfermer l'entendement métaphysique. Dire que le réel est contradictoire et développer ce thème, comme le demande Lénine, ou dire que le réel n'est ni ceci ni cela, comme le fait Pléchanov, c'est finalement affirmer la même vérité en la considérant sous deux aspects complémentaires. Si Pléchanov adopte le deuxième point de vue, c'est qu'il y est contraint pour s'opposer à Bernstein, défenseur attardé des prérogatives de l'entendement abstrait. Certes Pléchanov ne connaîtra pas l'ivresse d'une raison qui

[18] G. V. Pléchanov, Dialectique et logique, in *Les questions fondamentales du marxisme*, p. 143. G. V. Plechanov, Dve redakcii stat'i «Cant protiv Kanta» (vtoraja redakcija), in *Literaturnoe nasledie Plechanova*, t. V, p. 131.
[19] G. V. Pléchanov, *Essai sur le développement de la conception moniste de l'histoire*, in *Œuvres philosophiques*, t. I, p. 578.
[20] V. I. Lenin, *Filosofskie tetradi*, in *Polnoe.*, t. XXIX, pp. 248; 321 (fr., pp. 230; 281). La plupart des commentateurs soviétiques ont repris et développé l'accusation de Lénine. Cf. M. T. Iovčuk, *G. V. Plechanov i ego trudy po istorii filosofii*, pp. 144 sq. Quelques uns se montrent plus justes envers Pléchanov: «Pléchanov a apporté une grande attention à la question de la signification des contradictions internes dans le développement des phénomènes de la vie. Son analyse des problèmes philosophiques, esthétiques et moraux se caractérise par une très profonde compréhension du rôle des contradictions comme source du développement» (B. A. Čagin, *G. V. Plechanov i ego rol' v razvitii marksistskoj filosofii*, p. 160).

prétend se passer de l'entendement – ce fut l'illusion commune à Belinskij et à Bakounine pendant leur période hégélienne. Le fondateur du marxisme russe pourra par conséquent opposer à Bernstein que la philosophie hégélienne ne dissout pas le réel dans une mobilité universelle:

«Remarquez en outre que *la pensée dialectique n'exclut pas non plus la pensée métaphysique:* elle se borne à lui assigner certaines limites au-delà desquelles commence le règne de la dialectique... La connaissance poursuit son chemin, et son progrès consiste dans le passage du point de vue de l'*entendement* (ou point de vue *métaphysique*) au point de vue de la *'raison'*, ou point de vue *dialectique*. La 'raison' ne se laisse pas arrêter par les frontières que l'entendement avait marquées».[21]

Que Bernstein se rassure, la pensée dialectique n'est pas synonyme de pensée floue et indécise. Que de fois Pléchanov souligne à l'adresse du semi-positivisme de Lavrov et autres Sociaux-démocrates que la dialectique ne saurait être confondue avec la tolérance sceptique. Mais s'il admet très volontiers une certaine stabilité des structures à évolution lente, il proteste avec énergie dès qu'il sent qu'au nom de cette stabilité relative on veut exclure la possibilité de ruptures brusques et totales. Derrière cette querelle spéculative il y avait un enjeu politique d'importance. Bernstein et Kautsky étaient «spontanéistes». Pléchanov défend les droits de la révolution. Pour justifier sa thèse, il recourt à Hegel, car il a trouvé un texte de la *Science de la Logique* qu'il aime à citer. Ce texte a une importance décisive puisqu'il établit une distinction radicale entre l'évolution et la révolution. C'est le passage où Hegel montre qu'il y a des ruptures dans la nature:

«Expliquer-conceptuellement la génération et la corruption à partir du caractère progressif de la transformation possède l'ennui propre à la tautologie; cette explication tient ce qui naît et se corrompt comme déjà entièrement achevé d'avance et fait de la transformation un simple changement d'une différence extérieure par quoi la transformation n'est en réalité qu'une tautologie».[22]

Celui qui réduit tout à des modifications purement quantitatives et écarte toute rupture qualitative est incapable de rendre compte de la nouveauté. Aussi bien ne la souhaite-t-il point, puisque c'est un conservateur qui n'admet tout juste, comme le renégat Tichomirov ou le «marxiste légal» Strouvé, qu'une lente évolution sociale. Pléchanov

---

[21] G. V. Pléchanov, Ce n'est pas le ciel qui tonne, in *Œuvres philosophiques*, t. II, p. 756.
[22] G. W. F. Hegel, *Wissenschaft der Logik*, t. I, p. 384.

s'empare de ce texte de Hegel pour faire entendre que la dialectique est bien autre chose qu'une simple théorie évolutionniste:

«Beaucoup de gens confondent la dialectique avec la doctrine de l'évolution. La dialectique est, en effet, une doctrine de l'évolution. Mais elle diffère essentiellement de la vulgaire 'théorie de l'évolution' qui repose essentiellement sur ce principe que *ni la nature, ni l'histoire ne font des bonds, et que tous les changements ne s'opèrent dans le monde que graduellement...* Chaque fois qu'il y a *rupture de la progressivité*, il se produit un *bond* dans le cours du développement».[23]

Les évolutionnistes non dialecticiens ne peuvent cacher qu'ils sont en réalité des préformistes:

«Quand ils parlent de l'*apparition* d'un phénomène ou d'une institution sociale, ils présentent la chose comme si le phénomène ou l'institution avait été jadis très petit, tout à fait imperceptible, et avait ensuite pris peu à peu de l'ampleur».[24]

La dialectique hégélienne est une dialectique révolutionnaire puisqu'elle postule l'apparition et la disparition dans tous les domaines du réel. Elle détruit le monde des constructions métaphysiques avec ses essences éternelles:

«Mais si on y regarde de plus près, il s'avère que la *vie* elle-même porte en soi le germe de la *mort*, et que tout phénomène, en général, est *contradictoire* en ce sens qu'il développe à partir de soi-même les éléments qui, tôt ou tard, mettront un terme à son existence, le transformant en son contraire».[25]

La contradiction dialectique permet de comprendre que ni l'apparition n'est la manifestation d'un déjà-là, ni la corruption, une simple dégénérescence. Les objets de l'expérience réelle, dans le monde physique, biologique ou social, sont saisis comme des moments de la totalité en devenir: le monde de l'être s'explique sans recourir à la transcendance d'un monde du devoir-être, et ainsi la médiation devient immanente au réel. Cette vue de Pléchanov sur la signification philosophique des transformations de la quantité en qualité est beaucoup plus profonde que celle proposée par Černyševskij et que celles qui vont être propagées en Union Soviétique pendant la période stalinienne.[26] Elle permet

[23] G. V. Pléchanov, *Les questions fondamentales du marxisme*, p. 36.
[24] *Id, Essai sur le développement de la conception moniste de l'histoire*, in *Œuvres philosophiques*, t. I, p. 580.
[25] *Ibid.*, p. 578.
[26] «C'est le mérite de Plékhanov d'avoir en 1891, indiqué l'importance de cette page de la *Logique* de Hegel pour la distinction entre évolution et révolution. Il est regrettable qu'il n'ait pas été suivi» (G. Lukacs, *Histoire et conscience de classe*, p. 203).

à l'auteur de lier dialectiquement les changements graduels et les ruptures brusques. Cette thèse générale trouvera une application privilégiée dans sa philosophie de l'histoire.

Pléchanov a beaucoup écrit sur la philosophie de l'histoire. Marxiste convaincu, on pourrait penser qu'il va déclarer que sur ce point la philosophie hégélienne est pratiquement périmée. En réalité, son jugement est beaucoup plus nuancé, car si Pléchanov admet que ce système est de tendance conservatrice, il sait aussi que ce même système contient des éléments novateurs. Par rapport au *Capital*, la conception hégélienne de l'histoire est irrémédiablement datée:

«La philosophie de l'histoire de Hegel, elle, la plus lumineuse de toutes les conceptions idéalistes, n'est qu'une hypothèse enfantine à côté des idées historiques du célèbre auteur du *Capital*».[27]

Puisque l'Absolu constitue le fond de tout ce qui existe, l'univers n'est plus que l'autocontemplation de l'Esprit. L'histoire a sa source dans ce nouveau Démiurge. A la suite de Feuerbach, on est fondé de dire que pour Hegel la Science est une Théodicée. En transformant la philosophie en théologie spéculative,[28] Hegel finit par tenir l'histoire pour une logique appliquée. Pléchanov s'insère donc dans la tradition de Herzen.

Cette vision hégélienne d'une histoire reposant sur l'autodéveloppement du Concept entraîne une idéalisation et surtout une finalisation du processus historique:

«Mais, en sa qualité d'"idéaliste absolu", Hegel expliquait l'activité de l'homme social par les propriétés de l'Esprit universel. Ces propriétés une fois données, toute l'histoire de l'humanité se trouvait donnée *an sich*, de même que les fins de cette histoire. La synthèse de Hegel était *finaliste*».[29]

Ce mysticisme de l'Idée absolue est la face d'ombre de la philosophie de l'histoire hégélienne. Pourtant, la conviction de Pléchanov, assez nouvelle à cette époque, c'est que cette même philosophie projette une très vive lumière. Celle-ci vient non seulement de la méthode dialectique, mais aussi des analyses historiques concrètes. Pléchanov a la conviction que l'hégélianisme, tant comme système que comme

---

[27] G. V. Plechanov, G-n. Paul' Vejzengrjun i ego «social'no-filosofskie» vozzrenija, in *Literaturnoe nasledie Plechanova*, t. V, p. 13.
[28] *Id.*, Pis'mo k L. I. Aksel'rodu, 20/XII/1905, in *Literaturnoe.*, t. V, p. 305.
[29] G. V. Pléchanov, *Essai sur le développement de la conception moniste de l'histoire,* in *Œuvres philosophiques*, t. II, p. 238.

méthode, est une philosophie éminemment proche du réel concret:

«Chaque fois que Hegel en vient à caractériser un grand peuple historique, il montre une science universelle et une pénétration peu commune. Il trouve des caractéristiques vraiment brillantes et des plus précieuses, semant en passant et à pleine main une quantité de remarques de valeur sur les différentes faces de l'histoire du peuple dont il s'occupe. Son lecteur oublie presque qu'il a affaire à un idéaliste, et est tout prêt à reconnaître que vraiment Hegel *'prend l'histoire comme elle est'*, qu'il s'astreint sévèrement à la règle 'de procéder empiriquement, historiquement'».[30]

N'est-ce pas justement l'impression globale que retient le lecteur qui vient de terminer l'ouvrage de M. D'Hondt sur *Hegel, Philosophe de l'histoire vivante?* Non seulement on oublie qu'Hegel est idéaliste; mais, dit Pléchanov, Hegel lui-même semble pressé de l'oublier tant il sent l'insuffisance de cette idéologie:

«Avec son intelligence exceptionnelle, vraiment géniale, il avait l'intuition d'une faille dans le système; il sentait que ses explications, à vrai dire, n'expliquaient rien. Aussi, après avoir payé son tribut à l'*'Idée'*, s'empressant de redescendre sur le terrain concret de l'histoire, recherchait-il les causes réelles des phénomènes sociaux, non plus dans les propriétés des idées, mais dans les phénomènes eux-mêmes, dans les faits historiques qu'il avait entrepris d'analyser».[31]

Hegel payait son tribut à l'Idée en prétendant expliquer l'histoire par la notion d'Esprit d'un peuple. Pléchanov constate qu'il s'enfermait alors dans un cercle vicieux, puisqu'en réalité c'était vouloir rendre compte de l'Idée par l'état social et de l'état social par l'Idée. Esprit d'un peuple, ou psychologie des peuples, voilà bien, lance Pléchanov, une de ces abstractions proches de la vertu dormitive des médecins de Molière.[32] Un lecteur rapide de Hegel se serait con-

---

[30] *Id.*, Pour le soixantième anniversaire de la mort de Hegel, in *Les questions fondamentales du marxisme*, p. 113.

[31] *Id.*, Avertissement et notes pour L. Feuerbach, in *Œuvres philosophiques*, t. I, p. 455.

[32] «En sa qualité d'idéaliste, Hegel en appelle à l'esprit comme dernier ressort du mouvement historique. Lorsqu'un peuple passe d'un degré de son évolution à un autre, c'est que *l'esprit absolu* (ou universel) dont ce peuple n'est que l'agent, s'élève à une phase supérieure de son développement. Comme de pareilles explications n'expliquent rien du tout, Hegel s'est trouvé dans le même cercle vicieux que les historiens et les sociologues français: ils expliquaient l'état social par l'état des idées et l'état des idées par l'état social» (G. V. Pléchanov, *De la philosophie de l'histoire*, in *Les questions fondamentales du marxisme*, pp. 173–174). Pléchanov a une autre raison de s'opposer à la thèse de Hegel sur l'Esprit d'un peuple. C'est qu'il croit que cette idée hégélienne est voisine de celle de ses adversaires slavophiles qui expliquent l'histoire par l'âme nationale (G. V. Pléchanov, Quelques mots à nos adversaires, in *Œuvres philosophiques*, t. I, p. 785).

tenté de dire que l'Esprit d'un peuple n'est qu'une chimère idéaliste. Pléchanov recherche quelle vérité se cache sous cette erreur. Il découvre alors que, si Hegel s'est trompé en accordant un rôle explicatif à la notion d'Esprit d'un peuple, il n'en a pas moins parfaitement décelé qu'une véritable explication historique doit être synthétique. *La conception matérialiste de l'Histoire* est dirigé contre Labriola. Or la doctrine de ce professeur italien était proche de la théorie dite des «facteurs historiques» selon laquelle la société résulte de différentes forces, morales, juridiques, économiques qui forment un réseau d'influences extrêmement complexe. La théorie des facteurs historiques reste le type de l'explication causale qui pense le donné selon le modèle de l'interaction. Pléchanov reconnaît qu'elle eut son mérite en son temps, mais qu'elle ne peut rendre compte de la nature profonde de l'histoire. Or justement, Hegel avec sa méthode dialectique a montré l'insuffisance de toute explication fondée sur le déterminisme mécaniste:

«Nous voilà ramenés, nous aussi, *au point de vue de l'interaction*. Il serait stupide d'oublier que ce point de vue n'est pas seulement légitime, mais absolument nécessaire. Il serait non moins absurde toutefois de perdre de vue que ce principe *en soi* n'explique rien, qu'en s'y plaçant, on doit toujours rechercher le 'troisième terme', le 'terme supérieur' qui, *pour Hegel, était le Concept, et pour nous, la situation économique des pays et des peuples dont on doit constater et comprendre l'influence qu'ils exercent les uns sur les autres*».[33]

Révélation décisive qui substitue à l'explication de l'histoire par des «facteurs» indépendants, extérieurs les uns par rapport aux autres, une élucidation dialectique qui transforme ces facteurs en «moments» immanents d'une unique Totalité. Pléchanov peut donc conclure que *«la méthode dialectique est le legs scientifique le plus important que l'idéalisme allemand a laissé à son héritier, le matérialisme moderne».*[34]

Sans doute, Hegel en appelle trop souvent à l'Absolu. Mais même cette fuite vers l'empyrée contient elle aussi son côté positif. L'athée Pléchanov n'aime pas que Hegel fasse intervenir la divinité – fût-ce sous les traits affaiblis de l'Esprit absolu – pour expliquer l'histoire. Il a cru cependant découvrir que la «religion» de Hegel est assez rationaliste pour éliminer toute trace de merveilleux. Chez le philo-

[33] *Id., Essais sur l'histoire du matérialisme*, in *Œuvres philosophiques* t. II, p. 174.
[34] *Id.*, Pour le soixantième anniversaire de la mort de Hegel, in *Les questions fondamentales du marxisme*, p. 128. Cf. J. Gacon, Actualité de Pléchanov, in *La Pensée*, 1958, n⁰ 79, p. 37.

sophe allemand, le monothéisme est tel qu'il exclut la possibilité du miracle, ce qui permet de fonder la science.[35]

On objectera que pour Hegel, c'est la Raison qui gouverne le monde. Ce serait grave, en effet, note Pléchanov, si cette raison hégélienne se présentait sous les attributs de la Providence divine. Tel n'est pas le cas puisque la raison dont il est question est une raison inconsciente : les lois immanentes au réel.[36] La philosophie de l'histoire hégélienne est donc plus matérialiste que celle des matérialistes français. Selon les Encyclopédistes, l'histoire réelle dépendait de l'histoire des idées, donc finalement de la philosophie. Chez Hegel rien de tel :

«Les actions des hommes se réfléchissent dans leurs têtes, mais cette réflexion ne conditionne pas le mouvement historique. Le *cours des choses* n'est pas déterminé par le *cours des idées*, mais par toute autre chose indépendante de la volonté humaine, inconnue à la conscience humaine».[37]

Pléchanov sait gré à Hegel d'avoir rompu avec la thèse qui enseigne que les idées mènent le monde. Le philosophe allemand va même trop loin lorsqu'il prétend que la philosophie arrive toujours trop tard. Car s'il est vrai que jamais une philosophie ne peut faire revivre une époque sociale vieillie, il est inexact qu'elle ne puisse pressentir les formes que va prendre la nouvelle société, et donc à son humble plan en hâter la gestation. Sans doute, c'est le présent qui est l'objet de la philosophie. Pourtant, le passé qui disparaît annonce déjà l'avenir :

«Si la philosophie ne connaît que ce qui est ancien, cette connaissance est unilatérale et la philosophie n'a pas atteint son but de connaître ce qui est. Mais cela contredirait la croyance de Hegel dans la toute-puissance de la connaissance rationnelle. Le matérialisme moderne s'est complètement délivré de cet extrême. De ce qui *est*, de ce qui est *en voie de disparition*, il apprend à conclure ce qui est *en devenir*... Pour nous, ce qui est *en devenir* est le *produit nécessaire* de ce qui est *en voie de disparition*».[38]

---

[35] G. V. Pléchanov, Pour le soixantième., p. 125.

[36] «La raison qui gouverne l'histoire est donc, selon Hegel, une raison inconsciente; ce n'est que l'ensemble des lois qui déterminent le mouvement historique» (G. V. Pléchanov, De la philosophie de l'histoire, in *Les questions fondamentales du marxisme*, p. 173).

[37] *Id.*, Pour le soixantième anniversaire de la mort de Hegel, in *Les questions fondamentales du marxisme*, p. 125. Pléchanov se moque des historiens de la philosophie, oublieux des conditions économiques et sociales, qui prétendent expliquer la succession des systèmes économiques ou philosophiques par la seule filiation des idées : «On dit, par exemple, que le système philosophique de Fichte découle logiquement du système philosophique de Kant, que la philosophie de Schelling découle logiquement de la philosophie de Fichte et la philosophie de Hegel de la philosophie de Schelling. On explique aussi 'logiquement' le changement des différentes écoles dans l'art. Ceci contient, sans doute, une part de vérité. Le malheur, c'est que ça n'explique absolument rien» (G. V. Plechanov, in *Izbrannye filosofskie proizvedenija v pjati tomach*, t. I, p. 426).

[38] G. V. Pléchanov, Pour le soixantième anniversaire de la mort de Hegel, in *Les questions fondamentales du marxisme*, p. 126.

Hegel n'ose s'aventurer, même prudemment, vers l'avenir parce qu'il fut incapable de découvrir à quelles lois obéissaient «les périodiques croisières aériennes de la chouette de Minerve». Disciple de Marx, Pléchanov sait, lui, que ces lois résident essentiellement dans le domaine de l'économie. D'ailleurs, Hegel lui-même a pressenti que cet inconnu qui produit le cours des choses, c'est la vie économique des nations. Pléchanov n'a pas eu de mal à trouver des exemples dans l'œuvre du génial idéaliste. Il a relevé que Hegel explique l'histoire de la Chine par le caractère agraire du pays et la disparition de la Grèce par l'inégalité des richesses et la division en classes sociales antagonistes. Il ne s'agit, bien sûr, que d'intuitions anticipatrices encore insuffisamment développées, ce qui explique que l'on ne prête généralement aucune attention à la place que l'économie joue dans le système hégélien.[39] Ainsi Pléchanov aurait certainement accepté la thèse «économiste» proposée par Lukács dans son «Der junge Hegel». En soupçonnant l'importance de la vie économique, Hegel s'est approché de la conception matérialiste de l'histoire. Développer cette orientation, comme le fera Marx, revient à prolonger l'hégélianisme dans ce qu'il contenait de plus vivant. N'est-ce pas Hegel lui-même qui a posé les bases de l'authentique philosophie de l'histoire puisqu'il a parfaitement résolu en théorie l'épineux problème des rapports entre la liberté et la nécessité. Les Kantiens – Pléchanov pense tout spécialement aux Sociaux-démocrates et aux Populistes russes – préféraient l'idéal à la prose du monde, ce qui les dispensait de traduire l'idéal dans la réalité. La philosophie hégélienne récuse tout dualisme: elle exige que l'activité libre se développe à l'intérieur du monde de la nécessité. Pléchanov se réfère constamment au texte de la deuxième partie de la *Science de la Logique* dans lequel il est prouvé que «la nécessité devient liberté, non parce qu'elle disparaît, mais uniquement parce que son identité, jusque là interne, se manifeste».[40] Contre toutes les formes de subjectivisme, il va montrer que les tortures morales dues à l'aspiration vers l'Au-delà procèdent d'un refus de dominer le monde extérieur.

Accepter d'épouser les lois de la nécessité, n'est-ce pas finalement s'engager sur la voie d'une philosophie de l'histoire qui élimine toute initiative personnelle? Les Populistes n'ont cessé de s'opposer à l'hé-

[39] Sur la Chine, cf. G. V. Plechanov, Gl. I. Uspenski, in *Kunst und Literatur*, p. 585. Sur la Grèce, cf. *Id., Essai sur le développement de la conception moniste de l'histoire*, in *Œuvres philosophiques*, t. I, p. 613.
[40] G. W. F. Hegel, *Wissenschaft der Logik*, t. II, p. 204 (Cité par Pléchanov dans Le rôle de l'individu dans l'histoire, in *Les questions fondamentales du marxisme*, p. 242).

gélianisme et aussi au marxisme parce qu'ils pensaient que ces systèmes étaient nécessitaristes. Très judicieusement, Pléchanov souligne que la philosophie de l'histoire hégélienne, parce qu'elle lie les phénomènes aux conditions spatio-temporelles, donc à la finitude, laisse place à la nouveauté, donc à la liberté:

«In allem Endlichen ist ein Element des Zufälligen, disait Hegel. Dans la science, nous n'avons affaire qu'à du 'fini'; c'est pourquoi on peut dire que dans tous les processus qu'elle étudie, il y a un élément fortuit».[41]

Rien n'est écrit d'avance, et la volonté individuelle peut peser de tout son poids sur le cours de l'histoire.[42] On sait que Belinskij avait rompu avec l'hégélianisme parce qu'il avait cru comprendre que c'était un système opprimant la personne. Cette objection venait d'être reprise par Michajlovskij. Pléchanov dénonce la confusion faite par le positiviste russe entre Universalité et Esprit absolu:

«M. Michajlovksij se figure apparemment que l'Allgemeinheit est la même chose que l'Idée ou l'Esprit absolu; mais l'Allgemeinheit ne constitue même pas pour Hegel le trait distinctif de l'Idée absolue; il ne lui fait pas un sort plus privilégié qu'à la Besonderheit par exemple, ou à l'Einheit».[43]

Si le populiste avait mieux lu la *Logique*, il aurait vu que l'Esprit absolu est la synthèse dialectique des trois moments de l'universalité, de la particularité et de la singularité; par suite, il n'aurait pas dit que «Hegel a un mépris écrasant pour l'individu». Cette erreur grossière sur l'interprétation de la *Science de la Logique* aurait pu être corrigée par la fréquentation des autres ouvrages. Partout il apparaît que Hegel accorde une place importante à l'individu. Ne dit-il pas que l'Orient est le plus bas degré de l'évolution humaine précisément parce que cette civilisation ignore le rôle de la personne libre? Il s'enthousiasme par contre pour la Grèce antique, car l'homme se sent enfin «chez soi»: la Belle Individualité s'y est épanouie. Si Hegel était l'adversaire de l'individu, eût-il tellement admiré Socrate, eût-il été le premier historien de la philosophie à rendre justice aux Sophistes? A-t-on oublié le rôle qu'il accorde aux grands hommes?[44] Seule une lecture super-

[41] G. V. Pléchanov, Le rôle., p. 260.
[42] «Si je suis incliné à prendre part à un mouvement historique qui triomphe me semble une nécessité historique, cela signifie seulement que je considère mon activité comme un maillon indispensable dans la chaîne des conditions dont la réunion assurera nécessairement le triomphe du mouvement qui m'est cher» (G. V. Plechanov, *Sočinenija*, XVIII, p. 245).
[43] G. V. Pléchanov, Retour à M. Mikhailovski et à la «Triade», in *Œuvres philosophiques*, t. I, p. 758.
[44] *Ibid.*, p. 759.

ficielle a pu faire croire que la liberté comme reconnaissance de la nécessité impliquait une pure passivité du sujet. La philosophie de l'histoire de Hegel n'est pas fataliste, car même le passage sur l'équivalence entre le réel et le rationnel que l'on dit servir de justification théorique au conservatisme politique de Hegel est plus révolutionnaire qu'on le croit:

«Hegel considérait comme une injure à la raison la seule pensée que le raisonnable pouvait ne pas arriver à la *réalité*. Sa célèbre phrase: '*ce qui est rationnel est réel, ce qui est réel est rationnel*' a donné lieu à bien des malentendus. Ces malentendus doivent s'imputer à l'obscurité des notions que l'on avait sur ce que Hegel appelait *raison* et *réalité*. Pourtant même ces mots étant pris dans leur sens vulgaire, ne peut-on pas se demander si la signification révolutionnaire de la première moitié de la phrace 'ce qui est rationnel est réel' n'est pas visible? Appliqués à l'histoire, ces mots ne signifient que la persuasion où l'on est, que le rationnel ne reste pas dans l'*au-delà*, mais est *réalisé* absolument. Sans cette persuasion la pensée révolutionnaire perdrait toute son importance pratique».[45]

Il est fidèle à Hegel celui qui, ayant pris conscience qu'un régime historique entre en contradiction avec les besoins sociaux qui l'ont fait naître, s'insurge contre ce régime désormais inutile. Comme marxiste, Pléchanov sait qu'il n'y a plus actuellement de peuples porteurs de l'Esprit universel, car le relais des peuples privilégiés est repris maintenant par la classe privilégiée des travailleurs.[46] Le «Volksgeist», ce sont les masses laborieuses. Le messianisme de Hegel se déplace vers le prolétariat, mais l'idée est conservée.

Telle est la lecture que Pléchanov fit de Hegel. Si l'on veut la situer dans le contexte des interprétations hégéliennes en Russie, on s'aperçoit que cette vision tranche, et de loin, sur celle de Černyševskij et se rapproche beaucoup de celle de Herzen. Comme ce dernier, Pléchanov a compris la complexe richesse de l'hégélianisme. Comme lui, il a eu le mérite de ne pas s'attarder à des polémiques assez stériles sur l'Absolu, car il a très vite su découvrir le caractère profondément novateur de la philosophie hégélienne. Allant droit à l'essentiel, il

[45] *Id.*, Pour le soixantième anniversaire de la mort de Hegel, in *Les questions fondamentales du marxisme*, p. 134.

[46] «Nous savons qu'actuellement il n'y a pas un seul peuple qui porte ainsi un nouveau principe historique universel, mais que cela est fait par une *classe déterminée, le prolétariat dans tous les peuples civilisés*. Nous ne serons pas infidèles à l'esprit de la philosophie de Hegel en disant qu'en face du prolétariat révolutionnaire toutes les classes ne comptent dans l'histoire universelle qu'autant qu'elles ont favorisé ou empêché le mouvement prolétarien.

Tendre délibérément vers un grand but historique, voilà le legs politique de la philosophie idéaliste (Ibid., p. 135).

perçoit que la philosophie de Hegel est déjà une philosophie de la
temporalité et de la finitude, donc de l'immanence: le monde métaphysique des Essences est remplacé par le monde changeant de l'histoire. Marxiste, il a sur Herzen l'avantage de pouvoir assurer sa philosophie de l'histoire sur la base de l'économique. Pourtant, il a su, à
cause de l'influence profonde de Hegel, accorder un rôle important au
domaine de l'idéologie: Pléchanov est conscient que le monde des
superstructures n'est ni le reflet passif ni le reflet mécanique des
conditions économiques. Il aimait répéter que si Hegel a fortement
perçu l'importance des idées, cela ne l'a pas empêché de reconnaître
la valeur des faits économiques, et que si Marx fut plus sensible à
l'activité économique, il n'a point exclu le rôle des idées. Alors que
Černyševskij avait donné de la philosophie de l'histoire une explication purement causale, Pléchanov s'engage résolument sur la voie de
l'interprétation dialectique. Devenu menchévik, Lénine l'accusera
d'être infidèle à la pensée dialectique:

«Pléchanov a battu le record dans l'art de substituer la sophistique à la
dialectique».[47]

Il s'agit là du jugement polémique du Bolchévik Lénine contre son
adversaire Menchévik. En réalité, pendant toute sa période «révision-
niste», Pléchanov est resté fidèle à la conception du matérialisme
dialectique qu'il avait élaborée avant la rupture de 1903. Il est impossible d'expliquer sa «déviation» politique en essayant de la rattacher
à quelque erreur ou insuffisance dans sa conception théorique de la
dialectique. Pléchanov et Lénine portèrent sur la réalité russe de cette
époque et sur ses possibilités révolutionnaires des jugements politiques
différents. Mais la compréhension théorique que Pléchanov s'est faite
de la dialectique et spécialement de la dialectique hégélienne est entiè-

---

[47] V. I. Lenin, Krach II Internacionala, in *Polnoe.*, t. XXVI, pp. 222–223. Certains
historiens soviétiques pensent même que Pléchanov, une fois tombé dans l'erreur
menchévik, s'est ensuite montré incapable de voir que le système hégélien conduisait à
une métaphysique dogmatique (Cf. M. T. Iovčuk, *G. V. Plechanov i ego trudy po istorii
filosofii*, p. 144). Pourtant, Lénine écrivait à Gor'kij en 1908, donc longtemps après le
passage de Pléchanov au révisionnisme: «Sa tactique est le comble de la trivialité et de
la bassesse. En philosophie, il défend la bonne cause» (V. I. Lenin, Pis'mo k Gor'komu,
7/II/1908, in *Polnoe.*, t. XLVII, p. 135).
   Berdjaev écrit de son côté: «Par ses années passées en Europe occidentale, il était
devenu un homme de l'Occident, de formation rationaliste, et représentant un type de
révolutionnaire plus livresque que pratique. Il pouvait se faire le fourrier de la pensée
marxiste, mais non le fourrier de la révolution elle-même, comme on put le vérifier
lorsque la Révolution éclata» (N. Berdjaev, *Les sources et le sens du communisme russe*,
pp. 182–183).

rement passée dans la philosophie de Lénine. L'opposition de ces deux hommes est plus politique que philosophique.

§ 2. Lénine, lecteur de la «Science de la Logique»

a. La découverte de Hegel

C'est à Berne, en 1914, que Lénine a travaillé sérieusement Hegel. Mais la première mention de la philosophie hégélienne se rencontre dès ses travaux de 1894. Nous savons, par ailleurs, que lors de son exil en Sibérie, le jeune Lénine s'était fait envoyer de nombreux livres parmi lesquels se trouvaient des ouvrages de Hegel.[48] Malheureusement, nous ne savons rien de l'étendue de cette première étude. Ce qui est sûr, par contre, c'est que pendant la période qui va de 1894 à 1914, il est fortement influencé par Pléchanov. Il connaît aussi les interprétations que Herzen et Černyševskij ont donné du philosophe allemand. Bien entendu, les jugements de Marx et d'Engels lui sont familiers.

Le contact plus approfondi de 1914 enrichira certainement beaucoup la conception que le jeune Lénine se faisait de l'hégélianisme. Cependant, dès le début, des bases sont posées qui lui serviront par la suite pour juger Hegel. Il n'est pas exagéré de dire que Lénine a déjà saisi toute l'importance de la philosophie hégélienne et que, d'autre part, il s'est fait une idée assez précise des limites de cette philosophie.

Nous avons vu Pléchanov réagir contre ceux qui, en Allemagne et en Russie, attaquaient l'hégélianisme. Lénine polémique lui aussi avec les Populistes dans «Ce que sont les 'Amis du peuple' et comment ils luttent contre les sociaux-démocrates». Ce long texte contient une quinzaine de pages sur les rapports entre le marxisme et l'hégélianisme. Lénine n'admet pas que le marxisme ne soit que l'application d'une dialectique conçue d'une façon purement formelle. Michajlovskij faisait grief à Marx de fonder sa théorie de la société sur la triade hégélienne: l'auteur du Capital utilise la trichotomie non seulement comme un procédé commode d'exposition, mais pour prouver ce que doit être l'évolution sociale:

«Il est évident que tous ces schémas n'expriment pas le tableau de la réalité historique et pas même de la proportion de cette réalité, mais répondent à la disposition de la pensée humaine à considérer chaque objet à l'état de passé, de présent et de futur».[49]

---

[48] O «filosofskich tetradjach» V. I. Lenina, p. 25.
[49] N. K. Michajlovskij; cité par Lénine, Čto takoe «druz'ja naroda» i kak oni vojujut protiv social-demokratov?, in Polnoe., t. I, p. 180.

Lénine, se référant à l'*Anti-Dühring*, n'a aucune difficulté pour montrer que «Marx n'a jamais pensé 'prouver' quoi que ce soit en recourant aux triades hégéliennes, mais que Marx a étudié et examiné le processus réel et qu'il a reconnu pour unique critère de la théorie la fidélité de celle-ci à la réalité».[50] L'auteur du *Capital* préfère sans doute la méthode dialectique à la méthode métaphysique. Cependant, il convient de s'entendre sur le sens qu'il donne à la première:

«Par méthode dialectique – par opposition à la méthode métaphysique – Marx et Engels ne comprennent rien d'autre que la méthode scientifique en sociologie, laquelle considère la société comme un organisme vivant soumis à un développement constant (et point comme quelque chose d'assemblé mécaniquement permettant toutes sortes de combinaisons arbitraires des divers éléments sociaux); organisme dont l'étude nécessite une analyse objective des rapports de production constituant une formation sociale donnée et la recherche des lois de son fonctionnement et de son développement».[51]

Lénine adopte une position très négative envers la triade qu'il identifierait assez volontiers, à cette époque, avec la méthode dialectique de Hegel. C'est la lecture d'un article récemment paru dans le *Vestnik Evropy* qui le conduit à ce jugement sommaire. L'auteur, un certain Kaufmann, qui se proposait d'analyser la méthode du *Capital*, concluait que le procédé d'investigation de Marx – la description des conditions économiques – est rigoureusement réaliste, mais que le procédé d'exposition – la méthode dialectique – est une concession à l'idéalisme.[52] «Ich kokettiere» devait dire Marx dans la deuxième préface, en répondant à l'auteur. Selon Lénine, si Marx utilise parfois des notions hégéliennes, comme affirmation, négation, négation de négation, suppression dialectique, il faut savoir que toutes ces expressions ne sont que des «résidus de cet hégélianisme à partir duquel a grandi le socialisme scientifique, des résidus de sa façon de s'exprimer».[53] Bien évidemment, ce résidu n'a rien à voir avec la doctrine marxiste puisqu'«il n'y a d'autre emploi pour les triades que de jouer le rôle d'un couvercle ou d'une pelure».[54] Seul un philistin comme Michajlovskij pouvait confondre la dialectique hégélienne et la pensée

---

[50] V. I. Lenin, *Čto takoe.*, t. I, p. 163.
[51] *Ibid.*, t. I, p. 165. Lénine ajoute: «. . . la méthode dialectique ne consiste nullement dans les triades, mais précisément dans la négation des procédés de l'idéalisme et du subjectivisme en sociologie» (*Ibid.*, t. I, p. 185).
[52] I. I. Kaufmann, *Točka zrenija politiko-ekonomičeskoj kritiki K. Marksa*, in *Vestnik Evropy*, n° 5, (1872), pp. 427–436; cité par Lenin, *Čto takoe.*, t. I, p. 166.
[53] V. I. Lenin, *Čto takoe.*, t. I, p. 164.
[54] *Ibid.*, t. I, p. 168.

marxiste. Lénine ajoute, en quelque sorte pour excuser Marx:

«Le processus social est un processus historique, et s'il se trouve qu'il est en même temps dialectique, ce n'est pas la faute de Marx, même si cela paraît déplorable à M. Dühring».[55]

Il ressort de ce texte que Lénine s'oppose non seulement à l'utilisation arbitraire du formalisme «thèse – antithèse – synthèse», mais aussi à la méthode hégélienne elle-même. Avec toute la tradition de la gauche hégélienne, le jeune Lénine dénonce l'insupportable prétention de l'idéalisme hégélien:

«D'après Hegel, le développement de l'idée selon les lois dialectiques de la triade détermine le développement de la réalité. Ce n'est que dans ce cas qu'on peut, sans doute, parler de l'importance des triades, de l'invincibilité du processus dialectique [à expliquer le réel]».[56]

Dans son premier exposé de la dialectique, Lénine adopte donc une position extrêmement critique face à Hegel. Il faut noter que sur deux points, il ne variera plus. La triade et, d'une façon générale, le formalisme vide d'une méthode dialectique abstraite, sont condamnés définitivement. Enfin, il a vu que la philosophie hégélienne souffre d'un vice fondamental: la dialectique authentique n'est pas celle qui repose sur le devenir de l'idée, mais sur le développement de ce qu'il appelle déjà à la suite de Marx «la formation économique et sociale». Cependant, tout en restant fermement convaincu de la nécessité de remettre la dialectique hégélienne sur ses pieds, Lénine finira par comprendre que la philosophie hégélienne est plus qu'un formalisme vide. Il découvrira vite que la position négative qui lui faisait tenir la dialectique pour une «pelure» est par trop simplificatrice. Nous allons le voir se demander si malgré ses faiblesses la philosophie hégélienne ne contiendrait pas beaucoup d'éléments valables.

Aux Populistes qui accusent Marx d'avoir fait dépendre l'analyse de la société de la philosophie hégélienne, Lénine a répondu que la pensée de Marx est fondamentalement différente de celle de Hegel. Mais quand il voit les Néo-kantiens traiter Hegel en «chien crevé» et surtout quand il constate que les membres de la Social-démocratie rejettent l'héritage hégélien, Lénine se fait alors le défenseur de la dialectique et, dans une certaine mesure qu'il faudra essayer de déterminer, de la philosophie hégélienne elle-même. A la suite de Pléchanov,

[55] *Ibid.*, t. I, p. 174.
[56] *Ibid.*, t. I, p. 168.

il a vivement réagi contre le courant marxiste hostile à Hegel. On prétend purifier le marxisme des contaminations hégéliennes; en réalité, et Lénine ne cesse de revenir sur ce point tant il lui paraît capital, on substitue à l'idéalisme de Hegel un idéalisme beaucoup plus pernicieux:

«Les professeurs 'revenaient à Kant', et le révisionnisme emboîtait le pas aux Néo-Kantiens... Les professeurs traitaient Hegel en 'chien crevé' et, prêchant eux aussi l'idéalisme et même un idéalisme mille fois plus mesquin et plus plat que celui de Hegel, haussaient les épaules d'un air de mépris devant la dialectique. Aussitôt les révisionnistes allaient s'embourber derrière eux dans le marais de l'avilissement philosophique de la science, en remplaçant la dialectique 'subtile' (et révolutionnaire) par une 'évolution simple' (et de tout repos)».[57]

Hegel est toujours qualifié d'idéaliste. Mais comme le ton a changé depuis 1894! La dialectique n'est plus ce manteau d'emprunt qui voilait plus qu'il ne mettait en valeur la saine doctrine marxiste, car voici que cette dialectique possède un caractère révolutionnaire qui la rend tellement préférable à la doctrine évolutionniste conduisant au spontanéisme. Par ses lectures d'Engels et de Pléchanov, Lénine commence à mieux comprendre la signification de la doctrine de Hegel. Certes, rien encore de bien original. Pourtant, il vient de découvrir que l'hégélianisme est potentiellement sinon réellement une philosophie révolutionnaire qui met au centre de sa réflexion la notion de contradiction et qui s'efforce de saisir la vérité comme totalité concrète.

A la suite de Herzen et des hégéliens russes de gauche, Lénine tient Hegel pour un défenseur de l'état prussien; mais, comme eux, il distingue l'homme de la doctrine. Herzen avait lancé la formule célèbre: «La dialectique est l'algèbre de la révolution». Elle ne choque pas Lénine qui constate:

«Bien que Hegel fût lui-même un admirateur de l'état prussien absolutiste au service duquel il se trouvait en qualité de professeur à l'université de Berlin, la doctrine de Hegel était révolutionnaire».[58]

Révolutionnaire, la philosophie hégélienne l'était à un double titre. Elle rompait avec la tradition de la pensée classique, en accordant une foi totale aux capacités de la raison humaine. Mais surtout, à l'encontre

[57] *Id.*, Marksizm i revizionizm, in *Polnoe.*, t. XVII, p. 19 (trad. fr. in *Œuvres choisies,* t. I, p. 65).
[58] *Id.*, Fridrich Engel's, in *Polnoe.*, t. II, p. 7 (fr., in *Œuvres choisies,* t. I, p. 51).

de toutes les métaphysiques substantialistes, elle avait compris que le monde est le théâtre d'un processus permanent de transformation et de développement. Si le «spéculatif» Hegel ne sut pas tirer lui-même les conclusions politiques de ce principe révolutionnaire, en découvrant ce thème du changement, il a posé les jalons du futur socialisme scientifique. Lénine est d'accord avec Engels: sans Hegel, pas de socialisme scientifique.

Lénine ne pouvait manquer de s'intéresser au célèbre adage hégélien concernant la rationalité du réel sur lequel était venue buter la première génération d'Hégéliens russes. En 1906, il y fait une rapide allusion. Déjà les Menchéviks commencent à propager leurs thèses réformistes: on peut changer la société tout en respectant le cadre établi. Pour n'avoir retenu de la formule que sa première partie: «Tout ce qui est réel est rationnel», ils sont conduits à déclarer la douma rationnelle et à s'en satisfaire. Que n'ont-ils pensé à corriger l'unilatéralité de leur vue par la deuxième partie de l'adage:

«La lutte à l'extérieur de la douma est 'rationnelle', répondons-nous. Elle découle avec certitude objective de l'ensemble de la situation actuelle; ce qui signifie qu'elle est 'réelle', même si elle est écrasée dans le moment présent».[59]

L'argumentation de Lénine n'est pas très hégélienne puisqu'elle laisse entendre qu'il y aurait une nette distinction entre les deux parties de l'adage; la première – tout ce qui est réel est rationnel – admettrait une certaine justification du fait que la seconde – tout ce qui est rationnel est réel – viendrait récuser. Mais là n'est pas la question. Par contre, il est significatif de noter que Lénine ne donne pas de cet adage une interprétation conservatrice puisqu'il s'appuie sur lui pour justifier l'opposition extra-parlementaire, ce qui aurait tout de même quelque peu surpris Hegel.

La philosophie hégélienne est révolutionnaire parce que la contradiction dialectique y assume un rôle essentiel. Dans sa correspondance avec Gorkij, Lénine avoue:

«Ah, mon Dieu! le philosophe Hegel a raison: la vie va de l'avant grâce aux contradictions; et les contradictions vivantes sont beaucoup plus riches, variées, chargées de contenu qu'il ne semble au premier abord à l'esprit humain».[60]

---

[59] *Id.*, Doklad ob obedinitel'nom sezde RSDRP, in *Polnoe.*, t. XIII, p. 33.
[60] *Id.*, Pis'mo k A. M. Gor'komu, 16/XI/1909, in *Polnoe.*, t. XLVII, p. 219.

Le terrain privilégié de ces contradictions vivantes, c'est l'arène politique. L'ouvrage, *Un pas en avant, deux en arrière*, contient quelques pages où Lénine essaie encore fort timidement de préciser la nature de la dialectique hégélienne. Le parti est en pleine crise, une aile opportuniste sensiblement aussi puissante que l'aile révolutionnaire s'oppose à celle-ci. Suivant les votes, tantôt l'une, tantôt l'autre obtient la majorité. Lénine constate que le développement de la lutte suit la voie dialectique, celle des contradictions:

«Le point de départ de la lutte idéologique 'est nié' et cède la place aux envahissantes querelles; mais ensuite commence la 'négation de la négation' et, après avoir trouvé un moyen de 'faire bon ménage'... nous revenons au point de départ de la lutte purement idéologique; dès lors, cette 'thèse', enrichie de tous les résultats de l''antithèse', devient une plus haute synthèse».[61]

D'où cette constatation que Lénine est bien obligé de faire: le schéma triadique hégélien n'est pas nécessairement une formule vide puisque, dans le domaine réel, les choses se passent ainsi. Toutefois, il serait dangereux de réduire la contradiction dialectique à l'opposition stérile entre opinions purement subjectives:

«Mais la grande dialectique hégélienne que le marxisme a faite sienne après l'avoir remise sur ses pieds ne doit jamais être confondue avec le procédé vulgaire consistant à justifier les zigzags des hommes politiques qui, dans le parti, passent de l'aile révolutionnaire à l'aile opportuniste, ou, avec la manière vulgaire de mettre dans le même sac telles déclarations, tels moments du développement des divers stades d'un unique processus».[62]

La grande dialectique de Hegel! Quel chemin parcouru depuis le moment où cette dialectique était tenue pour une pelure. Déjà Lénine a pris conscience que sans une théorie dialectique il ne pourra pas venir à bout des révisionnistes. Mais voilà qu'au moment même où il recourt à la dialectique, c'est cette notion de contradiction dialectique qui doit être précisée, faute de quoi elle va servir à justifier toutes les palinodies. Ceux qui corrompent la philosophie hégélienne ne sont pas moins dangereux que ceux qui la contestent. Les *Cahiers philosophiques* apporteront la réponse définitive. Mais déjà Lénine pressent que le danger, c'est de faire de la dialectique une sophistique:

«Le sophiste ne retient qu'un seul des 'arguments', et déjà Hegel avait dit

---

[61] *Id.*, *Šag vpered, vda šaga nazad*, in *Polnoe.*, t. VIII, p. 400.
[62] *Ibid.*, t. VIII, p. 400.

avec raison qu'il est possible de trouver des 'arguments' pour tout sur terre».[63]

Pour éviter que la contradiction dialectique ne se transforme en sophistique, donc au plan politique que Lénine ne perd jamais de vue, en opportunisme, il faut toujours considérer la dialectique d'une façon concrète:

«La véritable dialectique ne justifie pas les erreurs personnelles, mais elle étudie les tournants inéluctables, en prouvant leur inéluctabilité par un examen détaillé de ce développement pris selon toute sa concrétude. Le principe fondamental de la dialectique est qu'il n'y a pas de vérité abstraite, la vérité est toujours concrète».[64]

C'est précisément sur ce point que Lénine qui, jusqu'alors, n'avait fait que reprendre les analyses de Pléchanov, va décocher les premiers traits contre son ami. Dans *Un pas en avant, deux en arrière*, il l'accuse de s'être laissé entraîner à des prises de position coupables pour avoir violé «la thèse fondamentale de la dialectique: il faut analyser les questions concrètes dans toute leur concrétude».[65]

De 1894, date des premiers textes sur la dialectique hégélienne, jusqu'à 1914, époque où il entreprend l'étude directe de Hegel, la pensée de Lénine s'est modifiée d'une façon très sensible. Sans doute, si l'on tient pour essentiel le fait que Lénine récuse l'idéalisme et définit la dialectique par l'analyse de la formation économico-sociale, il faut alors reconnaître que, durant toute cette période, la position de Lénine demeure inchangée. Aussi bien le sera-t-elle jusqu'à sa mort. Mais ce qui importe, c'est aussi de déterminer concrètement ces notions abstraites de matérialisme et d'idéalisme, donc de préciser le concept de dialectique. Or sur ce point très précis, nul doute que Lénine n'ait pris de plus en plus conscience que la philosophie hégélienne pouvait être d'un précieux secours. Ayant rédigé entre juillet et novembre 1914 son *Karl Marx* pour le *Dictionnaire encyclopédique Granat*, il écrit le 4 janvier 1915 au secrétaire de rédaction pour lui demander «s'il ne serait pas encore temps de faire quelques corrections à la section sur la dialectique».[66] Pourquoi ces corrections? Parce que depuis septembre 1914, Lénine vient de commencer la lecture de la *Science de la Logique*.

[63] *Id., Krach II Internationala*, in *Polnoe.*, t. XXVI, p. 223.
[64] *Id., Sag.*, in *Polnoe.*, t. VIII, p. 400.
[65] *Ibid.*, t. VIII, p. 362.
[66] V. I. Lenin, Pis'mo k Sekretarju redakcii izdanij Granat, 4/I/1915, in *Polnoe.*, t. XLIX, p. 48.

b. Lénine et le projet hégélien d'une Science de la Logique

Les notes de Lénine sur la *Science de la Logique*, les *Leçons sur l'histoire de la philosophie* et les *Leçons sur la philosophie de l'histoire*, rédigées en 1914 et 1915, furent publiées pour la première fois dans les *Cahiers Lénine* entre 1929 et 1930.[67] Tous les historiens s'accordent à souligner le lien entre cette recherche théorique et le combat politique de Lénine:

«D'une façon générale on oublie souvent que dans les *Cahiers philosophiques* le noyau rationnel de la dialectique de Hegel n'est devenu fructueux que sur la base des connaissances réelles et des expériences politiques de Lénine».[68]

Ce serait, en effet, une curieuse méthode que d'isoler ces textes de l'ensemble de l'activité de Lénine. Pourtant, il faut bien aussi s'efforcer de lire ces *Cahiers philosophiques* en eux-mêmes. Or, c'est une tâche particulièrement difficile: comment des notes que Lénine prenait pour soi, sans l'intention de les publier, peuvent-elles devenir des notes pour nous? M. Kedrov qui a très minutieusement analysé ces textes ne dénombre pas moins d'une dizaine de groupes. Ce sont tout d'abord des citations de Hegel: elles représentent la plus grande partie de l'ouvrage. Viennent ensuite des réflexions sur ces citations: les unes sous forme d'interrogations, les autres sous forme d'interjections. Il est parfois difficile de dire si Lénine conteste ou acquiesce. On trouve aussi des commentaires, des notes aphoristiques, des fragments généraux, parfois l'ébauche d'un plan de travail à entreprendre par la suite, mais qui ne fut jamais remis sur le chantier.[69] Ce classement de Kedrov serait exhaustif s'il avait mentionné les silences de Lénine qui ne sont pas moins significatifs. Des passages entiers, et qui nous semblent très importants, ne sont pas rapportés par Lénine. C'est ainsi, par exemple, que l'auteur qui s'est pourtant livré à une étude minutieuse de la *Logique*, saute plus d'une centaine de pages sur le jugement et le concept. D'autres fois, les silences portent sur l'absence de commentaire en face du texte de Hegel qui, lui, est cité.

Un ouvrage qui offre de si objectives difficultés ne pouvait manquer d'être interprété de façon fort différente et même diamétralement

---

[67] Sur l'histoire des *Cahiers philosophiques*, cf. V. K. Brušlinskij, Rabota Lenina nad filosofskimi voprosami v 1914–1915 godach, in *Voprosy filosofii*, n⁰ 2, (1947), pp. 205–219.
[68] J. Höppner, Ueber das Verhältnis des Marxismus zur Philosophie Hegels, in *Deutsche Zeitschrift für Philosophie*, n⁰ 3, (1956), p. 304. Cf. R. Bayer, Hegel-Bilder, pp. 260–270.
[69] B. M. Kedrov, O leninskich tetradjach po filosofii, in *Voprosy filosofii*, n⁰ 2, (1947), pp. 54–83; spécialement, pp. 65–73.

opposée. Une autre raison de divergence est extérieure à l'ouvrage lui-même. C'est la position que le lecteur se fait des rapports entre le marxisme et l'hégélianisme. Est-on convaincu que Marx ne doit pratiquement rien au philosophe allemand, alors on a tendance à minimiser la signification des *Cahiers philosophiques,* même à en contester la valeur: la pensée de Lénine serait tout entière contenue dans *Matérialisme et Empiriocriticisme.* Telle fut la ligne d'interprétation en Union Soviétique pendant la période stalinienne. Comme le remarque M. Garaudy, les *Cahiers philosophiques* «... avaient été exclus du temps de Staline, des *œuvres complètes* de Lénine, tout comme les *Manuscrits de 1844* des *œuvres* de Marx, parce qu'ils étaient incompatibles avec une interprétation dogmatique du marxisme».[70] Ceux qui, au contraire, veulent conserver un lien entre l'hégélianisme et le marxisme s'efforceront de rectifier et même de corriger les étroitesses de *Matérialisme et Empiriocriticisme* en utilisant les *Cahiers philosophiques.* Nous avons en France, parmi d'autres, les lectures de MM. Lefèbvre et Garaudy. Depuis la déstalinisation, les articles et les livres parus en Union Soviétique sur les *Cahiers philosophiques* soulignent tous l'intérêt de ces travaux de Lénine. Mais, à part l'ouvrage de M. Rozental', les autres études nous renseignent beaucoup plus sur l'état de la philosophie soviétique actuelle que sur celle que Lénine entendait promouvoir en jetant ces notes rapides sur ses cahiers. Ainsi le livre collectif intitulé: *O «filosofskich tetradjach» V. I. Lenina* est-il composé de la même façon que tel manuel de matérialisme dialectique à l'usage des étudiants.[71] C'est pourquoi la lecture des commentateurs soviétiques de Lénine n'est intéressante que pour ceux qui ont admis une fois pour toutes que l'actuelle philosophie en Union Soviétique est l'exacte traduction des intentions de Lénine.

Si les commentateurs ne sont pas d'accord sur la signification ultime des *Cahiers philosophiques,* ils s'entendent au moins pour reconnaître que Lénine ne se proposait pas de faire œuvre d'historien de la philosophie. Dans les passages particulièrement difficiles du texte de Hegel, il ne faut pas s'attendre à voir Lénine risquer une interprétation. Souvent, en face de l'un de ces passages obscurs et sybillins, il note: «pas compris, y revenir»; parfois, manifestement découragé, il se contente

[70] R. Garaudy, *Lénine,* p. 40.
[71] La comparaison de cet ouvrage sur les Cahiers de Lénine avec les *Osnovye zakony i kategorii materialistíčeskoj dialektiki* est éclairante. Tous les chapitres sont superposables. D'abord, les trois premiers chapitres sur les «trois lois» de la dialectique; puis ceux consacrés à l'étude des diverses catégories: essence et phénomène, cause et effet etc... L'ouvrage de M. M. Rozental' est intitulé, *Lenin i dialektika.*

de tourner la page. On aurait tort cependant d'en conclure que la *Science de la Logique* n'est qu'une occasion que Lénine utilise pour expliquer sa propre pensée.

Lénine critique et réfute Hegel. La dialectique idéaliste n'est pas la dialectique marxiste et le lecteur russe ne se prive pas de le faire remarquer. Pourtant, il n'est pas exagéré de penser que le but profond de Lénine n'est pas de s'opposer directement à Hegel: la réfutation vient, si l'on peut dire, par surcroît ou par ricochet. En réalité, on assiste presque toujours à un phénomène de transposition immédiate par quoi une affirmation de Hegel se trouve instantanément traduite dans un autre langage ou à un autre registre. Celui qui lit le texte de Hegel, puis passe au texte de Lénine – c'est d'ailleurs la seule manière profitable – a souvent l'impression que Lénine vient de faire un contre-sens. Des exemples nous feront mieux comprendre. Face à ce passage de Hegel: «*La logique est la science pure*, c'est-à-dire le pur savoir dans toute l'ampleur de son développement», Lénine glose: «La première ligne est une absurdité. La deuxième est géniale».[72] L'historien de Hegel est tenté de penser que Lénine n'a rien compris, puisqu'il est trop évident que le deuxième membre de phrase qui reçoit l'éloge est strictement identique au premier qualifié d'absurde: le développement du savoir logique s'accomplit dans la pure intériorité du concept. Or il a suffi à Lénine de rencontrer «Entwicklung» pour voir derrière ce mot tout le devenir historique du savoir concret. Un autre exemple. Voici le texte de Hegel: «Le devenir dans l'essence, son mouvement réfléchissant est donc le mouvement du néant au néant et par là faisant retour à soi-même». Lénine remarque: «Ceci est intelligent et profond. Dans la nature et dans la vie il y a des mouvements [qui abou-tissent] au «néant». Seulement, sans doute, il n'y en a pas [qui partent] du néant. Toujours de quelque chose».[73] Selon Hegel, ce passage du néant au néant est celui de la réflexion et ne plaide ni pour ni contre la création ex nihilo et la corruption des réalités naturelles. Qu'importe à Lénine, s'il peut l'utiliser pour régler son compte à une vieille idée philosophique qu'il croit absurde. Ce procédé cher à Lénine, ce n'est donc pas la simple transposition mécanique qui consisterait à remplacer un terme idéaliste (Idée, Esprit etc...) par son contraire matérialiste (Monde, Matière). Dans les exemples cités la substitution des termes et des pensées visées par ces termes est si peu mécanique qu'elle est même tout à fait imprévisible. A moins de connaître par cœur les *Cahiers*

---

[72] V. I. Lenin, *Filosofskie tetradi*, in *Polnoe.*, t. XXIX, p. 92 (fr., p. 85).
[73] *Ibid.*, p. 119 (fr., p. 110).

philosophiques, même le meilleur spécialiste de Lénine serait bien incapable, si on lui lisait tel passage de Hegel cité dans les *Cahiers*, de retrouver ce que fut le commentaire de Lénine.

On voit donc clairement pourquoi, dans la plupart des cas, Hegel n'est pas directement réfuté pour lui-même. L'intention de Lénine, lecteur de la *Science de la Logique*, c'est d'utiliser la dialectique hégélienne pour justifier le matérialisme dialectique, ou si l'expression est trop forte, donc inexacte, d'éclairer et d'approfondir le matérialisme dialectique en partant de la philosophie hégélienne. Quelques années plus tard Lénine proposera à ses amis le programme suivant:

«Les collaborateurs de la revue *Sous la bannière du marxisme* doivent organiser l'étude systématique de la dialectique de Hegel d'un point de vue matérialiste, c'est-à-dire de la dialectique que Marx a appliquée pratiquement dans son *Capital* et dans ses travaux historiques et politiques...».[74]

Ainsi, selon Lénine, l'étude de Hegel doit se faire à la lumière des principes posés par Marx. Mais dans les *Cahiers philosophiques* se trouve ce texte bien connu:

«Aphorisme. On ne peut pleinement comprendre le *Capital* de Marx et en particulier son premier chapitre sans avoir étudié à fond et compris *toute* la *Logique* de Hegel. Par conséquent, pas un marxiste n'a compris Marx un demi-siècle après lui»!![75]

On est au rouet. N'est-ce pas, en effet, un cercle vicieux: pour comprendre Marx, il faut connaître Hegel et connaître Marx pour comprendre Hegel? Les Staliniens n'ont jamais perçu la difficulté puisqu'ils ont superbement ignoré le pressant conseil contenu dans les *Cahiers philosophiques* d'étudier soigneusement la doctrine de Hegel. C'est aussi la solution adoptée par tous ceux qui, comme M. Althusser, mettent une coupure radicale entre l'hégélianisme et le marxisme. Selon eux, on peut éviter de faire les frais d'une étude de Hegel parce que Marx l'a déjà faite et bien faite. Tous ces auteurs s'accrochent à la première phrase de Lénine: pour connaître Hegel, lisez Marx. D'autres penseurs semblent avoir trop bien répondu à l'invite de Lénine de lire Hegel pour comprendre Marx. Mais ayant accordé trop de poids à la dialectique hégélienne, ils furent tenus pour des déviationnistes. Le courant commencé très tôt, puisqu'il remonte à Lukács et Deborin, s'est poursuivi jusqu'à nos jours avec M. Lefèbvre.

[74] *Id.*, O značenii voinstvujuščego materializma, in *Polnoe.*, t. XLV, p. 30. (trad. fr., in *Œuvres choisies*, t. III, p. 796).
[75] *Id.*, *Filosofskie tetradi*, in *Polnoe.*, t. XXIX, p. 162 (fr., p. 149).

Peut-on briser ce cercle vicieux (apparent) sans pour autant tomber dans l'unilatéralité d'une opposition stérile qui tantôt fait préférer Marx à Hegel, tantôt Hegel à Marx? Il est facile de déceler quels scrupules retenaient les Staliniens. S'il fallait lire Hegel pour comprendre Marx, n'était-ce pas reconnaître l'insuffisance de Marx: quelle déficience, quel manque peuvent bien se trouver chez Marx que seul un apport spécifiquement hégélien serait capable de combler? Marx n'aurait-il donc pas puisé tout le suc vivant de Hegel, n'aurait-il pas découvert le fameux «noyau rationnel» de la dialectique hégélienne? Si l'on pose ainsi le problème, on ne peut répondre que négativement. Mais ce n'est certainement pas ce que Lénine veut dire. Si la vérité du marxisme passe par l'hégélianisme, et elle y passe, ce n'est pas en ce sens que l'hégélianisme permettrait de corriger ou de modifier les conclusions de Marx. La vérité du marxisme, c'est-à-dire une compréhension adéquate de la praxis mise en œuvre dans le *Capital* présuppose nécessairement la connaissance de la théorie dialectique contenue dans la *Science de la Logique*. Cette dialectique est idéaliste, objectera-t-on. Sans doute. Mais elle a au moins le mérite d'exister comme théorie dialectique. Bien que Marx se soit proposé de «rendre accessible au sens commun» le fond rationnel de la dialectique, il n'a pas eu le temps de réaliser son projet.[76] Or il est évident que pour Lénine la pratique dialectique appliquée telle qu'elle se trouve dans le *Capital* ne saurait remplacer une élucidation de la dialectique pour elle-même. L'interprétation de Lénine à laquelle nous arrivons ne serait-elle pas une falsification monstrueuse de sa pensée, puisqu'elle semble indiquer que la théorie est supérieure à la praxis? Nullement, car il n'est pas question de subordonner la théorie à la pratique, ni même de reconnaître qu'une praxis suppose toujours une théorie constituée en dehors d'elle: la dialectique est unité de théorie et de pratique. Mais la dialectique du *Capital* n'est pas seulement théorie et pratique, comme toute dialectique authentique; elle est une application de la dialectique à un domaine particulier, bien que fondamental: c'est pourquoi elle ne peut remplacer «une étude systématique de la dialectique de Hegel du point de vue matérialiste». Lénine sait que Marx a fait pour lui-même le travail de réflexion et de compréhension de la dialectique hégélienne qui lui a permis de dégager une théorie matérialiste de la connaissance

---

[76] «J'aurais grande envie, en deux ou trois placards d'imprimerie, de rendre accessible aux hommes de bon sens le *fond rationnel* de la méthode qu'[Hegel] a découverte, mais en même temps mystifiée (K. Marx, Brief an Fr. Engels, 16/I/1858, in *M.E.W.*, t. XXIX, p. 260).

dialectique, et ensuite, guidé intérieurement par cette conception, il l'a non pas appliquée à la vie économique, car ce serait un pur mécanisme, mais réactivée concrètement à ce niveau spécial des rapports de production. Depuis cinquante ans, on n'a pas compris Marx parce qu'on n'a pas retrouvé ce résultat – la compréhension matérialiste de la dialectique hégélienne – auquel Marx était parvenu grâce à sa réflexion sur Hegel, résultat qui n'apparaît que partiellement dans le *Capital*. C'est pour cette raison que Lénine entreprend cette lecture ardue mais nécessaire de la *Science de la Logique*. Tels ces coffres bien défendus qu'on ne peut ouvrir qu'avec deux clefs, le trésor de la philosophie marxiste ne se révèle qu'à ceux qui disposent à la fois de la *Science de la Logique* et du *Capital*. Et s'il est vrai comme l'affirme Lénine que pendant cinquante ans avant lui les marxistes n'ont rien compris à Marx, il faut dire aussi que pendant cinquante ans après lui les marxistes-staliniens qui ont si légèrement rejeté Hegel par dessus bord ont continué eux aussi à passer à côté de Marx.

On a souvent noté une différence entre Marx et Lénine. Si tous deux se sont également intéressés à la philosophie hégélienne, ils ne l'ont pas abordée par le même ouvrage. Marx part de la *Phénoménologie de l'Esprit:* les figures successives de la conscience seront le *punctum saliens* à partir duquel se formera la théorie des différentes étapes de la vie sociale. Lénine s'attaque à l'ouvrage le plus abstrait et le plus systématique, la *Science de la Logique*. La signification de ce choix est claire: il prend le livre où Hegel décrit à l'état pur, pratiquement sans référence au concret, la méthode dialectique parce qu'il lui est plus facile de l'intégrer à sa conception matérialiste. Nous aurons l'occasion de constater que lorsque Lénine lit un ouvrage «concret» de Hegel comme la *Philosophie de l'histoire*, il referme très vite le livre: le pseudo-concret hégélien masque la dialectique plus qu'il ne la révèle.

Le fameux projet de Lénine, lire la *Logique* en matérialiste, exige que l'on précise ce qu'est le matérialisme. En reste-t-on au niveau du débat contenu dans *Matérialisme et Empiriocriticisme*, le matérialisme sera défini comme le primat de l'être sur le connaître et l'idéalisme comme le primat du connaître sur l'être:

«Car l'*unique* 'propriété' de la matière dont l'admission définit le matérialisme philosophique est la propriété d'*être une réalité objective*, d'exister en dehors de notre conscience».[77]

V. I. Lenin, *Materializm.*, in *Polnoe.*, t. XVIII, p. 275 (fr., p. 238).

Pense-t-on pouvoir se limiter à cette seule affirmation, il s'ensuit alors que le débat entre Hegel et Lénine est celui entre l'idéalisme et le matérialisme. Les staliniens nous avaient habitués à cette simplification que M. Althusser adopte à son tour:

«Là encore, Lénine reprend une thèse classique qu'Engels avait exposée dans le *Ludwig Feuerbach*, mais il lui donne une portée sans précédent. Cette thèse porte sur l'histoire de la philosophie conçue comme l'histoire d'une lutte séculaire entre deux tendances: l'idéalisme et le matérialisme... De fait, cette thèse revient à affirmer que, pour l'essentiel, *la philosophie n'a vraiment pas d'histoire*».[78]

Accepter cette méthode de lecture, c'est se fermer la compréhension des *Cahiers philosophiques*. Trop de passages dont le sens est évident viennent s'opposer à cette prétention de réduire la philosophie à n'être qu'une insipide répétition d'un Même toujours le même et d'un Autre toujours autre. Cette thèse de la répétition n'est que la reprise, sous une autre formulation, du vieux thème manichéen qui met les bons d'un côté et les méchants de l'autre. Lénine, certes, oppose les matérialistes et les idéalistes. Mais son regard est infiniment plus perçant: tout indique qu'il sait distinguer entre idéalistes et idéalistes, comme aussi entre matérialistes et matérialistes. Son commentaire à l'*Histoire de la philosophie* de Hegel contient cette phrase significative:

«L'idéalisme intelligent est plus près du matérialisme intelligent que le matérialisme bête».[79]

Lénine n'aurait certes pas entrepris de lire Hegel s'il avait été convaincu qu'il n'était qu'idéaliste. En effet, celui qui accepte la dichotomie simpliste, idéalisme – matérialisme, sait a priori qu'il n'y a pas de rapport possible entre l'une et l'autre conception de la philosophie: les *Fils de la Terre* n'ont qu'à récuser les *Amis des Formes* dans la monotonie d'une opposition où rien ne se passe. Dans cette perspective sans dialogue authentique, le matérialiste qui lit Hegel devrait se contenter de remplacer mécaniquement les termes idéalistes par des termes matérialistes. La remise sur ses pieds de la dialectique hégélienne consisterait à pourchasser les notions d'Idée, d'Esprit, d'Idéalité, et leur substituer nature, cerveau, reflet.

Lorsque Lénine distingue l'idéalisme intelligent et le matérialisme

---

[78] L. Althusser, *Lénine et la philosophie*, p. 42.
[79] V. I. Lenin, *Filosofskie tetradi*, in *Polnoe.*, t. XXIX, p. 248 (trad. fr., p. 229).

bête, il précise dans le même passage:

«Idéalisme dialectique au lieu d'intelligent; métaphysique, non développé, mort, grossier, immobile, au lieu de bête».[80]

Ce nouveau couple, «dialectique» et «métaphysique», n'est certainement pas moins significatif que le premier. Le matérialisme est une chose, l'idéalisme une autre; mais la pensée dialectique et la pensée métaphysique sont des attitudes philosophiques si importantes qu'il suffira d'attribuer «métaphysique» à matérialisme et «dialectique» à idéalisme pour que le fléau de la balance penche en faveur de l'idéalisme dialectique. Puisque, selon les propres termes de Lénine, l'idéalisme dialectique est plus proche du matérialisme dialectique que ne l'est le matérialisme métaphysique, il faut en déduire qu'une pensée dialectique possède une très grande valeur par elle-même et en elle-même.

L'admission d'un nouveau couple à côté du couple matérialisme-idéalisme n'est pas un simple paramètre nouveau. En réalité, cette introduction modifie totalement la conception de l'histoire de la pensée. Nous avions vu que le fait de n'admettre que le couple idéalisme-matérialisme se soldait par l'opposition stérile de deux courants parallèles incapables de se pénétrer mutuellement: la philosophie n'avait plus d'histoire. Une fois introduit le deuxième couple, tout change radicalement. Le schéma, pour simple et étriqué qu'il puisse paraître à l'historien, n'en devient pas moins très riche. Il mine du coup le manichéisme en lequel M. Althusser avait cru pouvoir réduire la philosophie. C'est qu'en effet, en nous plaçant dans la perspective de Lénine, on opère maintenant avec deux valeurs: le matérialisme et la dialectique. Laissons de côté pour le moment cette union qui fait tant de difficulté entre matérialisme et dialectique pour nous intéresser à celle qui nous occupe présentement, la dialectique et l'idéalisme. Une telle philosophie, la *Science de la Logique,* est et n'est pas la vraie philosophie, car un authentique aspect est venu se croiser avec un aspect perverti. Lénine voit bien qu'un tel croisement a quelque chose de monstrueux, mais aussi de profondément attirant. Il sent qu'il ne suffit plus de dire avec Engels que la méthode est progressiste et révolutionnaire, alors que le système est conservateur et réactionnaire. Il délaisse l'image du contenant-contenu pour celle de l'épluchage:

«Il ne faut pas *appliquer* telle quelle la logique de Hegel; il ne faut pas la *prendre* comme un donné. *Il faut en extraire* les aspects logiques (gnoséologi-

---

[80] *Ibid.*, p. 248 (fr., p. 229).

ques) après les avoir purifiés de la Ideenmystik: c'est encore un grand travail».[81]

La notion d'épluchage n'est qu'une métaphore. Pour lui donner un sens plus précis, il faut voir ce que Lénine range parmi les pelures et parmi les fruits. Avant d'entreprendre cette analyse minutieuse, il convient de préciser comment Lénine entend le projet hégélien de la *Science de la Logique* et quel projet il lui oppose. S'il est vrai, ainsi que l'a excellemment montré un récent interprète, que la *Logique* se propose d'analyser le processus immanent au penser, donc les déterminations conceptuelles dont l'origine réside dans la spontanéité du sujet, il faut alors convenir que Lénine n'a pas compris le sens de la *Logique* de Hegel.[82] Par contre, son interprétation est celle de tous les adversaires de la *Logique*, depuis Schelling qu'il ignore sans doute, en passant par Herzen qu'il connaît parfaitement: la logique de Hegel est une anticipation de la nature: penser sur le penser, ce n'est plus penser le réel. Il faut renverser la position de Hegel qui prétend partir des «Denkbestimmungen»:

«La logique et la théorie de la connaissance doivent être déduites du développement de toute la vie de la nature et de l'esprit».[83]

Ceci explique immédiatement pourquoi Lénine s'intéresse si peu à la logique de l'Etre. Selon Hegel, la première triade, être-néant-devenir, est le point de départ de la processualité dont le principe est l'insatisfaction de la pensée. Pour Lénine, le fondement premier est le devenir de la nature.

La logique du Concept est l'ultime moment où le concept fait l'expérience qu'il est la source de ses propres déterminations: le Soi y atteint la pleine possession du sens. C'est la partie la plus commentée par Lénine, mais c'est pourtant celle qui lui reste la plus étrangère. En effet, Lénine s'y étend longuement, uniquement parce que le chapitre sur l'Idée absolue contient une explication magistrale de la dialectique

---

[81] *Ibid.*, p. 238 (fr., pp. 220–221). A propos du texte de Hegel sur la notion de force, Lénine déclare: «C'est un des *mille* endroits semblables chez Hegel qui mettent hors d'eux-mêmes les philosophes *naïfs* dans le genre de Pearson, auteur de *The Grammar of Science*. Il cite un passage analogue et rage: voilà ce qu'on enseigne dans nos écoles, un tel galimatias!! Et il a raison dans un *certain* sens, *partiellement*. Enseigner *cela* est absurde. Il faut d'abord en *dégager* la dialectique matérialiste. Mais cela donne 90% de pelures, de débris» (*ibid.*, p. 138 (fr., p. 128).

[82] E. Fleischmann, *La science universelle ou la Logique de Hegel*, pp. 25–34.

[83] V. I. Lenin, *Filosofskie tetradi*, in *Polnoe.*, t. XXIX, p. 80 (trad. fr., p. 72). Schelling avait déjà écrit: «Die Begriffe als solche existieren in der Tat nirgends als im Bewusstsein, sie sind also objektiv genommen nach der Natur, nicht vor derselben» (F. W. J. Schelling, *Zur Geschichte der neueren Philosophie*, in *Sämtliche Werke*, t. X, p. 140.

qui l'intéresse au plus haut point. Cependant on aurait tort de croire que l'abondance des textes indique une quelconque adhésion à l'intention de Hegel sur le Savoir absolu.

Il faut donc dire que Lénine se place au point de vue de la logique de l'Essence pour juger la *Science de la Logique*. Dans cette partie, Hegel montre que l'essence n'est pas extérieure au phénomène et que par conséquent il n'existe pas de doublure à ce monde. Tout naturellement, Lénine accepte cette destruction du monde des Idées et des Substances. Cependant, alors que chez Hegel la réflexion est un processus qui s'accomplit par l'intériorisation de la réalité elle-même, Lénine, tout en s'efforçant de sauvegarder cette intuition capitale, aura bien du mal à y parvenir, ayant laissé quelque peu la *réflexion* devenir un simple *reflet*.

Remplacer l'Etre par la Nature, donc transformer l'immédiat, pris au sens de simple, en immédiat comme pure extériorité, faire de la réflexion qui médiatise un reflet par lequel les déterminations tombent en dehors de la pensée, et prétendre ensuite se passer du concept qui pourtant apporte la plénitude du sens, cela fait tant de «pelures» que certains se demandent si après un tel épluchage il peut encore rester quelque chose d'hégélien. On connaît le jugement vengeur de Merleau-Ponty:

«La gnoséologie de Lénine, elle, rend à la dialectique un fondement absolu dans l'être ou dans l'objet pur et revient ainsi, non seulement en deçà du jeune Marx, mais en deçà de Hegel».[84]

M. Garaudy, au contraire, trouve dans les *Cahiers philosophiques* des raisons de croire que le primat de l'être sur le connaître n'exclut point pour autant une théorie dialectique du devenir de l'être. La théorie du reflet, qui dans *Matérialisme et Empiriocriticisme* souffrait d'une contamination certaine par l'empirisme, aurait retrouvé, grâce à la lecture de Hegel, une dimension nouvelle:

«La théorie léniniste du reflet intègre désormais comme l'un de ses moments, la conception hégélienne de la 'réflexion'».[85]

Avec juste raison, l'auteur a mis réflexion entre guillemets. Mais il croit pouvoir ajouter que la lecture de Hegel a permis à Lénine de découvrir le plus haut acquis de l'idéalisme allemand, la théorie du

---

[84] M. Merleau-Ponty, *Les aventures de la dialectique*, p. 89.
[85] R. Garaudy, *Lénine*, p. 41.

concept:

«La lecture matérialiste de Hegel a fait de la théorie léniniste du reflet une théorie du concept».[86]

Pour cet auteur donc, la gnoséologie léniniste, bien loin d'être pré-hégélienne et même pré-kantienne, serait tout bonnement post-hégélienne: le meilleur, peut-être même tout le meilleur de la philosophie de Hegel, serait sauvegardé dans l'interprétation de Lénine.

Les commentateurs ne sont ni près de s'entendre ni prêts à s'entendre, et l'on voit bien pourquoi. Face au projet hégélien d'en finir avec les oppositions stériles entre le prétendu idéalisme et le prétendu réalisme, Lénine oppose une fin radicale de non-recevoir. Personne ne niera que l'auteur des *Cahiers philosophiques* ne veuille maintenir une ligne de démarcation infranchissable entre l'idéalisme et le matérialisme. Il faut donc accorder à Merleau-Ponty que Lénine se meut dans un climat pré-hégélien et pré-kantien: située dans la positivité de l'être, la dialectique est naturalisée. Toutefois ce n'est là qu'un aspect de la réaction de Lénine en face du projet hégélien, puisque sa lecture de Hegel lui a aussi révélé que le but de la pensée dialectique est d'en finir avec la transcendance. Fort de cette conception, Lénine va s'efforcer d'en tirer toutes les conclusions au plan ontologique: ce sera la thèse du devenir de l'être. En mettant la dialectique dans l'être, il n'en résulte pas seulement une naturalisation de la dialectique, mais aussi une dialectisation de l'être. Ainsi Lénine va chercher dans la *Science de la Logique* des arguments pour prouver que la philosophie s'enracine dans le donné de l'être naturel et qu'elle est en même temps un dépassement dialectique de l'immédiateté de ce même donné.

c. L'enracinement dans le donné

Dans la préface à la première édition, Hegel, après avoir déclaré que la *Logique* ne peut tirer sa méthode ni d'une science secondaire comme la mathématique, ni s'en tenir aux assurances catégoriques de l'intuition interne, ni se servir de raisonnements fondés sur la réflexion extérieure, ajoute cette précision fondamentale:

«Cette méthode ne peut être que la *nature du contenu* qui se meut dans la connaissance scientifique, puisqu'en même temps c'est cette propre *réflexion du contenu* qui uniquement pose et produit sa détermination même».[87]

---

[86] *Ibid.*, p. 43.
[87] G. W. F. Hegel, *Wissenschaft der Logik*, t. I, p. 6.

Hegel veut dire que le développement de l'objet de toute la logique
– les essentialités pures ou déterminations de la pensée – dépend uniquement de l'objet lui-même. Lénine qui cite ce texte n'ajoute pas le
moindre commentaire. Pourtant on peut affirmer qu'il approuve l'idée
essentielle de Hegel : tout le développement procède de la nature du
contenu. Bien sûr, ce contenu, Hegel a eu tort de feindre de croire que
c'était les essentialités pures, mais il a eu le mérite de comprendre que
la logique porte sur un contenu objectif. Lénine perçoit aussitôt tout
le profit qu'il peut tirer de cette lecture de la logique contre son vieil
ennemi de toujours, Kant, et ses disciples actuels, les néo-kantiens
russes. Mais on peut aussi prévoir qu'en refusant de se laisser entraîner
à la suite de Hegel dans le domaine chimérique des «Denkbestimmungen», il va essayer de retourner contre Hegel les propres armes que ce
dernier lui a données.

Lénine utilise, en effet, la *Science de la Logique* pour abattre le kantisme. On est frappé par le soin qu'il prend à relever les si nombreux
passages où, directement et indirectement, Hegel s'oppose à Kant. Il a
compris tout le profit qu'un matérialiste peut en tirer :

«Quand *un* idéaliste critique les fondements d'*un autre* idéaliste, le *matérialisme* en profite toujours. Cf. Aristote versus Platon etc... Hegel versus
Kant etc...».[88]

Le profit est immense parce que Lénine ne se contente pas de remplacer comme on le dit souvent un terme idéaliste par un terme matérialiste. Si tel était le cas, il suffirait de se référer à un auteur matérialiste quelconque. Telle fut précisément la démarche de Pléchanov, critique
de Kant ; mais c'est justement pourquoi elle apparaît si courte à
Lénine :

«Deux aphorismes :
Primo : Pléchanov critique le kantisme (et l'agnosticisme en général) davantage d'un point de vue vulgairement-matérialiste que dialectiquement-
matérialiste *dans la mesure où* il *rejette* seulement a limine leurs raisonnements et ne les *rectifie* pas (comme Hegel rectifiait Kant) en les approfondissant, en les généralisant, en les élargissant, montrant le *lien* et les *passages*
de tous les concepts et de chacun d'eux.
Secundo : Au début du XXe siècle, les marxistes critiquaient les disciples de
Kant ou de Hume plutôt à la manière de Feuerbach (ou de Büchner) que de
Hegel».[89]

---

[88] V. I. Lenin, *Filosofskie tetradi*, in *Polnoe.*, t. XXIX, p. 255 (fr., p. 235).
[89] *Ibid.*, p. 161 (fr., p. 148).

Avec Hegel pour guide, au lieu d'écarter simplement les conclusions
auxquelles Kant est parvenu, on comprend le cheminement qui l'a
conduit à ces conclusions. On parvient ainsi à s'installer à l'intérieur
même du système kantien. Il apparaîtra scandaleux à beaucoup qu'un
penseur «prékantien» utilise contre Kant une philosophie qui dépasse,
mais en l'assumant, le criticisme. Hegel réfute Kant parce que Hegel
postule l'identité de la forme et du contenu. Lénine, vu sa théorie du
primat de l'être sur le connaître, revient à la position réaliste selon
laquelle la vérité réside dans l'adéquation du donné et de l'intellect.
Hegel se sentirait infiniment plus proche de la philosophie critique de
Kant qui a au moins compris l'importance de la Raison que de la
philosophie de Lénine où la raison, produit de la matière, n'a d'autre
fonction que de refléter la réalité naturelle et d'en dégager les lois.
Cette difficulté ne semble pas effleurer Lénine. Certes, il avoue lui-
même que «Hegel mène cette argumentation *entièrement et exclusivement* du point de vue *d'un idéalisme plus conséquent*».[90] Puisque c'est
un idéaliste, il ne s'étonnera pas si «Hegel considère comme le grand
mérite de Kant d'avoir mis en avant l'idée de l'unité transcendentale
de l'aperception», mais puisque c'est un idéaliste plus conséquent, il
s'attendra tout naturellement à le voir «reprocher à Kant son unilatéralité et son subjectivisme». Lénine fait avec Hegel ce que celui-ci fait
avec Kant: il ne le rejette pas, mais le redresse et le rectifie. Veut-on
un exemple frappant d'une rectification qui serait pour un historien
de la philosophie un pur contresens? Dans sa remarque au paragraphe
sur la réflexion extérieure, Hegel explique que la réflexion absolue
diffère de la réflexion extérieure (ou kantienne) en ce qu'elle ne se
rapporte pas à l'immédiat et à un donné pour le subsumer sous une
règle universelle. Lénine commente:

«Donc, ici aussi, Hegel accuse Kant de subjectivisme. Hegel est (N.B.) pour
la 'signification objective' (sit venia verbo) de l'apparence, de la donnée
immédiate (le terme '*donnée*' est courant chez Hegel)».[91]

Le donné immédiat qui n'est pour Hegel qu'un non-étant (ein Nichti-
ges) devient chez Lénine une réalité objective).

Lénine remarque, à la suite de Hegel, que le vice fondamental du
kantisme fut d'avoir distingué le monde du phénomène de celui du
noumène: dualisme ruineux qui conduit à la fois à l'idéalisme de la
Chose-en- soi et au subjectivisme sceptique des formes vides de l'entende-

---

[90] *Ibid.*, p. 151 (fr., p. 141).
[91] *Ibid.*, p. 120 (fr., p. 111).

ment. Cette doublure idéaliste de la Chose-en-soi a son origine dans une mauvaise conception de la connaissance. Hegel vient de déclarer que la raison kantienne est impuissante à saisir le vrai contenu. D'où la remarque de Lénine:

«Encore une fois, Ding an Sich = abstraction, produit de la pensée abstrayante».[92]

Précisons tout de suite que Lénine ne condamne pas l'abstraction, mais seulement la connaissance abstractive qui s'écarte du donné:

«Ding an sich chez Kant est une abstraction *vide* et Hegel exige que les abstractions correspondent à *der Sache:* 'le concept objectif des choses constitue le fond même des choses' – il exige que les abstractions correspondent, pour parler en matérialiste, à l'approfondissement réel de notre connaissance du monde».[93]

Dans la philosophie critique de Kant, la connaissance abstractive, loin d'être une saisie du donné réel, se présente comme une fuite dans l'Au-delà. Lénine a relevé ce passage de Hegel:

«De ce point de vue on attribue à l'objet on ne sait quel *caractère de chose-en-soi au-delà* de la connaissance, et on regarde cette chose-en-soi et par conséquent aussi la vérité comme un *au-delà* absolu pour la connaissance».

Pleinement d'accord, il se contente d'ajouter:

«Chez Kant, la chose-en-soi est un 'Jenseits' absolu».[94]

Pour avoir rejeté la vérité dans l'Au-delà, Kant ne peut plus considérer la vérité que sous son aspect purement formel: le contenu est étranger au connaître. Sur ce point encore, Lénine reprend l'argumentation de Hegel. Le subjectivisme de la philosophie critique est une attitude sceptique pas tellement éloignée de la position de Hume:

«Le scepticisme, Hegel le voit visiblement ici en ceci que Hume et Kant ne voient pas dans 'les phénomènes' des choses-en-soi qui *apparaissent*, qu'ils séparent les phénomènes de la vérité objective, qu'ils doutent de l'objectivité de la connaissance, qu'ils séparent, weglassen alles Empirische du Ding an sich».[95]

Lénine a bien compris la thèse de Hegel: si le Moi est la forme vide d'un «Je pense», tout élément empirique doit être tenu pour incer-

---

[92] *Ibid.*, p. 91 (fr., p. 82).
[93] *Ibid.*, p. 84 (fr., p. 75).
[94] *Ibid.*, p. 188 (fr., p. 170).
[95] *Ibid.*, p. 187 (fr., p. 169).

tain et rejeté comme tel. Il faut donc que la connaissance intègre le moment de l'empirisme. Mais vient-elle aussi à ne considérer le phénomène empirique que dans son immédiateté, la connaissance sera encore exposée au scepticisme puisqu'elle devra reconnaître que cet immédiat n'est que l'inessentiel. Lénine n'a pas manqué de transcrire quelques textes importants de la logique de l'Essence qu'il a groupés sous le titre, *L'apparence et le scepticisme respective le Kantisme:*

«Ainsi, l'apparence est le phénomène du scepticisme ou aussi le phénomène de l'idéalisme... L'idéalisme – leibnizien, kantien ou fichtéen, ou dans ses autres formes – n'est pas allé, pas plus que le scepticisme, au-delà de l'être en tant que détermination, au-delà de cette immédiateté».

La remarque de Lénine est très importante:

«Vous mettez dans le *Schein* toute la richesse du monde et vous niez l'objectivité du Schein»!!⁹⁶

On affaiblirait considérablement son affirmation si l'on faisait dire au commentateur russe qu'il reproche au sceptique de nier l'existence du phénomène après avoir commencé par reconnaître que le monde se manifeste dans le phénomène. Par «objectivité du Schein», il entend la transformation du phénomène en essence, c'est-à-dire le dépassement de la pure immédiateté naturelle laquelle est, à la fois, inessentielle et essentielle. Kant est sceptique pour ne pas avoir soupçonné que «le phénomène est l'essence même dans la déterminité de l'être». Lénine adopte si bien l'argumentation de Hegel qu'il remarque après lui que «Kant rabaisse la force de l'entendement» et ne fait pas droit aux exigences du concept.

Cette fidélité à la philosophie de Hegel comme critique de Kant n'implique pas une adhésion à toutes les thèses de Hegel. Souvent nous avons vu Lénine «corriger» Hegel. A chaque fois, c'était pour rappeler que la pensée doit toujours s'enraciner dans le donné et pour rappeler que si la réflexion philosophique doit supprimer l'unilatéralité de la simple immédiateté, ce n'est pas pour se perdre dans de vaines abstractions. La démarche de Lénine rappelle un peu celle de Herzen qui utilise Hegel contre Hegel.⁹⁷ Il va se servir de l'un des principes hégéliens pour contester certaines conclusions de Hegel. Ce principe, c'est l'unité du phénomène et de l'essence ou du fini et de l'infini. Le jugement de Lénine sur Hegel est assez facile à saisir bien qu'il s'exprime

⁹⁶ *Ibid.*, p. 117 (fr., p. 108).
⁹⁷ Cf. *supra*, p. 153.

par des affirmations apparemment contradictoires. Il dira que l'hégélianisme est presque un matérialisme, mais aussi l'idéalisme le plus absolu, mieux, que l'hégélianisme est presque un matérialisme *parce qu'*il est un idéalisme absolu.

Lénine tient Noël pour un commentateur sans envergure, puisqu'il n'a pas compris que la *Science de la Logique* de Hegel est profondément orientée vers le réel:

«'La défense' de Noël consiste à souligner (à ressasser) que Hegel est un idéaliste».[98]

Interprétation inadmissible, car Hegel lui-même prévient ses lecteurs dans sa préface que l'objet de la *Logique*, c'est l'être dans toute sa réalité:

«La logique est la théorie non des formes extérieures de la pensée, mais des lois du développement de 'toutes les choses matérielles, naturelles et spirituelles', c'est-à-dire du développement de tout le contenu concret de l'univers et de sa connaissance, autrement dit, le bilan, la somme, la conclusion de l'*histoire* de la connaissance du monde».[99]

M. Lefèbvre pense pouvoir dire que la dialectique hégélienne est une méthode de construction *a priori*.[100] Certes, Lénine a vu lui aussi, après Feuerbach, que Hegel a une fâcheuse tendance à valoriser le mouvement autonome des concepts au détriment du réel sur lequel ils se fondent.[101] Il maintient cependant que la *Science de la Logique* est si profondément tendue vers le monde réel naturel et humain qu'elle n'est pas loin de se présenter comme une doctrine matérialiste:

«L'idéalisme objectif (et plus encore l'idéalisme absolu) s'est rapproché en zigzaguant (et par culbute) jusqu'à *toucher* le matérialisme et s'est même en partie *transformé en lui*».[102]

Pourquoi ce matérialisme n'est-il que partiel? Herzen avait déjà perçu que «Hegel cherche à écraser la nature par l'esprit, par le logi-

---

[98] V. I. Lenin, *Filosofskie.*, in *Polnoe.*, t. XXIX, p. 294 (fr., p. 379).
[99] *Ibid.*, p. 84 (fr., p. 76).
[100] H. Lefèbvre, *Cahiers sur la dialectique de Hegel*, Introduction, p. 48.
[101] «Dans la *Remarque* nous trouvons comme toujours chez Hegel des faits, des exemples, des éléments concrets (Feuerbach pour cette raison se moque de Hegel en disant qu'il a renvoyé la *nature* dans les *remarques*» (V. I. Lenin, *Filosofskie tetradi*, in *Polnoe.*, t. XXIX, p. 112 (fr., p. 102). Lénine se réfère à ce passage de Feuerbach: «Il faut que le philosophe introduise dans le *texte* de la philosophie la part de l'homme qui *ne* philosophe *pas*, bien plus, qui est contre la philosophie, qui combat la pensée abstraite, donc tout ce que Hegel ravale à l'état de note» (L. Feuerbach, Thèses provisoires pour la réforme de la philosophie, in *Manifestes philosophiques*, p. 116.
[102] V. I. Lenin, *Filosofskie.*, p. 250 (fr., p. 231).

que».[103] Lénine est du même avis. L'idéalisme absolu, bien qu'il ne repose pas comme le Kantisme sur les seuls a priori de la représentation, est la forme par excellence de la pensée ontologique selon laquelle le connaître pose l'être. D'où les coups de Lénine qui maintenant peut affirmer que Hegel est l'antimatérialiste. Il l'est parce qu'il manque son point de départ et son point d'arrivée. La première partie de la *Science de la Logique* porte sur l'être, mais seulement sur l'être abstrait et non sur la nature : l'Idée prime le réel. Lorsque Lénine rencontre le passage où Hegel déclare que le concept est absorbé par l'extériorité au niveau du mécanisme et du chimisme, il lance :

«La nature = l'absorption du concept par l'extériorité (Ha! ha!)».[104]

Il est donc d'accord avec la plus grande partie des commentateurs pour dire que Hegel déduit logiquement la nature à partir de l'Idée. L'idéalisme a montré ses oreilles d'âne! Et pourtant Lénine se réconcilie avec Hegel lorsqu'il l'entend affirmer que l'Idée absolue, puisqu'elle est enfermée dans la subjectivité, aspire à dépasser cette subjectivité pour se réaliser dans la nature :

«Cette phrase de la *dernière* page de la *Logique* est archiremarquable. Passage de l'idée logique à la *nature*. Le matérialisme est à portée de la main. Engels avait raison : le système de Hegel est un matérialisme renversé. Ce n'est pas la dernière phrase de la *Logique*, mais ce qui suit jusqu'à la fin n'est pas important».[105]

En somme, selon son interprète, Hegel est obligé d'avouer que la pensée ne peut se mouvoir dans les pures essentialités et doit donc à un certain moment rencontrer le réel. Mais cet aveu, Hegel ne le fait qu'à contrecœur parce qu'il a pris une option antimatérialiste. Cette attitude idéaliste transparaît à chaque page dans son *Histoire de la philosophie:* systématiquement, Hegel s'oppose aux philosophes matérialistes ou même feint de ne pas voir les éléments matérialistes contenus dans certaines doctrines par ailleurs idéalistes. Il se dit et se déclare objectif; en fait, il a pris parti pour l'idéologie idéaliste. Il faut donc le démasquer. L'*Histoire de la philosophie* contient «toute une masse de bavardage mystique sur Platon, mais ignore le matérialisme et le traite négligemment. Cf. Hegel à propos de Démocrite – Nil!!».[106]

---

[103] A. I. Gercen, *Pis'ma ob izučenii prirody*, in *Polnoe.*, t. IV, p. 27.
[104] V. I. Lenin, *Filosofskie.*, p. 168 (fr., p. 154).
[105] *Ibid.*, p. 215 (fr., p. 191).
[106] *Ibid.*, p. 254 (fr., p. 234). «Hegel behandelt Démocrite déjà tout à fait stiefmütterlich. L'esprit du matérialisme est insupportable à l'idéaliste»!! (*ibid.*, p. 239 (fr., p. 221).

Non seulement Hegel ne trouve rien d'intéressant dans les tourbillons d'atomes de Leucippe, mais il tente même de faire de cet authentique matérialiste un empiriste. Lénine note en marge:

«Aveuglement de Hegel, étroitesse d'idéaliste!! Matérialisme (le mot fait peur à Hegel qui crie: arrière!) versus l'atomisme».[107]

Cette partialité est encore plus regrettable et plus évidente à propos d'Aristote que Lénine apprécie beaucoup. Hegel l'excède:

«On ne peut lire sans dégoût la façon dont Hegel flagorne Aristote pour 'ses concepts véritablement spéculatifs' (sur l''âme' et sur beaucoup d'autres choses), et dont il fait étalage des sornettes idéalistes (= mystiques). *Toutes les hésitations* d'Aristote entre l'idéalisme et le matérialisme sont camouflées»!!![108]

Aristote est profondément réaliste, spécialement sur le problème de la connaissance. Or Lénine sait quel avantage une philosophie matérialiste peut et doit tirer d'Aristote. Voilà que c'est précisément cette tendance réaliste que Hegel s'acharne à ne pas voir ou à gauchir. Alors qu'Aristote distingue νοῦς et νοητόν, «Hegel *extorque* à Aristote que les soi-disant νοῦς et νοητόν c'est la même chose»; alors «((la question de l'être *indépendamment* de la raison et de l'homme est dissimulée!!)) – tout cela pour démontrer: 'Aristote de cette façon n'est pas un réaliste'».[109] Enfin, Hegel a une complaisance coupable pour les Idées de Platon: il ne veut pas y porter la main pour ne pas se fermer la voie vers le mysticisme de l'Absolu:

«L'idéaliste Hegel a lâchement évité l'attaque que fait Aristote (dans sa critique des idées de Platon) des *fondements* de l'idéalisme».[110]

Toutes ces lâches dérobades procèdent de l'amour de la mystique. C'est qu'en effet Hegel n'a écarté la nature que pour permettre l'ouverture vers la transcendance divine. Kojève a cru pouvoir interpréter la philosophie hégélienne comme une philosophie athée. Les hégéliens de gauche en Russie sont moins affirmatifs. Sur ce point la position de Lénine est proche de celles de M. Bakounine ou de Herzen qui tous les deux ont cru déceler chez Hegel une ambiguïté et comme une irrésolution face à ce problème. Vers la fin de sa vie, Bakounine, revenant

107 *Ibid.*, p. 238 (fr., p. 221).
108 *Ibid.*, p. 258 (fr., pp. 237–238).
109 *Ibid.*, pp. 261–262 (fr., pp. 240–241).
110 *Ibid.*, p. 255 (fr., p. 235).

sur la question de la pensée religieuse de Hegel, remarque:

«Mais Hegel, au moins, ne parle jamais de Dieu; il parle seulement de l'Absolu, et nul, il faut le dire, n'a jamais porté à ce pauvre Absolu des coups aussi
rudes que Hegel lui-même».[111]

Lénine est lui aussi surpris de constater que le dernier texte de la
Science de la Logique ne contient aucun appel à la transcendance:

«Il est remarquable que tout le chapitre sur l'"Idée absolue' ne mentionne
presque pas le mot de dieu (à peine une fois le 'concept' 'divin' fait-il une
apparition fortuite)».[112]

Il n'est donc pas loin de croire que le Dieu de Hegel est davantage
ce «pauvre Absolu» que le Dieu de la tradition philosophique classique.
Dans une note qui conclut le chapitre sur le Rapport essentiel, Hegel
oppose le concept immédiat de Dieu selon lequel «Dieu n'est que la
nature» au concept médiatisé où «Dieu est alors Esprit». Lénine ajoute
ce commentaire:

«Exemple: le germe de l'homme n'est que l'homme intérieur, dem Anders-
sein Preisgegebenes, ce qui est passif. Gott au commencement n'est pas
encore esprit. *'Immédiatement dieu n'est donc que nature'*. Cela aussi est
caractéristique. Feuerbach daran 'knüpft an': A bas Gott, il reste la Nature».[113]

On peut très bien, pense Lénine, supprimer toute référence à l'absolu
sans que cela entraîne une transformation radicale de la logique. Comme il vient de rencontrer un passage qui tend à prouver qu'il n'y a
«rien dans le ciel, dans la nature, dans l'esprit ou ailleurs qui ne contienne en même temps l'immédiat et la médiation», il se contente de
préciser:

«1. Le ciel – la nature – l'esprit. A bas le ciel: le matérialisme...
2. A bas le ciel [il reste] le lien régulier de *tout (le processus)* de l'univers».[114]

S'efforçant de lire Hegel en matérialiste il lui faut, comme il le dit
lui-même souvent, éliminer les «idioties sur l'Absolu», «des histoires sur
l'existence de dieu», «renvoyer dieu et les canailles philosophiques qui
le défendent dans la fosse aux ordures». Alors le tableau du monde
selon la *Logique* de Hegel devient très satisfaisant. Il est significatif que

---

[111] M. Bakounine, *L'Internationale et Mazzini*, in *Archives Bakounine*, t. I, p. 42.
[112] V. I. Lenin, *Filosofskie.*, p. 215 (fr., p. 192).
[113] *Ibid.*, p. 139 (fr., p. 128).
[114] V. I. Lenin, *Filosofskie tetradi*, in *Polnoe.*, t. XXIX, p. 92 (trad. fr., p. 85).

Lénine ne s'attarde pas un instant sur ce problème de la transcendance. Nul argument ou même début de justification ne viennent apporter un commencement de preuve. Pourtant tel paragraphe de la *Science de la Logique* semble contenir une invitation à argumenter contre la divinité: on pense à la dialectique du fini et de l'infini, véritable révolution en philosophie selon Marcuse puisque Hegel, par son concept de finitude, affranchit l'homme des influences religieuses et théologiques.[115] Cette interprétation de Marcuse est assez hasardeuse et sans doute opposée à la vraie pensée de Hegel. Cependant si Lénine s'est abstenu de la proposer, ce n'est pas par crainte de faire un contresens – nous savons qu'il n'en est pas à un près – mais tout simplement parce qu'il est persuadé que le Hegel historique n'est pas athée, bien que la référence à la divinité ne soit guère plus chez lui qu'une survivance ou une concession faite à l'esprit du temps.

Lénine veut apprendre de Hegel comment doit procéder une philosophie qui prétend toujours s'en tenir à la réalité concrète, naturelle ou historique. Il retient de sa lecture qu'il ne suffit pas de déclarer que la réalité est matérielle, mais qu'il faut surtout le prouver. Or le matérialisme classique en est incapable. Même Feuerbach qui en est le dernier maillon n'a pas réussi à fournir cette preuve. La réponse se trouve dans la philosophie hégélienne, la seule à avoir compris que la plénitude du réel ne réside ni dans l'immédiateté du donné empirique ni dans l'Empyrée du monde des Idées, mais dans l'unité dialectique de l'essence et du phénomène.

d. La dialectique du devenir

Comprendre le réel, c'est refuser d'y échapper en admettant l'existence d'un monde des Idées. Mais comprendre le réel, ce n'est certes pas s'enfermer dans la positivité des données immédiates: le monde phénoménal doit être saisi comme monde essentiel. Cet effort de Lénine a été souvent méconnu par ceux qui, à la suite de Merleau-Ponty ou de Lukács, n'ont vu dans la philosophie léniniste qu'un réalisme prékantien. Nous pénétrons donc maintenant au cœur de la difficulté de la lecture marxiste de la *Science de la Logique:* le matérialisme dialectique. Unir le matérialisme et la dialectique apparaît à beaucoup comme le

---

[115] «Hegels Begriff der Endlichkeit befreite den philosophischen Zugang zur Wirklichkeit von mächtigen religiösen und theologischen Einflüssen... Der Begriff der Endlichkeit, die sie [die Idee der Negativität] ausdrückte, wurde bei ihm zu einem kritischen, fast materialistischen Prinzip» (H. Marcuse, *Vernunft und Revolution*, p. 127).

type même d'une union contradictoire. Hyppolite écrivait :

«On sera, enfin, plus ou moins porté à interpréter le *matérialisme dialectique* – formule de Marx et d'Engels qui nous paraît en elle-même bien obscure et même contradictoire en un certain sens – sur le modèle d'un matérialisme tout court, d'un pur objectivisme scientisite».[116]

C'est contradictoire, en un certain sens, c'est-à-dire dans la mesure où l'on identifie dialectique et subjectivité. Pour l'immense majorité des interprètes de Hegel, l'activité dialectique est impensable sans la négativité d'un sujet : la dialectique renvoie toujours au Logos. Or voici que Lénine commence par distinguer, voire séparer nettement, la réalité extérieure et l'activité du sujet, contredisant ainsi l'intention déclarée de Hegel qui est d'unir l'aspect objectif et l'aspect subjectif. Certes, Lénine lui-même affirme :

«Dans le *Capital*, la logique, la dialectique et la théorie de la connaissance du matérialisme sont appliquées à une seule science (il n'est pas besoin de trois mots : c'est une seule et même chose) ; le matérialisme prend chez Hegel tout ce qui a de la valeur et le développe».[117]

De ce texte, il ressort que pour la philosophie marxiste-léniniste, logique, dialectique, théorie de la connaissance forment une unité indissoluble. Mais quel est donc ce type d'unité que postule ici Lénine entre la dialectique et la théorie de la connaissance ? Est-ce celui qu'il y aurait entre l'aspect objectif de la dialectique et son aspect subjectif : alors l'être et le connaître formeraient effectivement une véritable unité comme chez Hegel. Telle n'est pas la position de Lénine. Les philosophes soviétiques qui distinguent tous entre la dialectique objective (le devenir du monde) et la dialectique subjective (le reflet de ce monde dans la connaissance) n'ont pas trahi ou affaibli la pensée de leur maître.[118] Comme Lénine reste fidèle à sa conception fondamentale sur le primat de l'être par rapport au connaître, liaison indissoluble veut dire uniquement que la dialectique subjective repose sur la dialectique objective. Ce n'est donc pas pour la commodité de l'exposé que nous distinguons le devenir dialectique objectif et le devenir dialectique subjectif.

---

[116] J. Hyppolite, *Etudes sur Marx et Hegel*, p. 110.
[117] V. I. Lenin, *Filosofskie.*, p. 301 (fr., p. 201).
[118] «A la dialectique objective du monde extérieur correspond la dialectique de la connaissance» (L. N. Suborov, *Voprosy dialektiki v «filosofskich tetradjach» V. I. Lenina*, p. 104. Cf. M. M. Rozental', *Lenin i dialektika*, pp. 32 sq.
    I. K. Tavadze, G. M. Kalandarisvili, *V. I. Lenin o «Nauke logiki» Gegelja*, pp. 267–291.

La *Science de la Logique* de Hegel est la vaste épopée d'un effort de libération ontologique par lequel l'esprit s'affranchit de l'immédiateté pour parvenir au savoir de soi. Cette perspective reste tout à fait étrangère à son lecteur russe qui ne retient de la *Logique* que l'idée d'un devenir ontologique et s'efforce de trouver dans les principes même de Hegel une justification de ce devenir de l'être.

Engels croyait que les trois lois, l'unité et la lutte des contraires, le passage de la quantité à la qualité, la négation de négation, contenaient le «noyau rationnel» de la dialectique hégélienne. Lénine ne nie pas l'importance de ces «moments» de la dialectique, mais il sent aussi que d'autres moments ne sont pas moins essentiels. Il suffit de renvoyer au célèbre passage sur les *Eléments de la dialectique* pour s'en convaincre. Il n'est plus question de trois lois ni même de «loi», mais de 16 éléments.[119] Toute tentative pour réduire la dialectique à tel aspect ou à tel autre, pour important qu'il soit, reste toujours un peu une trahison. Lénine sait que la dialectique n'est pas une méthode formelle qu'il suffirait de posséder pour ouvrir les portes du savoir.

Acceptons donc le risque de réduire la complexité de la dialectique puisque les nécessités de l'exposé nous y contraignent. L'élément essentiel que Lénine a trouvé dans la *Science de la Logique*, mais qu'il a expérimenté douloureusement depuis une vingtaine d'années dans la vie politique – il suffit de se rappeler son aveu à Gorkij – c'est la contradiction dialectique:

«On peut brièvement définir la dialectique comme la théorie de l'unité des contraires. Par là on saisira le noyau de la dialectique, mais cela exige des éclaircissements et un développement».[120]

Quand Lénine rencontre le passage où Hegel accuse les philosophies de l'entendement de montrer trop de tendresse envers le réel parce qu'elles préfèrent y voir une erreur subjective plutôt que de devoir supporter la contradiction objective, il cite entièrement tous les textes de cette partie de la logique de l'Essence, et après avoir mis en marge «Bien dit!!», il ajoute:

«Cette ironie est charmante! 'Traiter avec sollicitude' la nature et l'histoire (chez les Philistins) – le désir de les purifier des contradictions et de la lutte».[121]

---

[119] V. I. Lenin, *Filosofskie.*, pp. 202–203 (fr., pp. 181–182). Cf. R. Garaudy, Les «Cahiers philosophiques» de Lénine, in *Cahiers du communisme*, Jan-fév. 1956, p. 144.
[120] V. I. Lenin, *Filosofskie.*, p. 203 (fr., p. 182).
[121] *Ibid.*, p. 122 (fr., p. 112).

M. Fleischmann explicite le sens profond de cette vue:

«C'est donc ainsi que se comprend en premier lieu la 'dialectique hégélienne': loin d'être une 'méthode' au sens courant du terme, elle exprime bien plutôt une conviction philosophique fondamentale selon laquelle la négation, la contradiction, l'antagonisme est l'essence intime de la réalité».[122]

Telle est aussi l'intuition de Lénine: la dialectique n'est pas une méthode, mais l'expression du devenir polémique de l'être. Plusieurs commentateurs de Hegel, embarrassés par cette introduction de la notion de contradiction dont l'origine première, comme l'étymologie l'indique, est d'ordre logique, ont essayé de distinguer contradiction et contrariété ou contradiction et distinction.[123] Lénine rejette ces lectures idéalistes dont le but déclaré est de supprimer le caractère contradictoire du réel.[124]

Hegel, après avoir montré que la contradiction réside dans le donné objectif, souligne avec force que c'est cette même contradiction qui est la cause du dynamisme de l'être. L'identité est la marque du repos, la contradiction postule le devenir. Lénine cite et souligne de plusieurs traits le long passage de la note au principe de contradiction:

«En face d'elle [la contradiction], l'identité n'est que la détermination du simple immédiat, de l'être mort; mais la contradiction est LA RACINE DE TOUT MOUVEMENT ET DE TOUTE VITALITE; c'est seulement en tant que quelque chose a une contradiction en elle-même qu'il SE MEUT, QU'IL A UNE IMPULSION ET UNE ACTIVITE».[125]

La *Logique de Iéna* faisait de la finitude comme telle l'absolue inquiétude de ne pas être ce qu'elle est. Aussi le mouvement était-il le passage de l'être à l'extérieur de soi dans l'être à l'intérieur de soi. Lénine, transposant en termes matérialistes, propose une théorie de la mobilité universelle de l'être: se mouvoir est moins une propriété de la réalité naturelle que sa nature essentielle. Bien entendu, il prend le terme mouvement dans son acception la plus large, puisqu'il vise aussi bien les transformations de l'être naturel que celles de l'être humain historique:

«L'idée du mouvement universel et du changement (1813, Logique), est pressentie avant son application à la vie et à la société. Proclamée pour la

---

[122] E. Fleischmann, *La science universelle ou la logique de Hegel*, p. 33.
[123] Mac Taggart, *Studies on the hegelian dialectic*, p. 85. B. Croce, *Ciò che è vivo e ciò che è morto della filosofia di Hegel*, in *Saggio sullo Hegel*, pp. 8 sq.
[124] V. I. Lenin, *Filosofskie.*, p. 100 (fr., p. 92).
[125] G. W. F. Hegel, *Wissenschaft der Logik*, t. II, p. 58; cité par Lénine, *Filosofskie tetradi*, in *Polnoe.*, t. XXIX, p. 125 (trad. fr. p. 115).

société (1847) avant d'être démontrée dans son application à l'homme (1859)».[126]

On aurait donc tort de limiter le mouvement à la seule nature physique. Lénine, en fait, élabore une théorie universelle directement opposée à celle des idéalistes et spécialement à celle de Platon qui déclare que «l'être n'est, par sa nature propre, ni en mouvement ni en repos».[127] Selon Lénine, l'idée de mouvement est constitutive de l'idée d'être. De ce fait, la thèse de la mobilité universelle est la plus décisive : elle explique non seulement la transformation, mais aussi l'universelle connexion des êtres. Si rien ne reste en repos, c'est parce que tout est en corrélation réciproque. Lénine rejette les Essences ou Idées immuables et séparées de l'ontologie classique et professe, à la suite de Hegel, la thèse de la dépendance universelle de tous les êtres :

«Il faut en outre unir, lier, réunir le principe universel du développement avec le principe universel de l'*unité de l'univers*, de la nature, du mouvement, de la matière etc...».[128]

S'il y a une hiérarchie dans l'univers, cela ne veut pas dire que les différents ordres, physique, organique, spirituel, constitueraient des barrières infranchissables, comme l'a cru Hegel :

«Le partisan de la dialectique, Hegel, n'a pas su comprendre le passage *dialectique de* la matière *au* mouvement, *de* la matière *à* la conscience – le second surtout. Marx a corrigé l'erreur (ou la faiblesse?) du mystique».[129]

Le monisme matérialiste est évidemment fort étranger à Hegel qui s'en est expliqué précisément dans la *Science de la Logique* où il écrit que «l'esprit n'est pas cette contradiction qui est la chose qui se dissout et passe dans le phénomène, mais il est déjà en lui-même la contradiction ayant fait retour en son unité absolue, c'est-à-dire le concept».[130] Il est remarquable que Lénine ne souffle mot dans son commentaire de ce long passage qui est une violente critique du matérialisme des «matières» et même du matérialisme tout court. L'option matérialiste de Lénine entraîne une modification radicale dans la conception dialectique du devenir. Pour Hegel, la contradiction, aussi longtemps que l'on reste au niveau des choses finies, n'est qu'une dialectique de l'exclusion, de la naissance et de la mort où

---

[126] V. I. Lenin, *Filosofskie.*, p. 127 (fr., p. 117).
[127] Platon, *Sophiste*, 250 c.
[128] V. I. Lenin, *Filosofskie.*, p. 229 (fr., p. 213).
[129] *Ibid.*, p. 256 (fr., p. 235).
[130] G. W. F. Hegel, *Wissenschaft der Logik*, t. II, p. 122.

nulle cumulativité n'est possible. Il faut donc quitter la finitude pour
que la dialectique devienne enfin ce qu'elle est selon son concept, une
inclusion dans la Totalité. Seul l'esprit a la force de séjourner dans
l'opposition absolue: littéralement, lui seul supporte la contradiction;
tout le reste en meurt.

Tous ces thèmes spécifiquement hégéliens sont écartés par Lénine
qui comprend la dialectique comme une mise en rapport, ou en connexion, ou encore en corrélation de réalités extérieures les unes aux
autres. Le gauchissement que Lénine fait subir aux textes de la *Science
de la Logique* est hautement significatif. D'une façon générale, à quelque
niveau du savoir que l'on se place, la médiation est toujours pour
Hegel un processus d'intériorisation par lequel l'esprit supprime
l'immédiateté. Lénine qui méconnaît cette reprise du donné par le savoir ne voit dans la médiation qu'une forme de connexion:

«Tout est vermittelt – médiatisé, lié en une unité, lié par des transitions. A
bas le ciel – enchaînement régi par des lois de *tout* le *(processus)* de l'univers».[131]

Dans la section sur la finitude se trouve la description de la dialectique de l'être-en-soi et de l'être-pour-l'autre qui sont en fait identiques: les deux moments du Quelque chose. Lénine renvoie à l'interprétation d'Engels: est en soi, la substance chimique produite par un
organisme animal; elle devient pour nous dès lors que nous sommes
capables d'en faire la synthèse en laboratoire. Il ajoute de son côté:

«Dans la vie, dans le mouvement, tout et toute chose *est* 'en soi' et aussi
'pour les autres', dans un rapport avec l'autre, passant d'un état dans un
autre».[132]

Décidément, pour Lénine tous les textes sont bons pour y accrocher
son idée de la connexion des êtres. A propos de l'émergence de la
Chose à l'existence, Hegel note:

«Donc l'être-là qui constitue les conditions ne sera pas en vérité déterminé
par un autre pris comme condition et utilisé comme matériau, mais il se fait
par lui-même le moment d'un autre».[133]

Le moment est toujours une réalité dialectique qui est perçue par
la réflexion comme étant en rapport interne. Le commentaire de Lé-

---

[131] V. I. Lenin, *Filosofskie.*, p. 92 (fr., p. 85).
[132] *Ibid.*, p. 97 (fr., p. 90).
[133] G. W. F. Hegel, *Wissenschaft der Logik*, t. II, p. 98.

nine est un parfait contresens:

«Souvent chez Hegel le mot MOMENT est pris dans le sens de MOMENT du *lien*, de MOMENT dans la connexion».[134]

On ne sera donc pas étonné par la conclusion que donne Lénine de la première section de l'Essence:

«Le fleuve et les gouttes dans ce fleuve. La situation de *chaque* goutte, son rapport avec les autres; son lien avec les autres; la direction de son mouvement; la vitesse; la ligne du mouvement – droite, courbe etc... vers le haut, vers le bas. La somme du mouvement... Voilà à peu près le tableau du monde d'après la logique de Hegel»!![135]

Çà! le tableau du monde d'après la *Logique* de Hegel. On comprend, en effet, la réaction de ceux qui accablent Lénine. Heureusement, celui qui n'a pas perdu patience ne sera pas toujours confronté à de telles platitudes – si l'on suivait l'exemple de Lénine qui manie si bien l'épithète insultante, ce sont d'autres qualificatifs qui conviendraient. Quelle idée de se référer à la *Science de la Logique*, et justement à la section sur l'Essence, pour nous apprendre que les corps, atomes et particules réagissent les uns sur les autres. Hegel réduit à n'être que le précurseur de Haeckel!

Cependant Lénine a retenu de sa lecture de Hegel des notions plus importantes. Il s'efforce de repenser deux grands thèmes, celui de l'unité et de la lutte des contraires et celui des rapports entre le phénomène et l'essence. En effet, la mobilité universelle n'est pas conçue sous la forme d'une banale évolution. Au lieu de l'idée de progrès continu et linéaire, Lénine comprend que le mouvement, ou d'une façon plus générale, le devenir du monde naturel et historique est le résultat d'oppositions – ce qui a échappé à Pléchanov.[136] Il faut donc soigneusement distinguer deux grandes conceptions du devenir, l'une purement quantitative, l'autre réellement qualitative:

«Le développement comme diminution et augmentation, comme répétition, *et* le développement comme unité des contraires (dédoublement de l'un des contraires qui s'excluent mutuellement et rapports réciproques entre eux). Avec la première conception du mouvement, l'*auto* – mouvement reste dans l'ombre, sa force *motrice*, sa source, son motif (à moins qu'on ne transporte cette source *en dehors* – dieu, sujet, etc...) Avec la deuxième conception

[134] V. I. Lenin, *Filosofskie.*, p. 132 (fr., p. 122).
[135] *Ibid.*, p. 132 (fr., p. 122).
[136] «Le mouvement est une contradiction, une unité de contradictions» (*ibid.*, p. 231 (fr., p. 214).

l'attention principale est dirigée précisément sur la connaissance de la *source* de l'*'auto'* mouvement.

La première conception est morte, pauvre, sans vie. La deuxième est vivante».[137]

Ce texte, tiré du fragment *A propos de la dialectique* est capital. Lénine se sépare de toutes les conceptions idéalistes ou métaphysiques qui recourent à la transcendance de l'Ego, d'une Cause première ou d'un Dieu peur rendre compte du devenir. Puisque, selon Hegel, la contradiction est dans les choses elles-mêmes, on est fidèle à l'hégélianisme, sinon à Hegel, lorsque l'on déclare que le processus du développement a en lui-même le principe de son propre mouvement: le monde est son propre fondement.

Ce texte précise aussi ce qu'est la nature du devenir. La simple répétition n'est qu'un aspect mineur, puisque le véritable devenir est d'ordre qualitatif. Il ne faut jamais oublier que la philosophie de Lénine, comme celle de Hegel, bien qu'en un sens profondément différent, reste une philosophie de la Qualité. Le devenir assure l'émergence de qualités nouvelles, irréductibles les unes aux autres. Pour l'expliquer Lénine utilise le thème de l'unité et de la lutte des contraires ainsi que les catégories hégéliennes de transformation de la quantité en qualité, de négation et de négation de négation. Cependant le commentateur russe se sépare du philosophe allemand sur deux points très importants. La négativité, c'est-à-dire en fait la lutte, n'est plus exclusivement une propriété du sujet humain ou du Logos, car il y a aussi de la négativité dans le donné naturel. Autre motif de désaccord non moins essentiel et lié d'ailleurs au précédent: la négativité est absolue, la réconciliation n'est que relative.

La *Science de la Logique* décrit, peut-être sous la forme d'un roman de l'être, le devenir d'une libération ontologique: l'Esprit ne peut séjourner dans la finitude du monde matériel. Tel est, chez Hegel, le sens de la dialectique du fini et de l'infini: dans le monde naturel, l'opposition de principes antagonistes produit une succession de formes finies qui se remplacent les unes les autres si bien que nulle totalisation n'est possible. La dialectique du mauvais infini qui n'était pour Hegel que l'aspect le plus superficiel du devenir est élevée chez Lénine à la dignité du fondamental et de l'essentiel. Face au texte de Hegel sur l'unité du fini et de l'infini se trouve cette remarque de Lénine:

«Appliquer aux atomes versus électrons. En général, l'infinité de la matière en profondeur».[138]

[137] *Ibid.*, p. 317 (fr., p. 280).
[138] *Ibid.*, p. 100 (fr., p. 93).

Le développement de la matière est infini parce qu'il résulte d'une lutte incessante entre des principes opposés. L'erreur de Hegel est d'avoir cru à la réconciliation finale. Certes, l'hégélianisme n'est pas une philosophie de l'Identité au sens où l'entendait Schelling, car la contradiction y joue un rôle essentiel. Pourtant, en parvenant au terme de son discours philosophique à la parfaite réconciliation, Hegel n'a pas su échapper au prestige de l'Identité et par conséquent à la tentation idéaliste d'un Absolu qui pour être «devenu» n'en est pas moins Absolu. Pour Lénine, au contraire, l'unité n'est qu'une étape transitoire et jamais définitive:

«L'unité (coïncidence, identité, égalité d'action) des contraires est conditionnée, temporaire, passagère, relative. La lutte des contraires s'excluant réciproquement est absolue, de même que sont absolus le développement, le mouvement».[139]

Vue hautement dialectique, et qui en un sens semble renouer avec la tradition révolutionnaire de Bakounine. Faut-il y voir une reprise du texte célèbre: «Le plaisir de la destruction est en même temps un plaisir créateur»? Evidemment, non! Bakounine avait compris le devenir comme une suppression non dialectique, c'est-à-dire comme une élimination pure et simple de la positivité, de toute positivité. Lénine reste plus près de Hegel, parce qu'il a retenu de la *Science de la Logique* que la négation dialectique n'est pas une négation absolue, mais une négation qualifiée:

«Ni la négation nue, ni la négation vaine, ni la négation *sceptique*, ni l'hésitation, ni le doute ne sont caractéristiques et essentiels dans la dialectique, – qui bien entendu contient en elle l'élément de la négation, et même comme son élément le plus important, – non, mais la négation en tant que moment du lien, en tant que moment du développement qui conserve le positif, c'est-à-dire sans aucune hésitation, sans aucun éclectisme».[140]

La négation conserve le positif parce qu'elle n'est pas néant absolu, mais seulement négation d'une réalité opposée. Hegel résume ainsi la philosophie d'Héraclite:

«L'essentiel est que chaque élément-distinct, particulier est distinct d'un Autre, – non pas abstraitement de n'importe quel autre, mais de son Autre; chacun n'est que pour autant que son autre en soi est contenu dans son concept».[141]

[139] *Ibid.*, p. 317 (fr., p. 280).
[140] *Ibid.*, p. 207 (fr., p. 185).
[141] G. W. F. Hegel, *Vorlesungen über die Geschichte der Philosophie*, in Sämtliche Werke, t. XVII, p. 352.

Lénine qui n'a pas manqué de transcrire le passage ajoute dans une note marginale:

«Très juste et très important: l'"autre' comme *son* autre, le développement dans *son* contraire».[142]

On le voit, Lénine s'efforce d'éviter deux écueils: ni privilégier l'identité au dépens de la différence, sinon on débouche dans une philosophie de la réconciliation; ni accentuer la différence au dépens d'une certaine identité, ce qui conduit selon les cas, soit à la négation du sceptique, soit à la négation de l'anarchiste. La pensée dialectique nous fait découvrir que s'il y a une certaine structure du réel, cette structure n'est elle-même qu'un état donné, donc provisoire, d'une structuration toujours à l'œuvre.

Tout ce que Lénine a dit jusqu'à maintenant à propos de la dialectique n'impliquait nulle référence à un sujet connaissant ou agissant. Sans doute pour savoir que le monde est soumis à ce type de devenir faut-il qu'une intelligence le découvre. Avec tous les philosophes réalistes, Lénine veut faire entendre que l'introduction du sujet connaissant ne change rien à la réalité connue. Beaucoup d'auteurs en ont trop vite conclu que dans la philosophie de Lénine le sujet avait un rôle purement passif, voire simplement contemplatif. Ils remarquaient qu'une philosophie qui accorde tout à l'objet et rien au sujet ne pouvait point servir de fondement à une théorie révolutionnaire: le dogmatisme stalinien serait le fruit naturel du Léninisme.

Cette interprétation ne correspond pas à la réalité parce que Lénine a suivi Hegel assez loin dans la ligne du dépassement de l'empirisme. Même s'il n'a pas cru pouvoir accepter toutes ses conclusions sur la place éminente du sujet, il ne tient pas le sujet pour purement passif. On brocarde souvent, et non sans raison, la théorie du Reflet telle qu'elle est exposée dans *Matérialisme et Empiriocriticisme*. Dans cet ouvrage, cette théorie souffre d'un empirisme assez élémentaire. Si elle sauve l'objectivité du connaître, c'est au prix d'un enlisement certain dans le mécanisme et la passivité. Cette grave lacune a été soulignée par M. Garaudy.[143] Après la lecture de Hegel, l'horizon s'élargit considérablement. Pour rendre compte de cette transformation il ne suffit pas de dire avec M. Besse que «si la pensée est dialectique, c'est parce que la nature l'est»,[144] car ce serait concevoir la connaissance sous une

---

[142] V. I. Lenin, *Filosofskie tetradi*, in *Polnoe.*, t. XXIX, p. 235 (trad. fr., p. 218).
[143] R. Garaudy, *Lénine*, pp. 41–43.
[144] G. Besse, Les Cahiers philosophiques de Lénine, in *La Pensée*, 1956, p. 82.

forme encore toute passive. La théorie du reflet n'exprime qu'un aspect de la pensée de Lénine. On trouve aussi chez lui une théorie dialectique de la vérité qui s'explicite dans une conception nouvelle de l'activité abstractive et des rapports entre la connaissance et l'action.

Toujours attentif à se garder des généralisations hâtives, il se méfie des dangers d'un certain type d'abstraction. D'où ce raccourci significatif :

«Le double caractère de la connaissance de l'homme et la *possibilité* de l'idéalisme (= de la religion) *sont données* déjà dans *la première abstraction* élémentaire».[145]

On aurait tort d'y voir une condamnation définitive de l'abstraction, car Lénine sait qu'il y a un bon usage de l'activité abstractive. Qu'on n'aille pas croire surtout que la saisie du réel serait d'autant plus totale que l'on se refuse à percer le voile des apparences. En effet, celui qui demeure au stade de la simple représentation ne peut appréhender la réalité essentielle :

«D'ailleurs, dans un *certain* sens, la représentation est en effet inférieure [à la pensée]. L'essentiel est que la pensée doit *embrasser* toute la 'représentation' dans son mouvement, et *pour cela* LA PENSEE doit être dialectique. La représentation est-elle *plus proche* de la réalité que la pensée? Oui et non. La représentation ne peut saisir le mouvement dans sa *totalité*, par exemple, elle ne saisit pas le mouvement avec la vitesse de 300 mille kilomètres par seconde, alors que la *pensée* le saisit et doit le saisir».[146]

La vérité de l'empirisme, c'est de reconnaître l'importance du donné immédiat; sa limite, c'est de prétendre y séjourner.[147] Hegel a sans doute tendance à s'affranchir trop vite du point de départ de la connaissance, mais il a au moins le mérite de souligner la nécessité de la connaissance abstractive :

«Ici aussi Hegel *a raison* au fond: la *valeur* est une catégorie entbehrt des Stoffes der Sinnlichkeit, mais elle est *plus vraie* que la loi de l'offre et de la demande».[148]

[145] V. I. Lenin, *Filosofskie.*, p. 330 (fr., p. 289).

[146] *Ibid.*, p. 209 (fr., pp. 186–187).

[147] Hegel vient de dire qu'on ne peut pas considérer comme vrai le principe naturel. Lénine ajoute: «Il est exact que les hommes commencent par *cela;* cependant, la *vérité* n'est pas dans le commencement, mais dans la fin, plus exactement dans la continuation» (*ibid.*, p. 153; trad. fr., p. 142). Et ce trait dirigé contre Hegel: «Le premier commencement est oublié et dénaturé par l'idéalisme. Seul le matérialisme *dialectique* a lié le commencement avec la suite et la fin» (*ibid.* p. 264 (fr., p. 242).

[148] *Ibid.*, p. 154 (fr., p. 143).

Plus vraie, parce que l'authentique abstraction philosophique n'est pas une connaissance de l'abstrait, mais une connaissance du concret:

«*Au fond*, Hegel a entièrement raison contre Kant. La pensée s'élevant du concret à l'abstrait ne s'éloigne pas – si elle est *vraie* (N.B.) (et Kant, comme tous les philosophes, parle de la pensée vraie) – *de* la vérité, mais s'approche d'elle. Les abstractions de *matière*, de *loi* naturelle, l'abstraction de *valeur* etc., en un mot *toutes* les abstractions scientifiques (justes, sérieuses, non-arbitraires) reflètent la nature plus profondément, plus exactement, plus *complètement*».[149]

Nous ne sommes donc plus en présence d'une théorie de la connaissance qui se limiterait à refléter passivement la réalité. Rester prisonnier de la nature brute, c'est le propre du primitif, non de l'homme cultivé et encore moins du philosophe qui a lu Hegel:

«Devant l'homme *existent* les phénomènes de la nature. L'homme instinctif, le sauvage, ne se dégage pas de la nature. L'homme conscient s'en dégage; les catégories sont les degrés de ce dégagement, c'est-à-dire de la connaissance de l'univers; elles sont des points nodaux dans le filet permettant de connaître et de dominer la nature».[150]

«Détachement de la nature», voilà une certaine audace de la part d'un philosophe matérialiste. M. Fetscher croit même pouvoir y déceler des traces d'idéalisme.[151] Accusation paradoxale qui, si elle n'a pas à être réfutée, mérite cependant d'être soulignée parce qu'elle est un heureux contrepoids aux critiques habituelles sur le caractère pré-hégélien et pré-kantien de l'épistémologie léniniste.

Nous savons déjà que Lénine se place au point de vue de la logique de l'Essence. C'est en effet à ce niveau qu'il interprète la signification et la portée de la connaissance abstractive. La pensée conceptuelle permet de découvrir l'essence cachée dans le phénomène:

«L'apparence est l'essence dans *une* de ses déterminations, dans un de ses aspects, dans un de ses MOMENTS. L'*essence* apparaît cela. L'apparence est la MANIFESTATION (Scheinen) de l'essence elle-même en elle-même».[152]

Non seulement le monde des essences n'est pas autre que celui des phénomènes, mais il est lui-même soumis au changement et au devenir.

[149] *Ibid.*, p. 152 (fr., p. 142).
[150] *Ibid.*, p. 85 (fr., p. 76).
[151] I. Fetscher, Das Verhältnis des Marxismus zu Hegel, in *Marxismusstudien*, n⁰ 6, (1960), p. 101.
[152] V. I. Lenin, *Filosofskie.*, p. 119 (fr., p. 110). «Des philosophes mineurs discutent pour savoir s'il faut prendre comme fondement l'essence *ou bien* la donnée immédiate (Kant, Hume, tous les Machistes). Hegel remplace l'*ou bien* par le *et*, en expliquant le contenu concret de cet 'et'» (*ibid.*, p. 120 (fr., p. 111).

Les essences, selon Lénine, n'ont évidemment pas l'immuabilité d'une Idée platonicienne:

«La pensée de l'homme s'approfondit indéfiniment de l'apparence vers l'essence, de l'essence du premier ordre, si l'on peut dire, à l'essence du second ordre etc., *sans fin*... Les phénomènes ne sont pas seuls à être transitoires, mouvants, fluides, séparés par des limites seulement conventionnelles, car cela vaut également pour l'*essence* des choses».[153]

La mobilité du monde des essences n'exclut pas cependant une certaine stabilité. Une théorie de la connaissance dialectique admet la notion de loi, «ce calme reflet du monde existant» selon les termes mêmes de Hegel cités par Lénine, qui ajoute:

«C'est une définition remarquablement matérialiste et remarquablement juste (en particulier le mot 'ruhige'). La loi prend ce qui est calme – et c'est pourquoi la loi, toute loi, est étroite, incomplète, approximative».[154]

Ainsi le commentateur russe a parfaitement souligné, à la suite de Hegel, que la loi dégage l'élément identique dans le phénomène changeant et que le phénomène est toujours plus riche que la loi.

La *Science de la Logique* aborde dans sa dernière partie le difficile problème du rapport entre le monde des lois de la réalité extérieure et le monde des fins que l'homme se propose. Il s'agit en fait des rapports entre la connaissance et l'action, entre le logique et l'historique. Sur ce problème capital, puisqu'il fait pénétrer au cœur même de la dialectique, Lénine admet que Hegel est souvent fort proche du matérialisme historique; mais en même temps il ne peut s'empêcher de trouver l'hégélianisme fort décevant. Hegel a l'intention d'unir vitalement la pensée et l'action, et pourtant il est incapable d'accomplir son propre projet. Assez satisfait des analyses spéculatives contenues dans la *Science de la Logique*, Lénine trouve misérable l'application concrète qui en est donnée dans les *Leçons sur la philosophie de l'histoire*. Cinq ou six pages lui suffisent pour résumer ce dernier ouvrage. L'Introduction pose excellemment le problème, la suite ne contient rien de bon:

«En somme, la philosophie de l'histoire apporte très, très peu – c'est compréhensible, car c'est précisément ici, précisément dans ce domaine, dans

---

[153] V. I. Lenin, *Filosofskie tetradi*, in *Polnoe.*, t. XXIX, p. 227 (trad. fr., pp. 210–211). M. Lefèbvre commente: «En analysant un phénomène, en étudiant l'apparence (ou 'l'apparition'), nous parvenons à une essence. Cette essence à son tour devient pour nous phénomène: elle contient, dissimule, révèle une autre essence plus profonde. Et ainsi de suite, sans fin...» (H. Lefèbvre, *La pensée de Lénine*, p. 187).

[154] V. I. Lenin, *Filosofskie.*, p. 136 (fr., p. 126).

cette science que Marx et Engels ont fait le plus grand pas en avant. C'est là que Hegel a le plus vieilli, qu'il est devenu une antiquité».[155]

«Une antiquité»! sans doute parce que Hegel n'a pas compris l'importance décisive de l'économie dans le processus historique. Mais d'une façon plus radicale encore parce qu'il a une conception idéaliste de la notion de temps. Prétendre expliquer l'histoire en utilisant une théorie idéaliste du temps revient à fonder l'histoire sur l'intemporel. Le vice profond de cette philosophie, et donc la raison de sa faillite, c'est de tenir le temps pour une catégorie indigne de la pensée spéculative:

«Ici Hegel a pourtant, semble-t-il, montré l'oreille d'âne de l'idéalisme, – en rapportant le temps et l'espace (en liaison avec la représentation) à quelque chose d'*inférieur* à la pensée... Le temps est une forme d'être de la réalité objective. Ici, dans le concept de temps (et non dans le rapport de la représentation à la pensée) [réside] l'idéalisme de Hegel».[156]

Kojève soutenait que, selon Hegel, l'Esprit, c'est le temps. Lénine, plus fidèle interprète sur ce point, sait trop que l'Esprit hégélien transcende le temps. Il se sépare donc du philosophe allemand, car il ne peut admettre que la temporalité n'appartienne qu'aux formes inférieures de la connaissance.

Ayant dénoncé cette limite, Lénine n'en est que plus à l'aise pour reconnaître que Hegel fut le premier penseur à accorder une place considérable à l'histoire à l'intérieur de la philosophie. Même un ouvrage aussi abstrait que la *Science de la Logique* se meut dans la dimension de l'histoire. Après avoir transcrit ce texte de Hegel: «Ce qui est premier dans la science doit se montrer comme historiquement premier», Lénine commente simplement: «Rend un son très matérialiste».[157] La logique s'accomplit si bien dans la dimension de l'histoire que l'histoire devient, à proprement parler, le destin de la logique:

«La dialectique de Hegel est *dans la même mesure* la généralisation de l'histoire de la pensée. Suivre cette démarche de façon plus concrète, plus précise, dans l'*histoire des sciences particulières*, semble être une tâche qui vaut tout à fait la peine d'être entreprise. Dans la logique, l'histoire de la pensée *doit*, pour l'essentiel, coïncider avec les lois de la pensée».[158]

Hegel aurait sans doute volontiers souscrit à ce commentaire de Lénine: la philosophie n'existe pas en dehors de sa propre histoire.

---

[155] *Ibid.*, p. 289 (fr., p. 260).
[156] *Ibid.*, p. 209 (fr., pp. 186–187).
[157] *Ibid.*, p. 95 (fr., p. 88).
[158] *Ibid.*, p. 298 (fr., p. 200).

Cependant, la *Science de la Logique* se meut dans les pures essentialités du penser et Hegel n'a jamais voulu réduire le logique à l'historique. Or c'est ce que fait Lénine. Bien que celui-ci critique l'empirisme, il reste aussi prisonnier de cette tradition philosophique. En conformité avec les écoles empiristes, il soutient que la valeur des catégories de la raison ne provient nullement de la raison elle-même, mais de la praxis historique. Ce texte est décisif:

«'Le syllogisme de l'action'... Pour Hegel, l'action, la pratique est un *'syllogisme' logique*, une figure logique. Et c'est vrai. Bien sûr, pas dans ce sens que l'être autre de la figure logique, c'est la pratique de l'homme (= idéalisme absolu), mais *vice versa*, en ce sens que la pratique de l'homme répétée des milliards de fois s'imprime dans la conscience de l'homme comme des figures logiques. Ces figures prennent la solidité d'un préjugé et un caractère axiomatique précisément (et seulement) en vertu de cette répétition faite des milliards de fois».[159]

Lénine veut se séparer de Hegel. Pour ne pas soutenir la thèse du primat du logique sur l'historique, il ose déclarer que le degré de certitude de la connaissance n'est plus qu'un «préjugé». Ce faisant, il remplace l'empirisme psychologique de Hume par un empirisme historique: les axiomes ou catégories de la raison n'ont en eux-mêmes aucune validité logique.

Les deux passages où Hegel traite de la finalité et des rapports entre la connaissance et l'action retiennent l'attention de Lénine. Chaque fois, il décèle dans cette approche spéculative des traits matérialistes, si bien que l'on peut dire que Marx ne fait que prolonger l'intuition hégélienne:

«... sans aucun doute, la pratique constitue pour Hegel un chaînon dans l'analyse du processus de la connaissance, et notamment comme passage à la vérité objective ('absolue' selon Hegel). Marx se rattache donc directement à Hegel en introduisant le critère de la pratique dans la théorie de la connaissance».[160]

On comprend que Lénine n'ait pas manqué de relever soigneusement tous les textes dans lesquels il est question de l'illusion de la finalité subjective:

«En fait, les fins de l'homme sont produites par le monde objectif et le supposent – le trouvent comme une donnée, comme présent. Mais *il semble* à l'homme que ses fins sont prises en dehors du monde, indépendamment du monde ('liberté')».[161]

[159] *Ibid.*, p. 198 (fr., p. 178).
[160] *Ibid.*, p. 193 (fr., p. 174).
[161] *Ibid.*, p. 171 (fr., p. 156).

314 LA POUSSÉE RÉVOLUTIONNAIRE

En face du passage très connu sur la dignité des moyens qui subsistent et perdurent alors que la jouissance qu'ils sont destinés à procurer n'est que passagère et vite oubliée, se trouve cette remarque :

«Rudiments du matérialisme historique chez Hegel. Hegel et le matérialisme historique... Le matérialisme historique comme une des applications et un des développements des idées géniales – des semences qui existent à l'état de germe chez Hegel».[162]

En développant ces germes, Lénine va évidemment moins prolonger que contredire la philosophie hégélienne. Cette dernière enseigne que le travail est le premier moment qui aide à dépasser l'opposition entre le monde objectif et le monde subjectif. Cependant, dans le travail, l'homme est contraint d'utiliser des moyens qui demeurent extérieurs les uns aux autres. M. Fleischmann précise :

«Puisque l'essence du travail est 'technique', il s'accomplit parmi des objets indifférents, qui ne sont pas de vraies fins, mais des moyens qui s'enchaînent à l'infini : le travail est interminable et entraîne le sujet dans le 'mauvais infini' des contradictions purement matérielles».[163]

Telle est en effet la critique de Hegel. Nous avions dit que les silences de Lénine sont toujours très significatifs. Or justement, il ne mentionne pas le texte de la *Logique* dans lequel Hegel montre qu'en prenant les premières prémisses (fin subjective et objet) ou les secondes prémisses (moyen et objet), il en résulte que «la conclusion ou le produit de l'activité finaliste n'est qu'un objet déterminé par une fin qui lui est extérieure».[164] Comme le texte le gêne, Lénine le saute.

S'il ne saute pas le paragraphe sur l'idée de Bien dans lequel sont examinés les rapports entre théorie et praxis, il donne à ce passage une signification très personnelle. Lénine est d'accord avec Hegel sur la nécessité d'unir la connaissance et l'action : la volonté n'accomplit son propre projet que sur la base de la reconnaissance de l'objectivité du monde.[165] Nous savons déjà que pour Lénine, le concept, c'est l'Homme social et non le Savoir absolu. Mais la différence ne s'arrête pas là. La pratique, chez Hegel, a pour but de supprimer l'extériorité entre le sujet agissant et le monde extérieur. Lénine fait de la praxis le critère de la connaissance :

«Cependant, le concept humain saisit 'définitivement' cette vérité objective de la connaissance, il l'embrasse et la domine seulement quand le concept

---

[162] *Ibid.*, pp. 171–172 (fr., pp. 156–157).
[163] E. Fleischmann, *La science universelle ou la logique de Hegel*, p. 305.
[164] G. W. F. Hegel, *Wissenschaft der Logik*, t. II, p. 401.
[165] V. I. Lenin, *Filosofskie.*, pp. 196–197 (fr., p. 176–177).

devient 'être pour soi' au sens de praxis. C'est-à-dire la pratique de l'homme et de l'humanité est la vérification, le critère de l'objectivité de la connaissance. Est-ce la pensée de Hegel? Il faut y revenir».[166]

Comme on le voit, Lénine hésite tout de même à faire dire à Hegel que le critère de la vérité consiste dans la vérification sociale. Par contre il est lui-même partisan de cette théorie. Certains historiens en concluent que Lénine professe une théorie pragmatique de la vérité[167]. On devine quelles accusations se profilent: au plan politique, est vrai ce qui réussit; donc le succès légitime toutes les entreprises. Telle n'est pas la véritable intention de Lénine, car son critère pratique n'est pas celui du pragmatisme. Très tôt, les philosophes marxistes ont noté la différence entre le léninisme et le pragmatisme:

«Ce n'est pas la connaissance utile qui est vraie, mais la connaissance vraie qui est utile».[168]

Le critère de la vérité inclut la théorie et la pratique. On ne saurait isoler arbitrairement l'un des moments, même si dans le couple théorie-pratique, c'est la praxis qui joue le rôle de déterminant. La découverte de la vérité ne peut pas dépendre d'une méthode, fût-ce la méthode dialectique, si l'on entend par méthode une théorie toute faite qu'il suffirait d'appliquer à des domaines différents. Černyševskij avait cru que l'essence de la dialectique consistait dans le rythme ternaire, thèse – antithèse – synthèse. Lénine a appris de Hegel que la triade n'est qu'un procédé d'exposition commode, jamais une méthode de découverte:

«La 'triade' de la dialectique est son aspect externe, superficiel. Hegel s'élève violemment contre le formalisme, l'ennui, le vide du jeu dans la dialectique».[169]

Le danger le plus grave qui menace la pensée est le formalisme vide. Or le vrai est toujours concret. La pensée dialectique n'est pas celle qui utilise une méthode formelle, même triadique, mais celle qui a su affiner ses concepts, leur donner une telle souplesse que les notions

---

[166] *Ibid.*, p. 193 (fr., p. 174).
[167] «Lenin erweist sich damit als Vertreter eines echten philosophischen Pragmatismus... Es hat nach Lenins Auffassung überhaupt keinen Sinn, die Grundfrage der Erkenntnistheorie nach dem Wahrheitskriterium ausserhalb der Beziehung des Erkennens zum Handeln zu stellen. Das Erkennen ist für ihn nicht Selbstzweck, sondern nur ein Mittel zum Handeln» (H. L. Lieber, *Die Philosophie des Bolschewismus in den Grundzügen ihrer Entwicklung*, p. 69).
[168] I. Luppol, *Lenin und die Philosophie*, p. 50.
[169] V. I. Lenin, *Filosofskie tetradi*, in *Polnoe.*, t. XXIX, pp. 210–211 (trad. fr., p. 188).

deviennent enfin aptes à épouser le développement même du réel:

«Pénétrant et intelligent! Des concepts qui d'habitude semblent morts, Hegel les analyse et montre qu'*il y a* du mouvement en eux. – Fini? signifie *se mouvant* vers la fin! Quelque chose? signifie *pas ce* qui est autre. – Etre en général? signifie une indétermination telle que être = non-être. Universelle souplesse en tous sens des concepts, souplesse qui va jusqu'à l'identité des contraires, – voilà l'essentiel».[170]

Hegel a découvert le concept qui saisit le réel aussi bien dans son essence que dans son existence empirique. Lénine est ravi:

«Il [Hegel] fait aussi cette profonde remarque: 'Toutes les choses sont le syllogisme, un universel qui par la particularité est uni à la singularité; mais bien sûr toutes les choses ne sont pas un tout composé de *trois propositions*».[171]

M. Garaudy peut écrire que la théorie léniniste du reflet, corrigée après la lecture de la *Science de la Logique*, intègre désormais le moment de la réflexion hégélienne et devient même une théorie du concept.[172] Il faudrait nuancer cette affirmation. En effet, Lénine donne au concept hégélien une signification purement humaine, car le savoir absolu n'a pas de place dans son système. On pourrait dire que le léninisme se présente comme une théorie philosophique qui s'efforce de conserver le plus possible les exigences de la pensée dialectique qui unit l'être et le connaître sans pour autant renoncer aux exigences de l'épistémologie réaliste qui suppose le primat de l'être sur le connaître. Les uns trouvent cette tentative dénuée d'intérêt, car elle semble rejeter le sujet connaissant hors de la réalité à connaître; d'autres pensent que cette position est la seule compatible avec une philosophie authentiquement matérialiste. En tout cas, si l'on juge l'entreprise de Lénine par rapport à la tradition philosophique russe, on s'aperçoit que le léninisme représente un effort non négligeable vers l'hégélianisme. Avec Černyševskij, la philosophie russe avait si totalement naturalisé la dialectique qu'il ne restait pratiquement plus rien de l'intention hégélienne: la dialectique apparaissait comme un formalisme vide. Pléchanov avait déjà commencé à réagir. Lénine poursuit cet effort de récupération. Renouant avec la tradition russe issue de Herzen qui déclarait que la dialectique est l'algèbre de la révolution, il défend Hegel contre les marxistes de la social-démocratie qui croient que la

[170] *Ibid.*, pp. 98–99 (fr., p. 91).
[171] *Ibid.*, p. 159 (fr., p. 147).
[172] R. Garaudy, *Lénine*, pp. 41–43.

dialectique est la cause de tous les malheurs et, suivant les tendances dominantes, veulent revenir à Kant. Lénine rappelle opportunément que pour comprendre le marxisme, il faut se tourner vers Hegel.

Il est curieux de constater qu'un auteur qui a dit si clairement qu'il est impossible de comprendre Marx sans étudier soigneusement Hegel ait eu une postérité qui a tenu Hegel pour un «chien crevé». On peut cependant comprendre assez facilement les raisons de ce glissement. Il en est d'ordre exégétique. Nous avons souligné que Lénine avait évolué. Entre son livre sur *Les amis du peuple* et ses commentaires sur la *Science de la Logique,* le ton a beaucoup changé. Ceux qui isolent le premier texte de 1894 de son contexte polémique et prennent les affirmations de Lénine au pied de la lettre semblent fondés à déceler une opposition irréductible entre Hegel et Lénine.

Mais celui qui n'oublie pas que Lénine lutte contre les Positivistes russes et les Sociaux-démocrates allemands constate que Lénine s'oppose à l'interprétation que ces auteurs donnaient de la Triade hégélienne. De ce que Lénine n'admet pas que la Triade soit une *preuve* de la justesse des analyses économiques du *Capital* de Marx, il ne s'ensuit pas qu'il condamne la méthode dialectique.

Une autre raison d'ordre exégétique vient sans doute de la difficulté qu'il y a à unir *Matérialisme et Empiriocriticisme* et les *Cahiers philosophiques.* Entre l'épistémologie réaliste fondée sur une théorie mécaniciste du reflet et la vision dialectique du devenir, la tension est si grande qu'il fallait choisir. Le choix s'est fait en faveur de la théorie du reflet. Et les quelques rares auteurs, comme Lukács et Deborin, qui optèrent pour une authentique pensée dialectique, furent tenus pour révisionnistes.

La dernière raison est moins d'ordre exégétique que politique. Eût-on insisté sur la valeur de l'Hégélianisme, donc sur la pensée dialectique, il eût fallu admettre que le marxisme était l'ennemi des pensées fixes, rigides, durcies, réifiées. Or, on sait trop que la Totalisation dialectique est l'antithèse parfaite de cette pensée Totalitaire qu'est historiquement le stalinisme.

CONCLUSION

L'historien des idées qui vient de terminer son enquête sur les rapports entre l'hégélianisme et le mouvement philosophique en Russie retire de ses lectures une double impression. Il se sent si peu dépaysé qu'il a même le sentiment du «déjà vu». En effet, dans un premier moment, il constate que les interprétations russes dépendent profondément de celles qui avaient été proposées en Allemagne. Pourtant, il ressent en même temps que les lectures données par les penseurs russes font preuve d'une originalité incontestable et que l'on doit parler d'une spécificité de l'hégélianisme slave.

Herzen nous avait avertis que chaque brochure parue dans la plus petite ville de province allemande, si elle contenait la moindre allusion à Hegel, était immédiatement commandée et lue avec passion. De fait, Hégéliens ou Antihégéliens russes subirent profondément l'influence des jugements contradictoires que les écoles opposées donnèrent de Hegel sitôt après sa mort. Celui qui a le plus influencé, au plan métaphysique, la lecture de Hegel fut Schelling. Il peut, en effet, paraître curieux qu'aussi bien les Occidentalistes antischellingiens que les Slavophiles assez proches de Schelling aient accepté l'ensemble des critiques contenues dans la *Préface* à Victor Cousin et dans *L'histoire de la philosophie actuelle*. La lecture de Trendelenburg allait d'ailleurs confirmer le bien-fondé du jugement de Schelling. Ainsi pendant presque un siècle, les auteurs russes vont être tentés de ne voir dans la philosophie hégélienne qu'un Panlogisme. Depuis Herzen jusqu'à Vl. Soloviev, on retrouve constamment l'idée que l'ontologie hégélienne n'atteint que le possible. Le fossé infranchissable que Schelling avait cru découvrir entre le *Was sein* (essentia) et le *Das sein* (existentia) deviendra même un abîme. On se rappelle que les Slavophiles et Vl. Soloviev se lanceront dans une critique peu nuancée du système hégélien. A leur avis le «délire bacchique» est tel que Hegel, persuadé que le concept est tout, le réel rien, finira par croire que le réel est produit par le concept et que la *Logique* est le principe de la philosophie de la nature et de la philosophie de l'histoire. Herzen lui-même qui a pourtant si bien perçu que l'hégélianisme est une philosophie si authentiquement tournée vers le réel, ne pourra s'empêcher de constater que la *Logique* opprime tout. Un peu comme Gilson, nos auteurs russes découvrent que Hegel déprécie si totalement l'existence qu'il devient parfaitement clair que son ontologie n'est qu'une logique où l'être se perd plus qu'il n'est conservé.

Ils étaient invités par Schelling et par Trendelenburg à croire que la première Triade de la *Science de la Logique* est un de ces tours de passe-passe qui a pour but de camoufler sous l'apparence d'une haute technicité spéculative cette vue aussi simple que désastreuse: l'être procède du néant. Si l'on est «créationniste» comme les Slavophiles, on y voit une atteinte à la divinité; si l'on est Occidentaliste en train de virer vers le matérialisme, on croit qu'il s'agit d'une production de la matière par l'esprit. Dans les deux cas, on déplore une confusion inacceptable, à la limite de la faute logique la plus grossière, le *sophisma fallaciae consequentis* entre l'ordre logique et l'ordre réel. Cette philosophie hégélienne, Schelling disait que c'était un sac vide que l'on doit remplir. Faut-il s'étonner si Khomjakov qui vient d'achever une lecture rapide de la *Logique* ait eu l'impression pénible de casser un sac de noix vides?

Hegel tenait à préciser pour écarter tous les malentendus que sa philosophie est un idéalisme absolu, voulant bien faire entendre que le contenu n'est pas extérieur à la forme. Schelling répliquait qu'il ne peut y avoir de concepts objectifs que s'ils sont tirés du donné concret: la nature précède la logique, elle ne saurait la suivre. Interprètes occidentalistes, slavophiles, marxistes, pour une fois réunis, reprennent en chœur la même antienne. Pour eux aussi, penser sur le penser n'est pas penser le réel. On notera la tendance spontanément réaliste des Russes.

Ce n'est pas la fréquentation des Hégéliens de gauche qui va contribuer à modifier leur point de vue puisque, sur ce point très précis, la position de Feuerbach n'est pas tellement éloignée de celle de Schelling. Quand les penseurs russes placent la sensation au principe de toute compréhension existentielle, ils ne font que se souvenir de la critique que Feuerbach faisait à Hegel sur la signification de l'«ici» et du «maintenant». Celui qui, plus judicieux, comme Lénine, ne se sent pas tellement gêné par la conception dialectique que Hegel se faisait de la sensibilité et de la Raison, ne pourra pas manquer d'apercevoir que la suppression des «maintenant» et des «ici» conduit tout naturellement à une conception idéaliste du temps. Lénine, bien sûr, n'a lu ni Heidegger ni Kojève, mais on voit bien, par le trait qu'il décoche à Hegel, qu'il n'accepterait pas de dire avec Kojève que dans le système hégélien, l'esprit c'est le temps; on le sent plus proche de la position de Heidegger qui s'attaque à la «ponctualité» du temps hégélien. La temporalité hégélienne est suspecte. Nul auteur autant que ce grand idéaliste allemand n'a eu une telle intuition de l'importance de l'histoire. Nul ne fut plus que lui infidèle à son intuition, puisque son système nous conduit hors du temps dans ce devenir éternel qu'il faut bien qualifier de mystique.

Comprendre Hegel semble une tâche impossible, car son système sollicite l'esprit dans des directions opposées. Ce fut Engels, on le sait trop, qui par sa fameuse distinction entre système conservateur et méthode progressiste, permit enfin de s'orienter. Dichotomie inouïe mais si facile que tous – à l'exception des Slavophiles – s'en emparent. Herzen avec une certaine prudence; Černyševskij avec beaucoup d'insouciance. Et Lénine qui préfère sa technique de l'«épluchage» – on n'a pas suffisamment fait remarquer qu'il se démarque d'Engels – arrivera trop tard et sera par la suite peu entendu des marxistes soviétiques tant la lecture d'Engels s'était accréditée dans la pensée russe. On voit, en tout cas, dans cette clef fournie par Engels, un excellent moyen de résoudre les tensions latentes que l'on découvre entre le panlogisme et le réalisme, et surtout entre l'esprit novateur et le caractère conservateur ou même franchement réactionnaire de sa philosophie politique. Sur ce point encore, la dépendance des interprètes russes par rapport à celle des disciples allemands est totale. Ruge avait cru découvrir que l'hégélianisme oscille entre la Restauration et la Révolution. On sait que Belinskij et Bakounine donneront à quelques années de distance une interprétation franchement conservatrice puis résolument révolutionnaire de la philosophie hégélienne. Herzen a lu chez Rosenkranz que le grand idéaliste allemand est nettement progressiste; il lancera la formule célèbre: «La dialectique est l'algèbre de la révolution», ouvrant ainsi la voie à la gauche hégélienne en Russie. Mais Erdmann et Haym persuaderont certains philosophes russes que Hegel est bien le Philosophe prussien, le ministre de la Restauration. On se sépare donc, comme en Allemagne, sur l'interprétation qu'il convient de donner de la Préface aux *Principes de la philosophie du Droit*. Les lectures de Droite mettent l'accent sur «le réel est aussi rationnel», donnant à penser que tout ce qui existe est nécessairement parfait. Le malheureux Bakounine et son ami Belinskij se croiront obligés par fidélité à Hegel de chanter les louanges de Nicolas Ier et de son régime policier. Lavrov, convaincu lui aussi que telle est bien l'intention de Hegel, se sentira justifié de s'opposer à cette philosophie réactionnaire. Les lectures de Gauche, s'appuyant sur l'autre membre de la phrase, «tout le rationnel est aussi réel», vont découvrir dans cet adage les fondements d'une attitude révolutionnaire. Les uns se contenteront d'y lire une simple justification théorique du changement. Fils de son temps, Hegel ne pouvait pas aller au-delà de la découverte du côté pratique de la philosophie. Ce sera la position de Herzen. D'autres, au contraire, comme Bakounine après sa crise et sous l'influence de Ruge, croiront même que la Dialectique hégélienne est une Praxis sociale.

Ainsi, par un certain aspect, les réactions russes face à la philosophie hégélienne sont un peu décevantes puisque tous ces auteurs se contentent d'adopter les différentes interprétations des philosophes allemands. Un trait frappe plus particulièrement : le caractère extrême des positions que l'on adopte. Car le penseur russe ne se contente pas de s'inspirer de tel auteur allemand. Il va droit à la conclusion où cet auteur était parvenu à la suite d'une longue démonstration, mais ne retient que le sens de l'ouvrage sans se soucier de l'argumentation. Hegel est ainsi «fiché», son système réduit à une épure: panlogisme ou réalisme absolu, Restauration ou Révolution. Si bien que le débat entre Hégéliens et Antihégéliens russes tourne court, car il s'épuise dans des abstractions. On les sent trop pressés de se faire le plus rapidement possible une idée de Hegel. Il faut à tout prix le définir pour pouvoir le classer. On sait que ces auteurs avaient lu toutes les grandes œuvres de Hegel: le malheur, c'est qu'on ne s'en aperçoit pas. Le cheminement de Hegel à l'intérieur d'un même ouvrage et le cheminement de Hegel depuis ses travaux de Iéna jusqu'à ceux de Berlin n'est pas examiné. C'est tout juste si l'on rencontre l'un ou l'autre lecteur attentif à déceler le sens de l'évolution de Hegel. Les matériaux contenus dans le *Hegels Leben* de Rosenkranz permettent à Herzen de découvrir que le jeune *Privat-Dozent* de Iéna sympathisait avec les idéaux de la révolution française, alors que le vieux professeur de Berlin est devenu le philosophe de la Restauration. Herzen a cru remarquer aussi que l'évolution du système va dans le sens du pantragisme vers le panlogisme. Mais ce n'est qu'une simple notation faite accidentellement. Nul n'est tenu de faire un travail d'historien de la philosophie. Mais si l'on se livre à une appréciation critique d'un auteur sans avoir fait ce travail préalable, on glisse nécessairement vers l'interprétation arbitraire et mutilante. Plusieurs fois, mais spécialement dans ses *Leçons sur l'histoire de la philosophie*, Hegel lui-même s'est expliqué sur la critique philosophique. Il oppose celle qui est le fruit d'une connaissance intérieure parce qu'elle fait entrer dans le contenu positif du système, à celle qui produit le malentendu lorsque l'activité critique se contente de survoler le système et le considère du dehors. On pourrait être tenté de dire que dans l'ensemble la critique de Hegel par les philosophes russes relève plutôt du malentendu. Lorsque Khomjakov lance que l'hégélianisme est absurde puisqu'il enseigne que la loi physique est la cause réelle du mouvement elliptique des planètes, on sourit ou l'on s'indigne, selon l'humeur. Lorsque Herzen constate que dans le système hégélien, l'ordre logique opprime l'ordre réel et spécialement l'ordre historique, même si l'on n'est pas d'accord, on sent bien que le trait vise un point sensible. Lorsque tous se demandent ce qu'est le Logos hégélien, leur perplexité est aussi la nôtre. Il faut bien voir que dans les trois cas, la critique procède peut-être moins d'un malentendu que d'une volonté de clarifier de l'intérieur ce qui chez Hegel reste, volontairement selon Herzen, involontairement selon Bakounine, profondément ambigu.

Il faudrait sans doute ne pas parler de malentendu mais de critique intérieure réductrice. Deux siècles nous séparent de la naissance de Hegel. Pas un seul admirateur ne se déclare plus hégélien. Nous avons pris nos distances avec le système. Si l'on veut juger équitablement ces premiers auditeurs, admirateurs ou adversaires de Hegel, il ne faut pas oublier que pour eux l'hégélianisme, c'était précisément ce système hégélien. Ils se portent spontanément à la pointe du combat «spéculatif» que cette grande pensée philosophique venait de livrer. C'est très sérieusement qu'ils se demandent si Hegel, en qui ils ont vu très légitimement l'Aristote des temps modernes, vient annoncer la mort de la métaphysique traditionnelle avec la suppression de l'interrogation bi-millénaire sur la valeur des Essences, la signification de l'existence et la transcendance de l'Esprit ou, au contraire, rendre tous ces thèmes acceptables à une pensée moderne. L'enjeu était d'envergure. Il est donc normal que des penseurs qui n'avaient pratiquement pas de tradition philosophique aient, face à la complexité et la difficulté inouïes du système hégélien, demandé aux Allemands de guider leur interprétation. On regrettera cependant que leurs jugements trop sommaires et rarement justifiés ressemblent davantage à des éclairs qui éblouissent qu'à des raisons qui convainquent et illuminent.

La reconnaissance de cette dépendance ne supprime pas la spécificité de l'hégélianisme russe. Si l'on compare l'influence de Hegel en Allemagne, en Angleterre ou en Italie et son influence en Russie, on remarque immédiatement une différence considérable. Elle porte sur la durée et l'importance. En Allemagne, par exemple, il aura suffi d'une dizaine d'années après la mort de Hegel pour que sa philosophie disparaisse progressivement. Certes, vers 1840, Feuerbach, Marx et la Gauche hégélienne dans son ensemble continuent à s'intéresser au penseur récemment disparu. Mais on ne doit pas oublier que ce courant n'a pas eu immédiatement en Allemagne un retentissement considérable. Par contre, peu après 1850, ce sera le «Zurück zu Kant» qui coïncide justement avec la disparition de l'influence de Hegel sur la pensée allemande. En Russie, la philosophie hégélienne continue pendant tout un siècle à solliciter l'attention de la grande majorité des penseurs. Kant, Leibniz trouvent, pendant une époque d'ailleurs assez courte, quelques fervents représentants. Schelling aura certes une influence presque aussi longue que celle de Hegel. Mais si son influence peut rivaliser avec celle de son illustre ami de Iéna quant à la durée, elle ne le peut pas quant à l'importance. Schelling n'intéresse que les Slavophiles et quelques penseurs chrétiens de tendance souvent proche de la doctrine slavophile. Tout le courant Démocrate, puis Socialiste et enfin Marxiste l'ignore totalement. Hegel s'impose à tous. Que l'on soit Slavophile ou Occidentaliste, Démocrate ou Populiste, Orthodoxe ou Athée, on rencontre nécessairement la philosophie hégélienne. C'est un Slavophile, Samarin, qui écrivait vers 1870 que Hegel serait pour longtemps encore le philosophe auquel il faudra se référer parce qu'il a posé les problèmes majeurs de notre temps. Il en fut bien ainsi.

Aucun pays européen n'a, comme la Russie, subi une influence hégélienne aussi durable. Aucun pays européen n'a été, comme la Russie, aussi profondément influencé par cette philosophie. La spécificité profonde de l'hégélianisme russe, nous la verrions volontiers dans l'engouement spéculatif du début et aussi dans le caractère très particulier que prend par la suite la double contestation religieuse et politique de l'hégélianisme.

Il fallait ce climat politique très spécial sous le règne de Nicolas Ier, avec ces cercles et salons un peu retranchés de la vie, pour que la diffusion de l'hégélianisme prenne une telle ampleur et une telle tournure. Enthousiasme ambigu et fort suspect à bien des égards, mais que ni Kant, ni Schelling n'avaient pu provoquer. Certains ont cru pouvoir expliquer l'engouement pour Hegel uniquement par l'état d'âme de ces jeunes «oisifs» par profession ou par nécessité à la recherche de la pacification intérieure. Certes le «terrain» a joué un grand rôle. A lui seul, il n'explique pas pourquoi ce fut Hegel et non Kant ou Schelling qui s'imposa si souverainement à la pensée russe. Que des hommes aussi différents que Stankevič, Belinskij, Bakounine et Samarin ou Aksakov aient été littéralement subjugués ne peut s'expliquer que par le contenu de la philosophie hégélienne. Le message de Hegel, Hyppolite le résumait dans l'affirmation : Il n'y a pas de double monde et cependant il y a un Logos et une spéculation absolue. Dans l'enthousiasme des premiers temps, les penseurs que nous venons de citer s'accrochèrent à l'idée qu'il y a un Logos et une spéculation absolue, mais ils furent incapables d'éviter le monde des Essences. La philosophie hégélienne fut interprêtée un peu comme un platonisme. L'Au-delà que Hegel voulait rendre immanent retourne à la Transcendance. Toutefois, ces penseurs conservèrent un des aspects du message hégélien. Ils comprirent que le *Sollen* devait être proscrit de la réflexion spéculative. Mais cette intuition hégélienne fut profondément transformée, car ils crurent que la suppression du *Sollen* devait se traduire par la Réconciliation avec tout le réel. Ce qui les conduisit à éliminer toute tension entre l'existence et l'essence, entre le réel et le rationnel. La conclusion de cette démarche fut la justification du monde historique de Nicolas Ier. Ces penseurs arrivèrent à cette interprétation de Hegel parce qu'ils sous-estimèrent la place de la négativité dans la dialectique. Vers la fin du siècle, Čičerin donnera lui aussi un exposé de la philosophie de Hegel sans utiliser la notion de négation. C'était oublier que si le but est sans doute la réconciliation, cette réconciliation n'est jamais la morne identité qui exclut la différence. L'Absolu hégélien n'est jamais une synthèse immobile, car il contient à la fois la position et la négation, le Même et l'Autre. Tout ce courant abaisse la Raison au niveau de l'entendement, peut-être même à celui de la simple intuition. Cette période qui n'a duré qu'une dizaine d'années est l'équivalent russe de la droite hégélienne allemande. Elle s'en sépare dans la mesure où elle est beaucoup plus radicale. A cette époque on se demandait en Allemagne si Hegel croyait à l'existence de Dieu et à l'immortalité de l'âme. Nos Russes ne soupçonnent même pas qu'il y ait un problème tant il leur paraît évident que l'Absolu hégélien est le Dieu de leur tradition. D'où l'audace de Samarin qui va demander à l'hégélianisme de sauver la religion orthodoxe et la confiance de Belinskij et de Bakounine qui croient rencontrer dans la *Logique* le Dieu de leur enfance.

Cette période de la réconciliation avec la réalité n'a duré qu'une décennie. Erreur de jeunesse, dira Bakounine; égarement bien explicable, reprendra Samarin. Toujours est-il que si l'on excepte les deux interprétations peu significatives parce que peu influentes du théologien Gogockij et du libéral Čičerin, les penseurs russes vont tomber d'accord pour constater que la philosophie hégélienne est cryptiquement ou ouvertement athée, ou qu'en tout cas elle conduit à l'athéisme. La leçon qui se dégage de l'histoire de la philosophie russe, c'est que toute tentative pour utiliser la pensée religieuse de Hegel est vouée à l'échec. Sur ce point encore, l'hégélianisme russe se distingue de l'hégélianisme des autres pays européens qui connurent et connaissent encore des essais de lectures religieuses de Hegel.

Nous n'insisterons pas sur les options de la gauche hégélienne russe, parce que sa position rejoint celle de la gauche hégélienne occidentale. Bakounine exprime très bien le sentiment général lorsqu'il déclare que nul n'a autant parlé de l'Absolu que Hegel, et que cependant nul n'a autant que lui porté de plus rudes coups à ce pauvre Absolu. Lénine est heureux de ne pas rencontrer le terme de Dieu dans le dernier chapitre de la *Science de la Logique*, mais cette absence ne le surprend pas tellement. Sans doute beaucoup de notions théologiques traînent encore dans les œuvres de Hegel. Il suffira de mettre nature à la place de dieu pour redresser le système. D'ailleurs cette substitution paraît ne pas poser de problème, car avec Pléchanov, d'accord lui aussi avec Černyševskij qui reprenait la thèse de Herzen, il sait qu'il ne fait qu'accomplir le travail entrepris par Hegel lui-même. Tous ont vu que la destruction du monde de l'ancienne métaphysique à travers les exposés de la *Logique* devait aboutir à ce résultat. Feuerbach contestait l'hégélianisme, cette théologie spéculative ou laïcisée. C'est qu'il se rappelait avoir lu chez Hegel que théologie et philosophie ont encore le même contenu, si elles diffèrent par la forme. Que la philosophie soit le sens et la vérité de la religion, cela n'intéresse pas les penseurs russes. Beaucoup plus radicaux, les voici qui déclarent que l'hégélianisme, en son intention profonde, est un matérialisme qui s'ignore. Position qui est l'antithèse parfaite des premiers «hégéliens spéculatifs». Ceux-ci maintenaient le Logos, mais réintroduisaient un double monde; ceux-là s'enracinent dans ce monde, mais congédient le Logos. Ils ne furent pas plus fidèles au Hegel historique que les premiers. Les Hégéliens spéculatifs avaient ignoré l'importance de la négativité. Les Hégéliens de gauche ne conservent la négativité qu'au plan politique et l'éliminent complètement dans le domaine de l'ontologie.

Hegel voulait se dispenser d'une doublure de ce monde; cependant sa *Logique* reste une ontologie spéculative puisque le Logos est immanent à l'être. Le courant qui prend naissance avec Herzen et se radicalise avec Lénine s'installe dans la positivité du donné naturel. La nature est moins l'Autre de l'Esprit que l'esprit n'est l'autre tardif de la nature. L'interrogation spéculative cesse d'être la catégorie philosophique par excellence: l'objectivation, déclarée par Hegel une aliénation, devient naturelle. La philosophie qui n'a plus pour tâche de comprendre la théologie se présente comme une Anti-théologie.

L'opposition des Slavophiles et des Spiritualistes slaves à la pensée religieuse de Hegel, pour se fonder sur d'autres motifs, n'est pas moins grande que l'opposition des hégéliens de gauche. Quelques uns des philosophes russes athées avaient remarqué que la philosophie hégélienne était encore encombrée par des références religieuses. Les Slavophiles furent les premiers en Russie à comprendre que l'idéalisme de Hegel ouvre la voie à l'athéisme. A leur avis, le matérialisme de Feuerbach découle par filiation directe de la philosophie hégélienne. Leur opposition à Hegel procède de leur conception religieuse et de leur aversion pour le rationalisme. Tout esprit religieux russe est profondément tourné vers l'éternel. Il recherche une libre communauté spirituelle fondée sur l'amour. L'église orthodoxe laisse l'âme du croyant s'abîmer dans les perspectives eschatologiques offertes par la rencontre avec son Dieu. Cette attitude se traduit au plan de la pensée qui se tourne vers le monde ou vers Dieu par un profond désir de communion ou de saisie globale. C'est plus une *Lebenserfahrung* qui permet d'atteindre la plénitude de l'objet dans sa totalité vivante qu'une évidence logique nécessairement superficielle et extérieure.

Tout dans Hegel s'oppose à cette attitude religieuse slave. L'hégélianisme aussi bien dans ses conclusions que par sa méthode d'investigation est une profanation du sentiment religieux tel que le conçoit l'orthodoxe. Le fidèle habitué à la majestueuse liturgie héritée de Byzance est profondément choqué d'entendre que la lecture du journal est la prière matinale qui remplace la participation aux Saints mystères. Le mystique qui converse silencieusement avec son Dieu cherche en vain chez Hegel ce dieu personnel. Comment la dialectique immanentiste pourrait-elle remplacer la béatitude promise par l'eschatologie chrétienne? Un orthodoxe pense qu'il faut être bien peu religieux pour se satisfaire de la philosophie religieuse de Hegel. Il est difficile de lui donner tort. Heidegger dit que personne n'a envie de danser et de chanter devant le dieu des philosophes. C'est encore plus vrai face au dieu hégélien. On comprend donc que les Slavophiles et autres croyants orthodoxes aient conclu que Hegel était bien un philosophe athée. Son rationalisme est tel que la raison humaine devient la seule mesure du réel. Et si l'on voit Khomjakov noircir à souhait ce rationalisme en prêtant à Hegel cette étrange idée de faire dériver le monde réel de la simple raison logique, n'est-ce pas pour mieux se justifier encore face à Hegel? Des historiens occidentaux, comme Kroner, ont cru découvrir chez Hegel un profond irrationalisme, et d'autres, comme Lasson, ont insisté sur les sources religieuses de la dialectique hégélienne. Les orthodoxes ont toujours eu le sentiment que la philosophie hégélienne était, au contraire, l'aboutissement le plus implacable du rationalisme occidental. Il est vrai, on le sait, qu'ils firent remonter ce courant rationaliste à Saint Thomas d'Aquin, ce qui indique assez en quel état d'abaissement ils tenaient la raison humaine. Une conclusion se dégage. A quelques exceptions près, les auteurs slaves, qu'ils soient croyants ou incroyants, tombent d'accord pour penser que la philosophie hégélienne est bien celle qui dans le monde moderne annonce la mort de dieu. Et même si elle ne la réalise pas encore effectivement, c'est en elle que se trouvent les raisons les plus fortes pour y parvenir. Telle est la leçon qu'il faut tirer de la contestation religieuse de Hegel par les Russes.

La contestation politique dont la philosophie hégélienne fut l'objet semble au premier abord très voisine des positions défendues par la gauche hégélienne allemande. De Herzen à Lénine, on retrouve la même ligne d'évolution que celle qui va de Feuerbach à Marx et Engels. C'est d'ailleurs sous l'influence de Ruge que Bakounine est passé de sa phase de réconciliation à sa période d'opposition systématique. Herzen lui-même n'a trouvé sa belle formule, «la dialectique est l'algèbre de la révolution», que parce qu'il avait lui aussi fréquenté les ouvrages de Feuerbach et de ses amis.

Cependant, sur ce point encore, la pensée russe a fait œuvre personnelle. La philosophie de l'histoire de Hegel fut une véritable révélation. Elle nous a aidés, reconnaît Samarin repentant, à poser et à résoudre le problème de la phénoménologie de la conscience russe. Quelques décennies avant la diffusion de l'hégélianisme, la «Question nationale» était déjà devenue un thème central. Toutefois, ce thème ne prendra une dimension véritablement métaphysique qu'après la rencontre avec Hegel. En lisant chez celui-ci le raccourci prodigieux que vient de parcourir l'Esprit du monde, le Russe a le sentiment que le

Weltgeist a oublié son pays. Les slavophiles font exception, mais ils sont les seuls. Car même des Schellingiens dont Čaadaev est le représentant le plus connu vont en conclure qu'effectivement la Russie est le pays de l'inculture. On se sent si bien oublié que par dépit on prend même un certain plaisir à diminuer encore la valeur de la tradition slave.

Aussitôt le premier choc passé, naît dans l'esprit de beaucoup une intuition divinatrice: si la Russie n'a pas de passé, elle a l'avenir devant elle. Plusieurs fois, Hegel vieillissant, las peut-être de cette période de la Restauration dont il pressent les effets négatifs, laisse entendre que l'Europe est fatiguée et que l'Esprit du monde pourrait bien accomplir ailleurs son office. Dans les *Leçons sur la philosophie de l'histoire*, il n'écarte ni les Etats-Unis d'Amérique ni la Russie. Il suffira à Herzen, le plus grand admirateur de l'Occident, de faire le tour de l'Europe pour prendre conscience que ces pays ne méritent plus la considération qu'on leur porte. D'ailleurs, le thème du déclin de l'Occident est devenu un lieu commun. Il apparaissait donc tout à fait normal d'inviter l'Esprit du monde à s'avancer vers l'immensité du pays russe. Le thème hégélien du peuple élu, ce *Volksgeist*, venait à la rencontre du messianisme russe si vivant à cette époque. Il n'est pas besoin de lire entre les lignes pour percevoir chez tous ces auteurs la délectation qu'ils éprouvent à cette pensée. Pour être digne de devenir l'élu, il faut que le peuple soit capable de manifester la plus haute négativité. Voyez, s'exclame Aksakov qui s'obstine, contre l'ordre d'Alexandre II, à s'habiller en moujik et à porter sa longue barbe, de quelle négativité le peuple russe est capable: il a transféré sa capitale de Moscou à St. Pétersbourg! L'argument ne convainc pas Herzen qui le rapporte, car il est pleinement conscient qu'il ne suffit pas de ne pas avoir de passé pour prétendre avoir un avenir. Mais son amour pour la Russie vient vite à bout de ses craintes et de ses doutes. Černyševskij qui n'a pas les mêmes scrupules que Herzen utilisera même la philosophie de l'histoire hégélienne pour «démontrer» qu'on peut très bien passer directement de la thèse à la synthèse sans traverser l'antithèse, ouvrant ainsi la voie à une révolution de type marxiste dans un pays agraire. Ainsi la dialectique historique concrète du *Volksgeist* hégélien se transforme immédiatement en Russie en idéologie.

Un autre aspect spécifiquement russe de l'utilisation de la philosophie politique de Hegel, c'est l'anarchisme. Il prend chez Bakounine une forme aiguë; mais il en existe des variantes atténuées chez beaucoup d'autres auteurs. Le nihilisme russe n'est ni l'incroyance ni l'indifférentisme sceptique, mais la foi dans l'incroyance et dans la négation des valeurs établies. Lorsqu'on commence à opérer un choix dans les thèmes hégéliens, il n'y a aucune raison pour que le thème de la négativité ne devienne le principe d'une lecture de Hegel. Il va sans dire que lorsque Bakounine s'empare de la catégorie de négation, il fait subir à cette notion une transformation radicale. Un historien de la philosophie lui fera remarquer que chez Hegel la négation est toujours une négation déterminée et que, par conséquent, si la thèse dont on part est abolie et non pas conservée, il ne peut s'agir que de rupture et non de négation dialectique. Mais précisément Bakounine isole le thème de la négation de celui de la négativité absolue en quoi il voit l'essence de l'hégélianisme. On ne comprendra l'anarchisme bakounien que si l'on veut bien voir que chez lui la Négativité n'est que la transposition du *Sollen*. Hegel a combattu les philosophies du *Devoir-être* dans la mesure où elles postulaient un monde moral idéal: il ne s'est pas opposé à ce que ce monde-ci soit transformé. On a pu dire que le philosophe allemand justifie tous les états: c'est donc qu'il approuve le changement. Bakounine plus que tous les autres connaissait la *Logique*. Il savait que l'Infini (l'homme pour lui) n'est rien d'autre que cette inquiétude de ne pas être ce qu'il est et d'être ce qu'il n'est pas. D'où sa conclusion: la Négativité est l'âme de la dialectique. Et on le lui reproche. Il semblerait qu'il y a un bon usage et un mauvais usage de la dialectique. Au nom de quoi ceux qui disent que la philosophie hégélienne a définitivement supprimé le monde des Essences et des Valeurs de la métaphysique traditionnelle, qui pensent même que l'homme n'est qu'un être purement historique, peuvent-ils interdire à Bakounine de tailler dans l'existence?

D'ailleurs sa négativité destructrice, Bakounine la lançait contre l'état, cette forme néfaste d'oppression des individus. Mais sur ce point il a avec lui un nombre impressionnant de penseurs russes. Car c'est bien un autre trait spécifiquement slave que cette opposition à la philosophie politique de Hegel. S'il est un point essentiel du message hégélien qui est resté incompris des Russes, c'est sans aucun doute la solution dialectique des rapports entre la personne et l'état proposée par Hegel. On accuse moins Hegel d'avoir semblé s'accommoder du régime prussien que d'avoir enseigné que l'état est l'accomplissement de la liberté de la personne. Pour comprendre cette divergence de vues entre les Slaves et le philosophe allemand, il faut se rappeler que Hegel souffrait de voir son Allemagne ou plutôt ses Allemagnes sans une autorité reconnue, alors que les Russes pâtissaient de l'autorité envahissante du régime tsariste. L'Allemand appelle de ses vœux l'Etat dont les Russes voulaient se débarrasser. Nous avons vu que tous ces penseurs finirent par trouver un sens acceptable à la philosophie de l'histoire hégélienne: ils furent incapables de s'assimiler le contenu des *Principes de la philosophie du droit*. L'anarchisme russe n'est en effet que la forme extrême de l'individualisme. Aussi, même si l'on n'est pas anarchiste, on s'en prend à Hegel en invoquant les droits imprescriptibles de la personne. Pour une fois, les Russes ne dépendent pas des Occidentaux, car Belinskij avait rompu avec Hegel avant Kierkegaard. Herzen a écrit, lui aussi, des pages vengeresses contre l'état hégélien qui mutile les individus. Il faut rappeler le curieux accord des Slavophiles avec les Occidentalistes. Un Aksakov supplie le tsar de continuer son malheureux métier à la tête de l'état; mais il entend que l'état n'empiète pas sur sa vie personnelle. Démocrates socialistes et Marxistes rejoignent Bakounine sur le thème de la disparition de l'état.

Le seul à avoir compris l'importance de la philosophie politique de Hegel fut le fondateur de l'Ecole du droit historique, Čičerin. Il fut un des seuls à saisir que le philosophe allemand avait posé les bases d'une philosophie politique acceptable pour la pensée moderne. Comme Hegel, il n'a pas craint d'affirmer que l'état est la rationalité existante et que sans état les personnes seront le jouet des luttes de la société civile. Čičerin, parce qu'il était lui-même grand bourgeois, a reconnu que la théorie politique de Hegel était en un sens l'héritière de cette révolution bourgeoise de 1789. C'est pourquoi il lui semblait que la Russie se devait de réaliser constitutionnellement les grandes idées contenues dans les *Principes de la philosophie du droit*. Il ne fut pas entendu, parce que pour l'entendre il eût fallu que la classe bourgeoise fût plus développée qu'elle ne l'était en Russie. La révolution française avait été préparée par l'intelligentsia française de la seconde moitié du XVIIIe siècle. Mais en Russie, l'*intelligentsia* n'avait que mépris pour le *Meščanin* (Bourgeois). Encore une fois, pressés de rattraper leur retard, les intellectuels russes dont Herzen est le cas type ne voyaient pas pourquoi il leur faudrait passer par cette étape. Ils en étaient d'ailleurs détournés, parce qu'ils se figuraient que la philosophie politique hégélienne ne pouvait se traduire que par l'étouffant état prussien ou par le «bourgeois Louis-Philippard». Puisque l'on pensait pouvoir s'installer directement dans la société socialiste sans passer par la phase capitaliste, rien ne semblait s'opposer à ce que l'on fasse l'économie de cette Monarchie constitutionnelle. Au lieu de réfléchir sérieusement sur la philosophie politique de Hegel, on préférait s'enivrer à la pensée de la disparition de l'état. Quitte à se disputer pour savoir s'il fallait suivre Bakounine lorsqu'il déclarait que l'abolition devait être immédiate, ou reconnaître avec Herzen que l'état serait longtemps encore nécessaire. Les Marxistes russes déclaraient eux aussi qu'il fallait en finir avec l'état et le remplacer par le fer de lance du Parti, ce qui faisait dire à Bakounine que la dictature des Marxistes serait encore pire que l'autorité de l'Etat tsariste.

Beaucoup d'historiens ont été surpris par l'évolution du marxisme occidental. On pense généralement que le changement intervenu qui, pour certains est une véritable réinterprétation, est dû à l'influence d'Engels: alors que Marx avait posé les fondements du matérialisme historique, l'auteur de la *Dialectique de la nature* serait le véritable fondateur du matérialisme dialectique. On arrive ainsi à tenir le matérialisme autant pour une doctrine ontologique de la matière que pour une doctrine de la suppression de l'aliénation par la Praxis sociale. L'aboutissement de cette transformation de la pensée de Marx fut de rompre le lien que la pensée dialectique avait établi entre l'Homme et la Nature.

Le marxisme russe s'est lui aussi engagé sur la même voie, mais en accentuant encore d'une façon plus décisive le primat de l'ontologie sur la dialectique. Le Démocrate révolutionnaire non marxiste, Černyševskij, et le marxiste menchévique Pléchanov furent, pour des raisons opposées, les responsables de cette tendance. Nous avons vu que Černyševskij a retenu de ses lectures de Hegel que la démarche philosophique doit toujours être concrète. Il a, de même, fort justement discerné, à la suite de Herzen, que la grandeur de l'hégélianisme fut de mettre en valeur le rôle de la Praxis. Mais, en même temps, Černyševskij a cru pouvoir réduire la dialectique aux trois lois désormais classiques. De plus, la distinction sans nuance qu'il établit entre le système et la méthode de Hegel devait conduire à une conception toute formaliste de la dialectique. Enfin, le naturalisme didactique de l'esthétique de Černyševskij allait trouver son accomplissement dans la théorie du réalisme esthétique.

Pléchanov avait réagi contre les simplifications de son devancier. C'est ainsi qu'il avait mieux perçu le sens véritable de la pensée dialectique. Souvent, il s'efforce de montrer que la méthode ne peut pas être extérieure au contenu puisque la dialectique est celle de la Chose même dans son propre développement. Mais son admiration pour Hegel était si vive que les Marxistes staliniens ont cru, bien à tort, y déceler la raison de ses errements politiques. Ils furent ainsi portés à tenir la pensée hégélienne pour une pensée éminemment dangereuse. A la dialectique plus riche du marxiste Pléchanov, ils ont préféré la dialectique naturaliste d'un adversaire du marxisme, Černyševskij.

Lénine avait bien rédigé ses notes sur la *Science de la Logique*. Mais Staline en a pratiquement empêché la diffusion. Lénine a donc agi sur le devenir de la philosophie soviétique par ce livre antihégélien qu'est *Matérialisme et Empiriocriticisme*. Comme les idées contenues dans ce travail semblaient s'accorder assez facilement avec celles proposées par Černyševskij, il n'est pas étonnant que le legs du Démocrate soit finalement devenu le bien commun de la pensée russe et soviétique. Tout ce que Lénine pouvait encore avoir conservé d'hégélianisme de gauche allait pratiquement disparaître avec la philosophie soviétique. Historiquement, le marxisme soviétique qui aurait dû conduire à un renouvellement de l'hégélianisme de gauche a entraîné son effacement presque complet.

Pendant près d'un siècle la philosophie hégélienne a exercé une influence sur la pensée russe. Si l'on excepte les «errements» qui suivirent la diffusion de Hegel entre 1835 et 1845, il faut dire que la Russie n'a pas connu de droite hégélienne. La seule réactivation timide de cette tendance fut le néohégélianisme de Čičerin et de quelques philosophes spiritualistes. Le contact avec Hegel a certainement beaucoup aidé les Russes du XIXe siècle à prendre d'eux-mêmes et de leur rapport avec l'Occident une vue plus profonde. Enfin, malgré les brillantes variations directement inspirées de l'hégélianisme sur l'importance de la dialectique comme fondement de la pratique sociale, les tendances individualistes, nihilistes, anarchistes ou au contraire collectivistes si vivaces en Russie à cette époque firent que la philosophie politique de Hegel n'a pas réussi à influencer favorablement le devenir de l'état russe.

BIBLIOGRAPHIE

AJCHENVAL'D, JU. I., *Siluety russkich pisatelej*, t. I–III. Moskva 1906–1910.
AKSAKOV, K. S., *Sočinenija*, t. I (redakcija i primečanija E. K. Ljackago). Petrograd 1915.
[AKSAKOV, K. S.], Zapiska K. S. Aksakova «o vnutrennem sostojanii Rossii», predstavlennaja gosudarju Imperatoru Alexandru II v 1855 g., in N. L. Brodskij, *Rannie slavjanofily*.
ALEKSEEV, N., Russkij gegel'janeč. Boris Nikolaevič Čičerin, in *Logos*, n° 1, 1911, pp. 193–220.
ALTHUSSER, L., *Lénine et la philosophie*. Paris 1969, 59 p.
ANNENKOV, P. V., *Literaturnyja vospominanija*. S.P.B. 1909 VII–590 p.
ASINOVSKAJA, S. A., *Iz istorii peredovych idej v russkoj medievistike. T. N. Granovskij*. Moskva 1955, 163 p.
BAKUNIN, M., *Sobranie sočinenij i pisem 1828–1876* (pod redakciej i s primečanijami Ju. M. Steklova), t. I–IV. Moskva 1934 [non achevée; période de 1828 à 1861].
ELYSARD, J. [pseudonyme de M. Bakounine], Die Reaktion in Deutschland, in *Deutsche Jahrbücher für Wissenschaft und Kunst*, n° 247–251 (17–21 octobre 1842).
BAKOUNINE, M., *Œuvres* (éd. James Guillaume), t. I–VI, 4e éd. Paris 1907–1913 [la période à partir de 1867, mais pas toutes les œuvres de la fin].
[BAKOUNINE, M.] *Archives Bakounine*, t. I., *Michel Bakounine et l'Italie 1871–1872* (Textes établis et annotés par A. Lehning). Leiden 1961. t. III., *Etatisme et anarchie* (trad. M. Body). Leiden 1967.
BAKOUNINE, M., *Confession* (trad. P. Brupbacher). Paris 1932.
BAKUNIN, P. A., *Osnovy very i znanija*, S. Petersburg 1886, 408 p.
BARON, S. H., *Plekhanov, the father of Russian Marxism*. London 1963, X–400p.
BAUER, B., Posaune des Jüngsten Gerichts über Hegel den Atheisten und Antichristen. Ein Ultimatum, in *Die Hegelsche Linke* (éd. K. Löwith). Stuttgart 1962.
BELINSKIJ, V. G., *Polnoe sobranie sočinenij V. G. Belinskago*, t. I–XIII. Moskva, Leningrad 1900–1948.
BELINSKIJ, V. G., *Pis'ma* (Redakcija i primečanija E. A. Ljackago), t. I–III. S. Peterburg 1914.
[BELINSKIJ, V. G.] *Studienmaterial*, Heft I, Ost-Berlin 119 p.
BIELINSKI, V., *Textes philosophiques choisis*. Moscou 1951, 640 p.
BERDJAEV, N. A., *Aleksej Stepanovič Chomjakov*. Moskva 1912, VIII–250 p.
BERDJAEV, N. A., *O naznačenie čeloveka. Opyt paradoksal'noj etiki*. Pariž 1931, 317 p. (*De la destination de l'homme. Essai d'éthique paradoxale* trad. I. P. et H. M. Paris 1935, 381 p.).

334 BIBLIOGRAPHIE

BERDJAEV, N. A., *Russkaja ideja. Osnovnye problemy russkoj mysli XIX veka i načala veka.* Pariž 1946, 258 p. (*Idée russe.* Traduction et notes de H. Arjakovsky. Paris 1970, 274 p.).

BERDJAEV, N. A., *Opyt eschatologičeskoj metafiziki (Tvorčestvo i obektivacija).* Pariž 1947, 219 p. (*Essai de métaphysique eschatologique.* trad. M. Herman. Paris 1946, 288 p.).

BERDJAEV, N. A., *Ekzistencial'naja dialektika božestvennogo i čelovesčeskogo.* Pariž 1952, 246 p. (*Dialectique existentielle du divin et de l'humain.* Paris 1947, 244 p.).

BERDJAEV, N. A., *Istoki i smysl russkogo kommunizma.* Pariž 1955, 157 p. (*Les sources et le sens du communisme russe.* trad. L. J. Cain. Paris 1951, 373 p.).

BERNSTEIN, E., *Zur Theorie und Geschichte des Sozialismus,* 4e éd. Berlin 1904, 160 p.

BERNSTEIN, E., *Die Voraussetzungen des Sozialismus,* 3e éd. Stuttgart 1909, 188 p.

BESSE, G., Les cahiers philosophiques de Lénine, in *La pensée* 1956, pp. 85–94.

BEYER, W. R., *Hegel-Bilder, Kritik der Hegel-Deutung.* Berlin 1964, 282 p.

BILLIG, J., *Der Zusammenbruch des deutschen Idealismus bei den russischen Romantikern. Belinskij, Bakunin.* Berlin 1930, 61 p.

BILLINGTON, J. H., *Mikhailovsky and Russian populism.* Oxford 1958, 217 p.

BLOCH, E., *Philosophische Aufsätze,* in *Gesamtausgabe,* t. X. Frankfurt a. Main. 1969.

BRODSKIJ, N. L., *Rannie Slavjanofily.* Moskva 1910, 206 p.

BRUŠLINSKIJ, V. K., Rabota Lenina nad filosofskimi voprosami v 1914–1915 godach, in *Voprosy filosofii* 1947, 2, pp. 205–219.

BURAČEK, S., Zadača filosofii, in *Majak* 1842, VI.

ČAADAEV, P. JA., *Sočinenija i pis'ma* (pod redakciej M. O. Geršenzona), t. I–II. Moskva 1913–1914.

ČAGIN, B. A., *G. V. Plechanov i ego rol' v razvitie marksistskoj filosofii.* Moskva 1963, 304 p.

ČERNYŠEVSKIJ, N. G., *Polnoe sobranie sočinenij v 10 tomach* (Izd. M. N. Černyševskago). S. Peterburg 1906.

ČERNYŠEVSKIJ, N. G., *Polnoe sobranie sočinenij v pjatnadcati tomach,* t. I–XV; t. XVI (dopolnitel'nyj). Moskva 1939–1953.

ČERNYŠEVSKIJ, N. G., *Izbranyja sočinenija v pjati tomach.* Moskva 1929.

ČERNYŠEVSKIJ, N. G., *Izbrannye filosofskie sočinenija* (pod obščej redakciej M. M. Grigorjana), t. I–III. Moskva 1950–1951.

TCHERNYCHEVSKI, N., *Textes philosophiques choisis.* Moscou 1957, 653 p.

CHOMJAKOV, A. S., *Polnoe sobranie sočinenij Alekseja Stepanoviča Chomjakova,* izd. 5. t. I–VIII, Moskva 1900–1907.

CHRISTOFF, P. K., *An introduction to nineteenth-century russian Slavophilism. A study in ideas.* Vol. I, *A. S. Xomjakov.* The Hague 1961, 301 p.

ČIČERIN, B. N., *Oblastnyja učreždenija Rossii v XVIIm veke.* Moskva 1856, III–591.

ČIČERIN, B. N., *Istorija političeskich učenij,* t. I–V. Moskva 1869–1902.

ČIČERIN, B. N., Neskol'ko slovo filosofsko-istoričeskich vozzrenijach Granovskago, in *Voprosy filosofii i psichologii* 1897.

ČIČERIN, B. N., *Vospominanija,* t. I–II. Moskva 1929–1932.

TSCHITSCHERIN, B., *Philosophische Forschungen.* Heidelberg 1899, 536 p. (C'est la traduction de: *Položitel'naja filosofija i edinstvo nauki.* Moskva 1892 et *Osnovanija logiki i metafiziki.* Moskva 1894).

ČIČERIN, B. N., *Filosofija prava.* Moskva 1900, 336 p.

COQUART, A., *Dmitri Pisarev 1840–1868 et l'idéologie du nihilisme russe.* Paris 1946, 464 p.

CORBET, CH., Černyševskij, Esthéticien et critique, in *Revue des études slaves*, t. XXIV, 1948, pp. 107–128.

CROCE, B., Ciò che è vivo e ciò che è morto della filosofia di Hegel, in *Saggio sullo Hegel*, Bari 1927, pp. 1–204.

DEBOL'SKIJ, N. G., *O dialektičeskom metode*. S. Peterburg 1872.

D'HONDT, J., *Hegel, philosophe de l'histoire vivante*. Paris 1966, 473 p.

DOSTOIEVSKI, F. M., *Journal d'un écrivain* (trad. J. Chuzeville. Paris 1951, 645 p.

DUFRENNE, M., *Phénoménologie de l'expérience esthétique*, t. I–II. Paris 1967.

DYNNIK, M., Ot primirenija s dejstvitel'nost'ju k apologii razrušenija, in *Letopisi marksizma*, t. IV, 1927, pp. 30–44.

EL'SBERG, JA. E., *Gercen, Žizn' i tvorčestvo*, izd. 3. Moskva 1956, 678 p.

EVGRAFOV, V., Dialektika N. G. Černyševskogo, in *Bol'ševik*, n° 11–12, 1945, pp. 49–62.

EVGRAFOV, V., Filosofskie vzgljady N. G. Černyševskogo, in *Iz istorii russkoj filosofii*. Moskva 1951, pp. 304–401.

EVGRAFOV, V., Filosofskie i obščestvenno-političeskie vzglajdy N. G. Černyševskogo, in *Očerki po istorii filosofskoj i obščestvenno-poličeskoj mysli narodov SSSR*, t. II, pp. 37–175.

FEUERBACH, L., *Manifestes philosophiques* (trad. L. Althusser). Paris 1960, 237 p.

FETSCHER, I., Das Verhältnis des Marxismus zu Hegel, in *Marxismusstudien* t. III, 6, 1960, pp. 87–95.

FLEISCHMANN, E., *La science universelle ou la logique de Hegel*. Paris 1968, 387 p.

FOMINA, V. A., *Filosofskie vzgljady G. V. Plechanova*. Moskva 1955, 343 p.

GACON, J., Actualité de Pléchanov, in *La pensée*, n° 79, 1958.

GARAUDY, R., Les «Cahiers philosophiques» de Lénine, in *Cahiers du communisme*, jan-fév. 1956, pp. 131–155.

GARAUDY, R., *Lénine*, Paris 1968, 107 p.

GERCEN, A. I., *Polnoe sobranie sočinenij i pisem* (pod redakciej M. K. Lemke), t. I–XXII. Petrograd, Leningrad, Moskva 1919–1925. [Traduction française: A. Herzen, *Textes philosophiques choisis*. Moscou, 663 p.].

GERŠENZON, M. O., *Istorija molodoj Rossii*. Moskva 1908, XI–315 p.

GERŠENZON, M. O., *Istoričeskija zapiski o russkom obščestve*. Moskva 1910, 187 p.

GILJAROV-PLATONOV, N. P., *Sbornik sočinenij*, t. I–II. Moskva 1899.

GITERMANN, V., *Geschichte Russlands*, t. III. Zürich 1949, 697 p.

GOGOCKIJ, S., *Filosofskij leksikon*, s.v. Gegel', t. II, pp. 25–242. Kiev 1861.

GRANOVSKIJ, T. N., *Sočinenija*, t. I–II. 3. Moskva 1892.

[GRANOVSKIJ] *Granovskij i ego perepiska*, t. I–II. Moskva 1897.

[GRANOVSKIJ] *Lekcii T. N. Granovskogo po istorii srednevekov'ja. Avtorskij konspekt i zapisi slušatelej*. (Predislovie, podgotovka teksta i primečanija. A. Asinovskoj). Moskva 1961, 238 p.

GRATIEUX, A., *Khomiakov et le mouvement slavophile*, t. I–II. Paris 1939.

GROTHUSEN, K. D., *Die historische Rechtsschule Russlands*. Giessen 1962, 261 p.

GURVITSCH, G., Die zwei grössten russischen Rechtsphilosophen. Boris Tschitscherin und Wladimir Ssolowjew, in *Philosophie und Recht*, 1922–1923, pp. 80–102.

HAYM, R., *Hegel und seine Zeit*. Berlin 1857, 512 p.

HEGEL, G. W. F., *Wissenschaft der Logik*, t. I–II (éd. Lasson). Leipzig 1934.

HEGEL, G. W. F., Enzyklopädie der philosophischen Wissenschaften im Grundrisse.

HEGEL, G. W. F., *Grundlinien der Philosophie des Rechtes* (éd. Hoffmeister) 4. Aufl. Hamburg 1955.

HEGEL, G. W. F., *Vorlesungen über die Geschichte der Philosophie* (éd. Glockner), in *Sämtliche Werke*, t. XVII–XIX. Stuttgart 1927–1930.

HEGEL, G. W. F., *Aesthetik* (éd. Bassenge), t. I–II. Frankfurt am Main.

HEGEL, G. W. F., *Die Vernunft in der Geschichte* (éd. Hoffmeister), 5. Aufl. Hamburg 1955.

HEGEL, G. W. F., *Phénoménologie de l'Esprit*, t. I–II (trad. J. Hyppolite). Paris 1939–1941.

HEGEL, G. W. F., *Préface à la Phénoménologie de l'Esprit* (trad., intr. et notes par J. Hyppolite). Paris 1966.

HEPNER, B., *Bakounine et le panslavisme révolutionnaire. 5 essais sur l'histoire des idées en Russie et en Europe.* Paris 1950, VIII–320 p.

HOEPPNER, J., Ueber das Verhältnis des Marxismus zur Philosophie Hegels, *Deutsche Zeitschrift für Philosophie*, 1956, 3, pp. 288–310.

HYPPOLYTE, J., *Etudes sur Marx et Hegel*. Paris 1965, 204 p.

IOVČUK, M. T., *G. V. Plechanov i ego rol' v razvitii marksistskoj filosofii*. Moskva 1963, 304 p.

Iz istorii russkoj filosofii (Sbornik statej). Moskva 1951, 765 p.

Iz istorii russkij filosofii XVIII–XIX vekov (Sbornik statej). Moskva 1952, 318 p.

Istorija filosofii v SSSR v pjati tomach. Moskva 1967.

IVANOV-RAZUMNIK, P. V., *Istorija russkoj literatury XIX veka*. S. Peterburg 1914.

JAKOWENKO, B., *Geschichte des Hegelianismus in Russland*, t. I-, Prag 1938, 349 p. [période de 1835 à 1860; inachevé].

JAKOWENKO, B., *Filosofi russi. Saggio di storia della filosofia russa*. Firenze 1925, 242 p.

JAMERŠTET, V., Mirosozercanie kružka Stankeviča i poezija Kol'cova, in *Voprosy filosofii i psichologii*, XX (5), 1893, pp. 94–124; XXII (2), 1894, pp. 162–182.

KAREEV, N. I., *Istoričeskoe mirosozercanie T. N. Granovskago*, izd. 3. Petersburg 1905, IV–109 p.

KAUFMAN, I. I., Točka zrenija politico-ekonomičeskoj kritiki u K. Marksa, in *Vestnik Evropy*, n° 5, 1872, pp. 427–436.

KAUTSKY, C. J., *Die materialistische Geschichtsauffassung*, t. I–II. Berlin 1927.

KIREEVSKIJ, I. V., *Polnoe sobranie sočinenij v dvuch tomach* (pod redakciej M. O. Geršenzona), t. I–II. Moskva 1911.

KNIŽNIK-VETROV, I. S., *Petr Lavrovič Lavrov*, izd. 2. Moskva 1930.

KORKUNOV, N. M., *Istorija filosofii prava*. S.P.B. 1896.

KORNILOV, A. A., *Semejstvo Bakuninych*, t. I–II. Moskva 1915–1925.

KORSAKOV, D. A., K. D. KAVELIN. Materialy dlja biografii, iz semejnoj perepiski i vospominanij, in *Vestnik Evropy*, n° 21–23, 1886–1888.

KOSMINSKIJ, E. A., Žizn' i dejatel'nost' T. N. Granovskogo, in *Vestnik moskovskogo universiteta*, n° 4, 1956.

KOYRE, A., *La philosophie et le problème national en Russie au début du XIXe siècle*. Paris 1929, 212 p.

KOYRE, A., *Etudes sur l'histoire de la pensée philosophique en Russie*. Paris 1950, 223 p.

KUDRJABCEV, P., Detstvo i junost' Granovskago, in *Russkij vestnik*, t. XVIII, 1858, pp. 1–50.

KUEHNE, W., Die Polen und die Philosophie Hegels, in D. Tschižewskij, *Hegel bei den Slaven*, pp. 7–143.

KURPOTIN, V., Černyševskij i dialektika, in *Pod znamenem marksizma*, n° 11, 1928, pp. 36–52.

LABRY, A., *Alexandre Ivanovitch Herzen 1812–1870. Essai sur la formation et le développement de ses idées.* Paris 1928, p. 430 p.

LANZ, H., The philosophy of Ivan Kireyevsky, in *The slavonic review*, IV, 1925–1926, pp. 594–604.

LAVROV, P. L., *Sbornik Statej. Stat'i, vospominanija, materialy*. Peterburg 1922, 522 p.

LAVROV, P. L., *Filosofija i sociologija*, t. I–II. Moskva 1965.

LAVROV, P., *Historische Briefe* (Uebersetzt von S. Dawidow). Berlin 1901, XLII–368 p.

LAZICZIUS, J., Fr. Hegels Einfluss auf V. Belinskij, in *Zeitschrift für slavistische Philologie*, t. V, 1928, pp. 339–355.

LEFEBVRE, H., *La pensée de Lénine*. Paris 1957, 356 p.

LEMKE, M. K., *Nikolaevskie žandarmy i literatura 1826–1855 gg*, izd. 2. S. Peterburg 1909, XV–614 p.

LENIN, V. I., *Polnoe sobranie sočinenij*, izd. 5, t. I–V. Moskva 1960–1965. [Pour les traductions françaises nous avons utilisé: *Œuvres choisies en trois volumes*. Moscou 1968. *Cahiers philosophiques*. Paris 1955. *Matérialisme et Empiriocriticisme*. Paris 1948].

LIEBER, H. J., *Die Philosophie des Bolschewismus in den Grundzügen ihrer Entwicklung*. Frankfurt am Main, Berlin, Bonn, 2 Aufl. 1958, 107 p.

LUKACS, C., *Problem der Aesthetik*, in *Werke*, t. XI. Neuwied am Rhein 1969.

LUKACS, G., Einführung in die Aesthetik Tschernyschewskijs, in *Beiträge zur Geschichte der Aesthetik*. Berlin 1954, pp. 135–190.

LUKACS, G., *Histoire et conscience de classe* (trad. K. Axelos). Paris 1960, 381 p.

LUPPOL, I. K., *Lenin und die Philosophie* (Uebersetzt von S. Jachnim) Wien, Berlin 1929.

MAC TAGGART, J., *Studies on the Hegelian Dialectic*. Cambridge 1896, XVI–259 p.

MALININ, V. A., Russkij neogegel'janec B. N. Čičerin, in *Filosofskie nauki*, n° 3, 1961, pp. 160–169.

MARITAIN, J., *Distinguer pour unir ou Les degrés du savoir*, 5e éd. Paris 1948, 919 p.

MARKINA, N. L., *Sociologičeskie vzgljady P. L. Lavrova*. Minsk 1958.

MARX, K., *Marx Engels Werke*. Berlin 1957 sq.

MARX, K., *Œuvres* (Pléiade), t. I–II. Paris 1963 sq.

MASARYK, TH. G., *Zur russischen Geschichts- und Religionsphilosophie*, t. I–II. Jena 1913 (Reprografischer Nachdruck, Düsseldorf-Köln 1965).

MERLEAU-PONTY, M., *Les aventures de la dialectique*. Paris 1955, 313 p.

MEZENCEV, P. A., *Belinskij. Problemy idejnogo razvitija i tvorčeskogo nasledelija*. Moskva 1957, 495 p.

MICHJALOVSKIJ, N. K., *Polnoe sobranie sočinenij N. K. Michajlovskago*, izd. 5, t. I–X. S. Petersburg 1909–1913.

MILIOUKOV, P. N., *Le mouvement intellectuel russe* (trad. J. W. Bienstock) Paris 1918, 450 p.

MILJUKOV, P., *Glavnye tečenija russkoj istoričeskoj mysli*. Moskva 1898, 372 p.

MIRTOV, P. L., (Pseudonyme de P. L. Lavrov).

MONAS, S., *The third section. Police and society under Nicholas I*. Cambridge Mass. 1961, VIII–354 p.

MUELLER, E., *Russischer Intellekt in europäischer Krise. Ivan V. Kireevskij (1806–1856)*. Köln; Graz 1966, XII–512 p.

NIFONTOV, A., K voprosu ob istoričeskich vzgljadach N. G. Černyševskogo, in *Pod znamenem marksizma*, n° 11, 1928, pp. 53–74.

NOL'DE, B. E., *Juri Samarin i ego vremja*. Pariž 1926, 241 p.

Očerki po istorii filosofskoj i obščestvenno-političeskoj mysli narodov SSSR, t. I. Moskva 1956, 894 p.

ODOEVSKIJ, V, F., *Russkie noči*. Moskva 1913, 429 p.

O «filosofskich tetradjach» V. I. Lenina. Moskva 1959, 447 p.

OGAREV, N. P., Pis'mo k Gercenu, in Russkaja mysl' n° 1, 1889.

OWSJANNIKOV, M. F., SMIRNOVA, S. W., Kurze Geschichte der Aesthetik. Berlin 1966, 503 p.

PANAEV, I. I., Literaturnyja vospominanija. Sank Peterburg 1876, 420 p.

PISAREV, D., Razrušenie estetiki, in Izbrannye sočinenija. Moskva 1935, t. II, pp. 307 329.

PLATON, Sophiste (éd. Les Belles lettres). Paris 1950.

PLECHANOV, G. V., Sočinenija, t. I–XXIV. Moskva, Leningrad 1923–1927.

PLECHANOV, G. V., N. G. Černyševskij. S. Peterburg 1910.

PLECHANOV, G. V., Literaturnoe nasledie G. V. Plechanova, t. I–VIII. Moskva 1934–1940.

PLECHANOV, G. V., Izbrannye filosofskie proizvedenija v pjati tomach. Moskva 1956.

PLECHANOV, G. W., Kunst und Literatur. Berlin 1955, 1034 p.

PLECHANOV, G., Œuvres philosophiques, t. I–II (trad. L. et J. Cathala) Moscou.

PLECHANOV, G., Questions fondamentales du marxisme. Paris 1947, 273 p.

POPOV, P., Voprosy logiki v proizvedenijach revoljucionnych demokratov, in Iz istorii russkoj filosofii XVIII–XIX vekov, pp. 241–270.

PYPIN, A. N., Belinskij ego žizn' i perepiska, izd. 2. S. Peterburg 1908, I–XVI–662 p.

PYPIN, A. N., Charakteristiki literaturnych mnenij ot dvadcatych do pjatidesjatych godov, izd. 4. S. Peterburg 1909, VIII–519 p.

QUENET, CH., Tchaadaev et les Lettres philosophique. Contribution à l'étude du mouvement des idées en Russie. Paris 1931, 440–LXVIII p.

RADLOV, E., Lavrov v russkoj filosofii, in P. L. Radlov, Stat'i, vospominanija, materialy, pp. 1–28.

RIASANOVSKY, N. V., Russia and the West in the teaching of the slavophiles. A study of romantic ideology. Cambridge Mass. 1952, 244 p.

ROZENTAL', M. M., Filosofskie vzgljady N. G. Černyševskogo. Moskva 1948, 310 p.

ROZENTAL', M. M., Lenin i dialektika. Moskva 1963, 524 p.

RUBINSTEJN, N. L., Russkaja istoriografija. Moskva 1941, 659 p.

RUGE, A., Die hegelsche Rechtsphilosophie und die Politik unserer Zeit, in Deutsche Jahrbücher 1842; reproduit in Die Junghegelianer. Ausgewählte Texte. Berlin 1963, 110 p.

SAKULIN, P. N., Idealizm Stankeviča, in Vestnik Evropy 1915, pp. 246–264.

SAMARIN, DM., Dannyja dlja biografii Ju. F. Samarina za 1840–1845 gg, in Ju. F. Samarin, Sočinenija, t. V, pp. XXXV–XCII.

SAMARIN, JU, F., Sočinenija (izd. Dm. Samarin), t. I–XII. Moskva 1877–1911.

SAMARINE, G., Préface aux œuvres théologiques de A. S. Khomiakov (trad. A. Gratieux). Paris 1939, 95 p.

SCHEIBERT, P., Von Bakounin zu Lenin. Geschichte der russischen revolutionären Ideologie 1840–1895, t. I–. Leiden 1956-.

SCHELLING, F. W. J., Zur Geschichte der neueren Philosophie, in Sämtliche Werke, t. X, 1861, pp. 1–200.

SCHELLING, F. W. J., Vorrede zu einer philosophischen Schrift des Herrn Victor Cousin, in Sämtliche Werke, t. X, 1861, pp. 201–224.

SEGUNDO, J. L., Berdiaeff. Une réflexion chrétienne sur la personne. Paris 1963, 420 p.

SETSCHKAREFF, W., Schellings Einfluss in der russischen Literatur der 20er und 30er Jahre des XIX. Jahrhunderts. Leipzig 1939, VI–106 p.

ŠEVYREV, S., in Žurnal ministerstva narodnogo prosveščenija, n° 1, 1840.

SMIRNOVA, S. W., cf. OWSJANNIKOV, M. F.

SOLOV'EV, S. M., Publičnye čtenija o Petre Velikom. S. Peterburg 1903, 212 p.

SOLOV'EV, S. M., *Moi zapiski dlja detej moich, a esli možno i dlja drugich*, Petrograd 1914, 174 p.

SOLOV'EV, VL., *Sobranie sočinenij* (pod redakciej S. M. Solov'eva i E. Radlov), izd. 2. S. Peterburg, t. I–X, 1911.

SPEKTORSKIJ, E., *Die Staatsphilosophie B. N. Tschitscherins*, in *Festschrift N. O. Losskij zum 60. Geburtstage*.

ŠPET, G. G., *Filosofskoe mirovozzrenie Gercena*. Petrograd 1921, 100 p.

ŠPET, G. G., *Očerk razvitija russkoj filosofii*, čast' I. Petrograd 1922. [période antérieure à 1830].

ŠPET, G. G., *Antropologizm Lavrova v svete istorii filosofii*, in *P. L. Lavrov. Sbornik statei*, pp. 73–138.

STANKEVIČ, N. V., *Perepiska ego i biografija* (napisannaja P. V. Annenkovim), t. I–II. Moskva 1857.

STANKEVIČ, N. V., *Stichotvorenija. Proza. Tragedija*. Moskva 1890.

Perepiska Nikolaja Vladimiroviča Stankeviča (1830–1840), (redakcia i izdanie A. Stankeviča. Moskva 1914, 787 p.

ŠTEJNBERG, A. Z., *Načalo i konec istorii v yčenii P. L. Lavrova*, in *P. L. Lavrov. Sbornik statei*, pp. 355–372.

STEKLOV, JU. M., *N. G. Černyševskij, ego žizn' i dejatel'nost' 1828–1889*. S. Peterburg 1909, 426 p.

STOJANOVIČ, J. D., *The first Slavophils: Homyakov and Kireyevsky*, in *The slavonic review*, vol. VI, 1927–1929, pp. 561–578.

STRACHOV, N. N., *Mir kak celoe*. S. Peterburg 1872, 582 p.

STRACHOV, N. N., *Iz istorii literaturnago nigilizma 1861–1865*. S. Peterburg 1890, 596 p.

STRACHOV, N. N., *Značenie gegelevskoj filosofii v nastojaščee vremja*, in *Filosofskie očerki*. S. Peterburg 1895, XV–530 p.

STREMOOUKHOFF, D., *Vladimir Soloviev et son œuvre messianique*. Strasbourg 1935, 351 p.

SUBOROV, L. N., *Voprosy dialektiki v «filosofskich tetradjach» V. I. Lenina*. Moskva 1960, 166 p.

SVEČNIKOV, V. D., *Slavjanofil'stvo kak filosofskoe učenie pred sudom russkoj kritiki*. Charkov 1911, 27 p.

TAVADZE, I. K., KALANDARIŠVILI, G. M., *V. I. Lenin o «Nauke logiki» Gegelja*. Tbilisi 1959, 313 p.

TRUBECKOJ, KN. E., *Mirosozercanie Vl. S. Solov'eva*, t. I–II. Moskva 1913.

TSCHIŽEWSKIJ, DM., *Hegel bei den Slaven*, 2e éd., Bad Homburg 1961, 487 p.

VENGEROV, S. A., *Peredovoj boec slavjanofil'stva: Konstantin Aksakov*, in *Sobranie sočinenij*, t. III. S. Peterburg 1912, 247 p.

VENTURI, F., *Il populismo russo*, t. I–II. Torino 1952, XVII–1194 p.

VERRIER, R., *Le positivisme russe et la fondation de la sociologie*. Paris 1934, 233 p.

VETRINSKIJ, Č., [Češichin, V. E.], *T. N. Granovskij i ego vremja. Istoričeskij očerk*, izd. 2. S. Peterburg 1905, 382 p.

VINOGRADOV, P., *T. N. Granovskij*, in *Russkij mysl'*, no 4, 1893, pp. 44–66.

WEGNER, W., *Hegel und Černyševskij. Eine Untersuchung zur Kategorie des Schönen*, in *Zeitschrift für Slawistik*, no 3, 1958, pp. 432–444.

WETTER, G., *Der dialektische Materialismus. Seine Geschichte und sein System in der Sowjetunion*, 4. Aufl. Wien 1958, 693 p.

ZAVITNEVIČ, V. Z., *Aleksej Stepanovič Chomjakov*, t. I–II. Kiev 1902–1913.

ZENKOVSKY, B., *Histoire de la philosophie russe* (trad. C. Andronikov), t. I–II. Paris 1953.

INDEX NOMINUM